本书作者

杨伟兵　徐安宁　杨　斌　颜燕燕

吕　朋　谢光钰　尹宗云　刘灵坪

杨晓曦　邹　怡　赖　锐　杨吉超

明清以来云贵地区水利建设及其地理基础研究

杨伟兵 等 著

复旦大学出版社

目　录

绪论（兼自序） ………………………………………………… 001

专题一　水利建设的地理生态与治理效应：高原湖盆地区的农业聚落与水环境 ……………………………………… 001

一、滇池南缘地区水利开发与聚落分布 ………………… 001
二、滇池海口水利与人地关系 …………………………… 021
三、滇池地区水利活动中的协同问题 …………………… 035
四、弥苴河流域的水系与河道治理 ……………………… 060

专题二　水资源开发与利用的多样性区域适应：农业工业的用水环境 …………………………………………………… 094

一、南盘江上游地区的水利开发与运行 ………………… 096
二、《云南水道考》南盘江水系沾益宜良河段复原 …… 125
三、滇西宾居下村的水利与地文 ………………………… 152
四、"移水就塭"抑或"移塭就水"：云南个旧锡业生产的用水环境 ……………………………………………… 171

**专题三　水利化活动的政策与经验：贵州农田抗旱保墒的
　　　　经济生态** ………… 205
　一、贵州喀斯特地貌下的水利开发 …………… 205
　二、安顺地区的水利建设与历史经验 …………… 217
　三、贵州的水利政策及其实践 …………… 252
　四、贵州省抗旱保墒型农艺作物的改良与农业经济 …… 294

专题四　云贵地区历史水利遗存调查活动举隅 ………… 314
　一、喀斯特地区村落调查：普定县陇嘎村 …………… 314
　二、大理地区历史水利工程调查 …………… 330
　三、滇西山谷溪流的水权配置与水利信仰：以乔甸小
　　　海塘调查为中心 …………… 347
　四、调查手记：2012 年云贵地区水利调查 …………… 357

图表目录

图 1-1　滇池水域的历史演变 ………………………… 004
图 1-2　元明时期滇池南缘地区聚落发展分布 ………… 019
图 1-3　明代海口河龙王庙洲示意 ……………………… 028
图 1-4　雍正时期海口河滩洲示意 ……………………… 031
图 1-5　道光时期海口河滩洲示意 ……………………… 033
图 1-6　弥苴河三江口至入海口地貌晕染 ……………… 067
图 1-7　弥苴河不同河段附近的横剖面 ………………… 068
图 1-8　咸丰《邓川州志》之《河工图》局部（A） …… 078
图 1-9　咸丰《邓川州志》之《河工图》局部（B） …… 079
图 1-10　洱海现代湖盆北岸源—汇系统（S2S-N）特征 …… 080
图 1-11　《邓川州地图》 ………………………………… 086
图 2-1　嘉业堂刊本《云南水道考》书影 ……………… 127
图 2-2　宾川县政区图 …………………………………… 154
图 2-3　下村地龙分布及水口尺寸（右为 D2 水口实景） … 160
图 2-4　《永乐重建宾居神庙碑》全碑文 ……………… 166
图 2-5　大王庙和仁慈湖示意 …………………………… 170
图 2-6　土法与个旧锡务公司新式洗矿 ………………… 181
图 2-7　近代云南个旧锡矿区分布 ……………………… 196
图 2-8　个旧锡务公司铺设的空中索道 ………………… 199

图 3-1 安顺地区水资源分布 ⋯⋯⋯⋯⋯⋯⋯⋯⋯ 221
图 3-2 安顺地区溶洞分布 ⋯⋯⋯⋯⋯⋯⋯⋯⋯⋯ 222
图 4-1 米甸桃源坝地龙沟参考示意图及测量数据 ⋯ 332
图 4-2 米甸桥头地龙沟参考示意图 ⋯⋯⋯⋯⋯⋯ 333
图 4-3 小官村水库参考示意图 ⋯⋯⋯⋯⋯⋯⋯⋯ 334
图 4-4 段家坝与月镜湖参考示意图 ⋯⋯⋯⋯⋯⋯ 336
图 4-5 西平渠参考示意图 ⋯⋯⋯⋯⋯⋯⋯⋯⋯⋯ 338
图 4-6 观音阁水库参考示意图 ⋯⋯⋯⋯⋯⋯⋯⋯ 339
图 4-7 海尾河、弥茨河汇入弥苴河河段参考示意图 ⋯ 341
图 4-8 弥苴河、白汉洞和黑汉洞汇合河段参考示意图 ⋯ 342
图 4-9 西湖上游水源地与弥苴河参考示意图 ⋯⋯ 345
图 4-10 螳螂河拦洪坝参考示意图 ⋯⋯⋯⋯⋯⋯⋯ 346

表 1-1 元代滇池南缘地区的主要聚落 ⋯⋯⋯⋯⋯ 006
表 1-2 明代晋宁、昆阳二州的军屯聚落 ⋯⋯⋯⋯ 010
表 1-3 明代滇池南缘地区的民户聚落 ⋯⋯⋯⋯⋯ 015
表 1-4 元明清时期滇池海口河历次大规模疏浚 ⋯ 023
表 1-5 明清时期呈贡县民间自建小型水利工程 ⋯ 048
表 1-6 清代过山沟九村分水日期 ⋯⋯⋯⋯⋯⋯⋯ 057
表 1-7 明代邓川军屯聚落统计 ⋯⋯⋯⋯⋯⋯⋯⋯ 068
表 1-8 咸丰《邓川州志》记载弥苴河堤溃决情况 ⋯ 074
表 2-1 明清时期宜良地区水利开发一览表 ⋯⋯⋯ 120
表 2-2 个旧锡务公司 1925—1938 年大锡产量及洗矿需水量 ⋯⋯⋯⋯⋯⋯⋯⋯⋯⋯⋯⋯⋯⋯⋯⋯⋯⋯ 183
表 2-3 1937 年个旧锡务公司每吨大锡的平均成本 ⋯ 185
表 2-4 1929 年个旧矿区及重要矿厂统计 ⋯⋯⋯⋯ 187
表 3-1 贵州省九州地市喀斯特面积分布比例 ⋯⋯ 220

表 3-2	1939—1944 年贵州大型水利工程	227
表 3-3	1958—1985 年安顺县水利工程	230
表 3-4	1949—1955 年安顺地区新增投资基建工程	232
表 3-5	1949—1985 年安顺县水利工程建设	237
表 3-6	平坝县中华人民共和国建立前坝、塘、潭、井统计	244
表 3-7	民国时期贵州省农田水利政策档案一览	272
表 3-8	民国时期贵州省农田水利工程建设状况	275
表 3-9	1936 年贵州各种农业作物收成水平	298
表 3-10	明清时期的贵州主要粮食作物及其分布	301
表 3-11	民国时期贵州省农业推广机构设置	304
表 3-12	民国时期贵州省主要农艺作物优良品种及推广情况	307
表 3-13	1937—1945 年贵州主要农作物的产量增长	310
表 4-1	贵州省档案馆涉及水利的档案统计	362
表 4-2	贵州省夏季食粮作物种植面积及收成成数估计表（民国三十一年六月份）	364
表 4-3	旱地食粮作物种类简明表	366
表 4-4	伪贵州省水利局全省水利计划(民国三十三年)七及附录本省水利灌溉表	368

绪论(兼自序)

一

　　进入21世纪以来,云贵地区旱情多发,特别是2009—2011年秋冬春连季、2011年春夏,接连爆发的大面积旱灾,在学界和社会上引发讨论。灾害预警及中小型农田水利应对能力等问题成为主要焦点,尤其是对后者的讨论,形成社会热点话题,这对相关的学术研究提出了要求,迫切需要学术界的回应。历史上云贵地区干旱灾害情形怎样?有哪些自然和人文的背景因素?人们又是怎么去应对的呢?其中的变化有没有特点和规律可以去把握?这些疑问一定程度上反映了当前学术界对云贵地区旱灾发生的历史特点认识不足,有关研究较为薄弱,水利建设发展历史经验的总结工作亟待加强。为此,我们组织相关课题申报,并于2012年获国家社会科学基金青年项目立项支持。[1] 本课题主要围绕农田水利工程的建设与组织[2],从自然和人文地埋因素对其基本驱动状况到水利建设的经济、社会与生态效益,并结合具体

---

[1] 国家社会科学基金项目"明清时期云贵地区的水利建设及其地理基础研究"(12CZS074)。
[2] 水利工程和水利化活动内容庞杂,本研究之"水利"主要指以农田用水灌溉及对农业、聚落等经济社会有着重要保护作用的抵御和防治水旱灾害的水利工程。

的区域事例,多角度讨论水利化活动组织与实施的政策制度。这本书便是课题研究的主要成果之一。

传统社会里,兴修农田水利是农业御灾保墒的重要手段,普遍受各界重视,相关的全国性、总论式的文献记录和学术研究成果很多。但是,由于我国自然和人文区域分异明显,环境与历史多样,水利建设在各个时期和不同区域都有着不尽一致的发展状况,有的甚至差异还比较大;而且各地的水利建设,又会因水利活动带来的地区经济、社会、生态等效益不同而产生不一样的作用与影响,所以在水利史研究上,需要丰富和深化水利活动的区域研究,获得更有针对性和深刻性的历史认知,为现实提供更有力的资鉴。我们亦希望通过本书的出版能在水利区域史研究领域做出自己的贡献。

对水利的历史研究,长期以来集中在历史学、农学、水利学等学科领域下所开展的农业发展、水利建设、御灾减灾等研究。[①] 以往学界对水利化活动应对气候变化(水旱灾害)、水利与农业经济增长和社会发展关系以及水利工程建设等研究居多。20世纪80年代以降,对水利社会史的讨论一直是学术热点,人们不仅要了解水利活动是怎么被组织起来的,还要深究这种组织在保障水利建设是否有效展开的同时,在不同区域类型的社会建构里扮演怎样的角色。近些年中国水利社会史的研究中多数是通过水利组织"类型学""发生学"来探索地理空

---

① 如《中国水利史稿》编写组:《中国水利史稿》,中国水利电力出版社,1979、1989年;冀朝鼎:《中国历史上的基本经济区与水利事业的发展》,中国社会科学出版社,1981年;汪家伦、张芳:《中国农田水利史》,农业出版社,1990年;周魁一、谭徐明:《水利学》,群众出版社,1995年;姚汉源:《中国水利发展史》,上海人民出版社,2005年;王建革:《水乡生态与江南社会(9—20世纪)》,北京大学出版社,2013年;冯贤亮:《近世浙西的环境、水利与社会》,中国社会科学出版社,2010年;等等。

间和社会空间范畴上的发展特点,受研究区域人文历史影响较大的制约,水利社会的区域性和地方性明显。这与有的学者所注重的通过自然条件、技术体系、环境作用等水利化的地理基础与生态系统来讨论水利社会组织与结构有所不同。①当然,目前看来,我们希望能将政策因素的考量加入进去,特别是明清以降那些深受外来移民和官府力量影响的农业经济属于开发性建设的地区。这个考量,也是本研究努力的一个方向,我们做出了一些尝试。

元明清时期,我国传统水利事业已是中小型农田水利建设普及和传统水利的总结时期。②以往多数认识和研究着重于这一普及和总结时期水利灌溉确保粮食增产稳产等经济层面,对防灾抗灾的生态层面注重不够。随着区域史、环境史、可持续发展研究的深入和新手段、新史料的纷现,学界视角已经走出冀朝鼎定义下的关中平原、黄淮海平原、长江中下游流域、四川盆地等基本经济区范围,就上述地区边缘的华南、西北、云贵等区域水利事业进行了积极研讨,如山陕地区民间水利活动③、西部地区水利技术

---

① 如〔日〕森田明:《清代水利史研究》,亚纪书房,1974 年;Mark Elvin, H. Nishioka, K. Tamura, and J. Kwek, *Studies on the History of Water Control in China: A Selected Bibliography*, Institute of Advanced Studies, Australian National University,1994;董晓萍、〔法〕蓝克利:《不灌而治:山西四社五村水利文献与民俗》,中华书局,2003 年;钱杭:《共同体理论视野下的湘湖水利集团——兼论"库域型"水利社会》,《中国社会科学》2008 年第 2 期;张俊峰:《中国水利社会史研究的空间、类型与趋势》,《史学理论研究》2022 年第 4 期;等等。
② 张芳:《明清农田水利史研究》,中国农业科技出版社,1998 年。
③ 李令福:《关中水利开发与环境》,人民出版社,2004 年;钞晓鸿:《灌溉、环境与水利共同体——基于清代关中中部的分析》,《中国社会科学》2006 年第 4 期;行龙:《以水为中心的晋水流域》,山西人民出版社,2007 年;张俊峰:《水利社会的类型:明清以来洪洞水利与乡村社会变迁》,北京大学出版社,2012 年;张俊峰:《泉域社会:对明清山西环境史的一种解读》,商务印书馆,2018 年。

与环境关系①、云贵地区水利建设所体现的人地关系②等。这些研究的最大贡献在于把传统的水利事业建设从技术性质、经济性质考察转向生态、文化、社会等多元性质探讨,所展现的水利及其应对灾害的研究更为综合和全面。但是,目前水利史研究仍缺乏基础数据的集成(如水利工程类型、数量、分布等),无论是区域性还是全国性研究对历史上中小型水利工程分布的整体复原不足,描述性分析占据主要地位,尚难对水利化活动的区域生态地理做出准确分析和总结,故难以精确和深刻认识水利事业建设的基本盘面及其所能发挥的效用。同时,学界对类似于我国西南高原等传统中国非主要农业经济区水资源利用的历史研究不足,而这些区域自明清以来经济、社会和生态变化均较为敏感,学者对这些地区坝区、山地水利进程,以及中小河流、湖泊水资源环境与人类开发利用活动的历史经验和规律总结有限,因此也亟待加强相关研究。此外,水利建设是一项社会性极强的活动,水利工程营建前的筹措,建造时的组织,投入使用时的维护,以及围绕"得水之利"发生的生产关系和各类管理调控,都与水利所依赖的地理环境关系紧密,需要重视对水利地理与生态历史的综合考察。

---

① 萧正洪:《环境与技术选择:清代中国西部地区农业技术地理研究》,中国社会科学出版社,1998年。
② M. Elvin, D. Crook, Shen Ji, R. Jones, and J. Dearing, "The Impact of Clearance and Irrigation on the Environment in the Lake Erhai Catchment from the Ninth to the Nineteenth Century", *East Asian History*, 23 (2002);杨伟兵:《云贵高原的土地利用与生态变迁(1659—1912)》,上海人民出版社,2008年;周琼:《清代云南内地化后果初探——以水利工程为中心的考察》,《江汉论坛》2008年第3期;陆韧、马琦、唐国莉:《历史时期滇池流域人地关系及生态环境演变研究》,社会科学文献出版社,2018年。

二

明清以来云贵地区水利建设具有哪些特点？依靠的是什么样的地理基础条件？怎样为人们去利用或调适？本书各专题对这些问题予以了一定的解答，此不赘述，不过可以就下面几个事件或景况作些整体性的分析认识。

清乾隆五年（1740），朝廷与贵州地方官员就山区是否适宜劝农做了讨论，劝修水利是要点之一。贵州总督兼巡抚张广泗、布政使陈德荣提请：

> 黔省多山，泉源皆由引注，必善为经理……凡贫民不能修筑堰及有渠堰而久废者，令各业主通力合作，计灌田之多寡，分别奖赏。如渠堰甚大，准借司库银修筑。其水源稍远，必由邻人及邻邑地内开渠者，官为断价置买，无许捏勒。至请仿江楚龙骨车灌田，并雇匠教造之处，应于借给工本，款内另议。[1]

而刑部左侍郎张照等人以为，黔省地理"是不特无地可以开渠筑堰，亦无所用其开渠筑堰也"。他们认为贵州山地众多，农业垦殖、修筑渠堰均受限于地势与水源，张广泗等的建议系"不可行之事"，渠堰应建于平坝。乾隆皇帝对地方官员不谙地理情形十分不满，不仅下旨训斥，还将贵州是否适合大力修筑渠堰一事交与邻省云南总督兼巡抚的张允随再作详悉明察：

---

[1]《清高宗实录》卷一三〇，"乾隆五年十一月初六日"条，中华书局，1986年影印本，第15—20页。

> 张广泗身为总督,久任黔省,于地方情形自应熟悉,而为此奏者,何耶? 著交与署督张允随,再行秉公详悉,查明具奏。若仍含糊两可,以致有行之之名,而无行之之实,日后发露,朕惟张允随是问。①

这一事情客观上说明了在贵州山区兴修水利的困难。山地众多,也是贵州开展水利建设时不可不重视的自然地理条件。事实上云贵两省地貌大抵以高原山地为主,史称贵州"地无三里平""尺寸皆山,欲求所谓平原旷坤者,积数十里而不得袤丈"②。山地多而平地少,历史上农业粮食产区主要集中在有限的平坝地区,耕地有限,"八山一水一分田"。现代统计资料表明,山地约占贵州全省总面积的87%,丘陵占10%,盆地(坝子)、河谷台地和平原仅占3%;而云南山地和高原占全省总面积的94%之多。③此外,云贵地区岩溶地貌分布面积达222 835平方千米,占两省土地总面积的39.5%④,伴随石灰岩地貌而来的是农地干旱问题严重,并因植被的逐渐贫乏而产生石质荒漠化(石漠化)倾向,这在贵州高原尤为明显。

山地和岩溶分布广泛等地形地貌对水利工程建设的制约是一方面,另一方面是地形地貌影响下的水系空间分布上不利的地理条件,也对云贵地区水资源开发和利用造成影响。这里可以20世纪60年代中国科学院开展的相关调查研究报告为例来说明。

---

① 《清高宗实录》卷一三〇,"乾隆五年十一月初六日"条,第15—20页。
② 〔清〕田雯:《黔书·序》,光绪丁酉(1897)重刻本。
③ 参见云南省地方志编纂委员会编:《云南省志》卷一《地理志》,云南人民出版社,1998年,第220页。
④ 参阅谢家雍:《西南石漠化与生态重建》,贵州民族出版社,2001年。

一份中国科学院西南地区综合考察队贵州分队署名的未刊的《贵州省粮食主产区水利化问题》报告"前言"指出，贵州水系分布和水文条件的两大特点限制了水利开发与利用。一是河网密度在地处多数河流下游地区的黔东北、黔东南地区较高，但这些下游地区多为山地，河谷深切，耕地分散，农业利用河流水资源困难；一般河流中上游地区地形平缓，河谷较为开阔，耕地集中，田水高差不大，水资源利用条件较好，但因为多是河流上游，水量有限。二是贵州河流均属于雨源型河流，地表径流受降水影响大，洪枯流量相差几十倍到几百倍。① 对于这两个特点，云南省的情况也较为相似，受高原地形和地势影响，该省耕地集中的主要盆坝多数处于河流中上游地区，水量有限，只不过得益于分布有较多的高原湖泊，用水条件稍好于贵州而已。据统计，20 世纪 50 年代以前，在云南面积 5 平方千米以上的湖泊就有 46 个之多，构成滇中、滇西北、滇南和滇东四大湖群。这些湖泊大多数分布在海拔 1 280—3 266 米的高原盆地中，一般都有湖滨平原，是人口、耕地和粮食生产的集中地区。② 而云南省径流分布与降水量分布较为一致，和贵州情形一样，河流主要由降雨和地下水补给，雨水愈少的地区，径流年内、年际变化愈大。③ 高原多山地、多特殊地貌的形态和气候特点，对云贵地区地表径流、湖泊等水资源分布产生巨大影响，构成了两省历史时期以来水利建设的地理基础和限制条件。

如上所言，云贵两省的气候环境对地表径流影响极大，进而

---

① 中国科学院西南地区综合考察队贵州分队：《贵州省粮食主产区水利化问题·前言》(初稿，未刊本)，1966 年 4 月编。
② 《云南省国土资源资料》，云南省地方志编纂委员会编：《云南省志》卷一《地理志》，第 297 页。
③ 云南省地方志编纂委员会编：《云南省志》卷一《地理志》，第 286 页。

反映于排洪、抗旱等水利工程的修筑上,成为影响水利化的重要地理因子。虽然本书并未对气候变化这一因素作专题讨论,但现有的各研究专题在讨论水利应对时,均不同程度地对降水等大气环流及其造成的洪涝、干旱状况做了讨论。如果说前述的两个例子集中在地形地貌、水系分布等地理基础的分析上,那么明清时期对滇池海口泄洪通道的疏浚和洱海主要来水弥苴河流域的治理,则可视作是气候这一地理因素对水利工程建设与修缮有着重要影响的典型事例。这方面,萧正洪、陆韧等把历史上对滇池海口水利工程的建设,看作是云南乃至西南地区应对洪涝等气象灾害的代表,杨煜达对清代弥苴河受降雨影响发生洪涝灾害所作的研究和笔者对滇池、洱海水利史的讨论,都予以了足够的证明。[①]而本书对这两个重要的高原湖泊水利建设的讨论,还进一步深入到水政、水策制定与运作的具体情况,并不限于湖泊治理,扩展到与之相关的周边区域历史上形成的水利机制状况。

本书并未按自然地理要素逐一罗列其对水利化的作用与影响,而是通过区域事例和典型个案的展开对各类因素作综合分析;也未完全局限于自然地理因素的分析,而是加强了制度、行为等人文影响的讨论。虽然对因子的讨论各有侧重、深浅不一,但整体上看仍强调综合研究,在水利史和水利历史地理研究中能将水利发生和发展所依赖的自然环境、所使用的技术手段、所形成的生态文化和所孕育的社会历史作不失细部却又整体可探的讨论,是我们开展这项研究工作的一大特点。

[①] 可参见萧正洪:《环境与技术选择:清代中国西部地区农业技术地理研究》;陆韧、马琦、唐国莉:《历史时期滇池流域人地关系及生态环境演变研究》;杨煜达:《中小流域的人地关系与环境变迁——清代云南弥苴河流域水患考述》,杨伟兵:《旱涝、水利化与云贵高原农业环境(1659—1960年)》,两文均载于曹树基主编:《田祖有神——明清以来的自然灾害及其社会应对机制》,上海交通大学出版社,2007年。

三

本书根据云贵地区自然和历史特点,选取高原湖盆地区、农业工业密集区、喀斯特地貌地区等的水利建设情况,按照"水利建设的地理生态与治理效应""水资源开发与利用的多样性区域适应""水利化活动的政策与经验"3个大专题共12个小专题展开讨论。这12个小专题都能独立成章,有些小专题是在已刊成果基础上的修订和补充。此外,关于田野调查,本书专设了一个大专题,即"历史水利遗存调查活动举隅",下设调查日志在内的4个小专题,这在一定程度上能弥补云贵等地区文献记载之不足,丰富研究个案,同时也是对我们现场工作的记录。

专题一"水利建设的地理生态与治理效应:高原湖盆地区的农业聚落与水环境",由笔者、刘灵坪、尹宗云、徐安宁撰写。本专题以云南滇池、洱海两大高原湖泊的入湖河流及其流域范围内的人地关系为主要讨论对象,涉及河道治理、聚落分布、农田水利、排水泄洪等内容;同时亦以滇池地区为主探讨了各方开展水利活动的协调机制。这一专题是滇池、洱海等高原湖泊水利史、环境史和区域历史地理研究领域的重要成果,能够从中小流域区域尺度,细致入微地展示其"毛细血管"的水系水文及水利状况。

专题二"水资源开发与利用的多样性区域适应:农业工业的用水环境",由吕朋、笔者和杨斌分别撰写。顾名思义,这一专题研究的目的是探讨云贵不同地区农业和工业的用水状况,一是以南盘江上游沿河地区水利开发及其组织、运行为研究对象,同时借助新旧史料对《云南水道考》南盘江上游段河道流变和周边人文地理记述情况做了考证,厘清了这部清代重要的云南水道专书记载的文字和内容。作为滇西重要农业区的宾川和滇南矿业中心的个旧的个案研究，分别呈现了应对干旱，穷尽水利保灌，以及利用各类技术解决大规模机械生产下工矿业用水问题的情况，丰富了我们对古代和近代云贵地区多样经济生产地区水环境及其利用的认识。这同专题四中对乔甸海塘的流域调查所见到的水利知识一样，也能以鲜活的事例展示云贵地区水利建设及其适应地理生态过程中形成的众多特色。

专题三"水利化活动的政策与经验：贵州农田抗旱保墒的经济生态"，是一个能够充分体现自然地理对水利建设事业影响的研究专题，恰恰也是贵州水利史研究中需要加强的方面，由颜燕燕、谢光钰和笔者撰写。对安顺等地喀斯特地貌分布地区的水利历史研究面临的最大难题是文献的匮乏，所以该专题的讨论时代下限甚至到了现当代。该专题初步整理和统计了民国时期至中华人民共和国成立以来安顺等地修建的水利工程，有一定的学术价值。本专题以较大篇幅梳理和讨论政府对贵州水利事业的组织、筹划、建设，重点是分析其中的水利政策、制度，以及实施效果。正如上文所言，这种政策制度的分析对于水利史研究意义重大。但是，不得不说的是，贵州水利政策的制定和实施每每囿于特殊的自然地理环境，故需要总结历史经验，制定更有针对性和符合地情、社情的水利政策，包括多渠道发展有利于经济结构调整的生态型的农学与水学经济等。

专题四"云贵地区历史水利遗存调查活动举隅"，由赖锐、颜燕燕、杨吉超、杨晓曦、邹怡和吕朋分别撰写。特别感谢云南财经大学会计学院长期从事云南水权与水利经济研究的杨晓曦副教授，他给我们展现了云贵山地常见的那种山谷沟箐里小型水利营造出的流域生态。乔甸小海塘等水利调查提供的"地方性知识"是当地民众开展水利化最为受用、最为实在、成本最小、对于农业和生态最优的技术经验，还从研究内容和研究方法上给予我们许多启迪，也就是田野调查需要更多、更全、更深地展开。这一专题的另一用意是展示前些年课题组开展野外考察时的工作情况,有些记录简单,分析较浅,但里面保存了那些年一些共同的经历和乐趣。

本书的不少研究成果在六七年前已完成,但因种种缘故未能及时出版,虽然这些年笔者从事水利历史地理研究的热情不减,但因其他研究任务繁重,不少时候难以分身,以至于书中内容或有对前沿研究成果跟进不足的情形。本书撰写者中的多数是笔者指导的研究生、本科生。虽说大家都做出了努力,但含笔者在内,限于学识和水平,其中的不足乃至错误在所难免。本书体例未按主流的章节来做排立,一方面是希望能打破章节体系的束缚,另一方面相关研究成果缺少一定的系统性,这也是云贵水利史研究尚为薄弱的真实反映。以上情形应予以说明,并请广大读者批评指正。

最后,要感谢邹怡副教授、孙涛工程师两位同事,他们 2012 年起参与了本课题的研究。感谢云南大学陆韧教授、马琦教授,中央民族大学周琼教授,中科院贵阳地球化学研究所程安云高级工程师,贵州师范大学杨斌教授、严奇岩教授,同事杨煜达教授,以及给予过本课题研究和调查许多帮助的学者和地方各级部门与人士。同时,在这里也向对本书表现出足够耐心的复旦大学出版社编辑关春巧老师表示感谢。

本书亦受到教育部人文社会科学研究规划基金项目(12YJA770048)、上海市教委科研创新重点项目(12ZS004)的部分资助。

杨伟兵

2023 年 10 月 6 日草拟

2024 年 4 月 14 日补订于雪点斋

专题一

水利建设的地理生态与治理效应：
高原湖盆地区的农业聚落与水环境

  滇池是中国西南第一大湖，海岸线长约 150 千米，湖水面积约 310 平方千米，湖面平均海拔 1 886 米。滇池周围，包括昆明市区、呈贡县、安宁县、晋宁县、富民县的大小盆地以及山间河谷的河漫滩、阶地、台地等，坡度在 8 度以内的平坦地区的面积总计 230 余万亩。① 此外，滇池地区局地气候"无积寒，无郁暑""不湿不燥"②，得天独厚的气候与地理环境使其成为历史时期云贵高原重要的粮食主产区，故滇池水利关系紧要。元明清至今滇池一直是云南全省水利化活动和生态治理的重点。本专题主要讨论滇池南缘水利开发与聚落的生成历史，滇池出水口——海口的水利兴修史，以及滇池水利兴修历史上见到的流域"协同"治理等问题。此外，以弥苴河流域为例，复原云南高原另一历史开发较为深厚的湖盆地区——大理洱海流域水利地理生态及其治理情况。

一、滇池南缘地区水利开发与聚落分布

  13 世纪，元世祖灭大理国，云南腹地正式纳入中央王朝经制

---

① 于希贤：《滇池地区历史地理》，云南人民出版社，1981 年，第 4—5 页。
② 康熙《云南府志》卷二《地理志六·气候》，成文出版社，清康熙三十五年（1696）刊本影印本，1967 年，第 60 页。

州县体系,滇池流域取代洱海流域成为全省政治中心。明初平定云南,中央王朝实施大规模移民,在云南腹地开展屯垦活动。在人口增殖和农业开垦的双重作用下,滇池及其周边地区的环境开始发生急剧变化。中国科学院南京地理与湖泊研究所等曾对滇池湖盆的历史变迁过程做了科学研究。[1]方国瑜通过对历史文献的分析,复原了滇池水域变迁的过程。[2]就云南地方史而言,由于史料记载有限,目前学界对元朝以降云南历史的探讨多集中在政区置废、移民开发等问题。方国瑜、陆韧、杨伟兵等学者曾先后对元明清时期云南的移民开发过程做过深入的解析。[3]于希贤对滇池地区历史自然环境演变、经济开发状况以及城市开发起源等方面做过综合研究。[4]但前述研究大多以全省为讨论范围,并未针对水利化问题作专门讨论。近些年,陆韧等学者聚焦滇池流域的水环境与水利工程建设情况,做了深入讨论[5],但学界对历史上小尺度区域的水利活动及其反映的水文变化、人居环境等的讨论仍有较多不足。事实上,元代是滇池流域大规模开发的时期,水利开发与聚落生成是考察该地区元明以降人地关系演变的重要对象。故选取滇池流域典型区域的乡村聚落,通过对其在历史时期的发展、分布的复原研究,揭示 13—16 世纪人类活

---

[1] 中国科学院南京地理与湖泊研究所等:《云南断陷湖泊与沉积》,科学出版社,1989 年。
[2] 方国瑜:《滇池水域的变迁》,《思想战线》1979 年第 1 期。
[3] 方国瑜:《云南地方史讲义》,云南广播电视大学,1983 年;《中国西南历史地理考释》,中华书局,1987 年。陆韧:《变迁与交融——明代云南汉族移民研究》,云南教育出版社,2001 年;《云南汉族移民与汉族姓氏地名初探》,《历史地理》(第二十辑),上海人民出版社,2004 年;《云南汉语地名发展与民族构成变迁》,《云南民族大学学报(哲学社会科学版)》2005 年第 6 期;杨伟兵:《云贵高原的土地利用与生态变迁(1659—1912)》,第 161—165 页。
[4] 于希贤:《滇池地区历史地理》,云南人民出版社,1981 年。
[5] 陆韧、马琦、唐国莉:《历史时期滇池流域人地关系及生态环境演变研究》。

动加剧的背景下滇池流域的人地互动关系与演变规律,是本研究的重要组成之一。

1. 聚落分布

滇池,古称"滇南泽"或"昆阳湖",是云贵高原第一大湖泊。早在新石器时代,滇池周边地区,尤其是滇池南缘地区,便有了人类生产活动的痕迹。从新石器时代至今,原本广阔的滇池湖盆大致经历了"缩小→扩大→再缩小"的历史演变过程:距今三四千年前的新石器时期,滇池湖岸线高于今湖面5米左右,大约沿着海拔1890米的等高线延伸。汉代,滇池湖面进一步萎缩。到了唐代中期,滇池水位达到最低点,当时的水位比现在的湖面要低3米左右,湖岸线北面在北海埂以南,南面退至南海埂以北,东面退至距今湖岸700—750米处,大约沿着1882米等高线延伸。元初,由于滇池的唯一出口——海口河北沉积物堵塞,滇池水宣泄不畅,导致滇池水域再度扩大,其范围与新石器时期相近。元代以降,人类活动对滇池的干预开始加剧,滇池水域的变迁与人类活动有着密切关系。元明清时期数次大规模的海口河疏浚工程,使得湖水下泄通畅,滇池水域较前代有所缩小,但其范围仍大于现代滇池。20世纪50至80年代,围湖造田一度加剧,滇池水域萎缩较为严重。[①] 现代滇池流域面积约2 755.05平方千米,承受上游20余条河流来水,汇为巨浸。西南面的海口河是滇池唯一的出水口,经安宁为螳螂川,下游为普渡河,最终汇入金沙江。正因为滇池入湖河流众多,却仅有一条出流河道,致使湖泊换水周期长,自我恢复能力较差,生态环境较敏感。[②]

---

① 中国科学院南京地理与湖泊研究所等:《云南断陷湖泊与沉积》,第9—11页。
② 王苏民、窦鸿身主编:《中国湖泊志》,科学出版社,1998年,第7页。

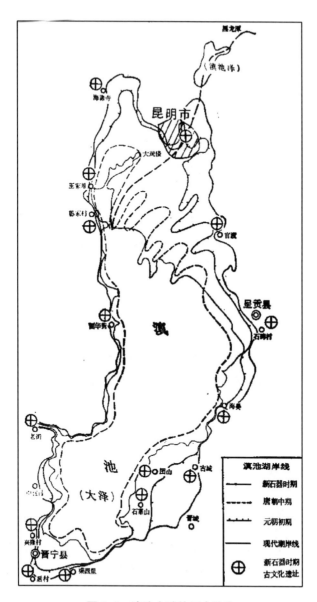

图 1-1 滇池水域的历史演变

资料来源：中国科学院南京地理与湖泊研究所等：《云南断陷湖泊与沉积》，第 105 页，图 4.4。

滇池南缘地区早期的聚落大抵分布于距今滇池岸边稍远的台地、山麓地带。尽管滇池地区的开发活动较早,政区设置也早于云南其他地区,但是由于文献记载的缺失,除了现有的考古资料以及少数史料中对历代政区治所的模糊记载外,我们对清代以前滇池南缘地区人口的空间分布情况知之甚少,因此对元代以前滇池南缘地区的聚落分布、发展情况无法复原,只能根据明清文献和现代地名志中留存下来的诸如"天城门""阳城堡"等极少数的历史地名稍作推测。《徐霞客游记》中对这两处地名均有描述:

> 稍北,过阳城堡,即所谓古土城也……西北由岐一里半,为天女城,上有天城门遗址,古石两叠,如雕刻亭檐状。昔李毅之女秀,代父领镇时,筑城于此,故名。①

"阳城堡"即大理国时期所设的政区。"天女城"位于晋宁州西,东晋南中大姓叛乱之时,益州郡刺史李毅病故,众推其女李秀为将,在村北山上筑城抗击,后人为纪念此事,遂名天女城。②这两处历史聚落均分布在离今滇池岸边稍远的台地之上,一方面出于防御所需,另一方面则深受滇池水域变迁的影响。

从战国时期的滇部族到唐中期的西爨诸部,再到大理段氏统治时期的僰、爨诸蛮杂处,滇池南缘地区一直是少数族群世居之地。终元一代,滇池南缘地区的聚居人群仍以当地少数族群为主,为"僰、獹杂夷所居"③。晋宁、昆阳二州实仍为大理国时期分封至此的高氏子孙世守。元《创建金砂山宝严寺记》载:"滇城之

---

① 〔明〕徐宏祖著,朱惠荣校注:《徐霞客游记校注》,云南人民出版社,1985年,第829、832—833页。
② 晋宁县人民政府编:《晋宁县地名志》(内部资料),第45页。
③ 《元史》卷六十一《志第十三·地理四》,中华书局,1974年,第1459页。

南百里有郡曰晋宁,乃古青侯之苗裔、州牧高庆攸义治所。"①同书按语通过对景泰《云南志》和姚州《高氏世谱》的考证认为:"高氏世守晋宁亦随祚终,故《土官底簿》已无晋宁土州也。"方国瑜考证认为:"明清志书无言晋宁古事有高土官者,惟大理段氏命高智昇为善阐演习,后其子昇祥守之,分封其子孙于善阐府各地,嵩明、昆阳、易门、安宁、禄丰、罗次都可考,且有继袭至元代。晋宁为高氏分封地,《金砂寺碑》文可以为证。"②

尽管元朝统治者在云南中心区广设军民屯田,但其民屯是就地拘刷漏籍人户为屯户置立的,军屯也只是抽调云南少数民族军队爨僰军前往各地屯田③,故此时滇池流域并无大规模的汉族移民进入,只有少数蒙古、色目军队驻扎。中央王朝对晋宁、昆阳二州仍为间接统治,且尚无大规模移民进入,当地仍为少数民族聚居地。因此,史志中有关元代晋宁州和昆阳州的记载非常有限,只能通过明清方志、现代地名志以及地名分析的方法对元代滇池南缘地区的聚落分布概况做不完全统计,如表1-1所示。

表1-1 元代滇池南缘地区的主要聚落

今聚落名	元时旧称	地理位置	聚落描述	资料来源
下方古城	无考	坝区	元河西县治所	嘉庆《大清一统志》
大营	无考	河谷盆地	元大堡县重要村落	《晋宁县地名志》

① 参见民国《新纂云南通志》卷九十四《金石考十四·后期三·元》。
② 方国瑜:《云南史料目录概说》(第三册)卷八《元时期文物选录》,中华书局,1984年,第1055页。
③ 《元史》卷一百《志第四十八·兵三》载:"中庆路军民屯田:世祖至元十二年,置立中庆民屯,于所属州县内拘刷漏籍人户,得四千一百九十七户,官给田一万七千二百一十二双,自备己业田二千六百二双。二十七年,始立军屯,用爨僰军人七百有九户,官给田二百三十四双,自备己业田二千六百一双。"

续 表

今聚落名	元时旧称	地理位置	聚落描述	资料来源
段七村	段奇、段旗	河谷盆地	元大堡县治所	《晋宁县地名志》
大庄	无考	山区	元大堡县重要村落	《晋宁县地名志》
上蒜	蒜村、向桥村	半山区	元大堡县重要村落	《晋宁县地名志》
储英	储英社	坝区	元巨桥万户府储英哨	《晋宁县地名志》
堡孜	堡孜	坝区	元巨桥万户府治所	嘉庆《大清一统志》
南村	南村	坝区	元巨桥万户府之南	《晋宁县地名志》
下梁王	忽纳寨	梁王山麓	明初梁王赴死滇池处	嘉庆《大清一统志》
金砂村	初诺	金砂山麓	田畴丰穰，宅民素朴	元《创建金砂山宝严寺碑》
今地无考	罗富等十二城	无考	"元宪宗并罗富等十二城立巨桥万户。"	《元史》卷六十一《志第十三·地理四》
达子三村	无考	山区	元代曾驻过蒙古军队	《西山区地名志》

说明：表中河西县、大堡县乃元代中期在昆阳、晋宁二州所设之县，但旋即被废，故未见于《元史·地理志》。《嘉庆重修一统志》卷四百六十七《云南府·古迹》载："大甫废县：在晋宁州南二十里，元至正中置县，寻省入州。河西废县：在昆阳州之河西乡，元至元中置，寻省入州。"

元代滇池南缘地区聚居人群仍以少数族群为主，故此时的聚落分布亦可代表元代少数族群在滇池南缘地区的分布概况。"忽纳寨""初诺""罗畐"等聚落名无法用汉语解释,当为少数民族语地名。明清以后这些地名的消失则表明当地土著民族在汉族移民大量入迁后经历了迁徙或融合的过程,所以至今当地流传的"汉来夷走"之说未必不可信。

从聚落的分布来看,元代滇池南岸平坝区的聚落分布尚未到达今滇池沿岸。道光《晋宁州志》卷四载:"金沙渡在城西七里村后,今淤废。"此即金砂村,古为滇池渡头,明代淤废。村中金砂寺有至元戊寅(1338)《创建金砂宝严寺记》载:"滇滔浩渺,烟木杳霭。"又载:"梵与滇涛相抑扬。"此为湖滨景象,后来湖水退缩,金砂渡淤废,把渡口移到三里外的河泊所。今河泊所又成为陆地。可见滇池南缘聚落的分布与滇池水位有着密切的关系。

根据以上分析,我们可以得出以下结论:元代滇池南缘地区的居民仍以当地少数民族为主,滇池流域的人地互动并未随着行省设立或政区的整齐划一而发生明显的变化。治云南地方史的学者一般以元代云南设立行省为云南历史之转折点,但因资料不足而始终无法阐明元王朝在云南的统治实态。上文中对元代聚落的考证认为,云南虽较早设立行省,除了边疆地区之外,元王朝在云南腹地置路、府、州、县,与内地诸省似无差别,但其行省以下的统治方式当与内地不同。邻近省城的昆阳、晋宁二州终元一代仍为当地高氏土官所控制,与大理段氏仍总管大理地区的统治方式如出一辙。

2. 军屯聚落集中分布

元朝灭亡以后,"高氏世守晋宁亦随祚终"[①]。明因袭元朝滇池南缘地区的政区设置,仍设晋宁、昆阳二州,属云南府。云南初

---

① 民国《新纂云南通志》卷九十四《金石考十四·后期三·元》。

定,统治者决定在云南境内实行大规模的军事移民。在云南府、曲靖府、大理府等农业条件较好的高原腹里地区,广设卫所,签发内地军士及其家人前往屯垦,世代戍守。① 正德《云南志》载:

> 盖云南之民多夷少汉,云南之地多山少田,云南之兵食无所仰,不耕而待哺,则输之者必怨。弃地以资人,则得之者益强,此前代之所以不能义安此土也。今诸卫错布于州县,千屯偏列于原野,收入富饶,既足以纾齐民之供亿,营垒联络,又足以防盗贼之出没,此云南屯田之制所以甚利最善,而视内地相较蓰也。又内地各卫俱二分操守八分屯种,云南三分操守七分屯种。②

滇池流域作为元明以来云南的中心区域,是卫所屯田的重中之重。于云南省城设云南左、右、中、前、后、广南六卫驻防,并在云南府所属各州县开屯。据方国瑜考证,明代云南六卫中只有云南中卫、前卫和广南卫在晋宁、昆阳二州屯田。③ 然今晋宁县尚存有"左卫"的地名,且据清康熙年间云南六卫归并屯赋的史料记载来看,"(康熙)二十六年,裁左右中前后广六卫,分境屯赋并州"④。是故,笔者认为晋宁、昆阳境内不止有中、前、广三卫屯田,其余左、右、后三卫亦有屯田驻守。"诸卫错布于州县,千屯偏列于原野",军户携带家口前往定居开屯,渐成军屯聚落,与民户聚居的村落相错而居,如表1-2所示。

---

① 陆韧:《变迁与交融——明代云南汉族移民研究》,云南教育出版社,2001年。
② 〔明〕周季凤纂修:正德《云南志》卷二《云南府·屯田》,《天一阁藏明代方志选刊续编》第70册,上海书店,1990年,第123—124页。
③ 方国瑜:《中国西南历史地理考释》(下册),中华书局,1987年,第1136—1137页。
④ 康熙《云南府志》卷三《建设一·郡县》,第75页。

表 1-2　明代晋宁、昆阳二州的军屯聚落

聚落名称	地理位置	聚落描述	资料来源	备　注
阳城堡屯	坝区	明代军屯	正德《云南志》	今观音寺村
大堡上营屯	河谷	明代军屯	正德《云南志》	今上营村
大堡中营屯	河谷	明代军屯	正德《云南志》	今中营村
大堡下营屯	河谷	明代军屯	正德《云南志》	今下营村
中卫屯	湖滨三角洲	明代军屯	正德《云南志》	今中卫村
前卫屯	河谷	明代军屯	正德《云南志》	今前卫村
广南屯	今地无考	明代军屯	正德《云南志》	今地无考
大营庄	河谷	明代驻军	《徐霞客游记》	
河西厂	湖滨三角洲	明代军屯	康熙《晋宁州志》	
陈家营	湖滨三角洲	明代军屯	乾隆《晋宁州志》	
西大营	湖滨三角洲	明代军屯	乾隆《晋宁州志》	
吕家营	湖滨三角洲	明代军屯	乾隆《晋宁州志》	
东大营	湖滨三角洲	明代军屯	乾隆《晋宁州志》	
左卫	湖滨三角洲	明代军屯	乾隆《晋宁州志》	
耿家营	半山区	明代军屯	乾隆《晋宁州志》	位于交通要道
李官营	河谷	明代军屯	乾隆《晋宁州志》	位于交通要道
谢家营	河谷	明代军屯	乾隆《晋宁州志》	位于交通要道

续　表

聚落名称	地理位置	聚落描述	资料来源	备　注
汉人营	湖滨三角洲	明代军屯	乾隆《晋宁州志》	
朵家营	湖滨三角洲	明代军屯	乾隆《晋宁州志》	
洪家营	湖滨三角洲	明代军屯	乾隆《晋宁州志》	
方家营	湖滨三角洲	明代军屯	乾隆《晋宁州志》	
宋家营	湖滨三角洲	明代军屯	道光《晋宁州志》	
周家营	湖滨三角洲	明代军屯	民国《晋宁乡土志》	
朱家营	坝区	明代军屯	道光《昆阳州志》	
肖家营	坝区	明代军屯	道光《昆阳州志》	
西汉营	半山区	明代军屯	道光《昆阳州志》	位于交通要道
后所	半山区	明代军屯	道光《昆阳州志》	位于交通要道
任家营	河谷	明代军屯	道光《昆阳州志》	位于交通要道
韩家营	河谷	明代军屯	道光《昆阳州志》	位于交通要道
袁家营	湖滨三角洲	明代军屯	道光《昆阳州志》	位于交通要道
昌家营	河谷	明代军屯	《晋宁县地名志》	位于交通要道
半定哨	河谷	明代军哨	《徐霞客游记》	位于交通要道
十里铺	河谷	明代设铺	康熙《晋宁州志》	位于交通要道
五里铺	坝区	明代设铺	康熙《晋宁州志》	位于交通要道
中和铺	半山区	明代设铺	道光《昆阳州志》	位于交通要道
大江头	半山区	明江头铺	乾隆《晋宁州志》	位于交通要道

表1-2所列明代晋宁、昆阳二州军屯聚落名称，主要是根据正德《云南志》卷二《屯田》所载屯田点，辅以《徐霞客游记》《读史方舆纪要》等书的相关记载和康熙、乾隆、道光三朝《晋宁州志》及道光《昆阳州志》所载的聚落名称，比照20世纪80年代所编的地名志和地图，运用地名分析考证而成。这些地名多以"屯""营"为名，表明了其驻守的方式。有些则直接以其所属卫所为名，如"左卫""前卫""后所"等。大部分带"营"字的地名皆冠以汉族姓氏，如"陈家营""周家营""肖家营"等，与元代"初诺""忽纳"等少数民族语地名有很大的区别，充分说明汉族移民在当地定居屯垦的事实。除了以"屯"和"营"为名外，明代晋宁、昆阳地方还有以"哨""铺"为名的地名，这是因为明代云南的哨戍、铺舍较为特殊：

> 云南地方夷汉杂处，盗贼出没无常，故于各道路每十里或二三十里各设哨戍以守之。大哨五十人，小哨或二三十人，俱以指挥千百户等官主之，官及各哨兵俱连家小驻扎。①
>
> 云南铺舍大抵与江南、中州不同，江南、中州铺司兵俱民户轮充，一年一换，云南或以民户，或系国初调来军士，俱环铺居住耕种，子孙世役。②

哨兵、铺兵皆连家小驻扎，世代承袭，因此明代云南的哨戍、铺舍往往发展成为聚落。

---

① 〔明〕周季凤纂修：正德《云南志》卷二《云南府·哨戍》，《天一阁藏明代方志选刊续编》第70册，第138页。
② 〔明〕周季凤纂修：正德《云南志》卷二《云南府·哨戍》，《天一阁藏明代方志选刊续编》第70册，第139—140页。

由表1-2的资料来源可知,明代志书中所载的军屯聚落并不是很多,大部分的聚落点资料集中出现在乾隆、道光志中。一方面是因为晋宁、昆阳二州的明代方志已亡佚,只能依靠通志中的约略记载和后来的方志补充;另一方面,晋宁、昆阳二州现存的清代方志的记载无论是时间上还是空间上均存在不足之处。康熙《晋宁州志》卷一《乡村》载:"村二十有四",其中殊少提及军屯聚落。即便清初晋宁、昆阳二州遭受孙可望部队的屠杀之祸,也不可能所有的军屯点全遭荡平。因此,笔者认为,尽管康熙《晋宁州志》刊刻于康熙五十五年(1716),而晋宁州的归并屯赋早在二十六年便已开始①,但书中所载的二十四村只是明代以来晋宁州境内归民事系统管辖的村落而已,并不包括归属于军事系统的军屯聚落。而在乾隆《晋宁州志》中,从明代直至清初属于军事系统管辖的军屯点,已经完成了向民事系统管辖的普通村落转化的历史过程,这些带有明显的军屯特点的地名纷纷出现。而昆阳州仅有康熙《昆阳州志》和道光《昆阳州志》留存于世,康熙州志的记载非常简略,对明代聚落点并无直接记载。所幸的是我们可以通过遗留下来的地名剖析出明代昆阳州军屯聚落的概况。

表1-2可以说明明代这一区域内军屯聚落分布的基本态势:明代军屯聚落点主要集中在城镇附近和交通要道。晋宁、昆阳二州的军屯分布亦有所不同。明代晋宁州境内的军屯主要分布在晋宁州治附近的坝区和柴河三角洲的顶端。人们的定居空间与元代相比,呈现出向柴河三角洲拓展的趋势,但是仍然未到达今滇池岸边,最北直到"左卫""宋家营"一带而已。以近代云南著名方志学家方树梅先生的故里"方家营"为例,明初方氏入滇,始祖

---

① 康熙《云南府志》卷三《建设一·郡县》,第75页。

在此定居时名曰"鹚睢厂"①,意为水鸟栖息处。据此推测明初的方家营一带很有可能是距离滇池不远的沼泽地带,而今方家营已离滇池有7千米之遥。因此,柴河三角洲在明代仍未发育完全。相较之下,昆阳州的军屯多数集中在昆阳通往新兴、安宁、海口的三个方向的交通沿线上,如昆阳至新兴大道两侧以及靠近刺桐关的"前卫""后所""昌家营""韩家营"等村;昆阳通往安宁大路两侧的"肖家营""朱家营"等村;昆阳通往海口沿途的"西汉营"等。而类似"营""屯"的地名在昆阳州城附近以及大河三角洲一带并无明显分布。

3. 民户与军屯聚落相错而居

明代滇池南缘地区的聚落除了大规模进驻开垦屯田的汉族移民军屯以外,归属于州县所管辖的民户聚居村落也有了很大程度的增长。"明初平定云南,除了实行沐英留镇,大军屯集,建立卫所等项措施外,还实行了官府组织移民屯田,充实云南的政策。"②只是由于史志疏于记载,因此无法确定晋宁、昆阳二州境内哪些民村是汉族移民屯垦的聚居点。而元代位于坝区的少数民族语地名在明代几乎被汉语地名所取代,这就说明了土著民族在汉族移民入迁定居后发生了迁徙或被融合的现象。故明代晋宁州文人在《晋宁州风土记》中写道:

> 盖晋宁编户,汉夷相杂,夫所谓汉者随屯而居,乃中原迁戍者也。若夷则有僰人,有倮罗两种。僰人易化,

---

① 《方氏族谱·方氏源流》,云南省图书馆藏甲寅夏五月方氏合族印本载:"明洪武初年,始祖李公以武职随沐西平侯从征至滇,滇平,慕晋宁山水,就州之西北鹚睢厂卜筑以居焉。久之,聚而成营,此方家营所由名也。"
② 陆韧:《变迁与交融——明代云南汉族移民研究》,第74页。

半居廛市,与中原无辨。唯僰罗远处村寨,服言稍异,若春仲迎赛,星回张炬,其遗俗也。①

"僰人""倮罗"分别为今白族和彝族。这两个族群在明代就已经被纳入晋宁州的编户体系中,说明已具备较高的发展水平。据现代方志所载,今滇池南岸明代晋宁州故地的范围内,无论是坝区还是稍远的半山区、山区,已无少数民族聚居。明代史料中所载的僰人、倮罗已经融合到汉族中去。

表1-3 明代滇池南缘地区的民户聚落

聚落名称	地理位置	聚落描述	资料来源	备 注
青鱼塘	河谷盆地	民村	《徐霞客游记》	
里仁村	山区	民村	《徐霞客游记》	
海门村	河谷盆地	民村	《徐霞客游记》	
汉厂	河谷盆地	民村	《徐霞客游记》	
茶埠墩	河谷盆地	民村	《徐霞客游记》	
三多	半山区	民村	《徐霞客游记》	原名三尖村
牛恋乡	滨湖坝区	民村	《徐霞客游记》	
旧寨村	滨湖坝区	民村	《徐霞客游记》	
渠东里	湖滨三角洲	民村	《徐霞客游记》	亦名赤峒里
河泊所	湖滨三角洲	明代设河泊所	《徐霞客游记》	明晋宁州境内

① 〔明〕唐尧官:《晋宁州风土记》,乾隆《晋宁州志》卷二十七《艺文上》,清乾隆二十七年(1762)刻本。

续　表

聚落名称	地理位置	聚落描述	资料来源	备　注
沙锅村	河谷盆地	民村	杨慎《海口疏浚碑》	今沙锅摆
新村	河谷盆地	民村	杨慎《海口疏浚碑》	
白塔村	丘陵阶地	民村	杨慎《海口疏浚碑》	
铁冶所	山区	明代设铁冶所	《读史方舆纪要》	今宝峰营
下石美	坝区	民村	康熙《晋宁州志》	黑麻村、锦川里
观音山	半山区	民村	康熙《晋宁州志》	
宝兴村	河谷盆地	民村	康熙《晋宁州志》	
西合村	滨湖坝区	民村	康熙《晋宁州志》	
大西村	湖滨三角洲	民村	康熙《晋宁州志》	
黄土坡	坝区	民村	康熙《晋宁州志》	今福安村
团山村	湖滨三角洲	民村	康熙《晋宁州志》	
土坯村	未详	民村	康熙《晋宁州志》	今无此村
竹园村	坝区	民村	康熙《晋宁州志》	
河泊所	滨湖坝区	明代设河泊所	道光《昆阳州志》	明昆阳州境内
恢厂	半山区	民村	《重建灰厂三圣宫碑记》	

续　表

聚落名称	地理位置	聚落描述	资料来源	备　注
大新城	坝区	明末昆阳州城	《晋宁县地名志》	受滇池水位影响，州城迁此，毁于顺治七年(1650)
小新城	坝区	明末昆阳州城	《晋宁县地名志》	受滇池水位影响，州城迁此，毁于顺治七年(1650)
普达村	河谷盆地	民村	《晋宁县地名志》	少数民族语地名
锁溪渡	坝区	民村	《晋宁县地名志》	原为么㱔人居住
大乌龙	河谷盆地	民村	《晋宁县地名志》	少数民族语地名
渠西里	湖滨三角洲	民村	《晋宁县地名志》	
兴隆村	湖滨三角洲	民村	民国《张氏族谱》	亦名卧龙庄
中谊村	湖滨三角洲	民村	《中谊村杨氏族谱序》	又写作中邑村

与军屯聚落相比，民户聚居村落的记载更加稀少。留存下来的正德《云南志》等书均是记载全省范围的通志，不可能详细到每个州县的每个村落，而且民户村落地名并不像军屯地名那样具有典型性，以至于地名分析考证的方法失去了效果。我们只能借助《徐霞客游记》以及留存的部分碑文、族谱中的相关记载，比对现代地名志和地图，进行大致的复原。明代晋宁、昆阳二州的实际民户聚落数量当不止此数。

受资料所限，表1-3中所列民户聚落的分布与表1-2的军屯聚落相比，稍显杂乱。在湖滨三角洲、坝区、山地、河谷均有民户聚落的分布。晋宁州湖滨三角洲顶端的"大西村""黄土坡"等村与军屯的分布基本保持在一条线上。根据这一带聚落的分布可以勾勒出明代滇池东南岸的湖岸线。昆阳州湖滨三角洲的聚落自西向东分布有旧寨—中谊—兴隆村—渠西里—渠东里诸村,亦可据此推断滇池西南岸、南岸的湖岸线走向。"三多""恢厂""观音山"等村位于山地和平坝区之间的山麓地带。山地聚落除了"铁冶所"此类因官方开采铁矿而形成的聚居点外,殊少有村落分布。河谷地带,尤其是海口河谷地的多数村落,在明代就已形成。再结合二街河谷地、柴河谷地的军屯和村落分布情况可知,河谷盆地也是滇池南缘地区人类聚居较早的地带。元明时期滇池南缘的聚落发展与分布状况如图 1-2 所示。

就聚落的具体形态而言,集中分布于城镇附近和交通沿线的军屯聚落,带有明显的军事驻守和防御性质,并以驻守官军姓氏为名。多为明代举家迁徙至此开屯,之后发展成聚族而居的集村。而坝区的民户村落亦为聚居之集村。徐霞客途经晋宁金砂山一带,对当地村落作如是描述:"山之西麓,则连村倚曲,民居聚焉。"[①]军屯与民村在平坝区交错分布,星罗棋布,"数十里映带"。交通沿线、河谷地带的村落均沿道路、河流两边分布。驻守于交通沿线的"营""屯""哨""铺"仍需要军户聚居,以协同完成防御、通信的职守。河谷地带的村落民居大多是依山面河而建。这主要是因为谷地通常较为狭长,河流两边肥力较高且便于灌溉的土地十分有限。聚落往往是依山面河而处,既避免了河谷底部肥沃耕地的浪费,又减轻了河流泛滥对人居空间带来的威胁,同时还便于石料、木材等建筑材料的取用。

受资料的时间分辨率所限,上文中所复原的明代军屯聚落很可能只是军屯驻扎初期的分布状况。而民户聚落则很可能是明

---

① 〔明〕徐弘祖著,朱惠荣校注:《徐霞客游记校注》,第 833 页。

专题一 水利建设的地理生态与治理效应：高原湖盆地区的农业聚落与水环境 | 019

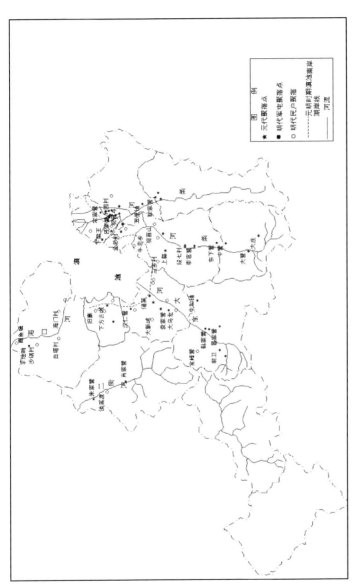

图 1-2 元明时期滇池南缘地区聚落发展分布

说明：1. 此图以《晋宁县地名志》中 1983 年编绘的 1：100 000《晋宁县地图》为底图绘制。
2. 资料来源：《徐霞客游记校注》《读史方舆纪要》，康熙《晋宁州志》卷一《乡村》，乾隆《晋宁州志》卷五《疆域形势附》，道光《晋宁州志》卷三《地理·户口》，道光《昆阳州志》卷四《地理志·村屯》，民国昆阳县《张氏族谱》《晋宁县地理志》《中道村杨氏族谱·序》《晋宁县地名志》《西山区地名志》。

末清初的不完全统计。对于有明一代滇池南缘地区乡村聚落的动态发展过程无法予以复原,只能根据有限的史料展现某些断面。随着屯田的稳定,人口在原有基础上得以增殖。汉族移民带来的农田水利技术加速了湖滨三角洲地带的土地开发。从明代中后期至清代,在滇池水位的人力干预、三角洲营田技术的运用以及南岸入滇河流自然沉积的共同作用下,滇池南岸以三角洲为主的居住空间得到了很大的拓展。清中期以后,平坝区的开发基本处于饱和状态,定居空间开始呈现出向河谷、山地纵深以及滨湖荒地大规模挺进的双向态势。

4. 思考

元明时代被认为是云南历史上的大转折时代。以往学者已经从政治制度、移民等多方面予以探讨,然而他们对行政设置、移民屯垦所带来的人地关系的转变疏于探讨。本专题试以聚落为切入点,通过对有限的方志、碑刻等文献的分析考证,大致复原了13—16世纪时期滇池南缘地区乡村聚落的分布和发展态势。研究发现,元朝尽管在云南设置各级正式政区,但其统治实态仍与内地不同,仍以当地少数族群为主。中央王朝在云南的政区设置等行为并未对当地环境产生明显的影响。明朝初年,由政府主导的内地汉族移民大规模进入云南腹地,军屯大多分布于城镇周边以及交通要道,与民户村落相错而居。聚落的增长多为填补空白式,移民初期,滇池流域人地矛盾的问题尚未突显出来。滇池流域的环境真正发生变迁应该是在移民入迁定居约两百年之后的明末清初时期。因此,治西南边疆史,第一个绕不过的问题是大规模的汉族移民开发问题,在考察移民及其环境响应问题时,不宜简单得出"移民开发带来生态灾难"等此类结论。

二、滇池海口水利与人地关系

位于滇池西南部的海口河是滇池唯一的出水口,是控制滇池水位的枢纽。"全池之水,惟赖海口一线以为宣泄。"① "其谓之口者,以其源大而流细,若咽喉然。海口淤则上流不通,夏水盛则会城必漫。"② 海口河的通塞与否直接关系到滇池流域昆明城的安危以及周边呈贡、晋宁、昆阳诸州农业生产和生活的安全。中滩则是位于滇池与海口河交汇处的一大一小两个长条形滩头,其形成与变迁是明清以降人类活动与滇池水域及周边山地互动的结果。

明清时期地方官和文人均已意识到海口河对于滇池的重要性,地方文献中不乏有关海口河疏浚的记载。20 世纪 40 年代,抗战内迁的地理学者对滇池流域进行了一系列深入研究。程潞等学者在研究中注意到海口河对滇池流域土地利用的影响。③ 陈述彭详细考察了海口河谷地及其周边山地的地质地貌形态。④ 方国瑜梳理了元明清时期海口河的历次大规模疏浚活动。⑤ 杨伟兵、周琼分别从滇中盆坝区水利和内地化的角度论及海口河。⑥ 上述研究对海口河在滇池水利中的重要地位以及历代的疏浚活动均已明了,但是对于海口河中滩这个关键节点的形成及变迁问题缺乏细部分析。基于上述学者的研究,本专题通过对史料的爬

---

① 〔清〕朱庆椿纂修:道光《昆阳州志》卷之八《赋役志·水利》,道光十九年刻本。
② 《新纂云南通志》卷一百三十九《农业考二·水利一》,第 31 页。
③ 程潞、陈述彭、宋铭奎、黄秉成:《云南滇池区域之土地利用》,《地理学报》第 14 卷,1947 年第 2 期。
④ 陈述彭:《云南螳螂川流域之地文》,《地理学报》第 15 卷第 2、3、4 合期,1948 年。
⑤ 方国瑜:《滇池水域的变迁》,《思想战线》1979 年第 1 期。
⑥ 杨伟兵:《云贵高原的土地利用与生态变迁(1659—1912)》。周琼:《清代云南内地化后果初探——以水利工程为中心的考察》,《江汉论坛》2008 年第 3 期。

梳,复原海口河中滩在历代水利活动中的形成和变迁的动态过程,并溯及定居史。通过对小尺度区域的细致考察,以期窥见元明以降在大规模移民、水利活动背景下滇池流域人地互动之一斑。

1. 海口河的疏浚

14世纪下半叶,明朝平定云南以后,在云南实行大规模的军事移民。在云南府、曲靖府、大理府等农业条件较好的高原腹里地区,广设卫所,签发内地军士及其家人前往屯垦,世代戍守。[①] 随着人口的不断增长,定居空间和土地开垦面积随之得到拓展,与之紧密相关的水利工程,无论是在坝区还是在山地,都得到了集中发展。

元代以前,滇池地区水利工程的兴修状况未详于史籍,一方面是因为文献分布不均,另一方面则可能是因为该区域为少数民族聚居之地,其人口发展以及生产、生活方式对水利条件要求不高。较早的只有对新莽时期益州郡太守文齐"造起陂池,开通灌溉,垦田两千余顷"[②]的简单记载。元明清时期,频繁见于史籍记载的莫过于海口河的疏浚工程。海口河作为滇池的唯一出水口,其通塞直接关系着滇池周边的昆明、呈贡、晋宁、昆阳四州县,尤其是省会昆明城的安危。因此,元明清时期,"地方大吏俱以修浚海口为滇省水利首务"[③],地方官甚有"滇省水利,全在海口"之说。[④]元至元十年(1273),赛典赤命大理等处巡行劝农使张立道对海口河进行了首次疏浚,"泄其水,得壤地万余顷,皆为良田"[⑤]。明弘治十四年(1501),云南巡抚陈金征发军民夫役二万疏浚海口河,定

---

① 陆韧:《变迁与交融——明代云南汉族移民研究》。
② 《后汉书》卷八十六《南蛮西南夷列传》,中华书局,1965年,第2846页。
③ 〔清〕朱庆椿纂修:道光《昆阳州志》卷之八《赋役志·水利》。
④ 雍正《云南通志》卷二十九之六《奏疏·疏浚海口六河疏》。
⑤ 《元史》卷一百六十七《张立道传》,第3916页。

下岁修、大修之例,责成昆明、呈贡、晋宁、昆阳四州县分段疏通。时至清代,官方主导的对海口河的疏浚频率越来越高,康熙朝至道光朝不到两百年的时间里,见于记载的海口河疏浚工程就有十次之多。清雍正十年(1732)至乾隆四十三年(1778)间,为了便于管辖海口河水利事宜,云南府曾专设昆阳州水利州同,驻扎海口,专责疏浚。① 历次见于记载的疏浚工程及其成效,如表1-4所示。

表1-4　元明清时期滇池海口河历次大规模疏浚

年代	倡修人	工程情况	疏浚成效
元至元十二年（1275）	赛典赤·詹斯丁、张立道	调集丁夫2 000余人,清除海口、龙王庙、石龙坝一带淤泥,开挖鸡心、螺壳滩,疏浚滇池出口,扩大出流	降低滇池水位,减轻洪涝灾害,涸出良田万余顷
明洪武十五年（1328）	沐英	疏浚海口河,扩大出流	垦田97万亩,无复水患（《明史》《明实录》）
明弘治十五年（1502）	陈金	疏浚海口至青鱼滩20余里,左右各开渠一道,整治黄泥滩、黄牛嘴、平定铺、白塔村等处的阻水乱石,修旱坝15座;制定岁修大修条例	"地土尽出,而所谓膏腴沃壤者不复昔之浸没矣……退出田地前后约百万有奇"（陈金《海口记》）

① 《清世宗实录》卷一百一十七"雍正十年壬子夏四月戊子"条载:"辛丑,工部议覆,升任云贵广西总督鄂尔泰疏言:滇省水利,全在昆明海口。现今修浚,膏腴田地渐次涸出。……令云南府水利同知巡查,并请于昆阳州添设水利州同一员,驻扎海口,以专责成……均应如所请从之。"（中华书局影印版,1985年,第554—555页）《清高宗实录》卷一千五十二"乾隆四十三年戊戌三月辛酉"条载:"(癸亥)吏部议覆,大学士管云贵总督李侍尧奏称:云南昆阳州海口州同,司专疏浚,并不管辖村庄。雇夫办料,本多掣肘。且海口距州城仅三十五里,该州事务本简,无难兼司,请裁海口州同,河务归知州管理。应如所请之。"（中华书局影印版,1985年,第61页）

续　表

年代	倡修人	工程情况	疏浚成效
明嘉靖二十八年（1549）	顾应祥、林应箕	调集丁夫22 000余人修挖海口河子河，以障泥沙，筑泄水坝九座，疏挖黄泥滩	"使水由安宁、富民畅流而下，滨海之田涸出"（杨慎《海口碑记》）
明万历元年（1573）至万历三年	邹应龙、郭庭梧、罗汝芳、方良曙	反旧例，疏浚豹子山一段河道，使河水重新由豹子山流出	"水复半繇豺山下行，而螺壳，而黄泥，无复少阻"（方良曙《重浚海口记》）
清康熙四十八年（1709）	贝和诺、郭瑮	修浚海口河	
清雍正三年（1725）	高其倬	大修海口河	"未几复壅"
清雍正七年至八年（1729—1730）	鄂尔泰、张允随、黄士杰	疏挖海口河，拓宽牛舌洲、牛舌滩等处河道，开平定哨子河，修筑石龙坝两岸堤埂	"使新河得以畅流，涸出腴田无数"
清乾隆十四年（1749）	张允随	疏浚海口河	
清乾隆五十年（1785）	刘秉恬	疏挖海口河，从龙王庙至石龙坝深挖约一二尺至四五尺	
清嘉庆五年（1800）	初彭龄	疏挖海口河	
清道光六年（1826）	阮元、伊里布	疏挖海口各滩淤积泥沙	

续 表

年代	倡修人	工程情况	疏浚成效
清道光十六年（1836）	伊里布、颜伯焘、沈兰生	自龙王庙至草厂尾，分南、北、中修筑三河，名川字河。共长2775丈，并在川字河上建南、中、北三座石闸共21孔，名"屡丰闸"	"易坝为闸，良田豁出数万余亩"
清同治十三年（1874）	岑毓英	修筑海口河堤岸、闸坝、桥梁	

资料来源：昆明市水利志编写小组编：《滇池水利志》，云南人民出版社，1996年，第84—87页。

表1-4中所列的年份中，明弘治十五年（1502）应该是滇池海口疏浚历史上一个具有重大意义的转折点。此前，滇池海口的疏浚频率是以百年计的，而此次疏浚后，海口河疏浚频率越来越高。明代的疏浚工程主要集中在弘治、嘉靖、万历三朝（16世纪），清代的大修海口则集中于康、雍、乾、道四朝（18—19世纪）。从疏浚的直接原因来看，历次大修多在滇池水患发生后进行。则何以明中期以降，滇池水患愈演愈烈？出现这种情况的原因不排除有文献分布不均因素的存在，但我们也有理由相信，明初大规模的移民屯垦、土地开发活动，经历了近两百年，至16世纪以后，滇池地区的环境与社会发生了变化。

从海口河流域的地质构成来看，北岸为石灰岩岩壁，迫临河沿，几无支流。南岸为砂页岩缓坡，土壤以红壤为主，侵蚀作用较强，并有尖山、芭蕉、拉龙、云龙、桃源五条子河顺山坡汇入。一到雨季山洪暴涨，各子河挟带大量泥沙冲入正河，形成滩洲，河水受阻不能下泄。① 因此,淤塞海口河的泥沙主要来源于其南岸诸箐。清初至中期,海口河频繁的淤塞,一方面与流经地区的地形和土壤有关,另一方面可能与当地居民的定居空间拓展至海口河南岸山地以及不合理的土地利用方式有关。道光十六年(1836)大修后,总督伊里布增订岁修条例及善后事宜,明确规定:

> 一 正河两岸原系堆沙隙地,所有沿河偏坡窄岸,以后只许栽种树木,不准挖犁,致有倾陷。树株须植岸上,不得栽于水边,希图侵占河面。
> 一 豹子山邻近马房一带,山场以前已经封禁,只许种树不准采石,并开挖布种,以免沙石流入南河。今石匠等借该地公事为名,仍旧开采,民人垦种,着一并严禁,如违提究。
> 一 三河俱有丈尺,两岸皆属官地,除将军庙、龙王庙后已盖房屋免议外,后不得再盖房屋,致碍往来道路并大修之日无地堆放沙泥。②

从以上条规不难看出,到清代中叶,地方官已经察觉到海口河沿岸山区的垦殖活动和不合理的土地利用方式造成水土流失,严重影响到海口河的畅通。因此,在沿岸地区划定"保护区",严令禁止民人垦种和非法定居侵占。由此可见,海口河的淤塞问题除了周边山地自然的地质构造的原因外,也与明清以降周边区域不合理的土地利用方式有关。

---

① 陈述彭:《螳螂川流域之地文与人生》,收入氏著《地学的探索》第一卷《地理学》,科学出版社,1990年,第57—77页。
② 〔清〕朱庆椿纂修:道光《昆阳州志》卷八《赋役志·水利》。

2. 滩洲形成与变迁

中滩是滇池泄水口海口河进入山谷处形成的一大一小两个长条形滩头,故又称大中滩和小中滩。两个滩头将刚入山谷的海口河分为南、中、北三河即川字河,大中滩在南河与中河之间,小中滩在中河与北河之间。三河从大小中滩间流过后,复汇为一,逶迤向北。海口河南、中、北三河并流的形态是16世纪以降人工干预滇池水位、疏挖海口河的产物。滩洲上最初的聚落定居也与海口河治理有着直接联系。

关于海口河中滩洲的记载,最早见于明万历初年云南布政使方良曙的《重浚海口记》,即:

> 乃知滇水从出之口牛舌洲横于前,龙王庙洲塞于中,此全省水口,风气攸关,盖奇胜也。士人咸指故道水由洲左豹山下行十之六七,由海门村旁行十之三四,今左流才一二耳,况下有螺壳、黄泥二滩之淤,冬水落而背露,春水涸而龟昂,故工所可加而豹山之下尤宜深浚,坝旧筑螺滩上,可勿循越。①

根据这条史料记载,至明万历初年,海口河中"牛舌洲"横于前,"龙王庙洲"塞于中。洲左为豹山,洲右为海门村,与今中滩的位置基本吻合,当为中滩的前身。但此时河中应当只有一个滩头,将流入之滇池水分为两股,即"由洲左豹山下行十之六七,由海门村旁行十之三四",并无"两滩三河"的流路。明末崇祯十一年(1638),徐霞客游历海口河时记载道:"不半里,中有

---

① 《方良曙重浚海口记》,万历《云南通志》卷十四《艺文志》,明万历刻本。

洲浮其吭间,东向滇海,极吞吐之势;峙其上者,为龙王堂。"①此河中洲即为此前的"龙王庙洲"。据徐霞客的描述,当时海口河中也只此一洲而已,且尚未形成聚落。因此,至明朝末年为止,海口河中已经形成一个江心洲,被当时人们认为是"全省水口,风气攸关"之地。其上筑有龙王庙,但尚未形成大小中滩并列、将海口河一分为三的格局。而文中提到的"牛舌洲",从其位置描述来看,应当是横挡在海口河中的洲体,并非清代文献中的"牛舌洲"(见图1-3)。

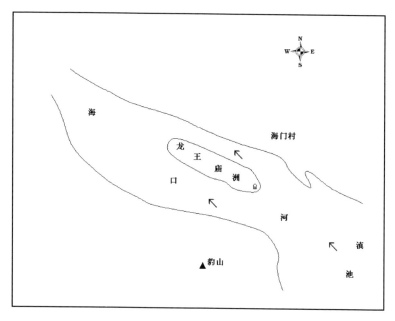

图1-3 明代海口河龙王庙洲示意

雍正七年至八年(1729—1730),海口河大修。总督鄂尔泰在《修浚海口六河疏》中称:

---

① 〔明〕徐弘祖著,朱惠荣校注:《徐霞客游记校注》,第822—823页。

> 复行至海口,驾船循视,见有旧埂一条,沉埋横塞其中。埂外龙王庙,前有牛舌滩,又侧而下有牛舌洲,俱阻拦出水,不能直泄。询诸土人,此从前筑埂以浚海口之遗基也。其一滩一洲,自古所有。原未议修,随于大海近崖处用竹竿试探,水深八九尺。出海口外,于龙王庙左海门村试探,水仅深二尺五寸;于龙王庙右近豹子山之牛舌洲试探,水则止深九寸。皆因三重壅塞,不能畅达,以阻海口出水之咽喉。①

奏疏中提到了海口河中有牛舌洲和牛舌滩阻挡滇池水下泄,但并未提到明代史料中所提及的"龙王庙洲",只云"埂外龙王庙,前有牛舌滩",据此推断,鄂尔泰所说的牛舌滩即为明代的"龙王庙洲"。牛舌滩"侧而下"有牛舌洲,与今小中滩和大中滩的布局一致,故牛舌洲当为后来的大中滩。也就是说,大中滩的形成反而晚于小中滩。鄂尔泰奏疏中所称的"牛舌洲"应当不是上文方良曙的《重浚海口记》中提到的"牛舌洲"。对比两条史料所载,明代的"牛舌洲"当为鄂尔泰奏疏中提到的横塞其中的旧埂。而清代所言的"牛舌洲"是在明万历三年(1575)到清雍正八年(1730)之间在明代龙王庙洲左下侧沉积形成的。且据鄂尔泰调查称,万历年间的疏挖并不彻底,"亦只于牛舌洲之左豹子山之下竭力疏浚,其根未清"②。奏疏中又称此一滩一洲乃之前历次疏挖海口河修筑土坝留下的遗基。

事实上,在海口河疏挖过程中,限于当时的技术和财力,不科

---

① 鄂尔泰:《修浚海口六河奏疏》,雍正《云南通志》卷二十九《艺文五·奏疏》,清乾隆元年(1736)刻本。
② 鄂尔泰:《修浚海口六河奏疏》,雍正《云南通志》卷二十九《艺文五·奏疏》,清乾隆元年(1736)刻本。

学的疏浚方法也是导致河中滩洲淤塞的一个重要因素。道光十六年(1836)大修后,伊里布敏锐地指出前人疏浚海口河之法的弊端所在:

> 旧制大修海口,先筑土坝于川字河中,逼海水涸出河心,然后施工。工完拆坝放水。其筑坝也,先用船载土石抛于河心,俟水势稍杀闪,乃定桩络菱,实为土坝。其拆坝也,坝上石土不能尽去者仍旧淤塞,事劳而工半。①

传统的疏浚方法是在滇池入海口河的入口处筑土坝拦截滇池水,坝内海口河水排干后,再行疏挖。疏挖完毕后再拆除土坝防水下泄。其筑坝的方式是用船载土石抛到河心以阻挡水势,然后定桩筑坝。而拆坝时往往不能将原先填进去的土石彻底清除。这种方式,一方面疏挖了海口河下游河道淤塞的泥沙,但另一方面却在入口处造成了淤塞。牛舌洲、牛舌滩正是处在滇池入海口河处的河心中。道光十六年屡丰闸修建以前的历次海口大修,很有可能就是在牛舌洲、牛舌滩的位置上修筑土坝的。每次拆坝以后,清除不彻底的土石沉积在河中,为入口处河中滩洲的发育奠定了基础。

再结合海口河谷地的地质地貌来看,"海口河南岸山地,下为松脆之早寒武世砂页岩及泥盆纪砂岩。上覆红土,童山濯濯,殊少植物被覆,冲刷强烈"②。海口河坡降较缓,流速甚低,南岸山

---

① 〔清〕朱庆椿纂修:道光《昆阳州志》卷八《赋役志·水利》,道光十九年(1839)刻本。
② 陈述彭:《螳螂川流域之地文与人生》,收入氏著《地学的探索》第一卷《地理学》,第77页。

地冲刷下来的砂石得以沉积,形成滩洲。清代以降,海口河南岸豹子山下马房等聚落定居形成,垦殖加剧,导致南岸山地水土流失严重,砂石频频冲刷入河。这一现象在当时已被地方官员觉察,因此,伊里布在道光大修后修订的善后事宜中明文规定:"豹子山邻近马房一带,山场以前已经封禁,只许种树不准采石,并开挖布种,以免沙石流入南河。今石匠等借该地公事为名,仍旧开采,民人垦种,着一并严禁,如违提究。"①

这就不难解释为什么海口河靠近豹山处经常淤塞,而且百余年间在原来的龙王庙洲南沉积出一个牛舌洲来(见图1-4)。

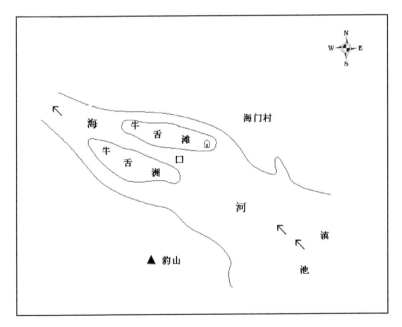

图1-4 雍正时期海口河滩洲示意

---

① 〔清〕朱庆椿纂修:道光《昆阳州志》卷八《赋役志·水利》。

道光十六年（1836），大修海口。此次大修，由总督伊里布、巡抚颜伯焘主持，一改之前筑土坝于川字河，阻挡滇池水入河后再行疏挖之法，而是在业已形成的海口河"两滩三河"的基础上修建屡丰闸，以调节滇池水位：

> 南河闸墩十座，闸口九空，北河闸墩五座，闸口四空，中河闸墩七座，闸口六空。道光十六年，阁督伊、巡抚颜倡建。……道光十六年，阁督伊、巡抚颜倡劝昆明绅耆捐银一万七千余两。云南府黄、昆明县宫复捐给督工绅耆薪水。砌以巨石，卯以铁锭，共成闸墩二十有二墩。高二丈一尺，径丈三，上跨石梁以便行旅。闸口十九空，因水力猛峻，闸板厚数寸，俱鼓断，乃计每口内外用板两层，虚其中，填以土。启闸时先除土，土净然后起板，功乃得就。嗣此大修，既省筑坝之繁劳，更免坝土之淤塞，事半功倍，一劳永逸。工竣，阁督赐名屡丰。①

屡丰闸修建以后，海口河大小中滩以及南、中、北三河的格局最终被固定下来（见图1-5）。

通过上述分析可知，海口河大小中滩的形成及变迁，主要有三个方面的因素：其一，19世纪以前，不科学的疏浚方法为滩洲发育奠定了基础。其二，海口河谷地南岸山地的构造以松脆的砂页岩为主，冲刷强烈。海口河本身流速不高，南岸山地冲刷下来的砂石得以沉积。其三，明清以降，随着周边山地开发的深入，垦殖加剧，导致南岸山地水土流失严重。

---

① 〔清〕朱庆椿纂修：道光《昆阳州志》卷八《赋役志·水利》。

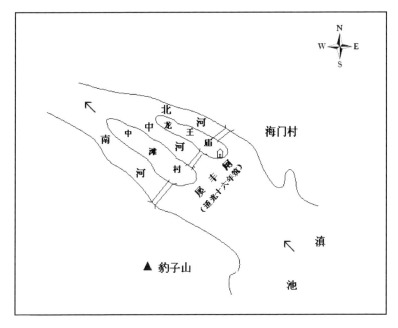

图 1-5 道光时期海口河滩洲示意

3. 大小中滩定居史的形成

大小中滩作为聚落，其早期的定居者当与海口河疏浚有着密切的关系。屡丰闸修筑完成后，伊里布在善后事宜中提到："坝长张盛元、张寿才、李元、李顺、李洪、李达、杨有和、杨文起等八名向例不应杂役，惟大修日照料筑坝守坝。今即改为闸丁，由昆阳州各给执照免役，令其轮流看守三河石闸，并存贮闸枋，不得玩忽。"①这些闸丁应当是中滩村早期的定居者。

雍正初年，云南水利道黄士杰勘察海口河形势时丈量了当时的牛舌滩和牛舌洲的长宽高，"因另各为丈量，牛舌滩长五十七

① 〔清〕朱庆椿纂修：道光《昆阳州志》卷四《地理·村屯》。

丈,上广十丈,中广十六丈,下广九丈,顶高一丈。牛舌洲长五十八丈,上广九丈,中广十三丈,下广九丈,顶高一丈二尺"。按一丈约为 3 米算,宽度取中间值,则此时牛舌滩的面积约为 5 950.8 平方米,牛舌洲约为 5 220 平方米。若只考虑聚落住宅空间,自然是足够的。但是在传统农业社会,乡村聚落定居的形成,不可能只考虑住宅空间,有足够的耕地才是定居形成的基础。因此,滩洲的居住和耕作空间实际上是有限的。道光十六年(1836)大修后为确保滇池水的畅通下泄,官府明文规定了南、中、北三河的宽度,禁止侵占河面。聚落发展被限定在一个相对狭小的空间内。民居建筑主要集中分布在洲身前半段,后半段则被辟为居民农田。

无论是大中滩还是小中滩,在面向滇池的滩头处均建有庙宇。小中滩的龙王庙,今已无存。但是从资料记载中可知,海口龙王庙的修建当是元明清以来滇池海口河治理在意识形态上的反映。古人在认识到海口河对整个滇池流域的重要性后,特在入口处建龙王庙,供奉龙王,以镇水患。海口修挖动工之前,地方官均前往海口祭拜龙王。弘治年间云南巡抚陈金所撰的《海口记》云:"壬戌正月望,予偕刘沐二公诣海口神祠,竭诚告祭。"[①]《徐霞客游记》中描述了明末龙王庙的景观:"遂渡登龙王堂。堂当川流之中,东临海面,时有赛神者浮舟而至,而中无庙祝;后有重楼,则阮祥吾所构也。庙中碑颇多,皆化、治以后,抚按相度水利、开浚海口免于泛滥,以成濒海诸良田,故巡方者以此为首务云。"[②]而位于大中滩头的将军庙,其修建年代未详于记载,当晚于龙王庙。从小中滩过中河桥便到达大中滩,将军庙首当其冲,面向奔来眼

---

① 〔清〕朱庆椿纂修:道光《昆阳州志》卷十四《艺文志·记》。
② 〔明〕徐弘祖著,朱惠荣校注:《徐霞客游记校注》,第 823 页。

底的滇池水,似乎在保卫身后的村庄,使其免遭河水侵袭之虞。

4. 小结

通过对史料的考证,上文基本复原了海口河大小中滩的形成及变迁过程,并考察了其聚落定居史,从中我们可以看到海口河、河谷山地以及人类活动三者之间的互动对聚落从定居形成到景观布局的一系列影响。明清以来,海口河南岸原本脆弱的砂页岩山地遭过度垦殖,造成泥沙冲入河中,阻塞滇池水下泄,最终导致滇池水溢,于是就有了对海口河的不断疏浚。19世纪中叶建闸之前,疏浚之法多为在滇池出水口处筑土坝逼水再进行疏挖,疏通后挖去土坝,使水得以下泄。土坝挖除不甚彻底,日积月累后便在河中形成滩洲,加上南岸山地冲刷的砂石,从明末至清初,大小中滩在海口河中最终形成。滩上最初的定居者也是疏浚海口河后留守看管闸坝的兵丁。因此,可以说海口河大小中滩聚落的形成是人类行为对滇池扰动加剧后的直接反映。

三、滇池地区水利活动中的协同问题

滇池水利问题为历来主政者所重视。滇池地区有几十条大小河流,或分或合地注入滇池,只有在西南角有唯一的出水口——海口。海口及昆明六河修浚是滇池地区水利工程的重点,如何能达到通过排水降低滇池水位,以免除滇池周围地区的洪涝灾害,又能保证有效利用水资源对不断扩大的滨湖地区农田进行灌溉,是明清以来地方社会普遍重视的问题。① 目前学界对滇池地区水利发展史及水利化过程中的环境变迁、土地利用等问题进

---

① 杨伟兵:《云贵高原的土地利用与生态变迁(1659—1912)》,第176页。

行了相关研究①,但对水利活动中的协同问题关注不足。经由水利被联系在一起的区域社会,不是天然的"共同体",对明清以来滇池地区水利活动进行动态分析,理清其中的矛盾与协作关系,有助于更好地洞察地方水利运作实态。

1. 水利工程中的分工与协作

元代以降,云南纳入中央王朝体系中,中央和地方官吏高度重视对云南省的经营,水利是各项事务中的重点之一。"迄元,咸阳王赛典赤始有功德可纪,降及明、清,上而督抚、司道,下而州牧、令长,无不以水利为当务之急。"②各级行政官员都参与水利事务中。此外,还设有专务官员。明清时期云南设粮储水利道分管地方水利事务。③ 至乾隆时期,云南地方水利,在迤东者,归迤东道管辖,在迤西道者,归于迤西道管辖,云南一府仍归粮储水利道管辖。④ 由此或可见滇池地区水利的复杂性与重要性。雍正年间,中央政府进一步强调地方官员的水利职责,云南府设有水利同知,昆阳州添设了水利州同。昆阳水利同知"驻扎河口,常川巡查,遇有壅塞,不时疏通,或冲塌立即堵筑";通省凡同知、通判、

---

① 主要研究有程潞、陈述彭等:《云南滇池区域之土地利用》,《地理学报》1947年第14卷第2期;于希贤:《滇池地区历史地理》,云南人民出版社,1981年;杨伟兵:《云贵高原的土地利用与生态变迁(1659—1912)》;杨伟兵:《旱涝、水利化与云贵高原农业环境(1659—1960年)》,见曹树基主编:《田祖有神:明清以来的自然灾害及其社会应对机制》,上海交通大学出版社,2007年;周继新、王鹰:《云南滇池地区水利事业发展的梗概》,长江流域规划办公室政治宣传编:《长江水利发展史资料选编》(第六集),1976年。
② 《新纂云南通志》卷一百三十九《农业考二·水利一》。
③ 云南水利道的沿革、地位与作用,参见刘永富:《清代云南的道》,《云南农业大学学报》2009年第1期。粮储水利道,兼管云南全省粮务、屯田及水利,亦简称"粮道""水利道"。
④ 〔清〕张允随:《为备陈滇省水利情形,请定官民疏浚之例,以重岁修事》(乾隆二年闰九月十九日),云南大学历史系云南地方古代史研究室编:《云南史料丛刊》第55辑,第85页。

州同、州判、经历、吏目、县丞、典吏等官,均加水利职衔,以资分办。① 至民国三年(1914),云南设水利局,隶建设厅,掌水利行政、诉愿、工程。省会设水利支局,分理省会地方一切水利事宜。②

滇池地区较大规模的水利工程,一般均由官方主导,各级官员参与其中,分担勘定情形、绘图贴说、估计详情、覆勘结报等工作。对海口河的历次修浚进行个案分析,可以看出水利工程中地方官员分工协作的具体情形。海口河位于今昆明市西山区海门乡,是滇池海口唯一的出水口。海口河从出口至石龙坝一段,水流缓慢,如遇有暴雨,两岸子河山洪直泄,泥沙俱下,造成正河淤塞,排水不畅,使滇池沿岸常遭受洪涝灾害。③ "海口之通塞不仅昆阳一州丰歉所系,实省会四州县利害攸关,自元以来,地方大吏俱以修浚海口为滇省水利首务。"④雍正年间云贵总督鄂尔泰亦曾言"筹水利莫急于滇,而筹滇之水利,莫急于滇池之海口"⑤。自元赛典赤凿开海口以来,如何通过开挖、疏浚降低滇池水位,保证滨湖地区农田免受淹没之虞,一直是海口水利工程的核心问题所在。据统计,文献记载明清时期较大规模的海口修浚工程有十余次,民国时期及中华人民共和国建立初期又进行了数次大规模修浚。⑥

明清时期,海口河疏浚工程一般由总督、巡抚等地方高级官员主持,其下各级官员听由节制,各司其职。明弘治年间,滇池地区水患滋甚,军民恳乞疏浚。巡抚陈金与镇守刘明远、总兵沐镇

---

① 《清世宗实录》卷一百一十七,"雍正十年四月辛丑"条;道光《昆阳州志》卷八《赋役志・水利》。
② 云南省志编纂委员会办公室:《续云南通志长编》,1985年,第268—271页。
③ 昆明市水利局水利志编写小组:《滇池水利志》,云南人民出版社,1996年,第84页。
④ 〔清〕朱庆椿纂修:道光《昆阳州志》卷八《赋役志・水利》。
⑤ 〔清〕鄂尔泰:《修浚海口六河疏》,雍正《云南通志》卷二十九《艺文五・奏疏》。
⑥ 于希贤:《滇池地区历史地理》,第72—74、79—80页;昆明市水利局水利志编写小组:《滇池水利志》,第87—91页。

之及藩臬诸君商量计策,后由按察副使曹玉宝督率经理,沿海州县民夫由各委官分领而提督。弘治十五年(1502)三月,治河竣工,"凡阻塞河流者,悉平治而尽去之"①;嘉靖二十七年(1548),滇池地区淫雨连旬,海田无秋。巡抚顾应祥、巡按御史林应箕、总戎沐朝弼集议于藩臬诸司。右布政使刘伯跃,参政谯孟龙、胡尧时,参议王时佽,按察副使张永明、林恕,金事孟霜、刘望之,都指挥使金事耿垚、陈繁,躬往阅视。檄命云南府同知孙依核给饩饷。通判胡嵩、桂士元,安宁提举姚文,昆阳州同知詹法鍫治之,其分役诸末员,照磨、典史、驿丞、河泊、巡检、千百户而下凡二十人,都分担了不同差事。因为"诸公同寅协恭,大作元吉",修浚工程得以顺利圆满完成。② 清代海口河的修浚工程中,地方官员间的协作关系大致与明代相似,虽有分工,但并无固定模式。雍正年间,总督鄂尔泰主持了对海口的大规模修浚,命粮储水利道黄士杰亲往查勘海口河道情形。黄士杰回报:"勘得海口一河,南北两面皆山,俱有箐水入涧,每雨水暴涨,沙石冲积,而受水处河身平衍易于壅淤……"鄂尔泰收到黄士杰的水利情报后,又经博访确查,分委昆明、呈贡、晋宁、昆阳等四州县督修。③ 明清时期水利工程中分工协作带有随意性,若遇到委办官员敷衍了事,水利工程的成效就会大打折扣。万历年间,晋宁州知州许伯衡就注意到开挖子河工程中的弊端,"昔人之法,每岁挖海口先凿子河,子河者盖于大河之旁别浚一河,以防山土随雨而入于河也,但子河原无几许,则河中所浚之土,宜为处置。乃每岁委官,未图了事,不惟子河不治,即浚出之土就堆两岸,旋以充塞,徒劳百姓而已,且多有冒滥"④。

---

① 〔明〕陈金:《海口记》,〔清〕朱庆椿纂修:道光《昆阳州志》卷十四《艺文志·记》。
② 〔明〕杨慎:《海口修浚碑》,天启《滇志》卷二十四《艺文志·碑类》,清抄本。
③ 〔清〕鄂尔泰:《修浚海口六河疏》,雍正《云南通志》卷二十九《艺文五·奏疏》。
④ 〔明〕许伯衡:《海口记》,康熙《昆阳州志》卷三《艺文》,国家图书馆藏康熙五十五年(1716)抄本。

至民国时期，全省水利工程由云南省水利局第二课（工程）负责。第二课职掌全省水利工程的视察、设计、测绘、监督、指导、改良等事项。滇池地区的水利工程事项由省会水利支局专管。水利工程开始有了明确的组织章程和分工明细。①

此外，元代以来滇池地区还设有基层管理员，负责水利设施的日常维护、管理及水利情报传递工作。赛典赤主政云南时期，"全滇额立三百六十匹报马，三百六十名看水余丁。倘遇崩倒水浸，即时飞报上司，齐集乡民，挑补修筑，不容怠缓"②。弘治年间巡抚陈金主持修浚海口河时，在河之两岸环筑旱坝十五座，以防山水冲流壅塞河道之患，"各设坝长一，坝夫十，守之"③。清代设闸丁，"如有无人照应之船及上流漂下树木横拦闸门者，俱准闸丁即时击破锯断，顺流放下，以免涨损闸座"，亦设坝长，"大修日照料筑坝、守坝"④。民国时期，云南省会水利支局设巡水、闸丁若干人，实施保护河堤、巡查河道、启闭水闸等工事。⑤

滇池地区较大规模的水利工程虽由官方主导，各级官员参与协作，但具体力役则由滨湖州县分担。海口疏浚工程中，承担力役的劳动者，历史上被唤作"海夫"⑥，"海夫有编，开挖有期"⑦，海口河大修、岁修工程中，都有一定规模编制的海夫参与。工程中

---

① 云南省志编纂委员会办公室：《续云南通志长编》，第 270—271 页。
② 〔清〕刘发祥辑：《咸阳王抚滇绩》，马玉华主编：《中国边疆研究文库初编·西南边疆卷五》，黑龙江教育出版社，2013 年，第 20 页。
③ 〔明〕陈金：《海口记》，〔清〕朱庆椿纂修：道光《昆阳州志》卷八《赋役志·水利》，《中国地方志集成·云南府县志辑》第 3 册，凤凰出版社，2009 年。
④ 〔清〕朱庆椿纂修：道光《昆阳州志》卷八《赋役志·水利》。
⑤ 云南省志编纂委员会办公室：《续云南通志长编》，第 271 页。
⑥ 天启《滇志》卷二《地理志》载："海口，以滇池潴诸川之水，至ције惟此一河泄之，若咽喉然。沿海财赋，岁以万计，其利由于海口之通塞，诚要津也。岁一浚之，在田赋之正供，曰'海夫'。"（《续修四库全书》第 681 册，上海古籍出版社，2002 年）
⑦ 〔明〕方良曙：《重浚海口记》，康熙《云南府志》卷二十一《艺文志六》。

各委官可能会得到一些利益,但海夫绝对是受压迫一族,杨慎《后海口行》言:"前年疏浚海口银十万,委官欢喜海夫忧。"①海夫视征调为畏途,海口力役对地方上也是一种负担。其分工规则经历了长时间的演变和调适。史料中关于元代海口河疏浚工程的施工人数略有提及,大致在两三千人。元史载赛典赤命张立道"役丁夫二千人治水,泄其水,得壤地万余顷,皆为良田"②。《咸阳王抚滇绩》载:"王命第三子忠简王忽辛,同张立道率三千人凿开海口石龙坝。"③但对此次工程中地方州县的具体分工却未有说明。至明弘治年间,开始有了较为明确的分工。承担这次工程力役的有六卫军余,及安宁、晋宁、昆阳三州,昆明、呈贡、归化、易门四县民夫二万余人。各州县民夫"画地分工,照界疏浚"④。巡抚陈金还定下岁修之例,"嗣是岁一兴役,谓之小修"⑤。但是这种行政命令式的分工指派,未充分考虑地方实际情况及利益诉求,造成一定的矛盾。嘉靖年间,安宁州海口力役的革免、坐派,就几经反复。雍正《安宁州志》中收录的一通碑记记载了事件始末:

> 按地志,昆明池规三百里,其水倒流泓阔,故名滇海。其海口出于沙锅摆,沿岸垦为阡陌。晋宁、昆阳、昆明、归化、呈贡之田丽焉。每春积雨淤塞海口,则水溢而沿岸之田病矣。司水利者,首以为忧节,年议委贤能官二员督理厥事,坐派各州县夫开挖子河,以疏水患。虽

---

① 〔明〕杨慎:《后海口行》,王文才选注:《杨慎诗选》,四川人民出版社,1987 年,第 53 页。
② 《元史》卷一百六十七《张立道传》,第 3916 页。
③ 〔清〕刘发祥辑:《咸阳王抚滇绩》,马玉华主编:《中国边疆研究文库初编·西南边疆卷五》,第 20 页。
④ 〔明〕陈金:《海口记》,〔清〕朱庆椿纂修:道光《昆阳州志》卷十四《艺文志·记》。
⑤ 〔明〕杨慎:《海口修浚碑》,天启《滇志》卷二十四《艺文志·碑类》。

安宁无田亩相连,愿一概借派,以协济乃事。每夫一名,工食靡费银三两,百夫计之所捐多矣。自后习为旧规,民久为因。且决海口而注之河,则水势混流安宁。临河之田,未有不淹没者。夫既劳其力,费其财,又病其田,民之不堪殊甚。

嘉靖十八年,予承乏安宁州。十九年三月适海口兴役,概州之民,咸以海口劳瘁,吁天无由。先年曾具实于上,蒙行抚按、衙门、守巡安普道屡次亲踏,看得安宁与海口虽相去几百里,并无升合田亩干涉沿海地面,议呈准免,已经四年。况安宁当迤西冲要之地,地瘠民贫,比之晋宁等州县,大有不同。兹又加以分外力役之征,则财尽不能胜用,力竭不能胜役。予忝司郡牧,安能坐视民瘼,以置斯民于困极耶。即以民情申呈云南监察御史彭,蒙批,看得杨秉诉称,安宁并无田亩与前开浚沟坝相连,且经奏奉勘合忱免,屡行告诉。又查得每年开挖了河,徒费民力,而无补实效,亦应革免。子河既不开浚,各州县民夫自可足用,安宁之夫相应革免,仰州遵照施行。是年获免,民皆称便,自拟永逸矣。二十年二月,复行坐派开挖,民情复尔嗷嗷排年。杨秉等仍以前情申诉,续蒙御史彭批,仰予查照原行,即行豁免,毋致劳扰,此檄。是年,安宁之民方得豁免苏息。

今照二十一年二月,又当开挖之期,诚恐复行坐派,未免上下劳扰,有怀隐忧。备将前项水利道鹿溪郑公、府主鹤峰刘公,是年始得停免。十里之民相与曰:"海口之役今方革免矣,吾民得安息矣!"且喜且惧,咸诉予公庭曰:"吾父吾母为民造福,今虽革免矣,第恐自今以往,官吏去就不常,卷案沉匿多弊,亦或复兴斯役,上负父母为民申请至意。伏乞纪其巅末,勒之石碣,以垂不朽,以永斯役,实为万便。"概州士夫亦相登堂激曰:"父母斯民,慎始惟终。与其革免于今日,孰若求逸于无疆,士夫亦从拜焉。"辞弗获已,遂检阅文移,以纪其事云。①

从地缘上来看,安宁州与滇池并不接壤。滇池沿岸垦殖之地,也无安宁州田亩,所以疏浚海口,对安宁州来说并无好处。但是依照旧例,安宁州仍然需要坐派力役,并负担海夫工食费用。此外,螳螂川承泄滇池水,安宁盆地沿低洼岸田地还会由于开挖海口,一遇大雨,水势混流,而遭受淹没之害。嘉靖年间新开的盐井连然新井,"下致石为迭沟以廉之,以遏淫潦,盖其地滨螳螂川,势宜尔也"②。即便如此,也没有避免被淹没的风险。乾隆年间,张允随的奏稿中就多次提及,如乾隆六年(1741),"六月二十六、七及七月初三、四等日,雨势过骤,山溪暴涨,宣泄不及","安宁河水泛入盐井,淹及卤台";乾隆十三年(1748)六月,"云南省城大雨滂沱,山水涨发,各河宣泄不及","安宁州等州县低洼田亩、庐舍多有淹没浸倒者","安宁州之安红等井,河水淹过井台,将各灶房浸塌";乾隆十四年(1749),"据安宁州报,于六月二十四日、七月初八等日,连大雨,螳螂川水泛涨,溢入城中,冲塌灶房、枧槽,淹过井台及漂失柴桐、船只"③。所以,疏浚海口对于安宁州来说,是"劳其力,费其财,又病其田"之事,地方百姓极力反对,多次申诉,力役几经革免,但不久又复行坐派。

---

① 〔明〕吴士达:《安宁州革免海口力役碑记》,雍正《安宁州志》卷十九《艺文上》,《中国地方志集成·云南府县志辑》第3册,第589—590页。
② 〔明〕杨慎:《连然新井记》,康熙《云南府志》卷二十一《艺文志六》。
③ 〔清〕张允随:《为备陈滇省水利情形,请定官民疏浚之例,以重岁修事》(乾隆二年闰九月十九日),云南大学历史系云南地方古代史研究室编:《云南史料丛刊》第55辑,第200—203、192、251页。

嘉靖二十一年（1542）二月，又当海口开挖之期，知州吴士达将民情重申于云南水利道与云南府知府，是年安宁州力役得以革免。事后，为避免重蹈覆辙，永绝后患，吴士达在士民的恳求下，将事件始末记文勒石，以碑刻的形式告诉后世这段历史的存在，以维护地方利益。雍正年间重修州志，吴士达之记文被收入，以重申地方之利益。这些举动颇有成效，其后历次海口修浚力役安宁州均无坐派，这一格局直到民国年间也未被打破。① 海口修浚力役在滇池周边州县分配，并逐渐形成制度。②道光十六年（1836），云贵总督伊里布、云南巡抚颜伯焘增订海口岁修条例，规定：

> 大河自龙王庙起，至草厂尾止，分为南、北、中三河，共名川字河，南河宽三十二丈，长二百八十丈，昆明、呈贡二县修挖；北河宽一十五丈，长二百八十丈，昆阳修挖；中河宽一十八丈，长二百八十丈，晋宁修挖。草厂尾以下，复汇为一河。自草厂尾起至磋石坝，长三百八十四丈，四州县公挖。自磋石坝起至普安闸，长二百八十丈，昆阳修挖。自普安闸起至洱淙滩，长一百九十五丈，呈贡修挖。自洱淙滩起至清水滩，长一百九十五丈；自清水滩起至乱石滩，长七十五丈，皆晋宁修挖。自乱石滩起至鸡心滩，长八十五丈，昆明修挖。自鸡心滩起至牛舌滩，长一百二十丈；自牛舌滩起至新村滩，长三百五十丈；自新村滩起至小闸滩，长五十五丈，皆昆明修挖。自小闸滩起至归化滩，长七百五十六丈，呈贡修挖。共

---

① 昆明市水利局水利志编写小组：《滇池水利志》，第 84—90 页。
② 初为昆明、晋宁、昆阳、呈贡、归化五州县分担。康熙初年归化县与呈贡县合并后，主要由昆明、晋宁、昆阳、呈贡四州县分担。

长二千七百七十五丈,分段处俱有石桩为界。①

虽然官方对于地方的修挖分工有条例规定,并有明确分界标识,但地方有时也未能严格执行,造成州县之间的争端。道光十八年(1838),昆阳州工书舞弊,私立石桩,以昆阳应挑之大河,移害呈贡挑挖,共计一百九十五丈;并且因修挖时丈尺不清,将晋宁州应修正河之洱淙滩,饬令呈贡县添夫二百五十名修理,引起呈贡士民群情激愤,赴官府控告。经司道州县等官会勘详议,令地方"遵照旧界,按段分挖,勒石永远遵守,不得再有紊乱错误"②。区域水利工程中,协同机制被不断调适,使得水利活动能够持续进行。

相对于大型水利工程,滇池地区中小型水利工程的行为主体主要为民间。中小型水利工程往往不像大型水利工程那样复杂,动辄牵涉数州县,但也需要县际或村落之间的协同,这更具有普遍性,其重要性亦不容忽视。

乾隆年间,呈贡县安江村与晋宁州因淤泥河巡河分工问题产生了矛盾。安江村田地临晋宁淤泥河。向来修挖此河,按田近河边者出夫,安江村出夫二百九十五名。但淤泥河纵横晋地数十里,田数倍于安江村,所以安江村认为自己田少但出夫多,为了敦亲睦邻起见,一直遵守。此河属晋宁,历来由晋宁人承担巡河工作。乾隆四十九年(1784),晋宁州民妄图让安江村民代为巡河,引起安江士民不满。后经晋宁州正堂批复:"巡河一役,向系本属报充,与邻境无涉,宜照旧章。"乾隆五十三年,晋宁州民钱国佐、宋大经又妄图将巡河之事让安江村秦玉书承担。安江士民再度呈免,晋宁州正堂批复:"村已隔属,二役难当,向不更替,胆敢捏

---

① 〔清〕朱庆椿纂修:道光《昆阳州志》卷八《赋役志·水利》。
② 《为给示永垂事案》,道光《昆阳州志》卷八《赋役志·续修水利》。

报,除将报呈注销外,立提重究,以为坏法殃民者戒。"为了防止故事重演,还将出示勒石,以垂永久。① 中小型水利工程中,官方对地方矛盾的调节维护了民间秩序的稳定。类似的调节,在村落之间的水利工程中亦有体现。村落间水利工程的协同,甚至关系到水权的分配。乾隆年间,呈贡县过山沟水利案中,柏枝营等村即因每年承办完纳沟粮、修挖沟枧,而兴隆营等村并不出力帮办,认为不应准其水利。②

在中小型水利工程的实际运作中,地方绅士的参与是一个值得引起重视的现象。③ 他们经常活跃在官方与基层民众之间,在工程中起到组织领导的作用。呈贡县治东四里,三泉合流,出落龙河,水势低下,故建永济闸,障水上流,以济东西两河村落之田亩,因年久失修,仅有大坝之名,而无蓄泄之实。康熙年间,县令吴宝林向地方绅士咨访利弊,欲重建此闸,"与诸绅士耆老从长计",其后地方绅士"靡不竭力董劝,以底厥成"。咸丰六年(1856),杜文秀起义,云南陷入长达十六年战乱当中,滇池地区水利全荒,亟待修浚。粮储道崔尊彝,"请之上宪,选派官绅襄理其事","诸官绅勤劳襄事",绅士张梦玲、张联森等被认为"有劳者"。咸同年间,张梦玲、张联森参与修浚的水利工程还有昆明采莲闸、军民闸、新建闸、沈公闸、拦沙闸等。④ 绅士是中国传统社会中的精英,是具有领导地位和特殊声望的社会上层集团。他们通常认为自己理所当然地负有造福家乡的责任,具有完善、维持地方和宗

---

① 《永革巡河碑记》,光绪《呈贡县志》卷八《续修水利》,清光绪十一年(1885)刻本。
② 《为截水害命事》,光绪《呈贡县志》卷八《续修水利》。
③ 本文所说的绅士,指中国传统社会中取得功名、学品、学衔和官职身份的人。关于绅士的定义,参见张仲礼:《中国绅士:关于其在19世纪中国社会中作用的研究》,李荣昌译,上海社会科学院出版社,1991年,第1页。
④ 〔清〕崔尊彝:《重修松华坝闸,开挖盘龙江、金汁河,并建各桥碑记》,《新纂云南通志》卷一百三十九《农业考二·水利一》。

族组织的责任,而旁人也对他们有这样的期待。地方绅士之所以参与水利工程,除了个人道德外,还有经济诱因。他们通过经理地方事务,创立和经办水利工程等公共工程,获得重要收入。①

2. 水利开发的经费来源与构成

对水利开发经费的探讨,是考察明清以来滇池地区水利活动协同问题的重要环节。对于具体的水利工程而言,如果经费无从着落,后续工作就无从谈起。对水利经费来源进行梳理,可以清楚地看到官方与地方参与水利活动的动机。此外,水利经费协同还关系到水权的分配、地方利益的协调。

明清时期云南地方水利工程视其规模大小,其经费来源各有不同,水利章程有明确规定。乾隆二年(1737),署云贵总督张允随厘定官民疏浚水利之例:

> 如田间沟洫及一二村寨之闸坝,与应修之旧有之沟堤,工小费轻者,令地方官查明,于农隙时按田出夫,督率同兴修;如工程稍大,于出夫之外,有应需工料者,令地方官率士民公估、公议需费多寡,于有田用水各户下,按田分定应出银数,造册详请借动司库公项,于工竣后,分年还款;倘有工大费繁,非民力所能胜者,则勘定应修情形,绘图贴说,估计详请,委员覆勘结报,即于雍正九年题明官庄变价,留为水利之用项内动给,工竣另行委员确勘,取具册结,具题核销。②

---

① 张仲礼:《中国绅士的收入——〈中国绅士〉续篇》,费成康、王寅通译,上海社会科学院出版社,2001年,第43、46—47页。
② 〔清〕张允随:《为备陈滇省水利情形,请定官民疏浚之例,以重岁修事》(乾隆二年闰九月十九日),云南大学历史系云南地方古代史研究室编:《云南史料丛刊》第55辑,第89页。

海口河疏浚工程浩大，所费不赀。万历元年(1573)巡抚邹应龙主持的海口河疏浚工程，兴工一万五千人，竹、木、麻、铁、器具、工饩约费帑金五千有奇①；雍正年间，鄂尔泰主持修浚，所需物料、人夫口粮、盐、菜等项，合计银五千六百三十余两。② 这样的工程，自然属于"工大费繁"一类，官方有专款经费。除此之外，地方绅耆有时也会捐助水利工程。道光十六年(1836)，海口大修，建屡丰闸，除官方拨款之外，昆明绅耆捐银一万七千余两③，成为工程经费的重要组成部分。当然，对于大型水利工程来说，经费的主要来源还是政府财政拨款。

至于"工程稍大"者，一般工程材料由官方动项购买，地方出人力即可，如盘龙江、金汁河等河道的修浚工程，"石工、桩木，官为动项头购，其土木、人夫各按田头派出"④。当然官方的拨款不是无偿的，需要地方分年还款。乾隆三十三年(1768)七月，云南巡抚明德奏称："昆阳州之平定乡六街子等村有田二千余亩，向资龙泉灌溉。近日淤塞，另于旧坝下老母标地方涌出流泉，宜另筑坝开沟，以资汲引。请借项兴修，按照得水田亩，分作三年征还。"⑤

小型水利设施，一般灌溉面积在数百亩至千余亩不等，以受益区村民自建为主。这些水利设施虽然工程效应不如大中型，但它们广泛地分布在滇池地区各个角落，是滇池地区整个水利系统中不可或缺的一部分。据《新纂云南通志》中明确记载的由呈贡县民间自建的小型水利设施进行统计就有19处⑥，实际数量应该更多。

---

① 〔明〕方良曙：《重浚海口记》，康熙《云南府志》卷二十一《艺文志六》。
② 〔清〕鄂尔泰：《修浚海口六河疏》，雍正《云南通志》卷二十九《艺文五》。
③ 〔清〕朱庆椿纂修：道光《昆阳州志》卷八《赋役志·水利》。
④ 〔清〕黄士杰：《云南省城六河图说》，台北：成文出版社，1974年影印本，第13页。
⑤ 《清高宗实录》卷八百一十五，"乾隆三十三年七月乙卯"条。
⑥ 《新纂云南通志》卷一百三十九《农业考二·水利一》。

表 1-5　明清时期呈贡县民间自建小型水利工程

水利工程	地　点	概　　况
石龙坝	城东八里	清嘉庆十二年(1807)小新册村、大洛龙河村士民捐筑
兴隆坝	城东十里	清乾隆二十九年(1764),士民捐助
敦化堰	红山后七井甸	清嘉庆十年(1805),士民捐赀修筑
界茨堰	灵源村左	村民修筑,以资灌溉
中卫塘	城南二十七里	清嘉庆间,士民捐筑
卜喇塘	城南十七里高登村前	村民修筑
碓臼塘	城北六里	村人捐筑
太平塘	距城八里	光绪元年(1875)太平关民捐助
新开尾河	城西二里江尾村	同治十年(1871),村民捐赀,附近田亩咸资灌溉
大塘柏枝堰	县东十里许	明景泰间,村民捐筑
雨露塘	雨露乡	明崇祯间,村人尹荣倡修,溉田二千余亩
山头三堰	县东二十五里	明洪武间,郎、缪二营修筑
万溪塘	万溪乡	清同治间,村人修建
古城堰	化古城	清同治间,村人修建,溉秧田一百五十余井
化城堰	化城镇	清乾隆间,由田亩捐赀建筑,溉田一千二百余亩
白沙堰	白沙乡	清光绪间,村人创建,溉田五百余亩
头甸堰	七星镇	清乾隆间,王、庞二姓倡修,溉田一千余亩

续 表

水利工程	地　点	概　　况
七甸堰	七甸镇	清康熙间,村人公建,溉田一千余亩
马厂堰	朝阳乡	清雍正间,村人创修,溉田约二千亩

资料来源:《新纂云南通志》卷一百三十九《农业考二·水利一》。

水利工程的修浚,无论其规模大小,总的原则是"谁受益谁出资",出资对象大到国家,小到村民。传统社会中,农业是重要的经济支柱之一,政府重视对水利工程的投入,有助于推进农业发展,增加政府财政收入。从这方面来说,政府是地方水利活动的主导者,也是最大的受益者。这二者的关系,陈金《海口记》中有直观的描述。弘治十四年(1501),海口河疏浚后,"退出田地前后约百万有奇,将有主而入赋者给之主;主与赋俱无者,查给附近军民;与主有而赋无者,验数升科焉。通计赋之增者若干石"[①]。而一旦遭遇战乱,水利失修,于政府财政收入亦有影响。康熙平定三藩时,滇池地区大受影响,水利不修,田亩荒芜,居民失业,国赋无从征收,云南巡抚王继文因此奏疏,请修盘龙江河坝:

> 云南省城外东南,旧有金汁等河,从松华坝借水于盘龙江,自嵩明州流入昆境,绕城之北,过云津土桥,趋入昆池。两岸筑堤高二三丈不等,而水流其中,蜿蜒六十余里,有坝,有闸,又有过水涵洞,盖以积水灌田,而城外数十万顷皆借此河之利,民生、国赋均有攸赖焉。自变乱之后,沿河之堤埂、坝闸未经修葺,日久倾颓。上年大兵困逆,周围壕堑,不得不拆毁挑挖,以致水利阻塞,

---

① 〔明〕陈金:《海口记》,〔清〕朱庆椿纂修:道光《昆阳州志》卷十四《艺文志·记》。

灌溉不通，田亩荒芜，居民失业，而昆明额赋莫可催征。自克城至今，臣多方招徕，而流离之众，见此附郭膏腴咸成弃土，未免徙倚他方，趑趄不返。哀此残黎，欲归则无资生之策，不归则有沟壑之虞，臣不得不蚤为之计也。

夫以滇省军饷，取给外省，频经请拨，仰廑宸衷。而昆邑应征之赋，可耕之田，岂可坐视抛荒，听其亏额？臣愚以为，河坝不修，则残黎势难归业。荒田不垦，则额赋无从征收。臣檄令地方官踏勘，估计需用桩木、闸枋、灰石各项材料并匠作人夫等项，约需银万余两。查《全书》，内开载岁修松华等坝额银八百两，每年十一月中起工，至次年三月初止，往例可稽，似当亟议兴修，以复民业。然动支原额银两，万不敷用，值今财用艰难，工程浩费，何敢于额取外轻议请动正项钱粮？

臣议于通省官员及各属土司酌行捐助，甫定之区，人方拮据，非有以鼓动之，恐难必其乐输。伏查捐纳各例，业奉停止，臣不敢复为陈请。惟是纪录一款，既无碍于名器，又可鼓其急公，合无仰吁皇恩，敕部酌议，捐银若干，准以纪录，仍比照各省往例，量减额数，庶众擎易举，便于兴修。至工竣之日，臣造册送部，照例叙录，则河坝固而水利可通，俾四散之民咸图归计，渐次开垦，将见生聚寖昌，而昆邑粮赋可以望其复旧矣。①

奏文开篇说明了水利对农业生产及国家财政收入的重要性，其后请求修治盘龙江。但是修浚费用巨大，战乱之后，政府水利

---

① 〔清〕王继文：《请修河坝疏》，康熙《云南府志》卷十八《艺文志·奏疏》，第 423—424 页。

专项经费紧张,又不敢动用其他经费。于是王继文建议,采用"纪录"的方式,激励地方官员为水利工程捐款。清代规定,处分可以以官员获得的加级和纪录予以抵销。通常是加一级抵销降一级,纪录四次抵销降一级,而此则成为官员规避处分的捷径。官员往往不惜手段获取加级纪录,以预作抵销之用。[1] 王继文的建议,对于地方官员无疑具有极大的诱惑力。官员和政府成为利益共同体,共同推动了地方水利开发。值得注意的是,王继文在奏文中多次提及国赋问题,行文结尾亦寄望水利兴修之后,"昆邑之粮赋可以望其复旧矣"。水利兴修同国家财政收入关系紧密,甚至有论者认为水利事业的兴衰同王朝国家的兴衰基本上是同步的。[2] 因此,动乱之后兴修水利往往成为各级政府的首要任务之一。如"咸丰丙丁以后,昆明祸患频仍,沿河堤埂、闸坝,折毁居多,水利全荒,农民失业,国朝额赋亦无从征收",水利道崔尊彝认为:"时军务甫竣,善后之策,农田水利为先。"[3]

在官民合办的水利工程中,可以清楚地看到经费构成及其关系。雍正八年(1730),鄂尔泰修盘龙江,委黄士杰进行实地考察。黄士杰提出,"自小东门至分水岭,由马蹄闸、桂香桥转小泽口、鸡鸣桥,入护城河,两岸关系民居者,民自修理,关系田畮者,官管修理。又自分水岭下,正河、支河各堤岸,俱系田畮,官管修理,如石工桩木,官为动项买备"[4]。这里可以看出由"谁受益谁出资"原则主导的经费结构。沿岸民居因盘龙江的修浚,安全得以保障,受益的是当地居民,所以这些河段就由他们自己修埋;而农田是

---

[1] 孟姝芳:《清代官员行政处分制度》,《历史教学》2006年第10期。
[2] 鲁西奇:《"水利周期"与"王朝周期":农田水利的兴废与王朝衰兴之间的关系》,《江汉论坛》2011年第8期。
[3] 〔清〕崔尊彝:《重修松华坝闸,开挖盘龙江、金汁河,并建各桥碑记》,《新纂云南通志》卷一百三十九《农业考二·水利一》。
[4] 〔清〕黄士杰:《云南省城六河图说》,台北:成文出版社,1974年影印版,第7页。

主要的税源,关系到政府的财政收入,河道修浚后农田能够旱涝保收,政府则是最大的受益者,所以正河、支河各堤岸关系农田者,由官管修理。水利开发经费的协调,其本质仍然是利益协调。道光十六年(1836),海口河新开桃园箐子河,其间经过昆阳州民田,均照价贴给业户粮米八斗四升。此项开支,由粮宪拨入晋宁州官租下完纳,每年开征之期,昆阳专差移催,由晋宁拨解清款。①

水利开发经费的协同,在小型水利中体现得更生动。乾隆四十六年(1781),安宁州极乐村与永丰村订立合约,共同开发永丰沟水源:

> 立合同文约人赵正芳、张天佑系的罗村众姓人等,因为横水塘上打开过山洞一条,原欲接到达达甸尾内,有劝别去接独树铺沟尾,今因沟坝险长,不惟修理艰难,间且水浆难以灌溉。今情愿喃咐桃花村,仍接达达甸沟尾,微敷补过桥银三十两与桃花村使用。目前下沟难以放上,权且从上沟匀容救济。俟石洞修平之日,依然下沟救济。至于修沟筑坝,无论上下,同修同济,上满下流,勿得以上下纷争,借事结讼。若有等情,则的罗村仍接独树铺沟尾,勿得与桃花村争沟。其接年修沟筑坝工本,桃花村出一半,的罗村出一半,勿得违误。此系二彼情愿,自立合同之后,各宜遵守,上和下睦。勿得悖约违例,以及争斗翻悔。倘有等情,罚银一百两入公用。恐后无凭,立约存照。
>
> 乾隆四十六年六月二十一日。②

---

① 《拨粮碑记》,〔清〕朱庆椿纂修:道光《昆阳州志》卷四《艺文志·记》。
② 《合同文约》碑,中国人民政治协商会议云南省安宁市委员会编:《安宁文物古迹精粹》,云南民族出版社,1999年,第157—158页。

此前极乐村曾尝试过接独树铺水源,但经过三年的实践证明,沟坝险长,修理艰难。后来与桃花村约定,由极乐村补偿30两银子,并承担修沟筑坝一半的经费,同修同渚,求得共用永丰沟之水源,碑文中还约定了违约的责任。

3. 水权的分配与协调管理

水利工程的目的在于防洪排涝、灌溉农田。水权的分配是整个水利活动中的重要环节之一。明清以来,滇池地区民众在长期的水利活动实践中形成了一系列水权分配的约定。清代水利专书《云南省城六河图说》中记录了关于六河分排分期放水灌溉的机制,如金汁河"自松华坝起至韩冕闸为头排,自韩冕闸起至波罗村为二排,自波罗村起至小坝闸为三排,自小坝闸起至地藏寺为四排,自地藏寺起至燕尾闸为五排。先自五排轮起,五排放水五日,四排放水四日,三排三日,二排二日,头排一日。半月一周,周而复始"[①];马料河"头排地居水源,闸沟灌溉;二排南岸由水沟注水入羊落堡堰塘灌溉,北岸由万朔村沟注水入万朔堰塘灌溉,二水仍归正河。至猪圈坝,设中、左、右闸:左二闸、二沟灌溉三排;右一沟、一闸灌溉四排;中闸分三沟,灌溉五排、六排。每年自腊月十五日轮排起,至立夏日止,中、左、右闸均分河水,长流灌溉"[②];海源河"水高田低,开沟灌溉,定为一十二排。每年春水随时通融,至四月初一为始,轮排分放;除初一、初二两日系巡河老人分放外,初三以后一日一排,周而复始。头、二、三排,灌溉班庄、明桥一带田亩;四、五、六、七、八排,灌溉板桥关、黄土坡一带田亩;九、十、十一、十二排,灌溉洪家营、梁家营、许家闸一带田亩"[③]。

---

① 〔清〕黄士杰:《云南省城六河图说》,第12页。
② 〔清〕黄士杰:《云南省城六河图说》,第27页。
③ 〔清〕黄士杰:《云南省城六河图说》,第30—31页。

这种水权分配的民间约定,具有较强的延续性。民国时期有人对银汁河灌溉区域进行调查,发现地方上仍有口口相传的"水规",受此区域各村的重视,维护着水利秩序以杜绝纠纷。①明清以来,滇池地区基层公举水长、坝长等,按时启闭水闸,执行水权约定,如南坝闸在明代时就添设守者,"因水盈缩时其启闭,民甚便之"②;清代呈贡县过山沟,"设水长一人,巡查分放"③。民国时期,地方上仍设有水长,安宁县云龙镇水长"掌握放水,从头至尾,从上到下顺序灌溉"。水进田后,水长会通知业主做田栽秧,中途沟埂倒塌,由水长告知村民,组织受益田户修复通水;水长每年春季召集和带领受益田户,掏沟割埂,清理渠道,打好拦河坝,使之既能抗旱又可防洪;按灌溉条件、沟路长短、田工面积,议定水长谷的报酬数额,按总田工分摊,归田户负担,一工田交一升或半升不等。④

当然水权分配并不能完全依靠约定,出现水权纠纷时,主要依靠官府的介入和决断,官府或遵循旧制,或依环境等变化对旧有约定加以调整,形成新的约定。水利纠纷有多种情况,平民与豪强之间、村民之间、县际之间的冲突均有之。滇池地区较早、影响较大的水利纠纷案,发生在明中后期昆明西郊石鼻、小邑村民与沐府之间。嘉靖年间沐府张时泰平白将小邑村附近温泉、冷水沟两处灌溉渠道占为己有,造成"民无涓滴,如遇亢旱,荒者十常八九"。村民畏惧沐府权势,被迫向张时泰出钱买水灌田。嘉靖十一年(1532),村民角应高、杨尚儒等九十二人,联名控告沐府家

---

① 范金台、孙承烈:《昆明银汁河区的灌溉及土地利用》,《地理学报》第8卷,1941年第2期,第63—64页。
② 康熙《云南府志》卷四《建设志·堤闸堰塘》,第84页。
③ 光绪《呈贡县志》卷八《续修水利》。
④ 耿开详:《民国时期云龙镇乡规简述》,中国人民政治协商会议云南省安宁市委员会编:《安宁文物古迹精粹》,第118—119页。

人张时泰等,倚仗主人权势,霸占当地水源。基层官员多不敢审理此案,直到隆庆六年(1572),这场官司持续四十年还没打完。适时邹应龙为云南巡抚,批转判决,将温泉、冷水沟两灌溉水源,按田亩多少,分宽狭两股,中间立石为界,豪强不得多占。倘沐府家人再强占民田灌溉水源,"许受害人民印碑赴告,明究治罪不恕"[①]。

水权分配与协调充满复杂性,区域水利协同机制从建立到完善往往会经历一个较长的历史过程。呈贡县过山沟,一名玉带水,在城东十里。明黔宁王开滇,凿山引水,灌溉田亩,源从上马郎下流二十里,筑松隐坝一座,置石枧十七座,设分水石闸一座。东流七分,灌溉段家营,大、小柏枝营,吴杰营,王家营,白龙潭,洛龙河,渠卜场,大水塘等村田;西流三分,灌缪家营、郎家营、中庄等村。[②] 各村之间水分本有旧制,乾隆三十年(1765)因兴隆营等村偷截沟水,引起纷争:

> 署云南府呈贡县正堂宣为截水害命事,于乾隆三十年七月二十一日奉粮储水利道罗批。据水利府伊丞呈详,县民杨沛等具控宋开泰等截水一案,奉批查呈贡县古沟水利于乾隆元、二年间,有三岔口与柏枝营等村控争此沟水分。经云南府郭守勘断案内详称,呈贡县之东南隅有古过山沟一道,由上马郎发源,入松子园,至刘家营下,筑坝一道,至段家营下,共设石枧一十七道,修沟渡水至上、下柏枝营,设立水坪一座,分为左右两沟,除左沟分水三分,系中庄、缪家营、郎家营三村积塘灌溉,上纳沟粮六升;其右沟分水七分,系段家营,上、下柏枝营,白龙

---

① 《云南府昆明县为乞均水利以苏民困碑》,云南省博物馆拓片。
② 光绪《呈贡县志》卷八《续修水利》。

潭,吴杰营,王家营,渠卜场,落龙河,大水塘,回子营积塘灌泡豆麦、陆地、秧苗,公纳沟粮一斗九升。并设水长一人,巡查分放。当批:"如详遵守。"久经相安无异。

其时并无兴隆营分水字样在内。至于明时半截碑文,其中语句不全,本难断章取义,且不在设立水坪左右分水两沟之处,又不在现在分放之普家嘴,乃在兴隆营以下之太平关,自是先年另有南北二沟,其在本地久已变迁,与柏枝营等村现在所争沟水马牛无涉,未便执为断案。又况完纳沟粮、修挖沟枧,每年皆柏枝营等村承办,与兴隆营等村,并不出力帮办,尤不应准其水利,何得反有如残碑所载七分者。揆情酌理,天下从无此等不公之事。

今该厅所议按粮田之多寡分派,殊属游移,于案不合。姑念兴隆营等村,向来惟春间分放三分,仍准其照旧,于立春三日后,在普家嘴分放三分,以资灌溉,仰呈贡县遵照,另行明白出示晓谕,仍取两造遵依,申报立案,檄等因批到县,奉此,合亟出示晓谕。为此示仰柏枝营等十三村暨兴隆营等四村绅士、耆老、水长人等知悉,嗣后分放水分,仍各照旧制,兴隆营等四村于立春日后分水三分,柏枝营等十三村分水七分。至于冬水,兴隆营等村不得分争絫制、持强侵弱,倘再仍前偷截,许该水长立即禀报,以凭拿究,无违,特示。①

兴隆营等村不承担沟粮,亦不出力修浚,妄凭与所争水利不相干的半截明代碑文,分水七分。经官府判断,仍照旧制,准其于立春三日后,在普家嘴分放三分。在官方的介入下,过山沟水利

---

① 《为截水害命事》,光绪《呈贡县志》卷八《续修水利》。

权益分配得以协调,但是该裁定并未详细规定各村落分水日期,留下了隐患,乾嘉时期争执不断。嘉庆二十四年(1819)知县赵怀锷调整、评定过山沟九村分水日期,为了保证公平,要求各村挨次轮放,上游吴杰营、王家营二村每村轮流先放一年;同时,新规又具有灵活性,"遇雨水之多年,上村灌足,即交下村,接放不必拘泥日期,似此通融,水多则让,水少不争"①。

表1-6 清代过山沟九村分水日期

村落	冬水(90日)		春水(87日)		
	立冬第三日—大寒日,计73日	大寒次日卯时—立春第三日,计17日	立春第四日—雨水日计27日	惊蛰—春分,计30日	清明—至立夏,计30日
吴杰营	19	—	10		
王家营	19	—	10		
柏枝营	9	—	6		
段家营	2	—	1		
白龙潭	8	—		5	大小落龙河放水7日后,归上游吴杰营、王家营、柏枝营、白龙潭等村接济秧禾,灌泡水田
大水塘	8	—		5	
回子营	8	—		5	
丰乐村	—	10	—	6	
大小落龙河	—	7		9	

资料来源:〔清〕赵怀锷:《详准奉批过山沟九村分水日期文》,光绪《呈贡县志》卷八《续修水利》。

① 〔清〕赵怀锷:《详准奉批过山沟九村分水日期文》,光绪《呈贡县志》卷八《续修水利》。

知县赵怀锷评定的分水日期以节令为节点,并规定出卯时交接用水。但该方案未考虑到节令有长短,水期因而有多寡,后人又欲起讼端。后世官员对之进一步完善,"立冬、小雪、大雪期短一日者,吴杰营、王家营、柏枝营三村,各忍四个时辰;冬至、小寒期短一日者,白龙潭、大水塘、回子营三村同忍;又大寒至立春三日,期短一日者,大小落龙河、丰乐村同忍"。过山沟分水规则,经多次协同后,趋于完备,"立法多年,众服无异,后人因之"①。过山沟的分水规则细至时辰,从中可见明清时期滇池地区水资源分布不均和农田用水紧张的情况。同时,透过该个案,可以看到水利权益的协同规则能否长期有效执行,很大程度上取决于规则本身是否公正公平。水权分配规则的公正公平之所以重要,是因为它不仅仅关系农田灌溉,有时还牵涉到其他次生利益,清代晋宁州盘龙、达摩二坝的水价银即被用作地方岁科两考试卷金,由坝长代为收取,为了公平,规定"生员不得充当坝长"②。

水权分配与协调的复杂性,还体现在它经常涉及县际之间的利益协同。清前期呈贡、昆明两县,关于黄、黑、白三龙潭的水利纠纷,正是在各级官员的介入下得到调解,全文兹录如下:

> 呈贡县有黄、黑、白三龙潭之水,发源后汇为一小河,非洋洋巨津也。西流数里,分为东、西、中三河,名为河,实沟渠耳。东河之水,龙街、石碑、可乐、乌龙等村用之;中河之水,江尾、上古城、下古城、石坝等村用之;西河之水,县前、梅子、斗南等村用之。又分一股入城内,出西门,灌溉城西之彩龙、练朋尾、殷家等村,尚有本县

---

① 光绪《呈贡县志》卷八《续修水利》。
② 〔清〕李云龙:《岁科两试卷金水利碑文》,道光《晋宁州志》卷十二《艺文志·碑记》。

之王家营、狗街子、小古城、麻阿等村,同在城内之西北,余波弗及,只缘一车之水不能救济无边之田耳。

今连桂等所控者,西河之水也。三十年间,昆明曾有徐汝恩者,偷挖一番,前任鲁知县率众填平,行迹尚在,非历来之古迹也。今复以疏通水道上控宪台,蒙批到县,卑职亲临其地,逐村验看,远近高卑之不等,水利固自难周,彼所谓无用之水,流入大海者,冱寒之日也。岂惟此水处处归海矣,时当灌溉,一滴亦为有用,何能有余?借词三冬余剩,而意实不在冬,得陇而蜀亦可望,原为春夏起谋,而如簧之巧言所自出也。呈贡之民视水为性命,一滴水不啻一粒珠,岂甘被人分去。若一设葛藤,彼此相争,将来之大案随之矣。

恳乞宪台俯赐踏勘,观其水之大小,可以足昆明数十村之用否。况各县有各县之界址,各村有各村之水分。据称,曾分宝象三分之水,为泥沙阻断,日久无人开挖,不疏通本境之旧渠,而乃肆为欺罔,妄冀邻封之微利,贪心无厌,刁风渐不可长。仰乞宪台一笔定如山之案,而奸究觊觎之心消矣。蒙批,呈贡灌溉不足,岂可复启争端,如议销案,缴勒石以垂永久。①

呈贡县城西北之王家营、狗街子、小古城、麻阿等村,田多水少,俱仰黄、黑、白三龙潭之水。奈何昆明之邻封,竟擅自偷挖河水,并巧言所用为呈贡县"无用之水"。昆明境内之村落本已分得宝象河三分水利,由于维护不善,导致水利无存,觊觎呈贡之水分。这种现象延续了三十余年,之前历任知县均未妥善解决。康

---

① 〔清〕刘世煋:《呈贡县申详分水文》,光绪《呈贡县志》卷七《艺文》。

熙四十一年(1702),刘世燨任呈贡知县①,重申了"各县有各县之界址,各村有各村之水分",将大案之发生消灭在萌芽状态。滇池地区虽有广阔水域,但是因水利化不足等仍无法引灌、提灌给明清时期日益扩大的滨湖耕地②,否则县际之间亦不致滴水必争,水利之协同因之变得尤为重要。

虽然明清时期,滇池地区的水利协同有一定的机制,但是以官方为主导的调节机制,也显得条线单一和不足,一旦调节失效,带来的弊端也是持久的。民国时期,云南省政府、建设(实业、农矿)厅(司)先后制定和颁布了一系列的重要水利章程、规程、条例、办法和守则,其中有多项涉及水规、水事纠纷处理、奖惩等,相关水政条例还显示处理机构层级分明,司法、行政、调解等手段多样③,水利协同机制开始走向多元化。

四、弥苴河流域的水系与河道治理

1. 流域概况与河道文献记载

弥苴河位于洱海北部流域,位于大理州洱源县和大理市境内,河流主干河段长22.28千米,自最长北源弥茨河发源地至入海口全长71.08千米,全水系径流面积为1 259.43平方千米。弥苴河在洱海北部流域以蒲陀崆峡谷为界,分为上、下游两部分。上游由茈碧湖和南北相对流向的弥茨河、凤羽河二支流组成,至

---

① 光绪《呈贡县志》卷四《官师》。
② 杨伟兵:《旱涝、水利化与云贵高原农业环境(1659—1960年)》,见曹树基主编:《田祖有神:明清以来的自然灾害及其社会应对机制》,第60页。
③ 樊西宁:《近代云南水政概说》,中国水利学会水利史研究会选编:《中国近代水利史论文集》,河海大学出版社,1992年。

洱源坝尾与黑龙河汇流,经蒲陀腔,流注下游邓川坝。①出蒲陀腔,自下山口以下河段称"弥苴河",也称"弥苴佉江",下游流经坝区,地势低平,无纵切河床,河型多变。弥苴河河道呈鱼脊状,高居两岸田庐,现有河底差 24.92 米,上中游一般高于地面 7.0—3.5 米,平均坡降 0.001 12。主河道两侧各有东湖、西湖,及其尾间河永安江、罗时江,与弥苴河统称"三江",分别单独南注洱海。②本研究区域即以下游弥苴河流域为主。

弥苴河水系的径流以降雨补给为主,处于北亚热带高原湿润季风气候区,降雨时空分布受气候和地形的控制极不均匀,立体气候和区域性气候明显。全水系多年平均降雨量为 808 毫米,其中,5—10 月集中了全年降雨量的 85%—90%。径流受到降雨量的影响,径流规律与降雨大体一致。据研究表明,流域雨量及其分布受到天气系统和地理地形的共同控制。炼城水文站控制的 969 平方千米内,最大年径流量为 6.816×10^8 立方米,最小为 1.62×10^8 立方米,多年平均 3.777×10^8 立方米(占洱海多年平均径流量的 59%),多年平均径流深 389.7 毫米。③上新世末到早更新世初的构造变动,基本奠定了现代地貌轮廓,也影响和改变了洱海水系的水流分布状态,玉龙山以北的水源北流,汇入金沙江,以南的水源南流,分别流入黑惠江和洱海,最终汇入漾濞江,形成现代的水系分布格局。④全新世近晚期,水位下降,众古湖盆逐步退缩、消亡,大片浅湖淤填成陆,形成现在洱源、三营、凤羽、邓川等坝子和山麓洪积扇群。而杂乱的天然河道遂步被人工治理,经过漫长的边筑、边溃、边淤、边延长,形成了江尾三角洲及各

---

① 洱源县水利电力局编:《洱源县河湖专志集》,内部本,1995 年,第 93—94 页。
② 洱源县水利电力局编:《洱源县河湖专志集》,第 96—97 页。
③ 洱源县水利电力局编:《洱源县河湖专志集》,第 94 页。
④ 明庆忠:《长江第一弯成因之争及其新解》,《科学》2007 年第 5 期。

河尾的沙锥。

由于现代构造变动仍很活跃,洱源、邓川等盆地仍有继续沉降的迹象,地下水位很高,因此河流常发生淤塞、改道。① 历史上,邓川民众为与水抗争,长期对河流进行治理。人们筑坝堵口的盲目不合理性,造成下游河床上陡险、下缓窄形态,极大地限制了弥苴河的泄洪能力。大规模的筑堤、堵口、开闸、修渠使弥苴河水系水道多变,顺直单一河型逐渐演变成限制性直流、枝权河型。

弥苴河的泥沙含量较高,自明清时期已经产生较为严重的问题。由于泥沙含量大,河床不断淤高,悬险、流急,导致下游洪水灾害频繁,溃决常有发生,危害最烈,故有"小黄河"之称。"据《大理州土壤侵蚀图》量算:全水系径流面积内中强度侵蚀面积达 338.4 km², 占 27%, 年输沙量 37.5×10^4 t。全县年输沙量共 102×10^4 t(折合 60×10^4 m³)。其中弥苴河年输沙 22×10^4 m³, 造成水库湖泊老化、消亡。地下河变地上河,河渠淤阻,效益下降,泥沙蚕食农田,威胁村庄,水旱又趋频繁等现象已逐步暴露。"② 因此,长期以来,邓川人民为治理弥苴河付出了艰辛的努力,如侯允钦所言,"弥苴河之在滇西不过澜沧一勺耳,然挑浚之夫,岁以六万"③,工程量之大、耗费人力物力之巨,是"全滇未有之巨役也"④。目前,由于实行保护洱海的政策,上游退耕还林,泥沙问题较以前减轻。

正德年间始对洱海源流明确称作"弥苴佉江"。正德《云南志》载:"邓川川有三,形如川字,中一川即弥苴佉江。"⑤ 随着人们

---

① 赵国光:《滇西北大理丽江地区新生代地层及构造的初步观察》,《地质评论》1965年第 5 期。
② 洱源县水利电力局编:《洱源县水利志》,云南大学出版社,1995 年,第 77 页。
③ 咸丰《邓川州志》卷九《河工志》,台北:成文出版社,1968 年,第 79 页。
④ 咸丰《邓川州志》卷九《河工志》,第 79 页。
⑤ 正德《云南志》卷三《大理府》,上海书店,1990 年,第 164 页。

对地理环境的熟悉,逐渐对上源有了更为清楚和全面的把握。崇祯《邓川州志》卷二《山川》载:"弥苴佉江,蒲陀腔涌下,受鹤剑浪穹凤羽诸水,以入于洱。"①洱海北源上游三条主要支流于三江口汇合后,出蒲陀腔进入邓川坝子。清康熙年间,首次出现"弥苴河"一称,康熙《大理府志》载"青牛石"在"州北龙马洞弥苴河中"。但弥苴佉江仍然是常用称法,同卷载弥苴佉江"出浪穹县罢谷山下,环州如带,南流入西洱河",而不用"弥苴河"一词。嘉庆《滇系》卷五《山川》则将今弥苴河称为"普陀江","在州北,其上源即浪穹县之穹河,东流经州北,折流南流,入西洱河,一名弥苴佉江,或谓之葡萄江,即普陀之谓也"。又载,"西洱河,在大理府东,源出邓川州浪穹县北二十里罢谷山,汇山峪诸流,又合点苍山十八川而为巨浸"②。今自下山口起,主干河始称"弥苴河"。

关于弥苴河主河道的形成,即弥苴河筑堤之始,并无确凿的文献记载。正如明人杨南金所言,"弥苴河堤始筑之由莫可考"③,只知"迄今四百余年"④,即当时为嘉靖癸未年(1523),筑堤始于12世纪二三十年代的大理国时期。该论断不足为信。据史料载,唐季罗时兄弟感于弥苴佉江河水倒注湖中,故凿渠入洱。该地地势低平,无天然纵深河道,"江涨难容",可见弥苴河已有河堤,故而弥苴河筑堤早于罗时兄弟凿渠。结合该地的开发史,大致可以推断筑堤始于南诏时期。故现代方志中"六诏时期的邓赕诏即在沙滩、沼泽、浅湖中修筑弥苴河堤"⑤的判断,大体上是较为可信的。

---

① 崇祯《邓川州志》卷二《山川》。
② 〔清〕师范:嘉庆《滇系》卷五《山川》,台北:成文出版社,1968年,第212页。
③ 咸丰《邓川州志》卷十三《艺文》,第160页。
④ 咸丰《邓川州志》卷十三《艺文》,第160页。
⑤ 洱源县水利电力局编:《洱源县河湖专志集》,第91页。

文献中并无对主干河道流经位置的详细记载,但由于弥苴河堤常常溃决,且溃决地点多变,可以通过利用河道溃决点来复原主干河道流经位置。这类记录多以"灾祥""河工"散见于各部方志中,以咸丰《邓川州志》为多。弥苴河主河道流经点的选择,主要以历代地方志记录的河堤溃决点为准。明初,征服云南以后进行大规模的军事移民屯垦,因军屯而出现一系列聚落。方国瑜认为,凡有称所、营、屯、旗、庄、哨等的地名,大都是明代屯垦而形成的村落,进而沿用至今。陆韧的研究表明,明代有三次大规模军事移民的浪潮,分别为洪武十四年(1381)至十八年(1385)、洪武十九年(1386)至洪武末年、正统(1436—1449)"三征麓川"后的军事移民,而"三征麓川"以后的移民主要屯守滇西。刘灵坪的研究表明,邓川的汉族军屯聚落大多分布在弥苴河两岸的盆坝中央地带,而军屯的定居过程正是伴随着弥苴河水患的治理以及东、西湖的湖沼排水成田过程。[①] 因此,基本可以通过定位这些决堤点,即聚落点,来复原明清弥苴河主河道的流经位置。对于河道复原,地方志中记载的桥梁也可成为考察的重要依据。明清方志(崇祯《邓川州志》、道光《邓川州志》、咸丰《邓川州志》)中均有"桥梁"专节,对境内的桥梁名称、建造时期、位置等内容都进行了记载,为本研究提供了最基本的河流古迹地名,有些桥梁甚至详细地记载了其建造者与建造缘由,如"德源桥,在中所,天顺间王纲以石建,杨富重修,跨弥苴河"[②]。但是方志对桥梁的记载尚有不完备或难考证之处,如"龙桥,在州东一里"[③],未标明其所跨河流

---

① 刘灵坪:《明清时期洱海地区的国家治理与"白人"认同》,复旦大学博士学位论文,2013年。
② 崇祯《邓川州志》卷二《桥梁》,《大理丛书·方志篇》卷十,第699页。
③ 道光《邓川州志》卷二《桥梁》,《大理丛书·方志篇》卷十,民族出版社,2007年,第730页。

及近旁村邑，难以考证其现今具体位置，只能据州治推测其大略位置。对于此类情况必须借助其他文献资料进行订正，或只能留白。总体而言，通过复原这些桥梁的位置，进而勾勒古代河道的流经位置。这些聚落的现今位置则参考《云南省洱源县地名志》①，完成对主河道流经地点的复原。《云南省洱源县地名志》是一部对聚落记载系统、全面而又准确度较高的地名志资料，对于洱源县境内的聚落名称、形成时期、位置等内容都进行了记载，并对聚落历史做过部分考论，有些地名甚至详细记述了其来源与形成时间，如"右所，因明洪武十七年设过军屯右百户所，故名"②。总体而言，《云南省洱源县地名志》是本研究使用的最基本的地名资料。当然，最有价值的仍是咸丰《邓川州志》所绘的弥苴河《河工图》，其篇幅较大，详细绘制了弥苴河河形图，沿途细注里甲分界、村庄、桥涵、闸坝，由于这些地名大多可考其现今位置，对于复原主河道流路具有很高的史料价值。

2. 明中前期主干河道的最终固定

早在元朝时期，在邓川坝子已经实行屯田，并将河道的治理放于重要位置。历经人工的不断约束，至明代，水系形态基本确定。然而，弥苴河"在州前平川之中"③，常有溃决，尚无固定河堤、河道，及至洪水暴发时期，河道摆动，并多有河水潴积之地，因此，修筑河堤成为一项历时久远的工作。在主河道河堤固定前，弥苴河的泛流区域基本与明代军屯分布是一致的。研究表明，明代汉族军屯聚落大多分布于弥苴河两岸，位于盆地中央的地势低

---

① 洱源县人民政府编：《云南省洱源县地名志》，1988年（内部本）。
② 洱源县人民政府编：《云南省洱源县地名志》，第66页。
③ 〔明〕李元阳：嘉靖《大理府志》卷二《地理下》，第29页。

洼地带。①而在军屯进入之前,由于弥苴河堤缺乏系统的修筑和加固,两堤两岸尽是流潦之地,自河堤西岸起,东至山埂地带,出现了一大片原住白族聚落的空白分布区。由此可以推断,由于弥苴河堤时有溃决,两岸时常遭受泛滥之灾,严重威胁居民的生命和财产安全,不适宜人类耕作居住,所以,在明代军屯迁入以前,弥苴河两岸多为聚落空白区,这片区域乃是苴河主干河道的洪泛区。

从聚落分布来看,弥苴河以东聚落明显多于西岸,表明明初东岸,尤其是东岸上中游流潦之地多于西岸,这也反映了东岸水患比西岸水患严重,溃决而致的泛流较多。结合西湖村至松曲村剖面图(图1-6)可见,中段弥苴河高于两岸数米,且就目前的河堤高度看,东岸河堤却明显高于西岸;东岸明显更为平坦低洼,反映了东岸水患要比西岸严重的状况。这表明在系统地修筑河堤以前,东岸往往更容易成为洪泛区,这也解释了明代以前东岸存在大片空白无聚落地区的原因。相比之下,弥苴河下游段历史时期未曾发生较大的改变。这是由于青索段平原狭窄,东靠马鞍山余脉天洞山,所以河道受到东侧地形的限制,青索上下段河道中河堤东部较为稳定,河岸西部地势相对平坦,多开泄洪道、支流,水网密布。"东湖入河处,天洞山逼其颊,天衢桥扼其喉,居人岸集无隙地"②,而"别可穿渠"有很大的现实困难。这也可从地貌晕染图和地形横剖面中得以印证(图1-6、1-7)。直至明代,弥苴河上中游两岸,尤其是东岸长期存在的大片聚落空白区才归于消失。明代这一带至少出现了14个聚落(表1-7),虽然密度仍比较差,却已不再呈现空白状态了。

---

① 刘灵坪:《明清时期洱海地区的国家治理与"白人"认同》,2013年。
② 咸丰《邓川州志》卷十三《艺文志》,第166页。

专题一　水利建设的地理生态与治理效应：高原湖盆地区的农业聚落与水环境 | 067

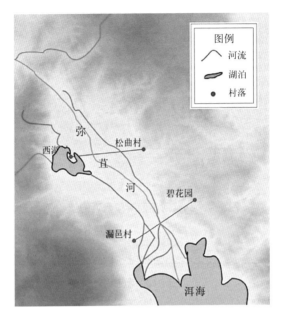

资料来源：由 Srtm（Shuttle Radar Topography Mission）DEM 高程数据经 ARCGIS 处理生成。数据来源于中国科学院计算机网络信息中心国际科学数据镜像网站（http://www.gscloud.cn）。

图 1-6　弥苴河三江口至入海口地貌晕染

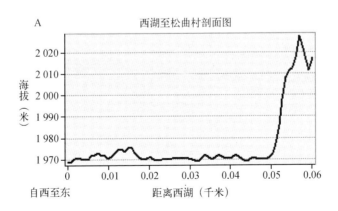

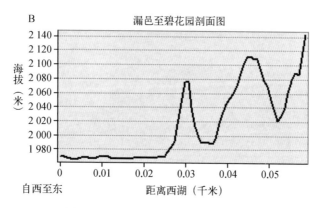

图 1-7 弥苴河不同河段附近的横剖面

表 1-7 明代邓川军屯聚落统计

聚 落	始 建 年 代	今属乡镇
右 所	明洪武十七年	右所乡
左 所	明洪武间	右所乡
大 营	明洪武间	右所乡
焦石洞	明洪武间	右所乡
三家村	明 初	右所乡
中前所	明洪武年间	右所乡
何家营		右所乡
大花园	明 代	右所乡
下 营		右所乡
赵家营		右所乡
秦家营		右所乡

续　表

聚　落	始 建 年 代	今属乡镇
永安营		右所乡
葛官营	明　代	右所乡
小南营		右所乡
陈官营	明　代	右所乡
大树营		右所乡
刘官营		右所乡
杜家营		右所乡
汪家营	明　代	右所乡
高家营	明　代	右所乡
张家营	明　代	右所乡
杨家营	明　代	右所乡
旧　州	明洪武十七年(1384)	邓川镇
大　营		邓川镇
魏军屯	明　代	邓川镇

注：对于《洱源县地名志》中名尾为"营"的聚落，若无标注则表明未记载其始建年代。

这一明显的变化与弥苴河的治理是直接相关的。明洪武十五年(1382)，将军傅友德、蓝玉、沐英率军攻克云南大理，就地设置大理卫指挥使司。朱元璋采纳沐英的建议，拨军户、民户屯田云南，邓川、浪穹均设军户屯守、耕种。"三征麓川"之后，部分官军留镇云南,形成明中叶最重要的军事移民。明万历十一年(1583),为反击缅甸洞吾王朝侵略,刘綎、邓子龙率一万营兵前往云南反击,这也是明后期较大规模的军事移民。① 军屯人户进驻之后,当地军民开始系统地修筑河堤工程,规定"旧规东堤军屯修筑,西堤里民修筑"②,制定出了一套相对成熟的河堤修筑规则。盆坝中央的定居区和开发是人类改造自然的业绩,具体而言,是明代军屯的进入、两岸军民坚持系统而长期地修筑弥苴河堤防的结果。

最早的弥苴河河堤修筑记载始于明朝,由同知李福修筑。嘉靖《大理府志》载:"同知李福修筑"③,直至清咸丰《邓川州志》又提到"李福"多次。咸丰《邓川州志》卷十《宦迹》载李福"修弥苴大河"④;卷十三《艺文》载:嘉靖年间,河堤再坏,"其办理之法,则照先年同知蜀人李福成规,随宜经画而详处之"⑤。同知李福修筑弥苴佉江堤,堤身"高阔各二丈",并于河堤之上"栽竹木责人守"。李福最早制定修筑河堤规则,"分定里界"⑥,此后嘉靖癸巳河堤再坏,办事者为处理"无或后者"等摊丁问题,"则照先年同知蜀人李福成规,随宜经画而详处之"。咸丰《邓川州志》卷十《宦迹》载,"李福,正统间任,清而不刻,修弥苴大河,分定里界,浚两湖,泄其淤涨,民以得耕"⑦。可见,李福筑堤、制定规则,这是没有问题的。

---

① 陆韧:《变迁与交融——明代云南汉族移民研究》,云南教育出版社,2001年,第28,33—35页。
② 嘉靖《大理府志》卷二《地理下》,第29页。
③ 嘉靖《大理府志》卷二《地理下》,第29页。
④ 咸丰《邓川州志》卷十《宦迹》,第122页。
⑤ 咸丰《邓川州志》卷十三《艺文》,第160页。
⑥ 咸丰《邓川州志》卷十《宦迹》,第122页。
⑦ 咸丰《邓川州志》卷十《宦迹》,第122页。

问题在于,各方志对始修时段的记载颇有出入。李福的任职时段,关系到河堤初次见于史料记载的时段,而此处却颇有争议。嘉靖《大理府志》载:"永乐间李福修筑",而咸丰《邓川州志》卷十《宦迹》载:"李福,正统间任。"两则文献各执一端,莫衷一是。嘉靖《大理府志》载李福之后,"同知杨琛继修不辍",然而由于卷三及其后散佚,不可查考其任职时段。州同知为"明洪武十七年设,至隆庆年间裁,改设流官知州"。咸丰《邓川州志》卷十《州同知》载:任职者从洪武年间的两名州同知至正统年间的"李福",此后历任州同知从成化直至隆庆年间,共22人,唯独缺建文至宣德年间的任职者名姓,包括永乐年间在内。这期间自然不可排除永乐年间有同名者"李福"任职的可能。且不论其可能性的大小,《邓川州志》载,李福"正统年间任",杨琛紧随其后,"天顺年间任",结合《大理府志》李福之后"同知杨琛继修不辍"的记载,可以推断,此处的李福当为"正统年间任"的李福。换言之,若确如嘉靖《大理府志》记载,李福为永乐年间任,不可能几十年后至天顺年间才有继任者。即便如此,后文提到"三十年来无人讲求"就已"圮坏殆尽",而几十年间无人管理却无水患,不合常理。由此可知,嘉靖《大理府志》称"永乐年间"为谬误,筑堤最早的明确记录始于明正统年间。不可否认的是,明军进入之后,即对河堤进行整修和加固,但最早制定筑堤细则的时间应在明正统年间,而此前洪武至宣德几十年间,初步形成了"东堤军屯修筑,西堤里民修筑"的规则。同知继任者杨琛"继修不辍",由于筑堤得力、方式得当,一时间河泛区成膏腴沃野,"田尽壤,农民富"①,并维持了相当一段时间的安流局面。后世对河堤不断重修加固。"后为附

---

① 咸丰《邓川州志》卷十《艺文上》,第 161—162 页。

近军民侵占"①,弘治间知州阿骥、正德间州同知曾奇瑞重修河堤。嘉靖初年,时任澜沧兵备道的姜龙至邓川"筑堤捍患",取得了不错的成果,"士民尝立三正祠与林郭两公同祀焉"②。

由于弥苴河堤易溃,以致改道,所以历史上河道经多次修筑方始固定,故而以河堤的最终固定作为河道确定的判定标准较为可靠。今地方志认为,弥苴河主河道的成河在嘉靖初年③,这一观点需商榷。嘉靖十二年(1533),"军民具情上陈,幸直指当涂杨公东、兵备慈溪王公镕、太守句容夏公克义,知远方事体废弛,诚不一也。拳拳民隐,垂念邓川河道为害,乃择属官之才猷可任者,得州佐何彪,千户严经、陈完等,访求往迹,知多年就绪之难由人心坏丧之故,于是严定章程,赏勤罚惰,一时军民感激,翕然赴工,无或后者。其办理之法,则照先年同知蜀人李福成规,随宜经画而详处之。堤高一丈有奇,阔一丈。五尺为准,分为四门,先令一门成一段以为式,而各门悉仿效之。每丁若干尺,每甲若干丈,每段乘雨密种柳木若干株,每日见工程若干分工。始于二月一日至月终毕,由是堤防固而河无溃决之虞"④。明嘉靖三十一年(1552),"堤决大水,淹没田禾千顷。告蒙鲍巡抚檄分巡,转委通判舒魁、州同周鲁疏筑议处,始定江堤长若干丈,泄水龙洞若干孔,拨军民夫力分界疏筑若干处。其水势峻急处所,视旧加详其中,文载如吏牍,括其总曰:东堤西堤,各计大数五千丈,合计几有万丈"⑤。是年,弥苴河主干河道基本固定。

此后的文献中,有多次对弥苴河堤的重修与加固的记载,而

---

① 咸丰《邓川州志》卷十《艺文上》,第161—162页。
② 咸丰《邓川州志》卷十《艺文上》,第161—162页。
③ "基本成河649~1522 计 873 年",洱源县水利电力局编:《洱源县河湖专志集》,第99页。
④ 咸丰《邓川州志》卷十三《艺文》,《重修河堤记》,第160—161页。
⑤ 嘉靖《大理府志》卷二《地理下》,第29—30页。

不见较大的河道改易记载。明万历年间，知州常真杰"□华剪弊，每自亲督筑□高坚，但水涨汹危，又开两闸以泄之"①。继任知州的周敦中"有救弥苴河堤功"②，但未尝对河堤改筑。由于出夫问题积弊尤甚，崇祯年间，知州卢多益"始丈堤分界"，"丈尺按粮授地十一里，粮除优免外，每一石编夫一名，四所军粮不优免，每一军编夫二名，丈尺既定，任伊男女协力修筑，不几日可完"③，确立了河堤的细化分工原则。

清代沿袭明旧规，"堤东军屯修之，堤西里民修之"，并不断增高、增厚堤身，至康熙时期，"堤高二丈"，两倍于明朝时期。清代中期，泥沙淤积问题空前严重，"弥苴独行地上，凡河俱宜深透，而弥苴岁有淤填"④，河床高仰，已形成地上河，不得不高培河堤以御河水。各文献对于堤长和堤宽尺寸的记载略有出入。康熙《云南通志》载，弥苴佉江堤"绵亘四十余里"，康熙《大理府志》载弥苴佉江堤"东西各五千丈"。按照古代长度换算，明代量地一尺等于32.7厘米，清量地一尺等于34.5厘米⑤，以此换算，二者相差不大，堤长尺寸较为可信。而对于堤身尺寸，康熙《云南通志》载，弥苴佉江堤"堤高二丈、宽四丈"，康熙《大理府志》载，弥苴佉江堤"高阔各二丈"，两部方志的记载存在出入。但可以确知的是，清代前期，弥苴河堤身硕大，足以反映防洪任务加重。

此后，弥苴河堤频繁溃决，屡溃屡修，溃决、修堤的记载屡见于历代方志中（表1-8），但并不见较大的河堤改筑工程。康熙三

---

① 崇祯《邓川州志》卷二《堤防》，《大理丛书·方志篇》卷十，民族出版社，2007年，第698页。
② 咸丰《邓川州志》卷十《知州》，第107页。
③ 崇祯《邓川州志》卷二《堤防》，《大理丛书·方志篇》卷十，第698页。
④ 咸丰《邓川州志》卷九《河工志》，台北：成文出版社，1968年，第90页。
⑤ 《历代度量衡换算简表》（据《律学新说》和光绪《会典》算），《中国自然地理·历史自然地理》，科学出版社，1982年，第261页。

十年(1691),"又决,知州梁大禄修筑",但是这种"数决数修"的情况,令官民苦不堪言,于是广纳一劳永逸之法,"目前补苴之术,议者谓宜改水从东山麓以行",将农田改筑为河渠,"取旧堤之地改为田而售之,以补东山所弃之田"。这是继嘉靖三十一年(1552)后,又一次将大修堤坝提上日程,并且提出了大的改易河道计划。经过探讨之后,认为工程有赖于"人事",以期改观,"行之而利,行之而害依然,则人事之虚实系之。人事实,力可回天;人事虚,徒法不行。念切民生者,顾可虚作故事乎?"①但是,由于工程量巨大,改道计划并不容易施行,其后文献中也未见该计划的实行状况,可见仅停留于"议"层面。修筑河堤虽然是一项经年累月的工程,但是始终未出现较大的改易河道、重筑河堤的情况。由此可以判定,明嘉靖三十一年(1552)后,河堤已基本固定,其后修筑河堤工程只是在原址上堵口或加固。

表1-8　咸丰《邓川州志》记载弥苴河堤溃决情况

溃决时间	溃决堤岸	今地	溃决情况
康熙二年(1663)秋	东堤	中所桥上	弥苴河东堤决中所桥上
康熙三十年(1691)			"又决"
康熙五十二年(1713)秋	西堤	中所桥下	"弥苴河西堤决中所桥下"
雍正九年(1731)秋			"弥苴河堤决"
乾隆年间			"弥苴河堤溃"
乾隆二十三年(1758)秋	东堤	下山口	"弥苴河堤决下山口,坏东川田庐无数"

① 道光《邓川州志》卷二《沟洫堤防附》,《大理丛书·方志篇》卷十,第725页。

续 表

溃决时间	溃决堤岸	今地	溃决情况
乾隆四十七年(1782)秋			"洱水溢坏兆邑、江尾田禾"
乾隆四十九年(1784)秋			"象山崩,坏田庐,洱水溢,沿海田禾尽没"
嘉庆六年(1801)	东堤		"西山蛇涧崩,涧水截河,遂为东堤害"
嘉庆二十年(1815)秋		下山口	"弥苴河公堤决下山口,坏田庐无数,道府宪委员赈济"
嘉庆二十二年(1817)	西堤	马甲邑	"六月,弥苴河西堤决马甲邑,下次口决右所下"
嘉庆二十二年(1817)	西堤	右所	

资料来源:咸丰《邓川州志》卷二《沟洫·堤防附》、卷五《灾祥》、卷九《河工志》。

3. 明以后的主干河道

明代以前,河道不固定,难以考证其流经情况;自明代军屯进入之后,不断对弥苴河堤进行修筑、加固,河道渐趋稳定。弥苴河出蒲陀腔后,称"下山口",由山谷岩石陡然变为人工砂石河堤,河水冲刷强度大,溃堤多发。下山口就成为首当其冲的溃堤地点。乾隆二十三年(1758)秋,"弥苴河堤决下山口"[①]。嘉庆二十年(1815)秋,"弥苴河公堤决下山口"[②]。该点位于山脚峡谷口,今

---

① 咸丰《邓川州志》卷五《灾祥》,第46页。
② 咸丰《邓川州志》卷五《灾祥》,第46页。

右所乡下山口村,本村公所西北部①,为弥苴河出蒲陀崆后必经之地。

弥苴河出下山口后流经"中所"。康熙二年(1663)秋,"弥苴河东堤决中所桥上,总兵马公宁经过,督兵塞之"②,位于今右所乡西北4千米处,西中所村和东中所村分别位于弥苴河的东西两岸。③弥苴河经"中所"后流经"中前所"。雍正四年(1726)秋,"弥苴河西堤决中前所桥上"④;乾隆四十年(1775)秋,"弥苴河西堤决中前所"⑤,即今右所乡中前所村,明洪武年间于此设中前百户所。⑥弥苴河经"中前所"后流至"大湾子",该村因"在弥苴河东堤下的一道大湾子里而得名"⑦。经"大湾子"后流经右所乡王铁桥村,该村是沿弥苴河而居、由桥而兴。据《洱源县地名志》载,"相传古代村中王姓有一姑娘,嫁在弥苴河西岸,雨季回娘家受阻于水,在河西痛哭,王公悯之,在河上建了一座铁索桥,使其平安往返,故名"⑧。虽然此为故事传说,但是也反映出该村地处沿岸的事实。"左所"与"王铁桥"隔河相对,位于弥苴河畔。嘉庆二十一年(1816),"秋,弥苴河西堤决左所下"⑨,明洪武年间设左百户于今右所乡左所村而得名。⑩弥苴河下游流经"右所",嘉庆二十二年(1817),弥苴河西堤"次口决右所下"⑪,位于今右所乡右所村,

---

① 洱源县人民政府编:《洱源县地名志》,第67页。
② 咸丰《邓川州志》卷五《灾祥》,第46页。
③ 洱源县人民政府编:《洱源县地名志》,第67页。
④ 咸丰《邓川州志》卷五《灾祥》,第46页。
⑤ 咸丰《邓川州志》卷五《灾祥》,第46页。
⑥ 洱源县人民政府编:《洱源县地名志》,第67页。
⑦ 洱源县人民政府编:《洱源县地名志》,第67页。
⑧ 洱源县人民政府编:《洱源县地名志》,第69—70页。
⑨ 咸丰《邓川州志》卷五《灾祥》,第46页。
⑩ 洱源县人民政府编:《洱源县地名志》,第66页。
⑪ 咸丰《邓川州志》卷九《河工志》,第80页。

明洪武年间设右百户所。① 弥苴河下游流经"刘官营",乾隆八年(1743)秋,"弥苴河堤东决刘官营"②,位于今右所乡刘官营村。③下游流经"官伍",乾隆五十九年(1794)秋,"弥苴河东堤决官伍"④。

下游流经"银桥",乾隆三十三年(1768)六月,"弥苴河堤决银桥上"⑤,位于今邓川镇银桥村。相传明代弥苴河上的第一个石拱桥即在此处。⑥

据《河工图》(图1-7),弥苴河经"银桥"后下游流至"井旁"。雍正八年(1730)秋,"弥苴河堤决井旁东"⑦,位于今弥苴河西岸的邓川镇井旁村⑧。弥苴河经银桥后下游流至"马甲邑"(如图1-8)。嘉庆二十二年(1817),"六月弥苴河西堤决马甲邑"⑨,即今上关镇马甲邑村。⑩ 下游流经"青索",即今江尾乡西北2.5千米处的青索村。⑪ 乾隆末,"署州张士俊又自下山口僧户堤起至青索坝止,分作四大段修挖"⑫,东岸与"河东"隔河相对。

弥苴河的马甲邑—青索段,东依山脚,西临德源山,两侧为狭窄的山口,是弥苴河与永安江重要的分水节点。东湖水尾原即在青索处汇入弥苴河,乾隆四十六年(1781),在高上桂的主持下,实行"两河三埂策",开挖东川水尾,即永安江,至此东湖水单独入洱海。

---

① 洱源县人民政府编:《洱源县地名志》,第66页。
② 咸丰《邓川州志》卷五《灾祥》,第46页。
③ 洱源县人民政府编:《洱源县地名志》,第70页。
④ 咸丰《邓川州志》卷五《灾祥》,第46页。
⑤ 咸丰《邓川州志》卷五《灾祥》,第46页。
⑥ 洱源县人民政府编:《洱源县地名志》,第74页。
⑦ 咸丰《邓川州志》卷五《灾祥》,第46页。
⑧ 洱源县人民政府编:《洱源县地名志》,第74页。
⑨ 咸丰《邓川州志》卷九《河工志》,第80页。
⑩ 洱源县人民政府编:《洱源县地名志》,第76页。
⑪ 洱源县人民政府编:《洱源县地名志》,第76页。
⑫ 咸丰《邓川州志》卷九《河工志》,第81页。

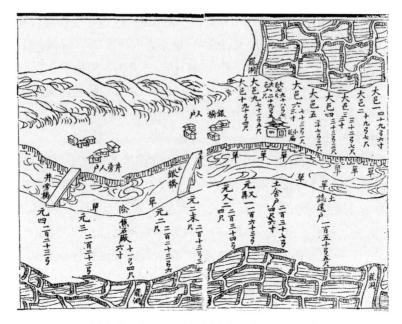

图1-8 咸丰《邓川州志》之《河工图》局部(A)

在成图于咸丰年间的《河工图》(图1-9)上,可以清晰辨认两河的共埂分流情况。河埂村即位于弥苴河、永安江之间的河埂上,故名。①

弥苴河出青索即为江尾段,依次流经桥下村②、桥上村③、河西村④。道光元年(1821),弥苴河入海口处位于"江尾","锁水阁下即系河水入海之处"⑤,因地处弥苴河尾段,河尾又称下江尾,即今上关镇南部,包括张家、河东、编篮、王家、小街、杨家、河尾7村。⑥

---

① 洱源县人民政府编:《洱源县地名志》,第77页。
② "清光绪年间,本地区在弥苴河上修了一座石桥,村在下,故名",洱源县人民政府编:《洱源县地名志》,第76页。
③ "桥上村。清光绪年间,村人赵世珍等发起把弥苴河上的木桥改建成石桥,村在桥上方,故名",洱源县人民政府编:《洱源县地名志》,第76页。
④ "因地处弥苴河西岸得名",洱源县人民政府编:《洱源县地名志》,第76页。
⑤ 咸丰《邓川州志》卷九《河工志》。
⑥ 洱源县人民政府编:《洱源县地名志》,第79页。

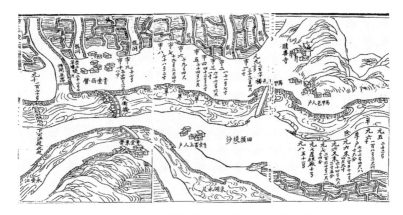

图 1-9　咸丰《邓川州志》之《河工图》局部(B)

由于河口三角洲的迅速成长,至咸丰初年,入海口已在远距锁水阁五六里处。① 今入海口位置推移至"河尾村",在江尾乡南 1.3 千米处。②

关于弥苴河溃堤的记录集中于康熙至嘉庆年间,且溃决点大部分集中在下山口至右所间的上段,决口有下移趋势③,反映了河床向下游淤高的态势,至清代中后期,"弥苴江自下山口至赵邑村三十余里,河身渐高,水与地平,沿江之堤,半皆沙筑。幸无霪潦,即各堤安堵,东西二湖亦皆帖然效命。苟一旦暴涨,从堤间泄水之龙口排突而决,则通州之田皆没矣"④,成为"高与屋齐"的地上河。为保证坝区安全,每年均要"深浚河身,坚筑河堤,俾正流归壑,则傍流不溢"⑤,修筑河堤的工作从未停止。然而无论筑堤还是堵口,均基本在原河埂处进行,而将上述弥苴河所流经的聚

---

① 咸丰《邓川州志》卷九《河工志》。
② 洱源县人民政府编:《洱源县地名志》,第 79 页。
③ 杨煜达:《中小流域的人地关系与环境变迁——清代云南弥苴河流域水患考述》,曹树基主编:《田祖有神——明清以来的自然灾害及其社会应对机制》。
④ 康熙《大理府志》卷五《沟洫》,第 78 页。
⑤ 康熙《大理府志》卷五《沟洫》,第 78 页。

落绘于地图上,可见清代的弥苴河主河道与今非常一致。表明该河道自明嘉靖三十一年(1552)已基本固定,虽然时有溃决,但基本河道和河形没有太大变化,并延续至今。

4. 河口三角洲

距今 2100—1300 年,洱海水位开始急剧下降①,邓川冲积三角洲开始发育,洱海北岸地区为冲积平原,弥苴河河口位置发生过多次迁移,至今仍有以"旧河口"命名的村庄,相传五百多年前即为弥苴河以前入洱海口处②。据方志记载,在清代中后期,三角洲成长迅速。道光元年,"锁水阁下即系河水入海之处",至咸丰初年,入海口已远距锁水阁五六里许。③ 研究表明,弥苴河冲积扇扇体很大(图 1-10),亦指沉积体,弥苴河沉积区形成较大的沉积体,面积约 42.8 平方千米,为鸟足状三角洲。④

图 1-10　洱海现代湖盆北岸源—汇系统(S2S-N)特征

---

① 洱源县水利电力局编:《洱源县水利志》,第 61 页。
② 洱源县人民政府编:《云南省洱源县地名志》,第 78 页。
③ 咸丰《邓川州志》卷九《河工志》。
④ 朱秀、朱红涛、曾洪流、杨香华:《云南洱海现代湖盆源—汇系统划分、特征及差异》,《地球科学》2017 年第 11 期。

5. 水利工程

明代以前,弥苴河虽易溃易决,但大致确定了其在三角洲地区居中流径,两侧有东、西湖相互掩映,并分别以漫地江、罗时江为泄水尾闾河的三川格局。与今不同的是,先时"两湖皆入弥河"①,即东湖于青索附近入弥苴河;西湖水尾之"罗时江者,西川诸水旧由玉案山东北入弥苴佉江"②,"古时的水尾在德源山北端的'摩迦泽'汇入弥苴河 10.5 千米处的中游"③。相较之下,明代以前的东湖为流潦洪泛区,人类无法定居耕种,水环境受到的干扰和改造较小。

西湖位于邓川坝子弥苴河西部的右所乡境内,为断陷而成的天然淡水湖,因"其东有堤,为往来大道,湖在道西,故曰西湖"④。西接山麓洪积扇,东、北为平畴沃野,南部为浅湖出口。湖心和岸边很早就有民人居住。唐代中期,西湖水尾河入弥苴河,由于"江涨难容,每为患",当地居民罗时、弟凤兄弟捐资捐田,"凿山分泄之"。新开通的河道"从现在的三道桥村起至魏军屯附近,于德源山西侧的马鞍部开凿长 1 260 m 左右的渠道(其中长 350 m 地段切深达 10 余米)"⑤。从此,改变了西湖水尾入弥苴河的形态,罗时江"入上洱池",上洱池"当洱河北际,尽邓川南际"(今上洱池已淤淀成陆),最终流入洱海。由于罗时江的开凿,"湖水畅流,民咸得耕","人食其泽,故以名名江,示不忘也"⑥。

---

① 高上桂:《新开东川子河筑青石涧堤工记》,咸丰《邓川州志》卷十三《艺文上》,《新开东川子河筑青石涧堤工记》,第166—167页。
② 咸丰《邓川州志》卷二《山川》,第27页。
③ 洱源县水利电力局编:《洱源县河湖专志集》,第110页。
④ 咸丰《邓川州志》卷十三《艺文上》,第167页。
⑤ 洱源县水利电力局编:《洱源县河湖专志集》,第110页。
⑥ 咸丰《邓川州志》卷二《山川》,第27页。

开凿罗时江,西湖与洱海直接相通,是明代以前较大的水系变化。西湖"现有湖泊面积 3.3 km²,南北长 3 km,东西宽最大 2.5 km,最小 0.25 km,湖岸线长 13 km,1962 年最高水位达 1 969.34 m。现有水体 593×10⁴ m³,平均水深 1.8 m,最大水深 8.3 m,集水面积 119 km²。西湖面积逐渐减少变浅,露出大片沼泽地,芦苇群落发达,周围除西侧有冲洪积层以外,其余均属湖积层,泥炭资源较为丰富。历史上曾是邓川州较有名的'烟渚渔村'旅游风景区"①。

明代军屯进入以后,对水环境进行了较大改造。以修筑弥苴河堤、防止河水泛滥为首务。而随着河道的逐步稳定,或民众认识到水量过大而河堤无法承受的事实,故而开凿分水河渠,减轻河堤承载压力。

(1) 龙洞渠的开凿

嘉靖三十一年(1552),弥苴河堤决,"大水淹没田禾千顷"②。时任巡抚鲍象贤委任通判舒魁、州同知周鲁商议修筑事宜,"始定江堤长若干丈,泄水龙洞若干孔"③,弥苴河"东堤西堤,各计大数五千丈,合计几有万丈,而少其泄水龙洞二十五孔"④,此为弥苴河开凿泄水龙洞之始。各龙洞的具体位置在崇祯《邓川州志》中有详细的记载,"大曰澶,小曰渠,渠即弥苴河,曰龙洞"⑤。

"西堤第一渠,在大楼桥下。"⑥按,位于今右所乡大楼桥村。

"第二渠,在中所营北。"按,位于今右所乡西中所村,明洪武

---

① 云南省洱源县志编纂委员会:《洱源县志》,第 51 页。
② 嘉靖《大理府志》卷二《堤坝》,第 29—30 页。
③ 嘉靖《大理府志》卷二《堤坝》,第 29—30 页。
④ 嘉靖《大理府志》卷二《堤坝》,第 29—30 页。
⑤ 崇祯《邓川州志》卷二《澶渠》,《大理丛书·方志篇》卷十,民族出版社,2007 年,第 699 页。
⑥ 崇祯《邓川州志》卷二《澶渠》,《大理丛书·方志篇》卷十,第 699 页。

年间曾设中百户所于此。

"第三渠,在中前所。"位于今右所乡中前所村,明洪武年间曾设中前百户所于此。

"第四渠,在左所。"位于今右所乡左所村,明洪武年间曾设左百户所于此。

"第五渠,在右所。"位于今右所乡驻地,洪武十七年(1384)设军屯右百户所于此。

"第六渠,在右所桥下。"位于今右所桥。

"第七渠,在地名夜南。"

"第八渠,在南天神。"位于今右所乡南天神村,处于右所坝子南部。

"第九渠,在昆仑里。"

"第十渠,在南天神。"

"第十一渠,在打油村。"

"第十二渠,在大邑村。"位于今江尾乡大邑村。

"第十三渠,在青索鼻。"位于今江尾乡青索村。

"第十四渠,在江尾村。"位于今江尾乡江尾村,地处弥苴河的尾闾。

"东堤第一渠:在蒲陀崆下。"即今下山口。

"第二渠,在中前所。"

"第三渠,在左所。"

"第四渠,在右所。"

"第五渠,在后庄。"

"第六渠,在江尾。"

"驿东乾沟渠,在邓川驿东。"

"南怒地江渠,在州东龙王庙沟,合青索水入洱,又名漫地江,从中所堤下侵入于洱。"①

---

① 崇祯《邓川州志》卷二《山川》,第699页。

万历年间,知州常真杰率众在下山口村下约一华里处"开东西两闸"。"上西闸在弥苴河西岸,寺一堤内"[1];"上东闸在弥苴河东岸,王伍堤内"[2],此为"上东西二闸"。龙洞闸口"视河水之消长随时启闭"[3],东西闸河分别流入东湖和绿玉池。

清代弥苴河东西堤的龙洞渠得以继续开凿。至道光年间,弥苴河沿岸已开龙洞渠"东堤十八口,西堤十八口"。此外,在元保里的"下七里公堤"段,"堤下除龙洞外,有张家沟、杨家沟等十余渠分泄河水"[4],即渔沟的雏形。

龙洞渠的开凿,是改变邓川坝水环境的重要举措,减轻河堤的御洪压力,同时提高了坝区的水网密度,这也成为邓川坝从一片浅滩泥沼之地逐步发展为高原水乡的起点。

(2) 东西二湖

明中前期,"邓川水利总以弥苴佉江为经,西湖挟于右,即绿玉池罗时江水;东湖带于左,俗谓漫地河。皆会于青索鼻赵邑村,以入于洱河"[5],邓川坝的水系没有较大改变。

具体来讲,西湖水系上游"源出绿玉池"[6],绿玉池位于"州北七里"[7],汇集西部山涧诸溪水。西湖由罗时江南流入"上洱池",位于旧州治"南十五里"[8],为"州之南界,即大理洱涯洋,皆学宫之前"[9],"导绿玉池水入洱"[10]。

---

[1] 咸丰《邓川州志》卷九《各处堤防附》。
[2] 咸丰《邓川州志》卷九《各处堤防附》。
[3] 咸丰《邓川州志》卷九《各处堤防附》。
[4] 道光《邓川州志》卷二《沟洫堤防附》。
[5] 康熙《大理府志》卷五《沟洫》,第 78 页。
[6] 正德《云南志》卷三《大理府》。
[7] 天启《滇志》卷二《山川》。
[8] 天启《滇志》卷二《山川》。
[9] 崇祯《邓川州志》卷二《山川》。
[10] 崇祯《邓川州志》卷二《山川》。

明代东川水系称"漫地江",源出东山星鲤泉,"在邓川州治东十里,自东山麓石崖下涌出,注为池,深不可测"。星鲤泉水量丰沛,因此"灌溉之利甚多"①,至清乾隆年间,历代方志中均有星鲤泉的记载②,今名为鲤鱼泉,注入东湖。东湖"历史上湖面变幅在 6—14 km² 之间,北起小南营,东至团山海,南达江前村,西止陈官营、刘官营、葛官营,今小石桥、后湖等村处于湖中,全湖面大水浅,冬春沼泽四露,夏秋一片汪洋"③。东湖南流河段也称"南怒地江渠"④,"在州东龙王庙沟",于青索处汇入弥苴河主干。"青索鼻土巡检前一带田土赖之,会弥苴江,出桥入于洱"⑤。

弥苴河开闸河,改变了明代东西湖上源。弥苴河出下山口,由于地势低平、水势奔突,每至"弥苴河水秋涨,湎狂□分杀其势,堤终难保",经常造成决口。因此,万历年间,知州常真杰率众于"下山口村下里许"处河堤开东西两闸河,视河水水量的消长而随时启闭,"分泄其二,最为防河上策"⑥。西闸河水流入绿玉池,经西湖,由罗时江排水入洱海。弥苴河上东闸河水"从中所堤下侵"⑦,流入东湖,南流至弥苴河下游(青索)注入弥苴河干流,合流入洱海。东西湖上源变迁后的源流情况,亦可从成书于康熙三十三年(1694)的《邓川州地图》得到印证(图 1-11)。

---

① 正德《云南志》卷三《大理府》。
② 万历《云南通志》卷二《山川》载:"星鲤泉,在邓川州治东十里。自东山麓石崖下涌出,注为池,深不可测。内鱼额点如星,人以为异,莫之敢取。灌溉之利甚多。"天启《滇志》卷二《山川》载:"州东十里曰星鲤泉,源从山麓石岩下涌出,注为池,其鱼额上有点如星,灌溉甚多。"康熙《云南通志》卷六《山川》载:"星鲤泉",康熙《大理府志》卷五《山川》载:"星鲤泉:州东十里石崖下,涌出注为深池,中产鲤鱼,额有星点,人不敢取。"
③ 洱源县水利电力局编:《洱源县水利志》,第 71 页。
④ 崇祯《邓川州志》卷二《山川》。
⑤ 康熙《大理府志》卷五《沟洫》。
⑥ 道光《邓川州志》卷二《沟洫堤防附》。
⑦ 崇祯《邓川州志》卷二《山川》。

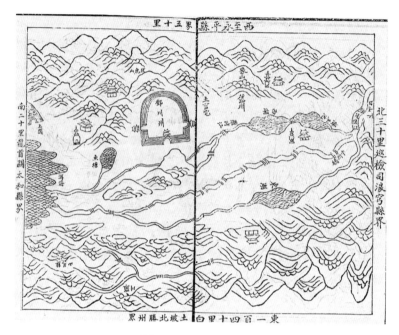

图 1-11 《邓川州地图》

资料来源：乾隆《大理府志》。

为保证东西湖水流的畅行，正统间，同知李福制定章程，规定沿河各村于每年夏初时节，集合各村水牛，自上而下，入东西湖小河中踩草，消除淤积。① 然而，至明代末期，罗时江"沙塞"严重，以至于每至"春初播种"，大邑、新生、昆仑、小邑、寺塞各里的农田"稍过雨即淹没"。天启年间，知州周之相"捐资民田，另开河尾泄水，今在三道桥界"②。由此，罗时江不再入上洱池，改由今河道直接入洱海。

（3）堤渠泽塘

明代弥苴河流域人工堤渠的修筑以防御山洪为主，多位于盆

---

① 道光《邓川州志》卷二《沟洫堤防附》，第 725 页。
② 崇祯《邓川州志》卷二《山川》。

坝外围的山坡或山脚地带。最早见于史料记载的人工堤渠应为"横江堤",为永乐年间同知李福率众修筑,"在邓川州后,大邑、新生、上登三里水利沟也,灌溉官路西一带田地"①。横江堤原"堤阔可容牛一架",后为"豪右侵占,仅容水流而已"。正德十三年(1518),祁伦重修②,渠阔三尺。结合地名志资料,明洪武十七年(1384),立阿这为土知州,州城由中所迁至邓川镇旧州村,崇祯十四年(1641),州城迁至邓川驿,即今新州村③,可知该河堤在今旧州西一里。筑堤后"水患始息"④,一直使用至清康熙年间⑤。嘉靖年间,修筑多条人工堤渠。"大水长堤"位于今旧州村以南。最初因豪强之家纷纷在河堤以南设立水磨,以至于秋潦横流,造成北堤时常溃决,危害严重。嘉靖三年(1524),时任兵备副使的姜龙率众将水磨移于堤北,又修筑旧堤二百余丈,"民患用弭"⑥。直至清康熙年间,该渠仍在使用中。⑦

"庙后堤",位于今旧州村以北城隍庙后的两山涧合流处,为姜龙率众重筑。⑧

"圆井堤"⑨,位于邓川州西北的圆井村、温水村后。"水涌,兵备姜龙筑堤百丈。"⑩该堤屡经加固,中华人民共和国成立后采

---

① 嘉靖《大理府志》卷二《堤坝》。
② 天启《滇志》卷三《堤闸》。
③ 洱源县人民政府编:《洱源县地名志》,第73页。
④ 嘉靖《大理府志》卷二《堤坝》。
⑤ 康熙《云南通志》卷八《堤闸》载:"上下登堤,在州西一里,每秋涨,多没田庐。明正德间,州人杨南金倡众筑石为堤,其患始息。"卷五《沟洫》亦有相同记载。
⑥ 嘉靖《大理府志》卷二《堤坝》。
⑦ 康熙《云南通志》卷八《堤闸》载:"大水长堤,在州南。旧以水磨在堤南,致秋潦为害。明嘉靖间,兵备副使姜龙令移水磨堤北,又修筑旧堤二百余丈,水因南驱,不复为害。"
⑧ 嘉靖《大理府志》卷二《堤坝》。
⑨ 嘉靖《大理府志》卷二《堤坝》。
⑩ 嘉靖《邓川州志》卷二《山川》。

用混凝土技术重修,至今仍在发挥效用。

明代修筑的灌溉引水渠较少,见于史料记载的引水渠仅"罗甸渠"一条。该渠源出东山。嘉靖年间,由通判舒魁、千户刘钥带领,"居人引水为渠,垦田自给"①,该渠的开凿丰富了灌溉水源,"军民便之"②。

明代修筑的泽塘大多为东、西湖水系中的小型池塘等。东川有"星鲤泉"③,为东湖源头。西川相较小型泽塘更多:邓川州南十五里有"上洱池";上洱池南二十里又有"油鱼穴",池中产鱼,"鱼仅长三寸,中秋而肥,十月望后而绝",邓川州东南有"摩迦泽","昔为良田,今作鱼渚"④,有储水灌溉之利。

河道基本固定,伴随着水网的逐步密集,泽塘星罗棋布,大部分水源相通。咸丰《邓川州志》记载东闸河"受东山积潦,南入灵源泽,泽水混混自山窟出,浏而清窈"。位于邓川州东界的"攀□泽",在明朝时期也经历了"昔为良田,今作鱼渚"的变迁,然而至清代却不再见于记载。很多小型泽塘随着土地利用的加剧而逐渐萎缩消亡。清嘉庆年间,"上洱池,在州南十五里,即普陀江之旁出者,又南五里有油鱼穴,皆流入西洱河。南诏潭,在州西南二十里,广十余亩,三山环匝,其一面峻壁如石墙,潭深莫测"⑤。罗时江不再入上洱池,分流入洱海。咸丰年间,"由弥苴佉江西北埂脚浸漏为洫,曰西闸河;西南入绿玉池,水如绿玉,与钟山空翠相涵,故名玉池,入西湖。西湖景色,人以颍川、余杭比之,非夸也。西湖入摩迦泽,摩迦泽入罗时江"⑥。光绪年间,"罗时江,源出州

---

① 嘉靖《大理府志》卷二《堤坝》。
② 嘉靖《大理府志》卷二《堤坝》。
③ 崇祯《邓川州志》卷二《山川》。
④ 崇祯《邓川州志》卷二《山川》。
⑤ 嘉庆《滇系》卷五《山川》,第 223 页。
⑥ 咸丰《邓川州志》卷二《山川》,第 27 页。

北八里钟山石穴中,又纳弥苴佉江西北埂脚浸漏之水,为西闸河,南入绿玉池,入西湖,南流入洱海"①,已经不见摩迦泽的记载。

（4）永安江的开通

如前所述,先时"两湖皆入弥河"②,唐罗氏兄弟开河,"西湖始别出为罗时江"。东湖尾闾河称"南怒地江渠",又名"漫地江"③,于青索的赵邑村入弥苴河。然而,随着弥苴河床的泥沙淤积,至清代已经"河身渐高,水与地平",而每逢霖雨,排水入弥苴河的东湖便"受河流倒入之患"④,淹没东湖附近田庐。因此,为解决倒灌东湖的情况,不断有当地士人提出另开东湖水尾的建议和设想。

清康熙初年,经东川士民徐熙然等倡议,"捐买民田",开凿下西闸河,"以泄弥河倒流之势"⑤。上西闸埋闭后,西闸河专指"下西闸河",并保留至今。但是,人们很快发现,下西闸河对于缓解东川的倒灌的效用有限,于是开始设法另开东湖水尾。东川子河的开通并非一蹴而就,面临很大的现实困难,只因"东湖入河处,天洞山逼其颊,天衢桥扼其喉,居人岸集无隙地",而"别可穿渠"有很高的操作难度。雍正五年（1727）开东闸,"意在分泄倒流之势"。乾隆五年（1740）,东川士民"捐买民田,开此以泄倒流之势"。六年,本州杨开坦平山。九年,巡道朱又开马鞍山,均"意在别寻湖流之委",可惜劳而罔功。十九年,州人萧氏等人上书官府,提出"两河三埂策",建议"买河岸民房,穿子河、引湖水由东闸入洱",但由于"捐赀不敷,绩用无成"。乾隆四十六年（1781）,邓

---

① 光绪《云南全省舆图》第一卷《大理府》,西安地图出版社,2014年。
② 高上桂：《新开东川子河筑青石涧堤工记》咸丰《邓川州志》卷十三《艺文志》,第166页。
③ 崇祯《邓川州志》卷二《山川》。
④ 道光《邓川州志》卷二《沟洫堤防附》。
⑤ 道光《邓川州志》卷二《沟洫堤防附》。

川银桥村进士高上桂从湖南茶陵州任所回乡,向太守和州牧复申"两河三埂策",得到支持,并"首捐千金,与郡伯张公春芳、署牧王公孝治,疏东川水尾",于青索村弥苴河东岸,顺大河东堤开通"漫地江"的咽喉地段,至白马登入海,新开子河573米,筑青石涧拦沙长堤百丈,历两年零四个月,共用工六万,船两千只,工料、地价银三千六百两,"使历年湖水入河之患悉畅泄无滞,环湖涸出膏壤无数","历年所淹田一万一千二百多亩全行涸出",得以耕种。东川始称"永安江",乾隆皇帝下旨嘉奖高氏的功绩。①

东川子河开通后,"东湖水由子河入闸沟,遂闭闸口,沟岸坍塌,渔户、田主一体协修"②。嗣后,地方定期整修永安江,"向系西庄、梅和、遵政、元上等里修控,每岁三月河工毕后,起门户夫赶办五日"③,并"岁于春间,派舟子甸扎坝"④,以保证其畅行。

东川源头原仅为星鲤泉,明万历年间,知州常真杰开东西两闸后,东闸河"由弥苴东埂之北浸漏为洫","从中所堤下侵",流入东湖,一度成为东湖源头。道光年间,上东西两闸"今闸沟半占为田,闸口久经堵塞"⑤;至迟咸丰年间,上东闸河已经"因河底高仰,与西闸同时堙废"⑥。东湖的源头更为丰富,"河受东山积潦,南入灵源泽,泽水混混自山窟出,浏而清窈,而深灌田千余亩,南汇为东湖,与西湖相掩映,所隔一弥苴佽江耳。东湖入永安江,以泄东川诸水,达于洱河水尾之泄"⑦。光绪《云南全省舆图》记载:"闷地江,源出州东北焦石洞下,沿东山南流,经龙王庙前,与弥苴

---

① 云南省洱源县志编纂委员会:《洱源县志》。
② 咸丰《邓川州志》卷九《各处堤防附》。
③ 道光《邓川州志》卷二《沟洫堤防附》。
④ 咸丰《邓川州志》卷九《各处堤防附》。
⑤ 道光《邓川州志》卷二《沟洫堤防附》。
⑥ 咸丰《邓川州志》卷九《各处堤防附》。
⑦ 咸丰《邓川州志》卷二《山川》。

佉江东埝之北浸漏之水汇为东湖,又南流至上关入洱海。"①可见,东川源头仅余东部山地,南流至龙王庙与上东闸水合流入东湖。

（5）人工河渠的淤废与新开

至清代中后期,部分用于防御山洪的堤渠由于年久失修而逐渐湮废。如明代所修的横江堤、上下登堤、大水长堤,直至清康熙年间仍在使用②,此后不见于方志,应为湮废。清代中期,政局稳定,人口增长,新的防洪堤得以修筑,其中规模最大的为"卧虹堤"。卧虹堤位于天洞山东北,因为"青石涧、九龙涧诸溪秋潦横发,沙石冲塞弥河,兼阻东川水尾"③。于是,乾隆四十六年（1781）,在高上桂等的主持下,"于青石涧下横筑长堤三百余丈,至天洞山脚堵截诸溪沙水,旁开闸口,使沙□堤内,水由闸出,随时蓄泄",使堤渠"开口向南,开沟将诸溪水撇归马鞍山入洱"④。堤渠的修筑收到良好的效果,使得"沙内停水外泄",解决了山洪冲塞河道问题。此后"每岁量修一次,堤下涸出水道一区,开垦成熟,收租作岁修费"⑤。

乾隆年间,主要用于灌溉的人工堤渠大量开凿。乾隆十二年（1747）,巡宪朱凤英率东川民夫开挖马鞍山河,在卧虹堤南,"欲以泄东湖水尾"⑥,但因工程量大,其不久升任而工程中止。至咸丰年间,其"河形尚在","青石涧诸水,即可由此入洱",但由于卧虹堤"沙积地高","日久淤涨",已经危及卧虹堤的安全,弥苴河及

---

① 光绪《云南全省舆图》卷一《大理府》,西安地图出版社,2014年。
② 康熙《大理府志》卷五《沟洫》载:"横江堤:大邑、新生、上登三里,资其灌溉官路以西之田。明永乐间,同知李福筑,正德间署州县丞祁伦重修阔之。"
③ 道光《邓川州志》卷二《沟洫堤防附》。
④ 道光《邓川州志》卷二《沟洫堤防附》。
⑤ 咸丰《邓川州志》卷九《各处堤防附》。
⑥ 咸丰《邓川州志》卷九《各处堤防附》。

永安江也将受其危害。①

道光年间,开凿邓川州城南门外的"南城溪流",共两支源头,其一发源自云龙山龙王庙半山腰处,其二发源于"本山箐水"。南城溪流发挥了很大的灌溉功效,"城内外田园资其灌溉"。唯"其归城一带,堤岸因水出罗时江,有冲塌淤阻之患"②,每年由细川、大邑、昆仑等里"按田亩作八十分"修理沟头。

咸丰年间,筑"城河堤",即邓川州东南城脚的河埂,河水其一发源于云龙山半,其二"汇诸溪涧水,并流而下"。邓川州城附近的田园皆资其灌溉,每年六月由大邑、元保、昆仑、小邑、遵政、和山六里的民众,"递年修理沟头,按田亩作八十分,派其挑浚淤积"③。

6. 现代变迁

民国期间由于政局混乱,民不聊生,水利事业基本以疏挖已有河道为主,鲜有较大规模的水利工程兴建。中华人民共和国成立以后,开展"大跃进"运动,水利事业也进入一个高潮期。

永安江北起下山口,南至白马登入洱海,贯通东湖区,全长18.35千米,流域内汇集草海子、水磨箐、鲤泉水、老马涧、青石涧等水。④"自1952年至1963年间,分期分段对老永安江进行深挖宽辟,底宽由5—7米增加到11米,其中1954年改直青索至甲戌桥段,计1.25 km,废弃江前村老河。1955年于马厂桥下新开分洪沟,长320 m,分泄8 m³/s,东流入洱海。"⑤邓川坝区为扩大农

---

① 咸丰《邓川州志》卷九《各处堤防附》。
② 道光《邓川州志》卷二《沟洫堤防附》。
③ 咸丰《邓川州志》卷九《各处堤防附》。
④ 云南省洱源县志编纂委员会:《洱源县志》,第49页。
⑤ 洱源县水利电力局编:《洱源县河湖专志集》,第113—114页。

业垦殖面积,开始"与水争田"、围湖造田,加之多年来东部山区的水土流失加剧,加速了湖区的淤填,东湖渐至沼泽化。1956 年,辟破东湖,东湖缩小干涸,趋于消亡。自北端的永安桥至南端的甲戌桥开挖新永安江,长 8 085 米。闷地江称老永安江,东闸河称新永安江,从此形成了"老江行洪,新江排涝"的格局。[①] 在右所乡三枚村公所、梅和村公所境内,开挖"梅和水沟",全长 8 千米,流量 0.74 立方米/秒,引弥苴河水,灌溉梅和村农田达 300 余亩。[②]

弥苴河水系的演变,是主干河道逐步固定、支流不断疏导、末端河渠开凿改道的过程。洱海北部水系发展演变可分为三个阶段:一是明中前期主干河道最终固定;二是明中期至清前期主要支流的疏导;三是末端支流的治理与人工河渠开凿、改道,以及小型泽塘的消长。这三个阶段并非是截然分开的,阶段的重叠与部分时段的同步,其实正是水系环境实现水田分离演变的常态。在此过程中,伴随着水体逐步退却,泥沼涸出,渐次旱田化。

[①] 洱源县水利电力局编:《洱源县河湖专志集》,第 113—114 页。
[②] 洱源县水利电力局编:《洱源县水利志》,第 71 页。

专题二

水资源开发与利用的多样性区域适应：农业工业的用水环境

云南是我国水资源丰富的省份之一，境内径流面积在100平方千米以上的河流有908条，1 000平方千米以上的河流有108条，5 000平方千米以上的河流有25条，高原湖泊有40多个，水资源总量2 222亿立方米，排全国第三位，人均水资源占有量近5 000立方米。与此同时，云南省的水资源又相对匮乏，表现在：第一，由于横断山脉深度切割，高低悬殊，地形地貌复杂，"人在高处住，水在低处流"，水资源总量丰沛，但开发利用的难度大，成本高，边际效益低。第二，水资源与人口、耕地等经济发展要素极不匹配，占全省土地面积6%的坝区集中了2/3的人口和1/3的耕地，但水资源量只有全省的5%。第三，由于特殊的地形环境和气候条件，水资源时空分布极不均匀，无雨就旱，有雨则涝，水旱灾害常常交替发生。① 2009—2012年，云南以及西南多省遭遇了百年一遇的旱情，连续的大旱使云南各地农作物减产，人畜饮水困难。据云南省水利厅统计，截至2010年4月初，全省河道平均来水量较常年整体偏少30%，已有778条中小河流断流、431座小型水库和5 908个小坝塘干涸，严重旱灾已造成16个州市

---

① 参见云南省水文水资源局编：《云南省水文志·概述》，2011年2月，第1页；云南省水利厅网站之《云南水利概况》，见 http://www.wcb.yn.gov.cn/slgk/1.html。

2 640.28万人受灾,已有888万人、1 890万头(匹)牲畜(其中576万头大牲畜)饮水出现困难。①

关注现实问题的同时,更需我们关注历史,以史为鉴。在中国历史上,水灾和旱灾是主要的农业灾害,"传统社会的应对之策主要是兴修水利"②,水利事业、农业生产与国家财政之间一直存在着密切的关系③。具体到云南地区,元代以来,随着中央王朝对西南边陲的控制加强,大规模的移民屯垦措施得到落实,开屯田、兴水利不断出现在云南河谷、平坝地区。④ 就水利事业而言,元代以降,整个云南省的水利建设重心在滇池流域,而滇池流域的水利重点莫过于海口河的疏浚。⑤ 也因此,一直以来,对云南水利开发的研究主要集中在滇中滇池流域与大理洱海流域,其中,滇池流域的研究主要包括对滇池本体以及入滇池诸水变迁⑥、滇

---

① 参见云南省水利厅网站之《云南省抗旱救灾工作简报》(第24期),见 http://www.wcb.yn.gov.cn/slgk/1.html。
② 杨伟兵:《旱涝、水利化与云贵高原农业环境(1659—1960年)》,载曹树基主编:《田祖有神——明清以来的自然灾害及其社会应对机制》,上海交通大学出版社,2007年。在文中,杨伟兵指出,所谓"水利化",是指人类社会对自然界水资源进行开发、控制和调配,以调节地区水情,防治水旱灾害,促进农业稳定高产的农田水利建设活动。这是狭义上的水利范畴,不包括水利本身所蕴含的广泛意义。此点亦见杨氏所著《云贵高原的土地利用与生态变迁(1659—1912)》(上海人民出版社,2008年)。本文所谓水利开发活动并不拘泥于中小农田水利工程,而是以中小农田水利开发活动为主,亦包括为应对水患而进行的治水活动等。
③ 冀朝鼎:《中国历史上的基本经济区与水利事业的发展》。
④ 参见方国瑜:《中国西南历史地理考释》;陆韧:《变迁与交融——明代云南汉族移民研究》;杨伟兵:《云贵高原的土地利用与生态变迁(1659—1912)》。
⑤ 《清史稿》卷一百二十九《河渠志四·直省水利条》载:"(雍正)十年,云贵总督鄂尔泰言:'滇省水利全在昆明海口。'"中华书局,1977年,第3826页。
⑥ 可参考冯绳武:《滇池西北岸水道考》,《地理集刊》1943年;方国瑜:《滇池水域的变迁》,《思想战线》1979年第1期;于希贤:《滇池地区历史地理》;李波:《元明清时期滇池水利的修建与昆明城的发展》,《昆明师范高等专科学校学报》2006年第1期;胡淑:《人水争地——滇池水域变迁的主要历史动因》,《昆明师范高等专科学校学报》2007年第2期。

池与六河水利以及滇池周边河谷聚落发展的研究①；洱海流域的研究则集中在对洱海周边水利、水利开发与环境变迁史的研究②。其他对于云南地区水利开发的研究多是分散的，或谈历史人物与水利建设，或仅仅综述一地水利工程，缺乏对滇池、洱海等地区之外的重要河流、湖泊流域水利化活动的讨论。③本专题以南盘江上游水系的水利开发和历史上滇西旱坝农业、滇南工矿业等用水情况为例，讨论云南水资源开发和利用的多样性问题。

一、南盘江上游地区的水利开发与运行

南盘江是珠江的源头、上游河段，古称盘江、大池江，又名八

---

① 可参考王云亭：《昆明南郊湖滨地理》，《地理学报》第8卷，1941年第2期；范金台、孙承烈：《昆明银汁河区的灌溉及土地利用》，《地理学报》第8卷，1941年第2期；程潞、陈述彭、宋铭奎、黄秉成：《云南滇池区域之土地利用》，《地理学报》第14卷，1947年第2期；孟雅南：《清代滇池北岸六河区域水利研究》，云南大学硕士学位论文，2010年；唐国莉：《清代滇池东南缘人口、聚落与土地利用研究》，云南大学硕士学位论文，2010年；刘灵坪：《明清以来滇池南缘地区的乡村聚落与人地关系》，复旦大学硕士学位论文，2010年；陆韧、马琦、唐国莉：《历史时期滇池流域人地关系及生态环境演变研究》。

② 可参考 Mark Elvin, Darren Crook, Shen Ji, Richard Jones, John Dearing, The Impact of Clearance and Irrigation on the Environment in the Lake of Erhai Catchment from the Ninth to the Nineteenth Century, *East Asian History*, 2002 (23), pp. 1-60；杨煜达：《中小流域的人地关系与环境变迁——清代云南弥苴河流域水患考述》，载曹树基主编：《田祖有神——明清以来的自然灾害及其社会应对机制》；张海超：《明清时期大理洱海沿岸的水利建设与水资源配置》，《鄱阳湖学刊》2012年第2期；吴晓亮：《明清时期洱海周边自然环境变迁与社会协调关系研究》，《云南社会科学》2012年第3期。

③ 可参考方慧、方铁：《明代云南地区的水利工程》，《中南民族学院学报（哲学社会科学版）》1996年第4期；刘本军：《鄂尔泰与西南少数民族地区的水利建设》，《思想战线》1998年第10期；郭玉富：《清雍正年间滇中及滇南地区的水利治理》，《云南民族大学学报（哲学社会科学版）》2009年第5期；李连清：《清代督抚张允随与云南水利事业》，《保山师专学报》2009年第6期。

达河、铁池河,发源于今云南省曲靖市沾益县东北的马雄山东麓,自北向南依次流经云南省沾益、曲靖、陆良、路南、宜良、华宁、建水至开元市后东折,经弥勒、泸西、邱北、师宗、罗平等县市,在罗平县三江口出云南省境,再沿黔桂两省区交界处作为两省区的界河,东南流至贵州蔗香与北盘江交汇。云南省境内干流全长677千米,流域面积44 700平方千米。南盘江源头至宜良县狗街镇高古马村为南盘江上游河段,干流横穿松林、沾曲、陆良、宜良四大坝子,灌溉良田100多万亩。①

南盘江上游河段流域,在明清时期亦有诸多水利开发的事迹,而目前知晓的前人研究中,尚未发现有关明清时期南盘江上游水利开发的专门化的系统研究。② 因此,本研究选取该流域的宜良坝子作为研究区域,主要讨论明清时期该地区开展的水利开发活动以及水利开发中的运作与管理问题。

宜良地区是滇东粮食产区,素有"滇中粮仓"的美誉,清代刘慰三曾说:"省城米食,全赖宜良、新兴。"③此区域的水利开发具有代表性。另外,史志关于该区域水利开发的记载也较为完备,重要的水利碑刻保存完整,这些都为本研究进一步的分析提供了可能。本研究资料主要包括传世地方志资料、地方文献和极具价值的水利碑刻资料。

1. 地貌与水环境

宜良坝子,又称宜良盆地,位于宜良县中部,长约30千米,宽3—5千米,海拔1 520—1 600米,耕地面积约183 174万亩。宜

---

① 李保欣:《云南有条南盘江》,《水利天地》1996年第3期。
② 樊西宁:《明清时期的南盘江流域水利工程管理问题》,《生态经济》1985年第1期。
③〔清〕刘慰三:《滇南志略·云南府》,方国瑜主编:《云南史料丛刊》(第十三卷),云南大学出版社,2001年,第43页。

良坝子为长形陷落宽谷盆地,为中新世以后小江断裂东支陷落沉积而成。东有土主山、东山、云泉山,西界宝洪山、岩泉山、裙榜山,南接竹山,北系丘陵地带。南盘江由北向南流贯全境,其支流贾龙河、摆衣河在坝区中部汇入,与阳宗海同为主要灌溉水源。坝区属中亚热带气候,年平均气温 16.5℃(极高 35.6℃,极低 -6℃),多年平均雨量 940 毫米,雨季 150 天,无霜期 257 天,光热水汽条件都适宜农作物生长,为县内粮食高产区,素有"滇中粮仓"之称。①

宜良境内的自然河流主要有南盘江,以及作为南盘江支流的贾龙河、摆衣河;自然湖泊即阳宗海子。因下文中将要介绍的水利开发都与这三条大河及阳宗海子有关,故在此对其源流、古今名称做一番梳理。

南盘江,古称盘江,在宜良境内名大池江。乾隆《宜良县志》卷一《山川》载:"大池江,在城东四里,古名盘江,俗号大河,发源沾益州花果山,经陆良流入本境,旋绕七十里,至红石崖名铁池河。"②

贾龙河,古称大赤江。《云南水道考·南盘江》载:"大赤江,源出杨林花鱼潭,东南流入大城江。"③又,民国《宜良县志》卷二《山川》载:"大赤江,发源嵩明县属杨林花鱼潭,俗名十八盘,由正北入境。"④杨林即今嵩明县杨林镇,大赤江即今贾龙河。

阳宗海子,又名阳宗海,古名明湖。景泰《云南图经志书》卷二《澂江府·山川》载:"阳宗湖,在阳宗县之北,周围七十余里,东

---

① 昆明市人民政府编:《昆明市地名志》,1987 年,第 491 页;《昆明市水利志》编纂委员会:《昆明市水利志》,云南人民出版社,1997 年,第 522 页。
② 乾隆《宜良县志》,《中国地方志集成·云南府县志辑》,凤凰出版社,2010 年,第 22 册,第 433 页。
③ 〔清〕李诚:《云南水道考》,嘉业堂刊本。
④ 民国《宜良县志》,台北:成文出版社,1967 年,第 33 页。

西两旁山势绝陡,水作黑色,深不可测,其源出青龙池,水泉并涌,亦县之胜也。"①正德《云南志》卷六《澂江府·山川》载:"明湖,在阳宗县北,一名夷休湖,一名阳宗湖,源出罗藏山,下流入盘江,周七十余里。"②道光《澂江府志》卷五《山川》载:"明湖,在阳宗北五里,周回七十余里,东西两岸山势陡绝,水色深黑莫测。"③民国《宜良县志》卷二《山川》载:"明湖,在旧阳宗县北五里,俗名阳宗海,其界半属澂江管辖,半属宜良管辖。"④按,旧阳宗县治今澄江县阳宗镇。今阳宗海位于呈贡、宜良、澄江三县交界处,分属三县管辖。⑤

摆衣河,古名大城江,然由于明代开凿汤池渠引阳宗海水入大城江,以致后世志书俱以阳宗海为大城江的源头,正德《云南志》卷二《志二·云南府·山川》载:"大城江,源自阳宗县明湖,流经宜良县,东下入盘江。"⑥乾隆《宜良县志》卷二《山川》载:"大城江,在城北十里,源出旧阳宗县明湖,至县境从山谷中流出。"⑦民国《宜良县志》卷二《山川》载:"大城江,在(宜良)城西北,源出旧阳宗县明湖,北流为汤池渠,又东北经水井坡,从山谷中流出,北至江头村为大城江。"⑧然,明以来史载大城江的源头出自阳宗海汤池渠的这一说法是不准确的。汤池渠是明代洪武年间人工开凿具有灌溉之利的阳宗海出水河道,此渠汇入大城江,因此不能

---

① 景泰《云南图经志书》,方国瑜主编:《云南史料丛刊》(第六卷),云南大学出版社,2000年,第33页。
② 正德《云南志》,方国瑜主编:《云南史料丛刊》(第六卷),第163页。
③ 道光《澂江府志》,《中国地方志集成·云南府县志辑》,凤凰出版社,2010年,第26册,第62页。
④ 民国《宜良县志》卷二《山川》,第35页。
⑤ 昆明市人民政府编:《昆明市地名志》,第523页。
⑥ 正德《云南志》,方国瑜主编:《云南史料丛刊》(第六卷),第125页。
⑦ 乾隆《宜良县志》卷一《山川》,第433页。
⑧ 民国《宜良县志》卷二《山川》,第35页。

以阳宗海为大城江的真正源头。大城江今名摆衣河,除史料所载出明湖一源外,还有二源,二源均出自宜良县汤池镇以北山中:左支发源于刘家箐,右支发源于老爷山北麓上李子箐,两源南流于凤鸣村汇合之后,转东南折东流,经汤池镇驻地东北纳汤池渠。"摆衣"为彝语,意为山脚下有水之地。①

2. 水利开发

宜良坝子的水利开发肇始于明初汤池渠的开凿,之后为了坝区农田用水,明清两代又修建了诸多水利设施,具体包括沟渠、堰塘、堤、闸等。② 这些水利设施的修建,直接为宜良成为"滇中粮仓"提供了用水条件。为了清晰了解明清时期宜良坝子的水利开发状况,下文将三个典型的水利开发工程做一梳理。

(1) 汤池渠——文公渠

乾隆《宜良县志》卷一《山川》载:"汤池渠,在城西南三十五里。明洪武中,黔国公沐英于云南广开屯田。汤池,旧为沟塍,广不盈尺,英令指挥同知王俊因山障堤,凿石刊木,别疏大渠导明湖水泄于大池江,其袤三十六里,阔丈有二,深称之,灌溉农田,大旱不竭。"③从此段记载中可以大致知道汤池渠的流路与开凿过程。那么,汤池渠开凿的背景与过程究竟是怎样的呢?开凿之后,它又发挥了怎样的效果呢? 下面将就这两个问题一一展开。

明初平定云南后,为了稳固统治,决定留守重臣以镇之。洪武十六年(1383),朱元璋给征南大军的三将军之一、在平滇过程中立下赫赫战功的沐英下诏书,说:"云南虽平,而诸蛮之心尚怀

---

① 宜良县人民政府编:《云南省宜良县地名志》,1987年,第205页。
② 详见文后所附《明清时期宜良地区水利开发一览表》。
③ 乾隆《宜良县志》卷一《山川》,第434页。

疑贰,大军一回,恐彼相扇为患。尔其留镇之,抚绥平定,尚召尔还。"①朱元璋决定让沐英率领大军继续留镇云南。此后沐英镇守云南,又相继平服了曲靖亦佐叛乱,大败麓川思伦发的内侵,力克平越酋阿资及广西阿赤部之乱。除了军事上的不断胜利外,沐英"在滇,百务具举,简守令,课农桑,岁较屯田增损以为赏罚,垦田至百万亩"②。

宜良汤池渠正是在明兵进入云南开展大规模屯田的背景下开凿的。沐英大军在滇,为长久计,遂广开屯田,自谋其粮,"时西平惠襄侯沐公在镇,以云南师旅之众,仰给饷馈,因备攻守用,广辟屯田为悠久计"③。沐英去世后,其子沐春继续主镇云南,仍然大力垦田,在沐春的领导下,从洪武十九年(1386)至三十一年的十二年间,云南新垦田达140万亩之多。④"洪武丙子"即洪武二十九年(1396),沐春实地考察宜良坝子,看到的景象是一望无际的可耕种的肥沃土地紧邻浩浩荡荡的阳宗湖水,却没有沟渠可以灌溉,"公相度原野,旧有沟塍,广不盈尺,流注弗远。汤水在旁,人不知用。原田臕臕,弃为荒隙,不尽地产"⑤。这年冬,沐春发兵凿渠,"发卒万五千,荷畚锸,董以云南都指挥通知王俊,因山障堤,凿石刊木,别疏大渠,道泄于铁池之燹而汱"⑥,即将阳宗海水通过新开凿的汤池渠引入大城江(摆衣河)再入铁池河(南盘江),

---

① 《明太祖洪武实录》卷一百五十三"洪武十六年三月甲辰"条。
② 《明史》卷一百二十六《沐英传》,中华书局,1974年,第3759页。
③ 景泰《云南图经志书》卷一《云南府》,方国瑜主编:《云南史料丛刊》(第六卷),第6页。
④ 陆韧:《变迁与交融——明代云南汉族移民研究》,第252页。
⑤ 〔明〕平显:《汤池渠记》,载〔明〕刘文征撰,古永继点校:《滇志》卷十九《艺文志》,云南教育出版社,1991年,第639页;又见民国《宜良县志》卷十《艺文志》,第227页。
⑥ 〔明〕平显:《汤池渠记》,民国《宜良县志》卷十《艺文志》,第227页。

沿渠周边的土地赖以灌溉。该渠"其袤三十六里,阔丈有二尺,深称之"①,"源出旧阳宗县明湖,北流为汤池渠,又东北经水井坡,从山谷中流出北至江头村为大城江"②,由此可知,明初开凿的汤池渠由明湖引出后,东流至江头村③入大城江(摆衣河)。又,《设义学建文公祠碑记》载:"明洪武初,有惠襄侯引汤池水,从水井坡口泄出大赤(池)江,仅至江头村"④,此又是沐春所凿汤池渠在江头村即入大城江的力证。

汤池渠开凿成功之后,就发挥了灌溉田亩的功能,且收效甚好。《明史·沐春传》载:"(沐)春在镇七年,大修屯政,辟田三十余万亩,凿铁池河,灌宜良涸田数万亩,民复业者五千余户"⑤,此处所谓"凿铁池河",即凿明湖(阳宗海),开汤池渠引水入铁池河(南盘江)。⑥"灌宜良涸田数万亩",汤池渠溉田的成效可见一斑。曾做过西平侯塾宾的明人平显在《汤池渠记》中云:"逾月工竣,引流分灌,得腴田若干顷,春种秋获,实颖实栗,岁获其饶,军民赖之。"⑦亦可见汤池渠开凿所带来的益处。

然,开凿日久,渠身淤塞,嘉靖年间临沅佥事道文衡在对原渠

---

① 〔明〕平显:《汤池渠记》,民国《宜良县志》卷十《艺文志》,第227页。
② 民国《宜良县志》卷二《山川》,第35页。
③ 江头村,即今宜良县匡远镇江头村。
④ 《设义学建文公祠碑记》,民国《宜良县志》卷十《艺文志》,第232页。
⑤ 《明史》卷一百二十六《沐春传》,第3760页。
⑥ 《明史·沐春传》所谓沐春"凿铁池河",民国《宜良县志》卷二《山川》以为有误,载:"考铁池河系大池江下流,沐春所凿者系明湖,非铁池河也,特为校正。"(民国《宜良县志》,第36页)按,郑祖荣点注民国《宜良县志》,据本志卷十《艺文志》所载清初"铁池夜月"诗文曰:"夕阳沉尽片帆轻,又见冰轮海上升","犹忆铁池古渡,曾无架海仙桥",诗中言"铁池"为"海",是知《明史》谓"凿铁池河",确为"凿阳宗海",又民国《宜良县志》谓"铁池河系大池江下流",此说为清代才出现。郑说可从。郑祖荣点注:《宜良县志点注》,云南民族出版社,2008年,第52页。
⑦ 〔明〕平显:《汤池渠记》,民国《宜良县志》卷十《艺文志》,第227页。

疏浚的基础上延伸了汤池渠,后人称为"文公渠"。"明初开渠日久湮塞,嘉靖间临沅佥事道文衡,檄知县伍多庆、指挥江玺,筑堤障水南流,凿涵洞七十二,上自江头村下至乐道村,绕溉四十余里,灌田数万亩,人民德之,名曰文公堤,又名文公河。"①此段新渠,上自今宜良县匡远镇江头村,下到南羊镇乐道村。因文公渠的修建,汤池渠得以大为延长,成为宜良坝子西南部的主要灌溉水利工程。

康熙二十六年(1687),大水冲塌了文公渠,"知县高士朗捐俸开挖,广一丈,深七尺",经过这次修浚,"水患永息,至今利赖"。而此时,文公渠渠尾已大为缩短,仅至胡家营,胡家营以下渠身及支渠老毛沟、牛鼻古沟均因年久废弃。②

雍正七年(1729),云贵总督、云南巡抚鄂尔泰以宜良县辖高田缺水,洼田受淹,"檄知县邢恭先,审度形势,新开子渠"。子渠共五道,其一"在城北二十里,自江头村至前所"③,江头村乃文公渠上接汤池渠引水处,该渠应是文公渠子渠。九年,因自江头村起,"所开引河地形渐高,水势难上,殊无益灌溉",徒费人工,又自胡家营北,接旧河(文公渠)另开一新河,长五六里,甚有裨益。④

道光九年(1829),汤池渠渠首被水冲塌,当地民众"另开子河,私为己有",知县张安涛查看后,遂勘断"以子河为公河"。十二年,宜良知县吴均查访汤池渠下游故道,"确查上下游河身相接处所,没入胡家营堰塘之内,此外河身并有改成田亩,种植

---

① 民国《宜良县志》卷二《山川》,第 35 页。
② 民国《宜良县志》卷二《山川》,第 35 页。
③ 乾隆《宜良县志》卷一《山川》,第 434 页。
④ 《和硕果亲王允礼等为汇陈全滇水利已未兴修事题本》,中国第一历史档案馆:《雍正年间云南水利史料》,《历史档案》1988 年第 2 期。

树木者"①。吴知县在勘定河形的基础上,令"胡家营让出堰塘二百五十三号,修筑堤埂,以通上下游咽喉要口"②,于是"由胡家营堰塘内筑堤,开挖二十余里,旧河全复",同时重开老毛沟、牛鼻古沟,由是"大池江以西之南屯田均得救济"③。然,不几年后文公渠下游河身又有淤塞,道光二十年(1840),知县亲自查勘,"督率挑挖各河,查黑羊村以下,下游河身多已淤塞"。二十一年,桥头营、下墩子营、中所三村自愿兴修疏浚淤塞的渠道,于该年"三月十五日一律兴工,宽深如式",为了防止沙石阻塞渠身,"镶砌大小石过涧十道,上过沙石,下通河流,以防淤塞",经过三个月的努力,工程告竣。④

经过明清历代的疏浚,再加上民国以及中华人民共和国成立后的岁修与维护,汤池渠已经成为今天宜良地区保障农业生产的重要水利设施之一。⑤

(2)响水沟

响水沟,又称七村大沟,是宜良地区乡民自行募集资金开凿、自行组织管理的典型的水利工程之一。响水沟,位于今宜良县北古城镇东北部车田、大村、蔡营、中村、摆衣村、新村、前所等七村,基本呈东西走向。

乾隆十七年(1752),"路属之蔡家营、车田、上前所,陆属之新

---

① 《文公河岁修水规章程碑》,此碑立在南羊镇桥头营村报恩寺正殿外的北墙。碑身高175厘米,宽65厘米。参见周恩福主编:《宜良碑刻》,云南民族出版社,2006年,第62页。按,《宜良碑刻》一书中,所收录的碑刻名称均为编者所添加,同是一碑,其他资料收录时可能名称并不相同,特此说明。
② 《文公河岁修水规章程碑》,参见周恩福主编:《宜良碑刻》,第62页。
③ 民国《宜良县志》卷二《山川》,第35页。
④ 《文公河岁修水规章程碑》,参见周恩福主编:《宜良碑刻》,第63页。
⑤ 《昆明市水利志》编纂委员会:《昆明市水利志》,第341页。按,由于本文的研究时段在明清时期,故对于民国期间与中华人民共和国成立后的水利开发与运作不再详细论述。

村,宜属之大村、中村、摆衣村、下前所共八村"士民三十余人[1],于响水石山嘴修筑的拦河鱼鳞石坝处,凿南盘江为取水口,"顺赤江(南盘江)南岸开挖至王音洞,拨石岸至车田,下大村、蔡家营,由糯米庄小河内大坝,绕至中村石岩,劈凿沟路,开挖至摆夷村(摆衣村)、新村及上下前所"[2],历时十五年,终于在三十二年功成告竣。响水沟修成后,"引水归沟,遇有水旱,庶可相济,三属八村田亩禾苗借以滋长","灌溉田亩四千余工",田亩受利甚著,农民咸望丰收。[3]

响水沟的开凿颇为不易,工程告竣后,后世又有改造。在南盘江取水之后,通过开凿的新渠将水引入"糯米庄小河"(今架格河)内,"由糯米庄小河内大坝,绕至中村石岩,劈凿沟路",即在架格河内打石坝一道,通过在南盘江上石坝取水同样的原理将水引入架格河对岸的渠内,而后通过新凿的水渠行水,河水直通前所村。[4] 乾隆五十二年(1787),八村又募捐银两,"修造小河坝地龙一道,发卷羊圈沟过枧一道,修补王音洞石岸,修补小黑沟过枧"[5]。其中"小河坝地龙"即在架格河上建成的双管石倒虹吸(俗称石地龙),一条用青石建成称青龙,一条用白云石建成称白

---

[1] 《响水沟碑(三)》,碑额上题"永垂不朽",此碑立在北古城镇蔡营村土主寺正殿东墙。碑身高135厘米,宽75厘米;碑额高57厘米,宽100厘米。参见周恩福主编:《宜良碑刻》,第40页。"路属之蔡家营、车田、上前所,陆属之新村,宜属之大村、中村、摆衣村、下前所共八村",按,此八村乾隆时分属三县(州),即蔡家营、车田、上前所属路南县;新村属陆良州;大村、中村、摆衣村、下前所属宜良县。今因上、下前所二村并为前所一村,故八村成为七村,而此七村共属宜良县北古城镇。

[2] 《响水沟碑(二)》,碑额上题"千古常昭",此碑立在北古城镇蔡营村土主寺正殿东墙。碑身高135厘米,宽74厘米;碑额高60厘米,宽98厘米。参见周恩福主编:《宜良碑刻》,第36页。

[3] 《响水沟碑(二)》,参见周恩福主编:《宜良碑刻》,第36页。

[4] 《昆明市水利志》编纂委员会:《昆明市水利志》,第347页。

[5] 《响水沟碑(三)》,参见周恩福主编:《宜良碑刻》,第42页。

龙。① 倒虹吸的修建，更好地发挥了响水沟的功效。

响水沟后经扩修改建，至今仍是该地重要的水利灌溉设施，据1990年的统计数据，响水沟灌区受益田达四千两百余亩，堪称宜良水利史上的典范。

(3) 金梅大沟

云南地区河谷地带，有田比水高，用水不易，只能祈求自然降水补给灌溉，此类田亩多为"雷鸣田"。宜良地区亦不例外，"山田强半是雷鸣，瘠薄高低势不平"②，坝子周围"雷鸣田"亦属不少，如何解决这些田地的用水，成为先民们思考的问题。南盘江支流贾龙河畔的金梅大沟，就是河谷两岸、离河水较近的高地成功开渠引水的一例。

金梅大沟，又称梅家营沟，自北古城镇吕广营村首起，开沟引贾龙河水经金家营，最后达梅家营，呈北南走向。乾隆五十五年（1790），梅家营村民十余人向宜良知县岳廷元请示开挖金梅大沟，称："窃士民等住梅家一营，所种田亩，多属雷鸣，一遇天旱之年，钱粮难免贻误"，"先辈营中士民，不忍坐视其困苦，业已动工兴工，开沟引水"，"由吕广营迤首，羊街姜山内起至本营止，延长二十余里"，然而由于"工本不济"，后"弃而中止"。然"士民等不忍废弃"，遂向知县请示继续开挖。③ 宜良知县"亲临踏勘"之后，"赏给明示，准其开沟"，于是村民们自行募银，破土兴工，"搭过枧二十五道"，历时三年，至乾隆五十八年（1793）工程告竣。④

---

① 《昆明市水利志》编纂委员会：《昆明市水利志》，第347页。
② 〔清〕王涌芬：《宜良词》，民国《宜良县志》卷十《艺文志》，第283页。
③ 《金梅大沟碑》，碑额上题"功兴水长"，此碑立在宜良县匡远镇梅家营村百祥寺前殿。碑高225厘米，宽100厘米；额高40厘米，宽120厘米。参见周恩福主编：《宜良碑刻》，第46—48页。
④ 《金梅大沟碑》，参见周恩福主编：《宜良碑刻》，第48页。

金梅大沟修成之后,"沟水畅流,高田得济"①,"灌溉田四百余亩"②。金梅大沟出色地解决了高地灌溉用水的难题,成为此地水利开发的典范代表。

3. 水利管理与运行

水利社会是以水利为中心延伸出来的区域性社会关系体系③,其中,水利管理与运行是水利社会的重要内容,具体主要包括水利组织形式、分水规则、水利纠纷与处置、水利习俗等。④ 明清时期宜良地区的水利开发如此丰富,与其他地区一样,用水也有规章制度,与此同时,用水、分水中也存在矛盾与纠纷。根据现存的水利碑刻,下面就这些问题详细展开分析。

（1）水利管理

明清时期宜良地区的水利工程在用水、分水与水利设施的维护上,已经能够做到有章可循、有据可依。在保存至今的水利碑刻中,我们对于宜良坝子的水利管理可以一窥全貌。

水利管理设有专员,名"沟首水利"或简称"沟首""水利"。对此,《响水沟碑》载:"响水坝水沟一道,有济田亩,现有沟首水利不

---

① 《金梅大沟碑》,参见周恩福主编:《宜良碑刻》,第48页。
② 民国《宜良县志》卷二《山川》,第38页。
③ 行龙:《从"治水社会"到"水利社会"》,《读书》2005年第8期。
④ 目前学术界对"水利社会"的研究成果是十分丰富的。比如:张俊峰:《水利社会的类型——明清以来洪洞水利与乡村社会变迁》,北京大学出版社,2012年;韩茂莉:《近代山陕地区地理环境与水权保障系统》,《近代史研究》2006年第1期;韩茂莉:《近代山陕地区基层水利管理体系探析》,《中国经济史研究》2006年第1期;周亚、张俊峰:《清末晋南乡村社会的水利管理与运行——以通利渠为例》,《中国农史》2005年第3期;赵世瑜:《分水之争:公共资源与乡土社会的权力和象征——以明清山西汾水流域的若干案例为中心》,《中国社会科学》2005年第2期;张俊峰:《水权与地方社会——以明清以来山西省文水县甘泉渠水案为例》,《山西大学学报(哲学社会科学版)》2001年第6期;萧正洪:《历史时期关中地区农田灌溉中的水权问题》,《中国经济史研究》1999年第1期等。

时疏通。"①又,碑文中有"其李沆、李文灿二位沟首"②"车田水利王尧侯、王希尧、龚淳、王谈"的记载,可见"沟首水利"又可简称"沟首""水利"。

《响水沟碑》又云:"至于七村水利,务需上下不时巡查,恐有坍塌淤阻,即按田亩派夫修筑。如有推诿不前,因循怠玩者,沟首禀官究治,如有人夫抗拗者,水利亦指名赴官。"③由此可见,"沟首水利"的责任在于查勘水利工程,遇有坍塌、淤塞,则要组织人夫维修,如遇有违抗指令、推诿不前者,沟首有将其交给上级官员处置的权力。

水利设施的维护,按得水人户或田亩多寡,由受益的村寨共同出夫修筑。汤池海口的春修是"按得水人户,派夫开修"④。响水沟的维护则是按得水田亩的多寡,共同出夫。《响水沟碑》载:"为此示仰蔡家营等村沟首水利,以及得济士民人等知悉:嗣后凡有沟道坍塌,多需按照得济田亩多寡,共同出夫修筑,勿得观望延挨,彼此推诿。"⑤

水利工程维护分工明确,且为定制。地处汤池渠、文公渠接合处的江头村永行豁免汤池海口夫役就是分工明确的例证。由于江头村大坝在雨季时,容易"被水冲决,坍塌无定,不时需夫挑筑",而对江头村大坝的维护却只有江头村每户出夫修建,"不派各村"。江头村民众两处出工"既应坝夫,又应海口夫",实为劳

---

① 《响水沟碑(二)》,参见周恩福主编:《宜良碑刻》,第36页。
② 《响水沟碑(三)》,参见周恩福主编:《宜良碑刻》,第42页。
③ 《响水沟碑(一)》,参见周恩福主编:《宜良碑刻》,第33页。
④ 《江头村永行豁免海口夫役碑》,碑额上题"重修碑记",此碑现存于宜良县西河管理所。碑高120厘米,宽60厘米;额高40厘米,宽75厘米。参见周恩福主编:《宜良碑刻》,第14—15页。此碑又名《西河重修碑记》,见宜良县水利局编:《宜良县水利志》,2000年,第164页。
⑤ 《响水沟碑(一)》,参见周恩福主编:《宜良碑刻》,第32页。

苦。雍正八年(1730),宜良知县朱干知晓此事之后,答应江头村"免应海口夫役",但是没有勒石示众;乾隆三年(1738),江头村民请求新任知县"批示勒石",以便"永远遵守",知县在了解了详情之后,也认为江头村民众"实属劳逸不均",于是"准其勒石"①。就这样,江头村豁免海口夫役就成了定规。

乾隆四十七年(1782)的《响水沟碑》对此也有明确记载:"以上七村,上自沟口,下自沟尾,每村均分为二截。上七截每田一工,分沟四尺六寸;下七截每田一工,分沟六尺四寸,俱系按田多寡量定尺寸,立清界限,不得更移。"②此处碑文规定了七村所负责的修筑界限与尺寸,非常明确。

又,道光二十一年(1841),文公河下游桥头营、下墩子营、中所三村兴修文公河,工竣之后,亦定岁修章程,"各依本村界址修挖河身",至于公河、公埂,则"桥头营认四分五,下墩子营认三分,中所认二分五",均在每年十月认真修挖一次。③

分水秩序明确,多有用水章程。汤池渠开凿之后,由于没有留下直接的资料,对于其如何用水、分水我们不得而知。而文公渠修筑之后的分水原则,通过乾隆年间的碑刻,却可知晓一二。据《西河重修碑记》载:"上自江头村,下至乐道村,沿河两堤涵洞定规:夜则上放,日则下流,按日分放,灌溉田亩,利济民生"④,其中,"夜则上放,日则下流",具体如何实施,今却难以明知。又,道光二十一年,下游桥头营、下墩子营、中所三村兴修文公河之后,议定了各村放水章程,"先满桥头营堰塘,次满下墩子营堰塘,次

---

① 《江头村永行豁免海口夫役碑》,参见周恩福主编:《宜良碑刻》,第14—15页。
② 《响水沟碑(一)》,参见周恩福主编:《宜良碑刻》,第32页。
③ 《文公河岁修水规章程碑》,参见周恩福主编:《宜良碑刻》,第63页。
④ 《西河重修碑记》,见宜良县水利局编:《宜良县水利志》,第164页。

满中所堰塘,轮流分放,以免争执"①。上墩子村离文公渠较远,本无文公河水分,该年桥头营等三村修筑下游河道之时,"该村亦未帮夫挑挖",然道光元年(1821)前任知县"准上墩子村由桥头营二道涵洞地方开沟引水,灌溉该村田亩",此次维修文公渠之后,知县考虑到若"准桥头营等村堵闭前所涵洞,则水难下流,于上墩子村未免向隅",于是议定"先尽桥头营、下墩子营、中所三村堰塘放灌后,亦准令上墩子村由柴家营所开新沟内接放河水五日,俟五日后,仍归桥头营等村依次灌放,不得紊乱"②。而桥头营、下墩子营、中所附近,以前并无文公河水分的村子,以后在每年岁修时,"如有情愿帮同修挖者,准其自向桥头营、下墩子营、中所等处绅耆公同酌议,分放余水"③。桥头营、下墩子营、中所三村的用水规定很明确,有用水先例的上墩子村从文公河前所涵洞的取水时间亦明文规定,而无用水先例却想用文公渠水的村子如何用水,通过此处所载均可明知,可见文公河下游的用水是如此有序。

为蓄水而开挑的堰塘也有着明确的用水规定。三角塘,位于今宜良县狗街镇华鱼村东、陈官营后山箐,是"乾隆二十四年(1759),山沈营、南大营、上伍营、化鱼村四村同筑"④的蓄水堰塘,四村用水有定规,"上伍、化鱼等四村历系五轮轮流分放,五日内化鱼村分放二日,上伍等三营分放三日,二比各放各水,永远不得抗谷争竞","各管各塘,各聚各水,均匀分放"⑤。又,挖成于嘉

---

① 《文公河岁修水规章程碑》,参见周恩福主编:《宜良碑刻》,第63页。
② 《文公河岁修水规章程碑》,参见周恩福主编:《宜良碑刻》,第64页。
③ 《文公河岁修水规章程碑》,参见周恩福主编:《宜良碑刻》,第64页。
④ 民国《宜良县志》卷二《堰塘》,第40页。
⑤ 《三角塘碑记》,碑额刻"开沟引水遵照碑记",此碑立在宜良县狗街镇化鱼村慈云寺右厢房;碑身高162厘米,宽68厘米;碑额高42厘米,宽68厘米。参见周恩福主编:《宜良碑刻》,第44—45页。

庆十七年(1812)的三善塘,位于狗街镇高古马村,对于用水规章亦有明确陈列,开塘放水的日期"必须公议,不得私自开挖",用水"自近及远,不得以强紊乱,塘水凡过着之田,具准过水"①。

以上各水利设施虽用水的规定不尽相同,但俱有各自的规定与原则,由此足见宜良地区有明确的用水规则和有序的用水秩序。

(2) 用水纠纷与解决途径

水利纠纷,顾名思义就是在用水过程中产生的矛盾。明清以来,各地因水利而造成的矛盾、产生的纠纷,以及因纠纷而出现的冲突,甚至集团斗殴、流血事件常见于地方史志和水利碑刻。水利纠纷的不断升级,严重影响着地方社会的稳定,于是各级官府屡屡介入调解。在宜良地区亦是如此,随着开发的深入,农田用水量不断增多,水利纠纷也不断出现。下文根据所见水利碑刻,对宜良地区的水利纠纷及其解决途径展开分析。

① 大、小龙洞的用水纠纷

在今宜良县狗街镇玉龙村、下伍营、上伍营、南大营等四村后山有大、小龙洞水各一穴。明初洪武年间,就已形成了四村用大、小龙洞水的规则,即小龙洞水灌溉玉龙村、下伍营田亩;大龙洞水灌溉上伍营、(南)大营田亩。② 大龙洞水,水出山箐,顺箐下流,沟道便利;小龙洞水,出自山腰,在大龙洞沟道之上,需要凿石开沟引水溉田。由于小龙洞水所开渠道距离较远,"屡被窃水之人一锄决之,水即决流而倾倒",万历八年(1580),有先民名李萃安

---

① 《三善塘碑》,原碑无名,碑名系编者所加,此碑立在狗街镇高古马村大寺。碑身高192厘米,宽70厘米。参见周恩福主编:《宜良碑刻》,第55—56页。
② 《小龙洞水永远碑记》,碑额刻"小龙洞水永远碑记",此碑立在宜良县狗街镇玉龙村土主寺正殿西墙;碑身高140厘米,宽70厘米;碑额高50厘米,宽87厘米。参见周恩福主编:《宜良碑刻》,第6—8页。

者,不忍小龙洞水屡被窃放,将此事诉至官府,宜良知县沈运昌"亲临小龙洞口踏勘,即于洞口安置石槽,分为两股,仍与玉龙村、下伍营照旧分放",并且警告上伍营、大营二村"仍放大龙洞水,勿得混行私窃"①。此次公断之后,三百年间无事,大、小龙洞用水均按旧规。

康熙十三年(1674)正月二十八夜间,上伍营村民又将小龙洞水"一股决挖",以致玉龙、下伍营二村"豆苗尽晒枯槁,民不聊生"。于是玉龙村、下伍营村将此事控告于县衙,知县在"亲临小龙洞口踏勘"之后,断定小龙洞水"仍准照旧,灌溉二村,勿得紊乱",并且将古分水来历"以铭于石,以传于后"②。

康熙四十五年(1706),争端再起。由于小龙洞水所开引渠历岁日久,出现渗眼漏水,又据上文知,小龙洞水所开引水沟渠在大龙洞水自然沟箐之上,这样从小龙洞引渠渗眼所漏之水,流入了大龙洞沟内。下伍营村"惜水如金",为了防止渗漏,于是另开新沟"徙沟以避之"。但是由于此前的知县不明旧制,因小龙洞沟渠渗水,遂议定"(小龙洞水)于十分之中分二分与上伍营",正是由于这一新规,使得下伍营为避引水渠道漏水而改徙新渠的补救举措引起了上伍营的不满。"上伍营村民汪濮等,恶其补罅塞漏也,遂掘开其沟渠",将小龙洞水俱放入大龙洞沟箐内。面对上伍营村的以强欺弱之举,下伍营、玉龙两村将上伍营行恶的村民诉讼至官府。③

官府实地查看又调阅前案之后,认定上伍营村"其为盗水

---

① 《小龙洞水永远碑记》,参见周恩福主编:《宜良碑刻》,第7页。
② 《小龙洞水永远碑记》,参见周恩福主编:《宜良碑刻》,第7页。
③ 《重镌玉龙村、下伍营分放小龙洞水碑记》,碑额刻"上宪明文永远碑记",此碑立在宜良县狗街镇玉龙村土主寺正殿东墙;碑身高155厘米,宽74厘米;碑额高45厘米,宽80厘米。参见周恩福主编:《宜良碑刻》,第9—11页。

也"。小龙洞水为下伍营和玉龙村合放,"上伍营原无水分",此是定制。上伍营村汪濮等,"独不思他人之水遇有渗漏,固沾余润","何至掘开沟渠,以渗漏之不足而使水竭流倾倒耶,其为盗水也,明甚"。于是断定上伍营村民盗水。①

此次诉讼甚至惊动了云南总督署理云南巡抚的贝和诺,总督大人批示:"遵照旧制,拆去新沟,修复古沟,以杜争端。"宜良知县据总督的指示,拿出了解决此次纠纷的办法,即"上伍营田较多,应仍放大龙洞水,下伍营田较少,应仍与玉龙村放小龙洞水,各放各水,无庸于旧制之外更有二分水之议",并且又令"下伍营修复古沟,许其补塞渗漏,上以遵奉,拆去旧沟,遵照制之"②。此事的处理方法即令下伍营修复原有沟道,拆去新开渠道,上、下伍营村各放各水,处置原则即完全遵照旧制。

② 骆家营与化鱼村的水利纠纷

今宜良县狗街镇骆家营村与化鱼村在清代有长约里许的公共水沟一道,发源于黑石岩,由陈官营石坝上漫过,卜注和尚硐,"流至义安桥下,筑有石坝堵蓄,两村分放"③,这是两村用水的定规。骆家营田在东,化鱼村田在西,此水沟从东向西流,"沟水自上而下,先由骆家营高田经过"④,再至化鱼村田。

乾隆五十五年(1790),陈官营在石坝上加筑土坝,使水不能漫越。骆家营因此将陈官营诉至官府,官府在勘查后,"断令小水

---

① 《重镌玉龙村、下伍营分放小龙洞水碑记》,参见周恩福主编:《宜良碑刻》,第10页。
② 《重镌玉龙村、下伍营分放小龙洞水碑记》,参见周恩福主编:《宜良碑刻》,第10页。
③ 《义安桥水分碑(二)》,碑名系编者所添加,此碑立在宜良县狗街镇化鱼村慈云寺右厢房;碑身高158厘米,宽58厘米。参见周恩福主编:《宜良碑刻》,第53页。
④ 《义安桥水分碑(一)》,碑额刻"永远遵守";此碑立在宜良县狗街镇化鱼村慈云寺右厢房;碑高190厘米,宽72厘米;碑额高25厘米。参见周恩福主编:《宜良碑刻》,第50页。

专注陈官营,大水漫注骆家营,水尾仍听化鱼村分灌"①。骆家营与陈官营的这次纠纷,没有影响骆家营与化鱼村的用水分配。

嘉庆三年(1798),因雨水稀少,"骆家营民人辄行堵截,使水不能下流"②,在"和尚硐下筑坝开沟,就近引水灌田"③,这就使得化鱼村无水可分,"以至化夷村④低下之田无水灌溉"⑤。两村因此起了争端,化鱼村民李中荣等赴县控告。李中荣等人出示了乾隆十七年(1752)知县张大森任时所立分水碑墓,碑载"化夷村由沟底水七分之四"字样;而骆家营民人骆丕等却无分水执据。知县周厚庵或考虑到只有一村有分水凭据,不能断然依旧制分水,而是提出了两村按田亩之多寡的原则分水,即"化夷村田多,有粮三十七石四斗零,断令放水六分;骆家营田少,有粮二十六石一斗零,放水四分"⑥。但是,骆家营民人骆丕等却对这一处置并不满意,"以此水出在该村地界,希图多放",将此案上告,"遂赴藩宪⑦、宪台辕门翻控",将此案诉至了云南布政使处。于是该案又下到云南府知府处,知府大人遂详查此案,了解了始末详情之后,认为宜良知县周厚庵"按粮分水已属公允",但又以"定以十分分放,未免为期过远"的理由进行了改断,在断令"仍在义安桥下筑坝分水"⑧的前提下,"卑府改拟五日一周,化夷村田多,断令放水三昼夜,骆家营田少,放水二昼夜,周而复始,轮流分放"⑨。经过

---

① 《义安桥水分碑(二)》,参见周恩福主编:《宜良碑刻》,第53页。
② 《义安桥水分碑(一)》,参见周恩福主编:《宜良碑刻》,第51页。
③ 《义安桥水分碑(二)》,参见周恩福主编:《宜良碑刻》,第53页。
④ 化夷村,即今宜良县狗街镇化鱼村,因"化夷"有歧视之意,后美化为"化鱼"。
⑤ 《义安桥水分碑(一)》,参见周恩福主编:《宜良碑刻》,第51页。
⑥ 《义安桥水分碑(一)》,参见周恩福主编:《宜良碑刻》,第51页。
⑦ 按,明清时期布政使,全称"承宣布政司布政使",俗称"藩台""藩司",沿称"牧伯",尊称"藩宪""方伯",是主管一省之行政和财赋的官职。
⑧ 《义安桥水分碑(二)》,参见周恩福主编:《宜良碑刻》,第53页。
⑨ 《义安桥水分碑(一)》,参见周恩福主编:《宜良碑刻》,第51—52页。

云南布政使的批示,此方案得以遵照执行。

道光八年(1828)纠纷又起。骆家营村民陈锐等误以为此沟"水分系向陈官营争得,与化鱼村之义安桥下沟底水无涉",遂在"和尚碉下筑立土坝,另开引沟,使水旁注",这直接导致了"义安桥下无水分放",化鱼村民众对此大为不满,欲拆去骆家营陈锐等人所筑土坝,而陈锐等不允,"致兴讼端"。官府在查勘详情后,"断令仍遵嘉庆三年旧案,在于义安桥下筑坝分水"。分水原则仍是"化鱼村田多,放水三昼夜,骆家营田少,放水两昼夜,五日一轮,周而复始"。在遵照旧制之外,还令"至陈五华(陈锐)等新开沟坝,饬令骆家营拆坝填沟,义安桥下分水大坝坍塌,饬令化鱼村修整,嗣后再有坍塌,二村同修"。在此基础上,还规定"义安桥以上至和尚碉,二村俱不得复行开沟筑坝"①。此次纠纷的处置,仍是完全遵照旧制,拆去新筑沟坝。

③ 有关草甸海的水患公案

草甸海,又称草海,在宜良县西12千米的草甸镇北,为天然浅水湖泊,湖面面积1.2平方千米,蓄水量300万立方米,泻水入海沟东流入西河(文公渠),再入南盘江,是草甸镇农田灌溉的主要水源。② 草甸,民国之前原作"炒甸",为彝语,意为缓坡坝子。在中华人民共和国成立以前,草甸原属河阳县(今澄江县)。③ 清代道光年间之前,草甸海在东边没有出水口,而是经草甸海西北缘黄泥村(今草甸镇黄泥村)旁的落水洞(又名洑水洞)泻水入阳宗海(明湖)。

正是围绕草甸海的出水口出现了一桩历时近百年的公案。

---

① 《义安桥水分碑(二)》,参见周恩福主编:《宜良碑刻》,第54页。
② 《云南省宜良县地名志》之《自然地理实体》,第207页;《昆明市地名志》之《自然地理实体》,第523页。
③ 《云南省宜良县地名志》之《草甸区概况》,第101页。

清乾隆年间,由于草甸海出水口处的落水洞"久不疏浚,洞路阻塞,水难宣泻",造成草甸海出水不畅,难入阳宗海,而是经由其东南角龙池村旁的自然沟道泻入狮子箐,归入文公河再入南盘江。落水洞的堵塞,使得草甸海不能行其本身流路西北入阳宗海,而是改由东南经文公河入南盘江。① 然而由于文公河河身浅狭,不能容下草甸海所入之水,以致宜良田亩屡被水害。

乾隆十五年(1750),草甸海水涨,威胁到了居住在草甸海东南出水口旁的前卫等村,前卫等四村民众遂将龙池村旁的自然沟道开挖,引草甸海水由狮子箐入文公河,不料,由于文公河宣泄不及,造成了"水溢宜城,沿河田地房屋遍遭淹没"的严峻后果。由于事涉宜良、河阳二县,且分属云南、澂江二府,此事由云南、澂江二府知府亲自批示,断令"四村民人集力挑挖,疏通落水洞",以使积水畅流归入阳宗海,并且"在龙池村开沟泻水之处勒石永禁",永行禁止开沟。②

乾隆三十九年(1774),事端再起。这年,草甸海积水又满溢至前卫等四村,以致田亩被淹。前卫等四村民众又将龙池村旁沟道挖开,使草甸海水泻入文公河。这次开挖得到了河阳县令的支持,并且遣该县差役余有章带领开沟。这引起了宜良县民的不满,以致争讼又起,惊动了云贵总督、云南巡抚。总督、巡抚二位大人在详细知晓了此事后,议定遵照旧规处置,即"仍令集力挑挖,俾落水洞疏通畅流,保护田畴,以复旧规",并且规定"由龙池村开沟引泻处勒石永禁,毋许再行开挖"③。官府对此次纠纷的

---

① 《为开河有碍粮田贻患邻邑事碑》,碑名系编者所加,碑额刻"永远碑记";此碑立在宜良县草甸镇龙池村关圣宫正殿外东墙;碑高240厘米,宽98厘米;碑额高37厘米,宽98厘米。参见周恩福主编:《宜良碑刻》,第22页。
② 《为开河有碍粮田贻患邻邑事碑》,参见周恩福主编:《宜良碑刻》,第23页。
③ 《为开河有碍粮田贻患邻邑事碑》,参见周恩福主编:《宜良碑刻》,第24页。

处置仍是遵照旧规,回到旧有制度。

道光年间的两次地震使得草甸海又有新情形出现。道光十三年(1833)、十六年的两次地震导致草甸海出水处的落水洞坍塌,以致出水更为细微,"海水节年渐长",至道光二十年(1840)秋冬之际,积水"不但淹没沿海之后所、前卫、秧田、黄泥等四村田禾,并将最低之前卫、秧田二村房屋淹倒多半"。在紧急的情况下,前卫、秧田村民挖开堤埂,由龙池村外泻水入文公河。看到河阳县属前卫、秧田二村挖堤泻水,宜良县民众以有旧规不准开沟泻水入文公河为由,将河阳县属二村讼至官府。① 云南布政使遣粮储道台、云南府官会同宜良、河阳二县知县,"遍查宜良各河道来源去路"以及亲勘"河阳现在被淹情形"后,认识到"河阳草海积水,四村现已被淹,若不设法宣泄,日积日多,不但四村受害难堪,将来水满堤溃,宜良亦有桑田沧海之虞",若只是任其泻入文公河,则"文公一河亦断不能容"②。

在草甸海原出水口落水洞由于坍塌无法疏浚、河阳县属四村被淹、宜良亦受水害的危急情况下,省府县三级政府达成共识,"唯有两县官民同心协力,无分彼此,先将下游受水之区,设法疏浚堤防,使水势稍分,俾上游水又宣泄,不至停积,庶于两邑水利、农田,均有裨益"③。为了彻底根治草甸海的水患,准备对宜良境内的石牛河、混桥河、双龙桥河、文公河、南盘江进行维修。在开挑了以上诸河后,又在冬晴日久、草甸海水少之际,将草甸海出水处所开沟道"每次挖深尺余,使水畅流,以便即时泄尽"。因草甸海出水口为土洞,又恐其日久损坏,在挖深渠道的同时,在出水口

---

① 《恒公河碑记》,碑额刻"恒公河碑记";此碑立在宜良县草甸镇前卫营村大寺左陪房东墙;碑高200厘米,宽84厘米。参见周恩福主编:《宜良碑刻》,第27页。
② 《恒公河碑记》,参见周恩福主编:《宜良碑刻》,第28页。
③ 《恒公河碑记》,参见周恩福主编:《宜良碑刻》,第29页。

处修筑了石闸、石涵洞,"俱用整石厢砌,中灌灰浆",使其牢固。对于以上处置,河阳、宜良两县民众"俱欢悦诚服"①。

草甸海排水沟的开挖,出水口石闸、涵洞的修建,以及下游相关河道的修筑,这一系列工程的竣工,才真正解决了草甸海的水患。从乾隆十五年(1750)至道光二十年(1840)前后历时九十年,关于草甸海出水口的水患纠纷问题才告平息。

从以上三个案例中不难发现,解决水利纠纷的力量主要来自官府的判决,而在其他地区的水利管理与水利纠纷处置中发挥积极作用的民间力量②还未见发挥作用,这或许是因该地区资料记载不够丰富而导致的,抑或是因这一地区民间士绅力量还不够显著。从整个云贵地区来讲,云贵历史上的民间社会组织及其活动、功能等是肯定存在的,但具体是怎么发生作用的,由于资料与调查的不足,还难以得出科学的解释,但这肯定"反映了云贵地区民间社会机制发育之不足"③。

4. 小结

本专题主要讨论了明清时期宜良地区的水利开发与运行过程(见表2-1),介绍了此地水利开发的典型案例,即汤池渠——文公河、响水沟和金梅大沟;在此基础上,对水利运行中的水利管理、

---

① 《恒公河碑记》,参见周恩福主编:《宜良碑刻》,第29—30页。
② 对于其他水利管理与运行的研究,可以参见张俊峰:《水利社会的类型——明清以来洪洞水利与乡村社会变迁》,北京大学出版社,2012年;邢卫:《清至民国敦煌水利设施兴修与管理研究》,陕西师范大学硕士学位论文,2010年;赵淑清:《清末民初关中地区的农田水利纠纷及其解决途径》,陕西师范大学硕士学位论文,2009年;王长命:《明清以来平遥官沟河水利开发与水利纷争》,山西大学硕士学位论文,2006年等。
③ 杨伟兵:《旱涝、水利化与云贵高原农业环境(1659—1960年)》,载曹树基主编:《田祖有神——明清以来的自然灾害及其社会应对机制》,第78页。

分水规则、用水秩序以及水利纠纷的解决办法进行了个案剖析。

另外,从上文的个案中可以清晰看到,明清时期宜良地区遇有水利纠纷,官府的处置原则就是尊重传统,遵照旧规。这一时期,其他地区在处理类似水利纠纷时亦表现出相似的行事原则。张俊峰在分析前近代汾河流域若干泉域水权争端中的行事原则时已注意到官府的做法通常是"率由旧章",即尊重传统,遵循旧规。[①] 关于河西走廊、关中地区的水利纠纷,该地区的水利碑刻中亦多见官府遵循旧规的处置。[②]

对于出现这种普遍行事原则的原因,张俊峰从前近代国家的赋税征收特点和政府的组织管理特点两方面分析了"率由旧章"的驱动机制,并得出了两点结论。一是"率由旧章"原则,是政府对现实社会中因水资源紧张和用水需求量增加引发的制度变革要求的被动应对,政府受人、财、物力的限制,不能够对变化的现实社会进行有效监督和管理,只能退而求其次,维持原有的用水制度,万不得已时也仅是在旧有制度框架内做些微调;二是他认为从本质上讲,这也是一种文化安排的结果,是对长期以来形成的惯例、认知、信仰、仪式、伦理观念以及相应的文化传统的适应,违背这一文化安排的行事方式,必将导致地方社会水利秩序的混乱。[③]

在宜良地区,遇到水利纠纷,官府的处置原则亦是同样,遵照旧规,尊重传统。个中原因,因资料的局限,不能钩沉其全貌,只

---

① 张俊峰:《率由旧章:前近代汾河流域若干泉域水权争端中的行事原则》,《史林》2008年第2期。
② 参见王培华:《清代河西走廊的水利纷争及其原因——黑河、石羊河流域水利纠纷的个案考察》,《清史研究》2004年第2期;李并成:《明清时期河西地区"水案"史料的梳理研究》,《西北师范大学学报(社会科学版)》2002年第6期;赵淑清:《清末民初关中地区的农田水利纠纷及其解决途径》,陕西师范大学硕士学位论文,2009年。
③ 张俊峰:《率由旧章:前近代汾河流域若干泉域水权争端中的行事原则》,《史林》2008年第2期。

能通过只言片语窥其一隅。康熙四十五年(1706)宜良知县吴庸勋在处置上、下伍营村小龙洞水纠纷时,曾言"护道以水利,相沿日久,止可申明旧约,难以创设新规"①。从中可以读出处置此类纠纷与矛盾时,清代地方官员遵照旧规、息事宁人的无奈。

表2-1　明清时期宜良地区水利开发一览表

序号	名称	地理位置	年代	开发	功能和效果
1	汤池渠	阳宗海口至江头村	明洪武二十九年(1396)	开凿	灌宜良涸田数万亩
		汤池渠首	道光九年(1829)	开凿	渠首被冲,民开子河,官断以子河为公河
2	文公河	江头村至乐道村,为汤池渠下游	明嘉靖年间	开凿	灌田数万亩
			康熙二十六年(1687)	修浚	水患永息
		胡家营以南	道光十二年(1832)	修浚	旧河全复,大池江以西之南屯田均得救济
		桥头营、下墩子营、中所河身	道光二十一年(1841)	修浚	疏浚文公河道
3	黑泥河水		康熙二十三年(1684)	开凿	开渠引黑泥河水溉田
4	冉公渠	靖安哨	明万历十三年(1585)	开凿	引龙泉入靖安哨

---

① 《重镌玉龙村、下伍营分放小龙洞水碑记》,参见周恩福主编:《宜良碑刻》,第10页。

续表

序号	名称	地理位置	年代	开发	功能和效果
5	新渠	城北五里五百户营	雍正七年(1729)	开凿	灌缺水高田
6	新渠	城东三里龙王庙	雍正七年(1729)	开凿	泻洼地积水
7	新渠	庙南	雍正七年(1729)	开凿	宣泄积水
8	新渠	城南二十里干墩子	雍正七年(1729)	开凿	引大池江水溉高田
9	新渠	城北二十里自江头村至前所	雍正七年(1729)	开凿	开为文公河子渠
10	新河	胡家营北	雍正九年(1731)	开凿	引文公河水灌溉,甚有裨益
11	响水沟	蔡家营、车田、新村、大村、中村、摆衣村、前所	乾隆十七年(1752)	开凿	灌溉田亩四千余工
		糯米庄附近架格河上	乾隆五十二年(1787)	修筑	架格河上建成石地龙一道
12	永济河	耿家营、茅草房、先觉村、上下燕子窝、上下河头营、大小薛营	乾隆二十五年(1760)	开凿	溉田三千余亩
13	金梅大沟	梅家营村	乾隆五十五年(1790)	开凿	引贾龙河水灌溉高田四百余亩
14	玉液沟	吴家营、白莲村、化所、南古城、沈伍营、竹瓦仓、西村、狗街、章堡村、黄家庄、河者沟、义馆庄、高古马	乾隆五十八年(1793)	开凿	溉沟沿岸十二村田亩

续表

序号	名称	地理位置	年代	开发	功能和效果
15	贾龙官沟	林家湾	乾隆年间	开凿	引贾龙河水溉田二百余亩
16	义安桥沟	化鱼村、骆家营	嘉庆五年(1800)	开凿	灌化鱼村、骆家营二村田亩
17	北羊街上沟	北羊街	嘉庆年间	开凿	引石门河水溉田百余亩
18	七星村新沟	七星村	道光十二年(1832)	开凿	溉田四百余亩
18	七星村新沟	七星村	光绪十七年(1891)	修筑	改修新沟,溉田尤称便利
19	五百户营沟	城东北五里五百户营	光绪三十年(1904)	开凿	开荒田千余亩得济
20	大沙沟	段官村、城东村、城北村	清代,具体年代未详	开凿	引贾龙河水溉田千余亩
21	大闸	城东二里九龙池水上	康熙年间	修筑	障九龙池水以资灌溉
22	小闸	在大闸南	清代,具体年代未详	修筑	障白龙池水南流灌溉
23	唐家闸	城东二里龙王庙右	清代,具体年代未详	修筑	总束大小二闸之水南流,溉田万顷
24	石闸	城西南八里黑羊村外	清代,具体年代未详	修筑	障大城江水灌田七百余亩
25	石闸	城北七里蓝家营	清代,具体年代未详	修筑	引贾龙河水溉蓝家营一带田亩

续表

序号	名称	地理位置	年代	开发	功能和效果
26	石闸	城北五里长安村	清代,具体年代未详	修筑	引贾龙河水溉长安村一带田亩
27	石闸	城东二里,尚王、吴营等村	清代,具体年代未详	修筑	用以防涝
28	夜涵洞	城北五里朱官营	清代,具体年代未详	开凿	溉城东村、城北村、段官村田三千亩
29	鱼鳞坝	城西北八里上栗者村北	不详		
30	瓦仓石坝	城北二十五里瓦仓东	不详		
31	三角塘	山沈营、南大营、上伍营、化鱼村	乾隆二十四年(1759)	开凿	蓄水灌溉
32	大山后堰塘	城东南三十里	乾隆四十八年(1783)	开凿	蓄水灌溉
33	山脚营堰塘	山脚营	乾隆五十一年(1786)	开凿	蓄水灌溉
34	虮□村堰塘	一在大龙潭,一在竹子园,一在保侞山	乾隆五十一年(1786)	开凿	蓄水灌溉
35	土官村堰塘	土官村	嘉庆八年(1803)	开凿	蓄水灌溉
36	沈伍营堰塘	沈伍营	嘉庆八年(1803)	开凿	蓄水灌溉
37	白莲村堰塘	一曰老塘,在村中	嘉庆十四年(1809)	开凿	蓄水灌溉

续 表

序号	名称	地理位置	年 代	开发	功能和效果
38	西村堰塘	西村	嘉庆十九年（1814）	开凿	蓄水灌溉
39	章堡营堰塘	章堡营	嘉庆十九年（1814）	开凿	蓄水灌溉
40	桥头营堰塘	桥头营	道光二年（1822）	开凿	蓄水灌溉
41	梨花村堰塘	一在村前黑山宼，一在村外	道光八年（1828）	开凿	蓄水灌溉
42	白莲村堰塘	一曰新塘，在村后	道光三十年（1850）	开凿	蓄水灌溉
43	大薛营堰塘	村东首，又名梁家塘	道光年间	开凿	蓄水灌溉
44	吕广营堰塘		咸丰年间	开凿	蓄水灌溉
45	曲者村堰塘	一在白金龙箐	同治年间	开凿	蓄水灌溉
46	哈喇村堰塘	一曰永盛塘，一曰永丰塘	同治六年（1867）	开凿	蓄水灌溉
47	化所堰塘	化所	同治八年（1869）	开凿	蓄水灌溉
48	孙家营堰塘		光绪十三年（1887）	开凿	蓄水灌溉
49	吴家营堰塘	一曰永公塘	光绪十三年（1887）	开凿	蓄水灌溉
		一曰永济塘	光绪二十五年（1899）	开凿	蓄水灌溉

续 表

序号	名称	地理位置	年代	开发	功能和效果
50	曾家营堰塘		光绪二十六年(1900)	开凿	蓄水灌溉
51	太平桥堰塘		宣统二年(1910)	开凿	蓄水灌溉

资料来源：民国《宜良县志》卷二《山川·水利附》。
说明：民国《宜良县志》记载明、清、民国时期宜良地区水利开发甚详，包括沟渠、堰塘、闸、坝的开凿与修筑。本表即根据此文献制成，对有明确年代记载的修筑于明清时期的水利工程全部收录，其中，有些名称有载却没有标注年代者，因不详其是否为明清时期所修筑，故一律不取。特此说明。

二、《云南水道考》南盘江水系沾益宜良河段复原

1.《云南水道考》及其体例

《云南水道考》是专述云南境内水道的专书，清代李诚撰。李诚，字静轩，浙江黄岩人，道光间任顺宁县（今云南省临沧市凤庆县）知县，参与纂修《云南通志》。李诚其人对舆地之学颇为精通，地理著述较多，除参与纂修《云南通志》外，还修有《新平县志》八卷[1]，著有《万山纲目》二十一卷[2]、《水道提纲补正》二十六卷等。[3]《云南水道考》卷首杨晨序中称："其（按，李诚）地理之学可与顾景范、胡震沧（按，应作'顾震沧'）[4]、戴东原、洪稚存、李申耆相埒。"[5]

---

[1] 道光《新平县志》，《中国地方志集成·云南府县志辑》，凤凰出版社，2010年，第30册。
[2] 《清史稿》卷一百四十六《艺文志二》，中华书局，1977年，第4296页。
[3] 李玉安、陈传艺：《中国藏书家辞典》，湖北教育出版社，1989年，第243页。
[4] 胡震沧：应作"顾震沧"。顾栋高，字震沧，清代著名学者，亦通地理之学，著有《春秋大事表》一书，后更附以舆图一卷；又清代不见有胡震沧此人，故颇疑"胡震沧"应是"顾震沧"之误。
[5] 《云南水道考序》，《云南水道考》，嘉业堂丛书刊本。

顾祖禹(字景范)、顾栋高(字震沧)、戴震(字东原)、洪亮吉(字稚存)皆是清代著名学者,且精于地理之学;李兆洛,字申耆,精舆地之学,据《清史稿》载,其著有"《历代地理沿革图》一卷,《舆地图》一卷,《历代地理志韵编今释》二十卷,《皇朝舆地韵编》二卷"①,可见李兆洛著述之丰。将李诚与几位地理大家相埒,亦可见其本人在舆地之学上的造诣。

正是由于李诚对舆地之学的精通,以及用力甚深,其考究云南山川之作《云南水道考》才能写得如此翔实。《云南水道考》"亦修滇志时所作"②,方国瑜在对比此书与《云南通志》后亦认同此点,"今取此书与《通志》校之,《通志》分府州,而此书则以一水自为始终,《通志》于沟洫细大不遗,而此书取其大者。知《通志》既成,复摘要统说数水,撰成此书也"③。

《云南水道考》全书五卷,卷一记北盘江、南盘江、西洋江;卷二记金沙江(上);卷三记金沙江(下)、乌江、赤水河、澜沧江(上);卷四记澜沧江(下);卷五记潞江(即怒江)。该书"承《水经注》体例,以干流为经,支流低格为注,注文又有小字夹注"④,即以水道干流为纲,叙干支流所纳之水,对因地处不同区域而造成的河流名称不同的情形也是随处记载该河流名称的变化。干流顶格书写,遇有一级支流来汇,若需详述该支流流路,即另起一行低格书写。叙一级支流时,遇有二级支流来汇,如需说明二级支流源发所经,即用"双行夹注"的形式记在其中。如图 2-1 书影中所示,"(北盘江)又北流左纳老浦冲水",其中"老浦冲水"为一级支流,下一行述及"老浦冲水"源流时即另起一行低格书写;"(老浦冲

---

① 《清史稿》卷一百四十六《艺文志二》,第 4288 页。
② 《云南水道考序》,《云南水道考》,嘉业堂丛书刊本。
③ 方国瑜:《云南史料目录概说》(第二册),中华书局,1984 年,第 725 页。
④ 朱惠荣:《历史地理古籍提要》,《西南古籍研究》,2001 年,第 106 页。

水)又东南流至州南,右纳遥坡水","遥坡水"是为二级支流,下详述"遥坡水"其源流即用"双行夹注"书写。

南盘江源头至宜良县狗街镇高古马村为南盘江上游河段,干流横穿松林、沽曲、陆良、宜良四大坝子。考虑到文章篇幅,本节仅尝试对《云南水道考》所记述的南盘江上游河段进行复原。

图 2-1　嘉业堂刊本《云南水道考》书影

2.《云南水道考》南盘江水系沾益宜良河段复原①

南盘江即古温水。[一]《水经注》:温水出牂牁夜郎县,又东至郁林广郁县为郁水。[二]又为古豚水。《前汉志》郁林郡广郁县:郁

---

① 为行文方便,下文所涉体例如下:原文中记述河流干流的文字以小四号宋体顶格排;一级支流的文字以小四号宋体空两格排;二级支流以小五号宋体排;笔者校注文字以五号仿宋体书写。

水首受夜郎豚水,东至四会入海,过郡四,行四千三十里。[三]豚水即温水[四],夜郎即今沾益州[五]。今南盘江之源出沾益州西九十里花山洞[六],曰交河,其隔山即车洪江[七]也。河东流经白浪三川[八],又东流至松林[九],东南流经石佛停舟[一〇],有巨石如舟,屹立中流。又东南流经九龙山[一一]下,有石窍九水由石窍入出大谷中,十余里经天生坝,层岩历级,其第三级高数十仞,中有洞,曰仙人洞。昔人引水分为二,东流者稍狭,流抱数山,至抱觉菴而涸;西流者曲曲三十里,折而东北至黑桥[一二],折而南至太平桥[一三],玉光溪自东来注之。

玉光溪[一四],源出沾益州东玉光村[一五],西流入交河。

〔一〕南盘江　今珠江正源,古称温水。

〔二〕温水出牂柯夜郎县,又东至郁林广郁县为郁水　按,此为《水经》文,非郦《注》。

〔三〕《汉志》郁林郡广郁县。①

〔四〕豚水即温水　按,此句李诚所识有误。温水即今南盘江,豚水即牂柯江,亦即今北盘江,南北盘江不能混为一谈。方国瑜先生辨之已详②,兹不赘述。

〔五〕夜郎即今沾益州　此说不确。据方国瑜先生考证,夜郎,当在今贵州安顺一带,包括有今安顺、普定、镇宁、关岭、清镇、平坝等县,其之所在沿北盘江之处。"钱坫《新校注地理志》:'夜郎,今曲靖府地。'此以释豚水为南盘江而说之,当不可从。""《水经·温水注》杨守敬疏

---

① 《汉书》卷二十八下《地理志》,中华书局,1964 年,第 1628 页。
② 方国瑜:《汉晋时期西南山川名称考释》,《纪念陈垣诞辰百周年史学论文集》,北京师范大学出版社,1981 年,第 86 页;又见方国瑜:《中国西南历史地理考释(上册)》第二篇《西汉至南朝时期西南历史地理考释》之《山川名称考释·水道名称·郁水系》,中华书局,1987 年,第 161 页。

曰:'夜郎,今沾益州境。'道光《云南通志》谓:'夜郎在今沾益州,亦兼有宣威州地。'丁谦《汉书西南夷传考证》曰:'夜郎在今曲靖府。'此并以《水经》温水出夜郎县之说而释之,乃《水经》之误,不足为据。"①

〔六〕**今南盘江之源出沾益州西九十里花山洞** "源出沾益州西九十里花山洞"应为"源出沾益州北百里花山洞"之误。乾隆《沾益州志》卷一《山川》载:"花山洞,在城北百里,即交河之源。"②按,清代沾益州治即今沾益县,南盘江之源正在沾益县北,非西也。故,李诚之说不确,应从乾隆《沾益州志》之说。又,光绪《沾益州志》亦言花山洞在沾益城北百里③,可见,李氏之说不确。

〔七〕**车洪江 今牛栏江。**道光《宣威州志》卷一《山川》载:"牛栏江,在城西北一百五十五里,即车瀚下游。江之西,东川界,西北,威宁界。"④按,"车瀚"即"车洪"。民国《宣威县志稿》卷三《河流》载:"车瀚江,'瀚'一作'洪',江在本境不以车瀚名,通常皆称为大江。"⑤

〔八〕**河东流经白浪三川** 按,依今地形图,"东流"似为"南流"。"白浪三川"应为南盘江源头诸水。据乾隆《沾益州志》卷四《艺文下·州境水道源流考》载:"(交河)源

---

① 方国瑜:《中国西南历史地理考释(上册)》第二篇《西汉至南朝时期西南历史地理考释》之《郡县地名考释·牂牁郡·夜郎》,中华书局,1987年,第117页。
② 乾隆《沾益州志》,《中国地方志集成·云南府县志辑》,凤凰出版社,2009年,第17册,第19页。
③ 光绪《沾益州志》卷一《山川》,台北:成文出版社,1967年,第27页。
④ 道光《宣威州志》,台北:成文出版社,1967年,第20页。
⑤ 民国《宣威县志稿》,台北:成文出版社,1967年,第233页。

发于花山洞,由白浪三川至松林北境之田,资灌溉焉"①,可知"白浪三川"即南盘江源头诸水。

〔九〕又东流至松林　依今地形图,"东流"似为"南流"之误。松林,即今沾益县盘江镇松林村,《沾益县自然村》载:"松林,因村内有松树林而得名。……有建于明天启五年的松林古城遗址。"②

〔一〇〕石佛停舟　沾益州八景之一。光绪《沾益州志》卷一《山川》载:"九龙山在城北二十里。其山临交河,有石窍涌泉者九,河中岛峙如船,上有石佛,因建古寺,□□渚流激湍,树木掩映,州人以为八景之一,曰石佛停舟。"③

〔一一〕九龙山　今山名同。光绪《沾益州志》卷一《山川》载:"九龙山在城北二十里。"④

〔一二〕黑桥　光绪《沾益州志》卷二《津梁》载:"山塘桥,俗名黑桥,离城北三里许,通四川大道。唐武德七年冬十二月,检校南宁都督韦仁寿建。"⑤按,黑桥位于沾益县西平镇黑桥村北五十米,又名山塘、长虹桥。⑥

〔一三〕太平桥　今桥仍存。光绪《沾益州志》卷二《津梁》载:"太平桥,在城东门外,达京师大道,万历中重修,康熙年间邑人沈逢圣补修。"⑦按,太平桥位于沾益县

---

① 乾隆《沾益州志》,《中国地方志集成·云南府县志辑》,第17册,第95页。
② 沾益县人民政府地方志办公室编:《沾益县自然村》,2007年,第129页。
③ 光绪《沾益州志》卷一《山川》,第26页。
④ 光绪《沾益州志》卷一《山川》,第26页。
⑤ 光绪《沾益州志》卷二《津梁》,第42页。
⑥ 国家文物局主编:《中国文物地图集·云南分册》,云南科技出版社,2001年,第77页。
⑦ 光绪《沾益州志》卷二《津梁》,第41页。

西平镇沾益城东五百米。太平桥始建于明洪武年间,万历及清乾隆年间重修。①

〔一四〕玉光溪 今肖金河。《曲靖地区水利志》载:肖金河源出玉光村,自木克山进入沾益坝子,经孙家营海子东,南至太平桥下入南盘江。② 可知,肖金河即玉光溪。

〔一五〕玉光村 在今沾益县西平镇玉光村。

又南,沙河自东北来注之。

沙河〔一〕,源出沾益州东五里高桥,一名高桥河,西南流至太平桥入交河。

〔一〕沙河 今毛洞河。毛洞河自庄子上进入沾益坝子,经大营、柿花营海子邓家坝入南盘江。③

折西南流至州城西南梅家闸,而西北源腊溪南流来会。

腊溪〔一〕,一名阿幢河,交河西北源也。源出南宁县〔二〕西北三十余里,翠峰山西盘龙山隘口北,北流折东南流为双河〔三〕,合半个、烟子冲〔四〕。两源东流经凤皇山麓,又东南流为腊溪二十余里,经阿幢铺为阿幢河,南流至沾益州西南梅家闸会交河,交水得名以此。

〔一〕腊溪 今西河。光绪《沾益州志》卷一《山川》载:"腊溪河水出西山,与交河合流。"①咸丰《南宁县志》载:"阿幢

---

① 《中国文物地图集·云南分册》,第 77 页。
② 《曲靖地区水利志》编纂委员会:《曲靖地区水利志》,云南人民出版社,1996 年,第 105 页。
③ 《曲靖地区水利志》编纂委员会:《曲靖地区水利志》,第 105 页。
④ 光绪《沾益州志》卷一《山川》,第 26 页。

河,在城北二十里,一名腊溪。"① 按,南宁县治今曲靖城区。西河发源于马龙县沿口的磨刀箐,经晏官屯纳威格河入西河水库,然后在邓家寺分成两岔,分别于李家圩、滚锅塘入南盘江。②

〔二〕南宁县　治今曲靖城区。元代曲靖路、明清曲靖府俱治南宁县。③

〔三〕北流折东南流为双河　应是指西河在晏官屯(晏家屯)纳威格河之后称双河,今沾益县西平镇西河南岸有上、下双河村。

〔四〕合半个、烟子冲　指西河纳威格河。光绪《沾益州志》卷一《山川》载:"双河即腊溪,上游一从半个箐来,一从烟子冲来,会于新桥之上交河。"④

交河既会腊溪水,又南流入南宁县境,右会白石江〔一〕为北河。

白石江有两源,一源出马龙州东二十五里石崖间为响水河〔二〕,东北流至冯家桥左会札海子水;一为札海子水〔三〕,源出马龙州界札海子〔四〕,东北流经茶亭哨,至王家屯会西山河、西屯河水〔五〕,又东北至三岔堡会三岔河水〔六〕,东南至冯家冲会响水河。两源既会,东流至白石江桥,旧东流入河,嘉庆十五年改折南流至柳家坝入北河。

〔一〕白石江　今名同。咸丰《南宁县志》卷一《山川》载:"白

---

① 咸丰《南宁县志》,台北:成文出版社,1967年,第21页。
② 《曲靖地区水利志》编纂委员会:《曲靖地区水利志》,第104页。
③ 《元史》卷六十一《地理四》;《明史》卷四十六《地理七》;《清史稿》卷七十四《地理二十一》。
④ 光绪《沾益州志》卷一《山川》,第27页。

石江,在城北八里,源自马龙州界,经此,东南合潇湘江。"①中华人民共和国成立后,曾新开白石江河道。

〔二〕响水河　白石江南源,今称面店河。民国《马龙县志》卷三《山川》载:"响水河,县东二十五里,其源出自石间,潺湲有声,东流与曲靖潇湘水汇。"②按,今白石江源自马龙县东二十五里白子大山,其南源北岸有响水街村,东北流经面店村南,东入面店水库。

〔三〕札海子水　白石江北源,源出半个山,东流入老西山、上西山水库。

〔四〕札海子　据今地形图,札海子地在今老西山、上西山水库。

〔五〕至王家屯会西山河、西屯河水　按,今曲靖市麒麟区西山街道有王大屯村,应是王家屯。王家屯北,有西山、西屯。一水自北而南经西屯、西山村,于王大屯北入白石江,应即西山河、西屯河水。

〔六〕又东北至三岔堡会三岔河水　按,今曲靖市麒麟区西山街道所在地又名三岔,应即三岔堡。三岔西有一水自北而南入白石江,此水应即三岔河水。

又南流经曲靖府城东,又南流至城东南,潇湘江〔一〕自西北来注之。
潇湘江源出马龙州东南木容箐〔二〕,东北流绕胜峰山〔三〕西麓,折东流经胜峰山北麓曲靖府城南,过潇湘江桥,旧东流入河,乾隆十年改折南流至陶家坝入北河。

〔一〕潇湘江　今名同。中华人民共和国成立后,曾对潇湘江河道进行裁弯取直。

---

① 咸丰《南宁县志》,第 21 页。
② 民国《马龙县志》,台北:成文出版社,1967 年,第 143 页。

〔二〕木容箐　雍正《云南通志》卷三《山川·马龙州》载:"木容箐山,在城东南六十里,有木容箐水,流注潇湘江。"

〔三〕胜峰山　雍正《云南通志》卷三《山川·南宁县》载:"胜峰山,在城西二里,一名妙高山,嶙峋耸拔,为群峰望。"

又东南流经上桥入山峡中,折西南流,龙潭河^{〔一〕}自东北来注之。龙潭河,源出沾益州东二十五里分水岭东,平彝县^{〔二〕}西四十里白水铺西山峡中,南流经曲靖府东山^{〔三〕},会东山龙潭水^{〔四〕},又西南流至天生坝入北河。

〔一〕龙潭河　今名同。龙潭河,发源于曲靖市海家龙潭,由东北向西南流经胡家坟清水龙潭,进入茨营曹子,经太平桥至越州朱旗田进入南盘江。①

〔二〕平彝县　清代平彝县即治今云南省富源县。康熙《平彝县志》卷首《图说》载:"元兴始立罗山县于平彝乡,设亦佐县于夜苴部。明洪武二十三年置平彝卫于罗山县故址。……康熙二十六年裁卫,徙曲靖府通判驻其地,三十四年合亦佐故县。"②据此,元代置罗山县于今富源县,明代改置平彝卫,清初废卫改县。中华人民共和国成立后,因平彝有歧视之意,1954 年以境内丰富的资源而更名富源。

〔三〕东山　今曹家大山。咸丰《南宁县志》卷一《山川》载:"东山,一名尖山,在越州东二十余里,即越州之来龙也。蜿蜒峭拔,较西山尤胜。"③按,越州即今曲靖市麒麟区越州镇。

---

① 《曲靖地区水利志》编纂委员会:《曲靖地区水利志》,第 106 页。
② 康熙《平彝县志》,台北:成文出版社,1967 年,第 31 页。
③ 咸丰《南宁县志》,第 21 页。

〔四〕东山龙潭水　今龙潭河南源。龙潭河南源出陡山水库，西南至吴官与北源会。

西南下天生大坝亦曰响水坝[一]**，又西南趋亮子口，西南走越州下桥，又西南流入陆凉州**[二]**界，板桥河**[三]**自西北来注之。**

板桥河，一名北涧河，源出陆凉州北境竹子山[四]**，东南流经芳华废县**[五]**右坝，又东至郭官堡，又东流至白塔东入大河。**

〔一〕响水坝　民国《陆良县志稿》卷一《山川》载："响水坝，又名天生坝，在治北八十里，即中延泽上流，石块结成，约宽十余丈。"①按，今有响水坝水库。

〔二〕陆凉州　清代陆凉州即治今陆良县。

〔三〕板桥河　今名同。乾隆《陆凉州志》卷一《山川》载："治北三十里，发源自竹子山，流经芳华石坝至郭官堡下白塔入大河。古志名北涧，阔约二丈。"②

〔四〕竹子山　今山名同。在乘明乡驻地东南部，山上生长较多野毛竹故名。

〔五〕芳华废县　在今陆良县芳华镇驻地。乾隆《陆凉州志》卷五《古迹》载："芳华故县，在治北三十余里。……永乐初废，并入州，基址尚存。"③按，方国瑜先生对芳华县沿革早有考证，惟将"芳华"误作"华芳"。④按，元代芳华故城遗址在陆良县芳华乡芳华村南。⑤

---

① 民国《陆良县志稿》，《中国地方志集成·云南府县志辑》，凤凰出版社，2010年，第21册，第77页。
② 乾隆《陆凉州志》，台北：成文出版社，1967年，第57页。
③ 乾隆《陆凉州志》，第320页。
④ 方国瑜：《中国西南历史地理考释》第六篇《元明清时期云南省地理考释》之《政区地名考释·郡县地名·中庆、曲靖等地区》，第817页。
⑤ 《中国文物地图集·云南分册》，第89页。

又南,折西南,又折而东绕古城堡,折南流汇为中埏泽[一],中埏泽一名云岩泽,俗名东海子,在龙海山[二]麓,周广百余里,交河至此汇为巨泽,极目汪洋。

〔一〕中埏泽　古湖泊,今已涸复为耕地。民国《陆良县志稿》卷一《山川》载:"中延泽,一名云岩泽,俗名东海子,在治东南三十里邱雄麓,汇十八泉,周广百余里,与江水合,萦回绕郡南,抱如带,为滇左巨津。"①按,1949年湖泊面积还有18.25平方千米,后人工涸复为耕地。②

〔二〕龙海山　今山名同。乾隆《陆良州志》卷一《山川》载:"龙海山,古名紫溪,又名狂容,《一统志》名邱雄,在治东三十里。"③按,龙海山位于陆良县东部,属乌蒙山脉南延。④

折西流,关上河[一]自西北来注之。

关上河,一名陆凉关河,源出陆凉州东北山龙潭东,南流为瀑布,又东南至白鹤铺[二]东南入东海。

〔一〕关上河　今小麦地沟。依据下文白鹤铺的实际位置,以及白鹤铺与板桥河的方位,可知关上河应在板桥河之前,南盘江南流当先纳关上河,再与板桥河会。

〔二〕白鹤铺　今陆良县板桥镇有白鹤堡村,白鹤堡即白鹤铺。今有小麦地沟自西北至东南流经白鹤堡,又东南流入南盘江。

又西,干冲河[一]自西北来注之。

---

① 民国《陆良县志稿》,第79页。
② 陆良县水利电力局《水利志》编写组:《陆良县水利志》,1989年,第29页。
③ 乾隆《陆凉州志》,第49页。
④ 《云南省陆良县地名志》之《自然地理实体·龙海山概况》,1984年,第88页。

干冲河,源出路凉州西北普山〔二〕,合大小干冲,并新发村〔三〕各溪涧之水,东南至三棵树会流,东经陆凉城北,东南流至城东土桥东流入东海。

〔一〕干冲河　今名同。按,干冲河,发源于大小干冲,流经蜂子洞、青山、史家坟、大泼树、石牌坊至杨家桥入南盘江。①

〔二〕普山　今山名同。

〔三〕新发村　今陆良县芳华镇新发村。

又西流至永凝桥,左纳大龙潭水〔一〕为赤红河〔二〕。

大龙潭,源出陆凉州东三十里山下,一名黑龙潭,西流至城南桥即永凝桥,西北流入赤红河。

〔一〕大龙潭水　今阎芳河。民国《陆良县志稿》卷一《山川》载:"大龙潭水,在治东三十里,即黑龙潭。岁旱祷雨辄应,水色碧澄,灌溉田亩。其流至城南桥与中延泽下注之水汇为赤红河。"按,阎芳河由大咀子自东向西而流,最后在李家底下注入南盘江。大咀子南即大龙潭村。

〔二〕赤红河　按,南盘江流至此名赤红河。

又西流,洗马河〔一〕自西北来注之。

洗马河,一名西门河,源出陆凉州西北十余里周官庄山〔二〕,东南流经串桥,又南流经城西宏济桥,又南流至西华寺〔三〕前为洗马河,东南流达晃桥,又东南流至会津桥即永凝桥,南入赤红河。

〔一〕洗马河　今西华寺河。民国《陆良县志稿》卷一《山川》载:"洗马河,一名西门河,又名西涧,源出周官庄山溪,东

---

① 陆良县水利电力局《水利志》编写组:《陆良县水利志》,第29页。

经串桥,抱流城关,出宏济桥,纳水壶泉、龙潭井水,又东南流经晃桥入江。"①按,串桥、西华寺、晃桥今仍存。

〔二〕周官庄山　今名北山,西华寺河源处,有周家庄村,应即周官庄。

〔三〕西华寺　按,西华寺在县城西门外,建于明崇祯三年,清光绪二十六年重修,为县八景之一,塑像已毁,寺址为县畜牧站新建使用。②

又西,西山大河〔一〕自北来注之。

西山大河,源出马龙州东南四十里大栗树,汤郎两涧南流而合,南入龙洞伏流,砯转如雷,中成巨泽,由南洞涌出,南流为龙洞河,经纳章村泄为瀑布,南流为迤泽河,又南四十五里经红石崖,至浙宗村为浙宗河,又南流入浙宗洞,一名三脚洞,伏流如龙洞,南出入陆凉州。南流经古城东,又南流至小百户村〔二〕南,左纳水箐河水〔三〕。水箐河水源出陆凉州西北桃花山〔四〕,南流经小百户村东,又南流,西南入西山大河。**又南流至黑飞,左纳关门箐水〔五〕**。关门箐水源出铁山,东流至黑飞入西山大河。**东南入赤红河。**

〔一〕西山大河　今永清河。乾隆《陆凉州志》卷一《山川》载:"西山大河,治西北五十里。"③按,永清河,发源于今牛头山东麓。

〔二〕小百户村　今陆良县小百户镇小百户村。

〔三〕水箐河水　民国《陆良县志稿》卷一《山川》载:"水箐河,源出治西北桃花山,南经小百户等村东南流入西大

---

① 民国《陆良县志稿》,第80页。
② 《云南省陆良县地名志》,第84页。
③ 乾隆《陆凉州志》,第57页。

河汇于江。"①按,今小百户村东有一水,自北向南流,西南入永清河,此水即水箐河水。

〔四〕桃花山　今大尖坡。坡上有桃花堡村。

〔五〕关门箐水　今小百户镇兴隆村西有一水,西北东南流,又折西南入永清河,此水即关门箐水。

又西南流,铺上河〔一〕**自东南来注之。**

　　铺上河,源出陆凉州西南七十里石子厂,北流经雾露顶。

　　又北流经大地,西北流经阿油铺,右纳横水沟水〔二〕。横水沟水近新哨之溪流。〔三〕又西至阿泥夷村入河。

〔一〕铺上河　今阿油铺河。乾隆《陆凉州志》卷一《山川》载:"铺上河,自石子厂发源,经雾露顶、大地,由阿油铺达古泥夷村入河。"②按,阿油铺河发源于路南县的威黑老寨一带,自东向西到西街口附近转北进入陆良县境,经雾露顶、大地、阿油铺,到古宁以南一千米处汇入南盘江。③雾露顶、大地、阿油铺等村仍存。

〔二〕横水沟水　今甘河。按,今甘河发源于路南县子处,入陆良境后,经小芭茅、波漠、甘河、王家村至阿油铺汇入阿油铺河。④

〔三〕横水沟水近新哨之溪流　按,流经新哨村之河是石坝河,又名马场河。甘河(横水沟水)与石坝河源头相邻,故有"横水沟水近新哨之溪流"之说。

---

① 民国《陆良县志稿》,第81页。
② 乾隆《陆凉州志》,第57页。
③ 陆良县水利电力局《水利志》编写组:《陆良县水利志》,第28页。
④ 陆良县水利电力局《水利志》编写组:《陆良县水利志》,第28页。

又西南为叠水滩[一]。

叠水滩,在陆凉州西五十里,河流一路平衍,至此两山壁立,悬崖二百余丈,翻瀑如雷[二]。

〔一〕叠水滩　南盘江汇阿油铺河之后,进入峡谷,古称叠水滩。今此地有大叠水、小叠水村。

〔二〕翻瀑如雷　按,此处南盘江上有瀑布,由四十余米高之悬崖泻下,名大叠水。①

又西南,左纳清水沟水[一]。

清水沟水近天生关[二]之溪流。

〔一〕清水沟水　今乌龙箐。按,乌龙箐在陆良县与石林彝族自治县交界处,源出放马沟,北流经回辉哨、大片田,于乌龙箐村北入南盘江。天生关在乌龙箐之西,与下文"清水沟水近天生关之溪流"相合,因此乌龙箐即清水沟水。

〔二〕天生关　今石林彝族自治县石林镇天生关。

又西南至大小河口[一]、民和乡獐子村南入澂江府路南州[二]境为大池江[三]。又西经大村[四]北,又西经茅草房[五],又西经蔡家营[六]北,又西经护国巷南,又西经土主山[七]北,又西经半月山[八]南,又西经陈家渡[九],又西,龙洞水[一〇]自西北来注之。

龙洞水,源出宜良县北贾龙东南山中,又南流至宜良、陆凉、路南三界中,南至宜良小薛营[一一]西、九仓[一二]东南入大池江。

〔一〕大小河口　按,今大河口村,在南盘江北,属宜良县耿家营彝族苗族乡。

---

① 《云南省陆良县地名志》,第103页。

〔二〕路南州　清代路南州治今石林彝族自治县城区。

〔三〕大池江　南盘江流入宜良境内称为大池江。乾隆《宜良县志》卷一《山川》载："大池江,在城东四里,古名盘江,俗号大河,发源沾益州花果山,经陆良流入本境,旋绕七十里,至红石崖名铁池河。"①

〔四〕大村　今宜良县北古城镇大村。南盘江正经大村北。

〔五〕茅草房　今宜良县北古城镇茅草房。南盘江经茅草房南。

〔六〕蔡家营　今宜良县北古城镇蔡营村。南盘江正经蔡营村北。

〔七〕土主山　今山名同。民国《宜良县志》卷二《山川·补遗》载："土主山,凡二:一在城西十八里靖安哨北首;一在城东北十五里北古城后。"②按,此处土主山,即北古城后之土主山。其在县城东北部六千米,北古城镇驻地古城街东南。旧时山上建有土主庙,山以庙得名。③

〔八〕半月山　今北古城镇大荒田村东青沙坡。按,南盘江西流经茅草房、蔡营之后,在其北面之山,就是大荒田村东、下燕子窝村北的青沙坡。④

〔九〕陈家渡　今宜良县北古城镇陈家渡村。

〔一〇〕龙洞水　今干河。据下文龙洞水"源出宜良县北贾龙东南山中",可知龙洞水源头应在贾龙东南。又,贾龙村今名贾家村,属今耿家营彝族苗族乡。贾家

---

① 乾隆《宜良县志》,《中国地方志集成·云南府县志辑》,凤凰出版社,2010年,第22册,第433页。
② 民国《宜良县志》,台北:成文出版社,1967年,第33页。
③ 宜良县人民政府编:《云南省宜良县地名志》之《自然地理实体》,1987年,第189页。
④ 《云南省宜良县地名志》,第188页。

村东南正有干河入南盘江,干河源发老五家村背后,南流入北古城镇北墩子入南盘江。①

〔一一〕小薛营　今宜良县北古城镇小薛营村。贾龙河经其西。

〔一二〕九仓　应为"瓦仓"之误。民国《宜良县志》卷二《山川》载:"龙洞水,在城西北三十里。源出贾龙东南山中,南流经宜良、陆良、路南交界中,南至小薛营西、瓦仓东南入大池江。"②按,今宜良县北古城镇仍有瓦仓村,在小薛营西北,贾龙河在其西北。旧时曾在此地建窑烧瓦,故名。③ 要之,此村应名"瓦仓",《云南水道考》之"九仓"应是"瓦仓"之误。

又西南入云南府宜良县〔一〕境,西南经县东北,右会大城江〔二〕水。大城江,源出旧阳宗县〔三〕北一里明湖〔四〕,一名阳宗海子,源出罗藏山〔五〕东支峰西麓,曰弥勒石溪〔六〕,合众涧流出弥勒石口,左会锦溪〔七〕,锦溪,源出罗藏山北麓,东流入弥勒石溪。**潴为湖,周围七十余里,东西两岸山势陡绝。自弥勒石溪口迤北有七古泉〔八〕东北入湖**,七古泉在阳宗旧县西北七里,源出麦田冲,流经北斗村〔九〕入明湖。**又迤北有日角溪〔一〇〕东北入湖**,日角溪,一名芭蕉河,源出阳宗旧县西四十五里觉卜山〔一一〕下,伏流入天生桥,山腹出为溪,东北入明湖。**又迤北陇丘冲河〔一二〕东入湖**,陇丘冲河,在阳宗旧县西北十二里,源出陇丘冲山间,流入明湖。**又北为海口,自弥勒石溪口,迤南大冲河〔一三〕自南来注之**,大冲河源出阳宗旧县南五里,罗藏山之麓,聚众涧泄河,北流入明湖。**折迤东北,龙池溪〔一四〕自西南来**

---

① 《云南省宜良县地名志》,第 205 页。
② 民国《宜良县志》,第 34 页。
③ 《云南省宜良县地名志》之《古城区标准地名》,第 95 页。

注之。龙池溪,源出阳宗旧县东五十里炒甸[一五][一六],会大黑两龙潭、双树泉[一七]诸水入浟水洞[一八],西北流过狮子象鼻两山[一九],西北至宜良入明湖。又北为海口,北流入宜良县境,北流为汤池渠[二〇],又东北经汤池[二一]东,又东北经靖安哨[二二]北为大城江,折东南分为二流:其北支,东北流左会大赤江[二三]水,大赤江,源出杨林花鱼潭,东南流入大城江。东南流入大池江;其南支东南流,滆桥河[二四]自西来注之,滆桥河,源出宜良县西土燎冲,会九龙池[二五]水,九龙池源出宜良县西岩泉寺[二六],后东流合滆桥河。既会东流,东折入大池江。折东流,白沙河[二七]自西南来注之,白沙河,源出宜良县西七里黄保村白龙潭[二八],东北流入大池江。东流又分为二:其北流东至龙王庙北,东入大池江;其南流东经城北,折南流经城东,至城东南又分为二,东一支东至陈所渡[二九]西,东入大池江;南一支南至狗街子[三〇]北,南入大池江。

〔一〕宜良县　清代宜良即治今云南省昆明市宜良县。

〔二〕大城江　今上段名摆衣河,下段名西河。志载大成江源头均不确。正德《云南志》卷二《志二·云南府·山川》载:"大城江,源自阳宗县明湖,流经宜良县,东下入盘江。"① 乾隆《宜良县志》卷二《山川》载:"大城江,在城北十里,源出旧阳宗县明湖,至县境从山谷中流出。"② 民国《宜良县志》卷二《山川》载:"大城江,在(宜良)城西北,源出旧阳宗县明湖,北流为汤池渠,又东北经水井坡,从山谷中流出,北至江头村为大城江。"③ 明以来史载大城江的源头均是出自阳宗海(即明湖)的汤池

① 正德《云南志》,方国瑜主编:《云南史料丛刊》(第六卷),云南大学出版社,2000年,第119页。
② 乾隆《宜良县志》,第433页。
③ 民国《宜良县志》,第35页。

渠,而汤池渠是明代洪武年间才人工开凿的具有灌溉之利的明湖出水河道,此渠汇入大城江,因此不能以明湖为大城江的真正源头。按,大城江今名摆衣河,除史料所载出明湖一源外,还有二源,二源均出自宜良县汤池镇以北山中:左支发源于刘家箐,右支发源于老爷山北麓上李子箐,两源南流于凤鸣村汇合之后,转东南折东流,经汤池镇驻地东北纳汤池渠。"摆衣"为彝语,意为山脚下有水之地。①

〔三〕阳宗县　治今澄江县阳宗镇。元至元十三年置县,明因之,清康熙八年废阳宗县入河阳县(即今澄江县)。《元史》卷六十一《地理四》澂江路载:"阳宗,在本路西北,明湖之南。昔么、些蛮居之,号曰强宗部……至元十三年,改为县。"②道光《云南志钞》卷二《沿革》载:"(康熙)八年……又裁阳宗县归河阳县。"③

〔四〕明湖　今阳宗海。景泰《云南图经志书》卷二《澂江府·山川》载:"阳宗湖,在阳宗县之北,周围七十余里,东西两旁山势绝陡,水作黑色,深不可测,其源出青龙池,水泉并涌,亦县之胜也。"④正德《云南志》卷六《澂江府·山川》载:"明湖,在阳宗县北,一名夷休湖,一名阳宗湖,源出罗藏山,下流入盘江,周七十余里。"⑤道光《澂江府志》卷五《山川》载:"明湖,在阳宗北五里,周回

---

① 《云南省宜良县地名志》之《自然地理实体》,第 205 页。
② 《元史》卷六十一《地理四》,第 1469 页。
③ 〔清〕王崧著,杜允中注,刘景毛点校:道光《云南志钞》,云南社会科学院文献研究所,1995 年,第 98 页。
④ 景泰《云南图经志书》,《续修四库全书·六八一·史部·地理类》,上海古籍出版社,2002 年,第 38 页。
⑤ 正德《云南志》,《云南史料丛刊》(第六卷),第 163 页。

七十余里,东西两岸山势陡绝,水色深黑莫测。"①按,明湖,即阳宗海,又名夷休湖。

〔五〕罗藏山　今梁王山。景泰《云南图经志书》卷二《澂江府·山川》载:"罗藏山,一名梁王山,在阳宗县治之南,高可五百余丈。"②

〔六〕弥勒石溪　今阳宗河。光绪《澂江府志》卷五《山川》载:"弥勒石溪,在阳宗西,发源罗藏山西麓,众涧流为此溪,出弥勒石口,会于锦溪,甚得灌溉之利。"③民国《澂江县乡土资料》之《山脉川流及水利》载:"弥勒石溪,源出阳宗西夹浦山西麓,至弥勒石左会罗藏山北麓锦溪水流入明湖。"④按,依上述志书所载,比对今之地形图,可知弥勒石溪应是阳宗河。

〔七〕锦溪　今石寨河。道光《澂江府志》卷五《山川》载:"锦溪,在阳宗西,其源发自罗藏山北麓,会众流而成溪。"⑤按,锦溪东入弥勒石溪(阳宗河),石寨河流路正与之相符。石寨河源于阳宗镇三岔箐及石寨河村后山,由西向东流经脚步哨、饮马池、阳宗等地汇入阳宗河注入阳宗海。

〔八〕七古泉　今西汇河。依下文,七古泉"流经北斗村入明湖",又,北斗村今仍存,可知流经今北斗村,北流入阳宗海之西汇河应是七古泉。今阳宗镇流传着描写该地

---

① 道光《澂江府志》,《中国地方志集成·云南府县志辑》,凤凰出版社,2010年,第26册,第62页。
② 景泰《云南图经志书》,《续修四库全书·六八一·史部·地理类》,第38页。
③ 道光《澂江府志》,第62页。
④ 民国澂江县政府编:《澂江县乡土资料》,台北:成文出版社,1975年,第9页。
⑤ 道光《澂江府志》,第62页。

八景的诗文《八景共题》载:"宝珠梵刹景最幽,东岭松风如画楼。石洞仙居垂万古,南潭膏泽流千秋。冷泉洪济仙水出,斗村烟雨景色浮。西汇清流循入海,明湖湛碧日月留。"其中,"斗村烟雨景色浮"之"斗村"即阳宗镇北斗村;"西汇清流循入海"之"西汇清流"即西汇河,"入海"是指西汇河东流入阳宗海。①

〔九〕北斗村　今阳宗镇北斗村。

〔一〇〕日角溪　今七星河。详见"觉卜山"注。

〔一一〕觉卜山　道光《澂江府志》卷五《山川》载:"觉卜山,在阳宗西十五里,亦罗藏山之分脉。"按,阳宗镇西十五里处有脚步哨村,"觉卜"与"脚步"音近,觉卜山或在脚步哨,又七星河源于脚步哨北,可知七星河应是日角溪。

〔一二〕陇丘冲河　道光《澂江府志》卷五《山川》载:"陇邱冲河,在阳宗西北十二里,其源出陇邱冲山。间跨通衢桥流入明湖。"②按,今七星河西北有一小河,出鲁溪冲附近,东北入阳宗海,此河应是陇丘冲河。

〔一三〕大冲河　道光《澂江府志》卷五《山川》载:"大冲河,在阳宗南五里罗藏山之麓,泉涧之流聚而为河。隆庆二年六月间,霖潦泛涨,崩塌河埂,知县文嘉谟兴役开浚,约十余里深八尺阔丈余,自是复灌溉之利。"③按,今阳宗河之东,有一河北流于小龙潭村西入阳宗海,此河应是大冲河。

---

① 具体可参考"云南数字乡村网"(http://ynszxc.gov.cn)中"澄江县阳宗镇历史文化"。
② 道光《澂江府志》,第62页。
③ 道光《澂江府志》,第62页。

〔一四〕龙池溪 依据"双树泉""洑水洞""炒甸"的位置(具体见下注),可知龙池溪应即由落水洞连通阳宗海的原草甸海唯一出水口。然,清道光十三年、十六年两次地震,落洞被阻之后①,草甸海不再入阳宗海。

〔一五〕炒甸 今宜良县草甸乡。"炒甸"为彝语,意为缓坡坝子,后因境内有草海,清末改"炒甸"为"草甸"。②

〔一六〕龙池溪,源出阳宗旧县东五十里炒甸 按,阳宗镇与草甸乡之间的距离为十五里多,此处"阳宗旧县东五十里"或为"阳宗旧县东十五里"之误。

〔一七〕双树泉 在今宜良县草甸乡黄泥村。道光《澂江府志》卷五《山川》载:"双树泉,出炒甸黄泥村,归洑水洞入明湖。"③按,黄泥村今仍存,在宜良县草甸乡驻地北。

〔一八〕洑水洞 道光《澂江府志》卷五《山川》载:"洑水洞,在炒甸黄泥村之傍,立马山之下有石洞,纳潭泉诸水洑流山腹入明湖。"④按,今黄泥村旁有落水洞,即洑水洞。该洞地表无明显洞口,水从岩隙中渗出,连通阳宗海。⑤

〔一九〕狮子象鼻两山 据洑水洞的位置,可知狮子象鼻两山应是今草甸乡黄泥村西的大凹子与黑龙山。⑥

〔二○〕汤池渠 明洪武年间开凿的人工河道,从此明湖(阳宗海)有了出水口,东入大城江后汇入南盘江。乾隆《宜良县志》卷一《山川》载:"汤池渠,在城西南三十

---

① 《云南省宜良县地名志》之《自然地理实体》,第207页。
② 《云南省宜良县地名志》,第101页。
③ 道光《澂江府志》,第62页。
④ 道光《澂江府志》,第62页。
⑤ 《云南省宜良县地名志》之《自然地理实体》,第202页。
⑥ 《云南省宜良县地名志》之《自然地理实体》,第190页。

五里。明洪武中,黔国公沐英于云南广开屯田,汤池旧为沟塍,广不盈尺,英令指挥同知王俊,因山障堤,凿石刊木,别疏大渠,导明湖水泄于大池江,其袤三十六里,阔丈有二,深称之,灌溉农田,大旱不竭。"①按,乾隆志载"导明湖水泄于大池江"是不准确的,应是先入大城江(摆衣河)再归于大池江(南盘江)。按,汤池渠,在今汤池街至可保村,渠堤为石砌,可保村至江头村段为开山石沟,洪武二十七年修筑,至今仍是该地区的主要水利干渠。②

〔二一〕汤池　今宜良县汤池镇。

〔二二〕靖安哨　今宜良县匡远镇靖安哨村。

〔二三〕大赤江　今贾龙河。民国《宜良县志》卷二《山川》载:"大赤江,发源嵩明县属杨林花鱼潭,俗名十八盘,由正北入境。"③按,杨林即今嵩明县杨林镇,大赤江即今贾龙河。

〔二四〕滉桥河　民国《宜良县志》卷二《山川》载:"滉桥河水,在城西三里,源出土獠冲,会九龙池水,分南北直泻土桥河,灌溉田亩,东注大池江。"④

〔二五〕龙池水　源出岩泉寺之清泉。

〔二六〕岩泉寺　在宜良县城西北两千米蓬莱乡西山村后伏狮山上。⑤

〔二七〕白沙河　今西门河。白沙河,"源出宜良县西七里黄

---

① 乾隆《宜良县志》,第434页。
② 《中国文物地图集·云南分册》,第40页。
③ 民国《宜良县志》,第34页。
④ 民国《宜良县志》,第35页。
⑤ 《云南省宜良县地名志》之《名胜古迹》,第182页。

保村白龙潭"。按，黄保村即今宜良县匡远镇黄保村，西门河正源发黄保西南下安乐村黄（白）龙潭，从南至北从宜良火车站北流经县城，在鱼龙石桥汇入西河（大城江）。①

〔二八〕白龙潭　乾隆《宜良县志》卷一《山川》载："白龙潭，在城西七里黄保村山下，潭仅尺余，水涌如沸，灌溉一方田亩，遇旱祈祷立应。"②按，白龙潭在黄保村西南下安乐村。

〔二九〕陈所渡　今宜良县狗街镇陈所渡村。

〔三〇〕狗街子　今宜良县狗街镇狗街村。

大池江自龙王庙东纳大城江，流折东南，三台山水〔一〕自东来注之。三台山水，源出宜良县东十里三台山〔二〕西麓，西流入大池江。

〔一〕三台山水　按，此河源发七星村北，西北流经唐家湾、小渡口流入东河。东河为民国年间所开，与南盘江平行南流。颇疑三台山水原入南盘江，开凿东河之后，旋归东河，不再入南盘江。

〔二〕三台山　今庙山。乾隆《宜良县志》卷一《山川》载："三台山，在城东十里，三峰耸翠，朝拱县治。"按，庙山在今宜良县蓬莱乡七星村东北两千米。③

又折西南，流经陈所渡，又西南经狗街子北，两纳大城江南分水，又西南经红石崖〔一〕，西南入路南州境，经席家渡，七江溪〔二〕自西南来注之。

---

① 《云南省宜良县地名志》之《自然地理实体》，第 207 页。
② 乾隆《宜良县志》，第 434 页。
③ 《云南省宜良县地名志》之《自然地理实体》，第 192 页。

七江溪,源出河阳县[三]东北三十里九岐山南麓,东流经九村为九村河,又东流经七江村为七江溪,东流入大池江。

〔一〕红石崖　今红石岩。南盘江过宜良县狗街镇即进入山谷,此段山谷名红石崖。乾隆《宜良县志》卷一《山川》载:"红石崖,在城南三十五里,峰高千仞,两岸壁立,其色常红,一邑之水从此泻入铁池河,亦诸水之也。"①按,今此段河槽中有小红石岩、大红石岩村。

〔二〕七江溪　今九村河。道光《澂江府志》卷五《山川》载:"七江溪,在城东四十里七江村,傍两山间流入铁池河。"②按,九村河位于澄江县九村镇中部,源于温水河及鸭脖子水库。③

〔三〕河阳县　治今澄江县。

又南至竹子山[一]北,黑泥河自东南来注之。

黑泥河,源出宜良县南四十里竹子山,西北流入大池江。

〔一〕竹子山　今宜良县竹山乡竹山。

又西南经竹子山西,折东南绕竹子山三面,巴盘江[一]自东北来注之。

巴盘江,源出路南州东北十五里白龙潭[二],西南流十里左会黑龙潭[三]水。黑龙潭源出路南州东南十余里,西北流数里与白龙潭会。两源既会,西南流至城东兴凝桥为兴凝溪,又西南经城南板桥[四],又西南至竹子山南入铁池河[五]。

〔一〕巴盘江　今巴江。此言巴盘江"源出路南州东北十五里白龙潭",不确。据民国《路南县志》卷一《山川》载:

---

① 乾隆《宜良县志》,第433页。
② 道光《澂江府志》,第60页。
③ 《云南省澂江县地名志》之《自然地理实体》,第112页。

"巴盘江,《续云南通志》谓发源于城东北三十余里大豆傍村,即大村。实则发源于城北四十里之站屯"①可知,巴盘江源于路南(石林)县城东北更远的站屯。按,巴江,又名巴盘江,因其源头盘旋环绕如"巴"字,故名。巴盘江于宜良县竹山镇东面大叠水进入宜良境。②

〔二〕白龙潭　今名同。民国《路南县志》卷一《山川》载:"巴盘江……西出天生桥,复折而南经鱼龙坝至堡子而白龙潭水归焉,至小乐台旧而黑龙潭水又归焉,是为巴江。"③按,堡子即今石林彝族自治县路美邑镇堡子村,白龙潭在堡子村东北。

〔三〕黑龙潭　今名同。民国《路南县志》卷一《山川》载:"巴盘江……西出天生桥,复折而南经鱼龙坝至堡子而白龙潭水归焉,至小乐台旧而黑龙潭水又归焉,是为巴江。"④按,小乐旧台即今石林彝族自治县鹿阜镇小乐台旧村,村东有黑龙潭水库。

〔四〕板桥　今石林彝族自治县板桥镇。

〔五〕铁池河　南盘江出宜良县之后名铁池河。

大池江至此为铁池河〔一〕,又东南,休柔溪自东北来注之。

〔一〕大池江至此为铁池河　按,南盘江流出宜良县境河流名称已由"大池江"变化为"铁池河"。

以上,便是对《云南水道考》所载的南盘江上游河段(沾益、宜良)的复原情况。

---

① 民国《路南县志》,民国六年手抄本。
② 《云南省宜良县地名志》之《自然地理实体》,第208页。
③ 民国《路南县志》,民国六年手抄本。
④ 民国《路南县志》,民国六年手抄本。

三、滇西宾居下村的水利与地文

下村,位于云南省大理州的宾川县南宾居镇,是该镇 57 个自然村之一,行政上属宾居村公所管辖。① 作为一个坝区边缘的村落,下村在自然和经济条件上与宾川乃至滇西其他坝区农业村落并无二异。然而在近几年的调查中,下村的水环境引起了我们(按:指笔者所在课题组)的注意,不仅是因为这里的村民至今仍在使用古老的地下引灌工程——"地龙",其遗迹察访也不难,而且围绕下村和宾居街②一带流传着的"姚家地龙,马家井"传说和"大王庙"故事,均与水利活动有关。翻开本来无多的地方历史文献,现能见到下村及其周边地区的一些旧事,这些记载也基本上与当地的水利开发有关。本处所要关注的主要是云南高原旱坝历史以来的水利与土地利用关系,力图通过小尺度范围展现区域人地的相互作用。联系到宾川等地的历史与环境,这一村落的水利与农业、聚落与土地利用格局均能反映明清以来滇西旱坝地区人地关系演进的基本状况。当然,在复原上述活动进程的背后,探索人们在相对有限的地区内的生产生活体系,阐明人对自然环境的利用和改进机制两者关系背后存在的基本原理,也是我们从事这一村落调查和研究的重要目的。

---

① 宾居乡,1984 年设为镇,除该镇名外,本文其他地名沿用 1981—1983 年宾川县地名普查工作规范化处理的标准采列。宾居镇辖 8 个村公所,宾居为其一,下村属宾居村公所辖自然村。宾居镇位于宾川县西南,坝区南部,东邻州城乡,南接祥云县,西界大理市,北连大营乡、州城乡,除乌龙坝属山区外,其余 7 个公所均在坝区。参见宾川县志编纂委员会:《宾川县志》,云南人民出版社,1997 年,第 82、78 页。
② 宾居街,亦属宾居村公所辖,东北原距下村不足 500 米,系宾居乡(镇)驻地。宾居街和下村聚落现已几乎连为一体。

1. 自然与历史

由牛井、宾居、大营、州城等乡镇组成的宾川坝子,平均海拔1 422米,面积达322平方千米,是云南省第12大坝子[①],地处滇东高原和滇西横断山脉接触地带,地貌上属坝区和山地过渡带(见图2-2)。气候上,宾川坝区年均日照2 719.4小时,属云南省日照较多县份,温度高、土沃、日照长、霜期短,但年均雨量在全省属最少地区之一,仅为559.4毫米,蒸发量大,水资源较为短缺,是全省有名的干热坝子、老旱区。[②] 清代宾川坝子就有"炎暑视它州县独烈,源不可田而耕也"[③]、"水少土燥,其热为独盛"[④]、"土燥少水,乏源泉,比年赔荒之累死徙者十之五六,土著之民终岁勤劳无赢余也"之称[⑤]。其地土壤虽利农作,但"未垦者水竭而人不聚也"[⑥]。区内以纳溪河(又名桑园河、纳六河、七溪河)水系为主,自南向北贯穿宾川坝子,出县境后经永胜县归入金沙江。以纳溪河为界,地方上将坝区分为东、西两部分,但历史上水利开发主要集中在西部,地表水资源整体上很有限,且分布不均。

明弘治六年(1493)四月"析赵州及太和、云南二县地"置宾川州,同设大罗卫[⑦],但对宾居等地的开发和治理洪武以后便已有记载[⑧]。清初裁并卫所,宾居等地田地在康熙年间归入民赋

---

① 见《云南省主要坝子统计表》,云南省地方志编纂委员会编:《云南省志》卷1《地理志》,云南人民出版社,1998年,第232页。
② 宾川县志编纂委员会:《宾川县志》,第43—48页。
③ 康熙《大理府志》卷一二《风俗》。
④ 雍正《宾川州志》卷二《星野·气候》。
⑤ 道光《云南通志稿》卷三十《地理志五·风俗》。
⑥ 康熙《大理府志》卷五《沟洫》。
⑦ 《明史》卷四六《地理志七》。
⑧ 如永乐年间在宾居设银场和重建神庙等,详见后文。

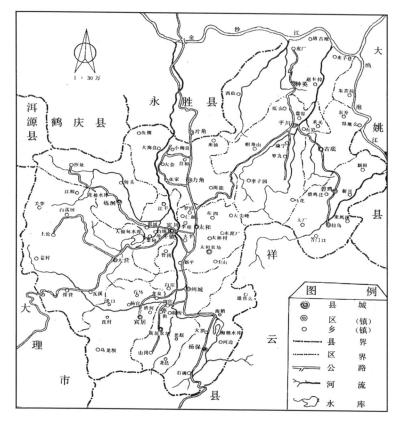

图 2-2 宾川县政区图

资料来源:《宾川县水利志》。

系统①,至康熙二十五年(1686)宾川州册载耕地有 181 032 亩,占当时大理府之 17.3%。② 这些耕地主要分布在宾川坝子西部地区,与水资源分布和利用局面相一致。根据文献记载,明清时期

---

① 雍正《宾川州志》卷三《沿革》载:"顺治十六年裁大罗卫指挥使"(《宾川州建置表》),"康熙五年裁洱海、大罗二卫守备,以屯赋归并云南县、宾川州……二十六年裁大理卫守备,以屯赋分并宾川等州县"。
② 见《清代今大理各地区耕地亩数变化》表,杨伟兵:《云贵高原的土地利用与生态变迁(1659—1912)》,上海人民出版社,2008 年,第 189 页。

宾川水利和居民主要集中分布在地表水资源相对丰富的西部地区,"宾川水利皆在大河之西,故上川下川田土皆赖各箐各溪自西流灌,而人民庐舍亦于西焉"①,如大场曲堤、上苍湖、炼洞诸渠、六溪、乌龙坝和新渠等水利体系,它们的主要功能以引水、蓄水灌溉为主②。清中叶以后移民开发东部地区,当时水资源匮乏成为主要制约因素之一,缺水状况一直到民国时期方得缓解,主要是为改变东部干旱的局面修建了一些中小型水利工程,较为有名的是1944年修建的"西水东调"工程——"西平渠"(今人民渠),引宾川县西北炼洞之水灌溉东部。1957年通过行政区划调整,将拥有铁城河的祥云县乔甸划归宾川,再度缓解东部缺水局面。③

地处坝子南部,宾居地在明清时期就设有巡检司,开有银铅矿和白塔市肆④,开发较早。下村和宾居街坐落于坝子边缘,北面宾川平坝,南靠乌龙坝山地,地势上从南向北稍倾降。现尚不能详确两村聚落起源史,但宾居街作为历史以来多级治地,在地名和方位上变化不大。1981年年底统计该村汉、回、白、彝、傣族居民有1 101户、口4 430人(农业3 658人),宾居街为全县第二大集市。⑤ 下村,有关村落起源,采访者大多对其记忆模糊,上不过清中叶,但地名志却有这样的记述:"清,为乡民祭祀场所,每年阴历正月十三在此迎祭大王菩萨,七月十五在此地荐亡魂,原名

---

① 康熙《大理府志》卷五《沟洫》。
② 康熙《大理府志》卷五《沟洫》。
③ 大理白族自治州地方志编纂委员会:《大理白族自治州志》卷二《水利志》,云南人民出版社,1998年,第522页。
④ 《明史》卷四六《地理志七》载:宾川州"又东北有赤石崖、西南有宾居二巡检司";雍正《宾川州志·舆图》,卷五《城池》。从永乐重建宾居神庙碑及相关文献显示,宾居一带明代开有两个银矿场,即白塔、大兴。详见下文。
⑤ 宾川县人民政府编:《宾川县地名志》,1989年内部印本,第25页。

孝村。后因位于宾居街下方,'孝'与'下'谐音,皆称下村。"至于"下"是否来自"孝"音变,此处不敢妄言,但该村西南有三官寺(按:今所见是道教为主的庙宇,地方仍称"寺"),倒是今宾居街和下村一带除大王庙(在宾居街村落外西一里)、清真寺(在宾居街村内)外较大的庙宇,据传也有百年以上的历史,但现场见到的香火状况很是平淡,平日几乎无人。据1981年年底统计,下村人口为65户、314人,基本上都是汉族。① 自西向东流经两村北部的瓦溪河(又名宾居河、西大河)是这一带最大的河川,该河右纳宾居街、下村等地的溪泉,向东注入纳溪河。瓦溪河现今多年平均径流量为0.44亿立方米,近纳溪河之1/4强②,河流所流经的宾居、州城等地区,地势平坦,土壤条件优良,适宜粮食作物和经济作物的生长,是宾川地区的主要粮仓之一。宾居街和下村自然水体主要是泉水,一是大王庙泉水,历史上因传沟通洱海,故多名为通洱溪,实际上乃是大王庙座山下的地下泉水,出水量较大,汇为海塘(子),宾居村公所农田多赖此维济;一是团山泉水,下村农田基本上都靠此水灌溉。

可以见到,作为一个较小的村落,下村在明清时期并未有更多的记载,甚至村落的起源也难以考证,它的历史远不及毗邻的宾居街那样为人们所熟悉。作为农业聚落,下村在自然条件上与周边村落也无多大的差异,靠附近规模不大的山泉作为生产生活之水源。假如我们以此来做村落史,哪怕是以此来反映一些区域开发或人地关系演进的景况,也难以着手,或者这个极为普通的村落本身在聚落研究上就不具有代表性。事实上当我们多次进入该村做调查时,当地人和周边的人都感到十分诧异。然而,一

---

① 下村资料出自宾川县人民政府编:《宾川县地名志》,第25页。
② 宾川县水利电力局编辑:《宾川县水利志》,1991年内部印本,第52、55页。

旦我们说起"地龙"一词,当地村民几乎人人都会说这样一句话:"姚家地龙,马家井。"当我们进一步涉及该村的三官寺之"水官"、团山之"神树"和附近宾居大王庙"仁慈湖"(又称人慈湖)时,这一带关于水利的故事便多了起来,而且愈发显现出下村居民旧时在当地水利营造方面的重要贡献。水利已成为这个村落最明晰的记忆之一,这恰恰为讨论旱坝水利及人地关系提供了独特和丰富的素材。

2. 下村水利

今天下村一带的基本农田灌溉所用的地表水主要来自两个渠道,即团山泉水和大王庙泉水,灌溉下村、宾居街等 5 村 10 社 1 873 亩农田(此为统计面积,规划面积为 2 500 亩)。① 机井为现代新式事物,用以汲取地下水,也在当地发挥着重要作用。大王庙泉水在民国、中华人民共和国成立后修建仁慈湖水库前,尚不能更多地引灌至下村地域,故距离该村南稍东近 400 米左右地势稍高的团山(海拔 1 540 米)之泉水,成为民国前下村农田灌溉主要的地表水源。

调查所见,团山并不高大,仅一山丘,泉水系岩溶洞穴所出地下水汇于山之北角,分二池,一为饮用水源,被重点看护,当地人称 1945 年溶洞出大水,修水泵站,抽水至宾居街南山上水塔,再施放供居民生活用;一为灌溉用水,就近抽放入下村农地。然而,团山泉水尽管稳定,但流量并不大,难以满足下村田地所需。下村田地应另有水源来资灌溉,这就是地龙水。当地人有称宾居一带"上节靠溶洞水,下节靠地龙水"。

---

① 《基本农田保护区(第 47 号)》碑文,宾川县人民政府 1995 年 8 月立。该碑镶于团山水泵站房墙。

地龙,主要是用来截取地下浅水层水流而修建的暗涵或暗管,普遍采取埋阴式摄水、输水方式,实际上是一种"行水暗渠"的管灌方式。现代调查也表明,在地表水分布不均和蒸发量大的云南滇西坝区,曾在20世纪中叶至70年代修建过大量地龙,有证据表明部分地区的地龙营建历史还会更早,均采取地灌以实现部分调水和节水功效。如今弥渡县就有明代营建地龙的记载,"冯氏义泉,西城中无水井,明时里人少尹冯嵌于城外掘地做地龙,引入城中,至今利之"①。县另有潘家沟地龙,据该县文化馆张昭介绍,县安景村有民谣称:"潘有功送地龙一座,康家有大沟一条,辉家送庙山一座。"所言的潘有功便是康熙五十九年(1720)潘氏墓碑主的祖先,系明代人,曾在当地建"地龙"取水。② 又据祥云县调查所见的"地龙",其最简单的建造方法是在山边河谷平地之上,先挖明沟作一基槽,然后沿基槽两壁用大小不等的石块垒砌成沟帮,沟底用卵石或不规则石块铺垫,沟上再以大石块逐一盖之,并回填土壤。"地龙"的起端基本上都选择地下水丰富和山井流水之地,出口或中部可再筑池塘以蓄水。③ 据现代《大理州志》记载,在20世纪50年代,弥渡县还曾整修了多达109条地龙,除供饮用外,还灌溉农田6 624亩。④ 宾川坝子南部地区在20世纪60至70年代也修建了较多地龙,直到今日"地龙"一词仍为人们所熟知,但受干旱和对地下水过度开采的影响,曾大量干涸,绝大多数地龙逐渐被后世的地表水利工程所取代。

---

① 道光《赵州志》卷一《水利》。
② 张昭:《滇西独特的明代水利工程:"地龙"》,《东南文化》1996年第3期。
③ 何超雄:《祥云明代的水利工程:地龙》,《云南文物》1985年总第14期。
④ 大理白族自治州地方志编纂委员会:《大理白族自治州志》卷二《水利志·引水工程》,第551页。

地龙的营造与运用有居民饮用和农田保灌的目的,但也表明,明清时期滇西部分坝区在人口和耕地增长的状况下已出现水资源局部短缺的状况。特别是清中叶以后,由于云南高原中小型水利工程的大量修建,坝区水利已经走向应对生态窘境的层面,而非单一停留于为农业生产而保灌保墒的经济层面。[①] 地龙作为地方独特的水利工程,目前看来历史上主要是由民间营造和运用,由于缺乏更多的历史记录和调查资料,还不能就其工程数量、长度和营建者作精确界定,但以其分布地区来看,所在各县均缺乏大的河川可资灌溉,民国乃至中华人民共和国成立前中型水利工程极少,且较大的地表引水工程修建非民间所能为,开发水利更多的是包括地龙在内的民间组织修建的小型工程。宾居下村地龙的情形也是如此。

该村地龙称作"姚家地龙",又称"古地龙",分布在村落以东约1平方千米范围的农田内(见图2-3),2007、2008年两次实地调查中明显可见者有4个地龙口(见图2-3中的D1/D2/D3/D4),另有2个不甚明显(坐落于图2-3中D3和D4间),均在使用。姚家地龙(图2-3中D2),据村人所说系嘉庆年间姚举人修建,今所见者是1952年整修后的形状。姚家地龙以东约70米,1953年曾挖出一个"新地龙"(图2-3中D3),新地龙经20世纪90年代整修后成为目前所见的最大地龙。据说村东还有"乌龟地龙""粉房地龙",但具体地点在访谈时多有出入,疑为上述地龙的不同表述。在20世纪五六十年代整治烂田(村民称"泡烂田")时,曾从村西北(三官寺)修地龙引水往北、往东灌溉农田,但因埋于地下,调查时已难以见之。

---

① 杨伟兵:《旱涝、水利化与云贵高原农业环境(1659—1960年)》,载于曹树基主编:《田祖有神:明清以来的自然灾害及其社会应对机制》,上海交通大学出版社,2007年,第54—81页。

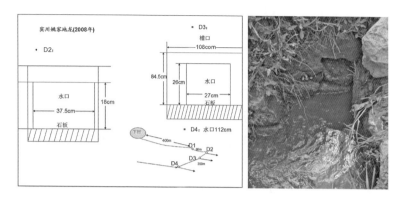

图 2-3　下村地龙分布及水口尺寸(右为 D2 水口实景)

对于姚家地龙,以下是在下村的几个访谈要点。

王智的回忆(64 岁,原任村支书,2007 年访谈,地点:下村王家):

> 姚家地龙今所见是重修者,当年是用来整治烂田,1966 年宾居的档案中有整治烂田的记录(笔者按:该资料未能访得)。20 世纪 60 年代村里组织挖地龙,大约有 8 尺宽、深 1 丈(也有几尺者,根据田埂定深度),顺坡度向下挖,以利行水。地龙用料有松毛、碎石、栗炭、瓦渣等,水源是地下水,可防旱涝。每年春季要清理一次。地龙没有过村子。以前地龙用水不排队,没有定例,现在主要用机井水(要交费),地龙不用钱。

肖灿(92 岁,2008 年访谈,地点:下村肖家):

> 问:姚家地龙是哪年挖的?答:有 140 多年了,我还没出世的时候就有,听上辈人说是姚举人挖的。(肖家人补充)应该是和下面的马家井一起修的,这里叫"姚

家地龙,马家井"。

问:地龙的源头在哪里?答:(肖家人)可能是从三官寺那些地方过来,以前的烂田就在那一片。以前有人挖开过,三面有石条,底上没有石条,只有泥沙。听老人们说三官寺以前出过一股粗水。

问:听说修地龙很讲究,用松毛、火炭等,有过滤水的作用吗?以前吃地龙水吗?答:(肖家人)火炭、栗炭挖出来过,这些东西清热解毒。以前吃井水,地龙水远,天干井干的时候才挑地龙水。水香得很,里面还有鱼。

问:地龙的长度有多长?几条地龙是不是连在一起的?答:(肖家人)一根地龙有五六百米。(肖老人)地龙连不连在一起不确定。

肖老人还说道,姚家出了个举人,出人才所以就挖了地龙。后来绝户了,不知道为什么?(肖家人、村人补充)传说地龙修建后不久姚家就死绝了,后来官府让西营姚家来收尸,继承家产。村里很早就听说"姚荫公"这个名字。老人说得最多的一句话是"姚举人借田还田修地龙"。

2007年宾川县委宣传部陪同人员谢文龙,也曾说到家乡后所(属州城镇)地龙的情况,他说地龙引水口有的挖到河下引水,机井打了以后地龙水量下降,现在几乎不用了。地龙沟上铺的是干沟河里的石头,取料用石板还是比较困难的,主要用石头、碎沙铺上面。

受限于规定和手段,无法挖开某段地龙以详解其内部构造,但经过对水口的观察和多处采访,可以明确下村地龙修建颇为讲究,居民饮用和农田灌溉并举,近世以治田保灌为主,之前民用饮水仍很看重,内部用过滤、消毒等材料填塞。肖老人说的"姚举人借田还田"，实际上是当初开挖田地修建地龙渠道的形式，修好后再填田土于地龙上，不影响耕作。对于"泡烂田"之说，下村及宾居一带的土壤以水稻土为主，多中性偏碱，因地下水较丰富，基本上为潴育型水稻土类，但因地势问题，田地水依据一定高低比降流失，田地种植水稻等仍需要保持稳定的水源以资引水保灌。此外，宾居等地的地下水属性对于土壤的非侵蚀性，也是大量使用地下水保灌的重要前提之一。事实上调查所见的地龙口出水均要在地表蓄池积水再灌入农田。这种形制，在人多地少状况下可缓解地表土地被水渠挤占的问题，"借田还田"即是此意；此外，引水采用埋阴形式，姑且不论防止蒸发的作用，在旧时因饮用所需，对水质安全也能起较好的保护作用。

根据宾川邻县祥云等地刨挖开的地龙观察和访谈可知，地龙一般由沟底、沟面、沟帮三部分构成，除沟面外，其余工程均在基槽内完成。基槽系最先开挖的明沟，其大小决定了地龙和行水的规模。在基槽两壁用大小不等的石块、石条等垒成沟帮（使用筒式管道的话，这样的地龙又称作"闷龙"，且修建年代应距今不远——除沟底外也有三面都要垒砌的情况）。沟底用卵石、碎石块等铺垫。基槽内部做好后，沟面上再以大石块逐一盖之，并回填土壤。沟帮围绕的中心就是行水通道，从通道左、右、上侧往外逐一填充各类过滤、消毒物质，比如祥云县有的地龙就依次填充了毛石石脊、棕皮、青松叶、木炭和混合黏土层等。[①] 下村地龙的结构大致如此，但基本上都不是采用筒式管道的闷龙形制，以我们在地龙出口的清理来看，建造也相对简单一些，但是石块、石条的使用倒是多见，甚至沟底也有垒石板的情形（如图2-3中D2、

[①] 祥云县地龙结构情况见何超雄文绘制的示意图。参阅何超雄：《祥云明代的水利工程：地龙》，《云南文物》1985年总第14期。

D3)。由于地龙修筑时间已久,加之作用和地位不如以前,下村现在对地龙的维护无多,这可以从当地人至今不明其起点和地龙口的堙废、改水及明渠化情况看出。比如图2-3所示的D1地龙,其水口及位置在2007年和2008年的两次观察中显示就有过明显的改造,且水流明渠化趋势很强,影响下流地龙行水;D2、D4还存在着淤塞和坍塌迹象。当然,我们在田间调查见到的几个地龙口大多建有蓄水池,亦有人为修缮和维护的痕迹。村民说天旱之时地龙水很重要,中途可开成池塘,蓄水于地表再分水灌溉附近田地,故仍发挥着作用。

需要再作说明的是,关于下村地龙的水源究竟在哪里,村里人已经难以回忆。但根据实地踏查和访谈,村西北三官寺一带可能就是下村地龙的主要水源地,马家井位于三官寺以东数十米,正是三官寺地龙往村东行水的旁侧。我们还见到,三官寺水井的水位要比马家井高许多。当然,在三官寺还有村民祈祭三官之一的"水官"。除了三官寺一带水源外,下村地龙一部分水源应来自团山泉水,这在图2-3中D4上有所证明,该地龙的水与西面其他地龙来水关系不明显,而D4上方正是团山泉源,调查表明该泉水也向下方的地龙群引灌。

由此可以做这样的小结,下村历史上的水利主要来自三源,即姚家地龙、马家井和团山溶洞水。姚家地龙和马家井应构成下村最早的用水系统,均是地下水,它们或多或少又与三官寺有关联,这三个点应成为古代下村聚落复原的基本依据。也就是说,我们可以推断古代的下村村址应在今村落的东北隅,聚落要小得多(据村民回忆,中华人民共和国成立初期下村仅有38户人口)。1945年团山溶洞出大水前该地是否就有引水取用的情况,目前不得而知,但出大水后成为下村重要水源地之一是可以肯定的。坐落于村西北的三官寺地下水成为下村地龙主要水源的依据,不仅是上文的水系考察,还与该庙供奉有水官有关。该庙据传有138年(2007年访)的历史,供有天、地、水三神官,正月十五、七月十五和十月十五分别为三官寿辰日,村里人都要举办祭祀活动。无独有偶,宾居大王庙供奉的张敬本主也在当地被看作是沟通洱水资灌宾居的神灵,庙宇正殿前方数米就是大王庙泉水所出;团山泉水溶洞上方生有一株盘根错节的大榕树,也被村人视为保水之神树。三地的祈祭活动至今仍在延续,发生地都是下村和宾居街最重要的水源地。

清代地龙在下村得以修建,传闻中的姚荫公举措自然十分关键,但也应看到该村水资源实际上较为贫乏,几乎没有什么地表水流经,如何汲取地下水既保饮用也保灌溉,地龙无疑是古代时期一种理想的选择。现代地质水文测定表明,宾居等地处于宾川断陷盆地含水段中富水性较理想的地段,不仅储量大(约3 334—3 525吨/日),且属松散岩类孔隙水,地下水循环交替迅速,水的物理性质良好,多属中性、弱酸及弱碱性水,不起泡,具有非侵蚀性,适宜于农田灌溉和人畜饮用①,故在历史上有较多的开发利用。近五六十年来,由于周边植被破坏严重,宾川坝区不仅地表水短缺,地下水位也发生下降,水量剧减,多数地龙逐渐失去效用,不复往日风采,取而代之的是挖掘深度更强的土井、机井等来实现井灌,这不能不说也是人类活动加剧后的一种无奈局面。

3. 大王庙水利

大王庙位于宾居街村外往西里许,距离下村约有3里。按照宾川县第47号基本农田保护范围的区划,大王庙水塘海埂地带

---

① 参阅《宾川盆地地下水储量分布图》及宾川地下水蕴藏量、分布及各类型地下水数值,见宾川县水利电力局编辑:《宾川县水利志》,1991年内部印本,第71、66—67页。

仍属包括下村、宾居街等村田地在内的宾居村公所农田保护范围。① 通过上文的调查和分析，大王庙水利基本与下村用水水源无关，但作为域内可考的最为久远的水利工程和主要的历史文化描述对象，下村和宾居乃至宾川坝区都脱离不开大王庙的影响。事实上围绕大王庙及大王庙水利的故事，亦能窥见宾川坝子南部地区早期的开发脉络史，这或许又可弥补下村早期历史资料的缺失。

调查中宾居大王庙的信息来自三个渠道：历史文献、故事传说和碑刻踏查。碑刻和方志显示，宾居大王庙远在明永乐之前就已修建，重要的证据是我们调查发现到的已砌入仁慈湖堤塘上《永乐重建宾居神庙碑》残碑碑文（见图2-4）。该碑碑身嵌入堤岗部分较多，且被劈为两块，所见碑面仅占全碑1/4左右，又因年代已久，文字损缺，磨灭严重，故判读难度很大。残碑文字大意是指永乐十五年前宾居开场起课额，得利后重修神庙，以感灵褒封。该碑文宾川县雍正旧志无记载，走访文管所等亦未见，但民国《宾川县志稿》幸有碑记。尽管对照碑文后发现民国县志稿的记载有少许错误和脱漏，但绝大多数内容和关键处仍能得详解。②

志稿碑记道："我朝开设银场七处，其二与宾居相近，曰白塔，曰大兴。永乐十一年五月内大兴始置炉冶，摘差百长孙俊等煎办银课。至十三年矿土渐微，恐亏课额，钦差内官潘荣至本场，议欲别迁，未得其所。……后果矿土富盛，课额倍增，非神之多方显化何以得此……"

---

① 《基本农田保护区（第47号）》碑文，宾川县人民政府1995年8月立。
② 碑文整理稿附文后，民国县志稿碑记见：民国《宾川县志稿》第8册《艺文志二》（藏云南省图书馆，未分卷）。

重建宾居神庙碑

大理城东有水曰洱海海之东岸山势绵延岗峦相接约行七十里曰白塔山山之下地始平旷是为宾居川有神庙焉创始自蒙氏后至段高二
姓节次复新之庙坐山麓岩石峥嵘林木屏翳左右竹数十丛大皆尺围泉自殿右崖石孔出东流为溪灌田数百顷庙之神有东方仁慈化被圣
明之号亦蒙氏所封也俗之称神者曰宾居大王凡境内旱涝人有灾疾但求即应灵迹昭著莫可缕纪是以居人咸仰赖之祈祷者无虚日我
朝开设银场七处其二与宾居相近曰白塔曰大兴永乐十一年五月内大兴始置炉冶摘差百长孙俊等前办银课至十三年矿土渐微恐亏课额
钦差内官潘荣至本场议欲别迁未得其所时神庙毁于火内侍公遥望庙仰默祷于神曰神倘有灵幸指示矿地愿重修庙宇即差军伴戴道隆往白
塔场请给事中程昭同访所向未至内侍公先诣山高阜处徘徊纵观信步行至西南隅如有人引领者盘桓久之望神庙不远地微窊忽见土色
可取犹豫间戴道隆回指本处云今早天未明时过此见火光大发意必有矿而然少顷给事公至将所取土详办称善若一遂令夫起工后果矿
土富盛课额倍增非神之多方显化何以得此至十五年内侍公回自
京比较各场所办惟是地为最心甚感悦乃不违昔愿先出己赀又复募缘境之善信皆乐从之捐金委粟不期而会公亲督夫匠自本年二月始至
九月终讫工正殿两廊门楼墀道焕然一新又令善塑者抟土作像绘饰金采尊卑有秩威仪肃然于是官民人众皆乐有瞻仰矣寻遣大理卫千
户周鼎至郡征文于知府杨节仲且欲勒诸坚珉永垂不朽节仲谨按祀典所载凡山川能兴云两司土谷以育民生者及忠臣烈士能御灾捍患
护国庇民者历代以来皆立祠庙以祭所以崇德报功也今宾居神庙食于兹久矣其原因莫可详考然有显封尊谥当时必有功于国有德于民
者与以银之事观之余概可知矣且山川储秀结而成矿练而成银贡于朝为赋用于世为宝境内岂无神以主之设为关键而司秘启者耶盖谋
事虽出乎人而开物成务之机则系乎神尔故内侍公一语之请神即默相可见
国家重事百灵莫之敢违亦由公之忠心诚意有以感之宜乎应若影响是其捷也兹用历叙始末复系之以铭曰
宾居有祠　显考褒封　赫赫其灵　有感即通　安我民生　保我民食　御灾捍患　惟神之力　大兴银冶　矿土顿微　意欲他迁
希神指迷　一语之请　惠然咸□　□□□□　求者得径　乃启乃穴　国课倍增　匪神默相　人曷其能　庙堂奕奕　伊谁重修
潘公秉诚　不违素愿　愿既无违　众信咸归　不日告成　神乐有依　神其依止　灵贶可卜　猗欤潘公　茂膺多福　白塔之西
大兴之阳　护
国庇民　永久永昌
永乐十五年岁次丁酉冬十二月朔（下缺）
钦差内（缺）山寿　任安　花懋（下缺）
（　缺　）给　事　中（下缺）
（　缺　）？（下缺）

图 2-4　《永乐重建宾居神庙碑》全碑文

说明：1. 黑体字系残碑所见文字，其余系民国县志稿碑记之补缺；“□”指残碑所见文字之脱漏，“□”疑碑记脱漏文字；“?”指难以辨识之字。
2. 残碑之“**钦差内官潘荣至本场议欲别迁**”，碑记误为“意欲别迁”；残碑之“**希神指迷　一语之请　惠然咸□**”，碑记漏载；残碑之“**潘公秉诚**”，碑记误为“潘公秉钺”。

碑文系永乐十五年(1417)大理知府杨节仲所撰,神庙供奉的是"庙之神有东方仁慈化被圣明之号,亦蒙氏所封也,俗之称神者曰宾居大王"。综观这通碑文,令人感到意外的是,所撰并未提及水利,与后世雍正《宾川州志》等文献把大王庙与水利两者紧密联系在一起的情况完全不同①,这个细微的差异已有人注意到,并且还从本主信仰与明代外来移民文化关系角度予以了阐释②。按照宾居神庙供奉的大王是白族本主张敬之说,民间传说中张敬系沟通洱海水至此资灌宾居的先人,是最早在宾居等地开展水利化活动的人物,被后人奉为本主神灵。这与永乐重建碑中所称的"神庙""宾居大王"不提水利、不述由来和不称"本主"有很大出入。如今我们很难准确复原出有关大王庙故事的最早版本,也难以厘清永乐十五年重建神庙和知府杨节仲勒碑的真实目的,但根据明代宾川社会状况,笔者推测上述故事和碑记上的极大出入可能仍是与水和水利有关,重建神庙不提宾居大王"漏沟洱水"之功,也有地方政府或外来移民(军屯)出于对大王庙泉水控制需要的可能。

　　明朝大理、宾川、祥云等地是云南屯兵的重点地区之一,军民、土客争水事件今日亦能通过许多碑刻、文献得见。如《洪武宣德年间大理府卫关里十八溪共三十五处军民分定水例碑》,就是针对大理坝子十八溪用水制定的"水例",从中可知洪武以后大理坝区水资源分布和农田用水紧张的状况已显现。该水例规定军民双方"依例轮流灌田栽插便益,庶免临期争夺","今置坎字号牌

---

① 雍正《宾川州志》卷九《群祀》载:"仁慈庙,一名大王庙,在奇石山下,俗传大士制罗刹大王姓张名敬,与有力焉,死为漏沟之神,洱水伏流至庙下喷涌而出,灌溉百里,民感而祀之。"
② 赵应宝:《宾居大王庙历史探究》,《大理文化》2006年第4期。赵文认为,从明清碑刻和史志中看不到宾居大王庙是白族本主庙的明确记载,这与明代当地民族压迫和歧视的政治环境有关,也与宾居地区民族成份发生重大变化有关。宾居神庙供奉的张敬,在民间就是白族本主,习惯上称为"宾居大王"。

面开发,委官收掌,军民务在遵守。所委官员,至期会同有司,委官亲议。各屯军民相参田处,常川点闸,毋致失误农时"①。水官及分水定例的设置,表明水利资源的利用和调配的制度化,有利于提高水利效率,缓解了人口和耕地增加与水资源紧张的局面和社会冲突。在宾川这方面的事例更是常见,甚至还有军民水利纠纷案例延续明清两朝的情形。如该县东山龙王庙箐水沟之水,洪武时期开始就有军屯进入并加以利用。至弘治年间沐府民田向军户索水,"即送食水八寸,立有成规。岂期日久势重,竟被霸阻,致令三伍田地丢荒",军户遂具告官府,后"分定尺寸,安立水板巨口均放"。但到清代顺治年间,地方恶霸又占水长达二十五年,到康熙年"欲以三石有零府粮之田,霸吞军余伍百粮田之军水"。康熙三十一年(1692)官府再度裁决,"务令均沾水利,两无偏枯",设立巨口六个,各行分水。② 但根据在宾川县文化局文管所见到的石碑拓片资料看,直到乾隆年间分水问题仍引起争议和械斗,乾隆二十七年(1762)经勘查后又重立水例碑,以示永遵。③ 这些坝区水利争端,自明代军屯以后就频频发生,宾居、州城一带是大罗卫驻地,守备要地,作为外来军屯、民屯进驻的重点区域,对水源的现实控制和文化语境的重视成为必要。由于没有直接的证据,我们无法详解永乐重建宾居神庙勒石为何不记张敬沟漏洱水之功,但在水资源稀贵的宾居农业坝区,大王庙因出泉水而设的重要性却被明代地方官府勒碑如此"忽略",不能不令后世起疑。

那么明朝又是怎样打造自己的"水利神话"的呢? 永乐以后

---

① 《洪武宣德年间大理府卫关里十八溪共三十五处军民分定水例碑》碑文,见云南省少数民族古籍整理出版规划办编:《大理历代名碑》,云南民族出版社,2000年。
② 《本州批允水例碑记》碑文,引自云南省少数民族古籍整理出版规划办编:《大理历代名碑》。
③ 乾隆二十七年(1762)宾川州《为照例立坪勒石以杜后患事》碑刻拓片,藏宾川县文化局文管所。

有一段历史在这方面可谓是"空白",现今找不到材料来复述。但至嘉靖以后,包括李元阳这样的大文化人在内的明朝官员为宾居等地大力颂扬和"打造"着一位这样的"新神"——被赋予了水利泽民的浓厚业绩,彪显史册,史称"邹公"的兵部侍郎邹应龙。

邹应龙,人称查办严嵩发于应龙者也,隆庆初巡抚云南,以镇日益"骄恣"的黔国公沐朝弼,万历年间至宾川平定铁索箐等地盗患①,故得世人敬重。清雍正时建有邹公祠,"在州治报国寺左,公平寇有功,祀之"②。明万历时在宾居白塔下,建有邹公塘,"邹公征铁索凯旋驻此,见土地腴美而无田亩,公问其故,众曰无水。公乃命筑堤以资灌溉,令州守董其役,周围约二百余丈许,名曰邹公塘"③。李元阳撰之《邹公塘记》还详细记载了该塘深广尺寸、用料情况和水门设置等情况,称:"经始于万历二年春二月,是年十二月乃告成,州人呼其塘曰邹公塘而作生祠。"④历史文献对宾居地方水利的记载,除传说张敬通洱水至大王庙下成"通洱溪"外,修建邹公塘便是最为主要的事件,而后者显然是官府着力记述和褒扬的重点所在。

当然,由于大王庙始建年代已无考,且今日所见乃 1954 年后的重建庙宇⑤,整个大王庙的水利历史及其背后的形成因素仍待解析。大王庙仁慈湖水库,又称人池湖、大王庙海塘,对其进行的较大规模的修建和改造是从民国二十五年(1936)开始的,其后陆续扩建、加固等(见图 2-5)。20 世纪 50 年代中期,设计建设人池湖水库枢纽,总库容 155.6 万立方米,兴利库容 141 万立方米,死

---

① 见《宾川平盗记》碑文,嘉靖三十四年(1555)李元阳撰,藏宾川县文化局文管所,此碑文后世文献多有辑录;《明史》卷二一〇《列传九十八·邹应龙》。
② 雍正《宾川州志》卷九《群祀》。
③ 雍正《宾川州志》卷十一《古迹》。
④ 〔明〕李元阳:《邹公塘记》,见雍正《宾川州志》卷十二《艺文》。
⑤ 1954 年扩建仁慈湖水库,旧庙被淹拆除。

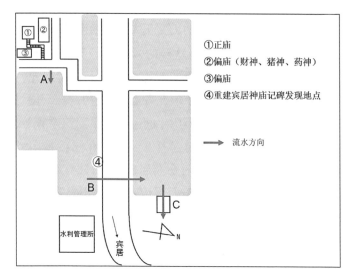

图 2-5 大王庙和仁慈湖示意

注：A 为庙前泉水涌出口，B、C 为流水口。

库容 6.9 万立方米。为弥补水源，还修建了自三洞岗村引瓦溪河水的干渠 1 条，而水库的输水干渠有下村大沟、杨官-石马大沟和新沟三条，宾居乡镇东、西、北面农田均受其利，一般旱年可灌溉面积 1 万亩，正常年景配合地龙及小塘坝等可灌溉面积 2.5 万亩，大旱年亦可灌溉 0.8 万亩田地。①

4. 小结

通过讨论，现能得结论：充分利用地下水、溶洞水、山泉水治田和保灌，是宾川等滇西坝区弥补地表水供应不足的重要对策，而这种对策在地方上有着各自的演进脉络，也是解读地域生态和社会历史的重要内容。考察人们在相对有限的地区内的资源利

---

① 宾川县水利电力局编辑：《宾川县水利志》，第 113—115 页。

用和生产生活体系,阐明人对自然环境的利用和改进机制关系背后存在的基本原理,应是村落生态史调查和研究的重要目的。下村和大王庙以水为中心的历史环境,给我们呈现出远比社会史、聚落史更为丰富的生态史景象,在区域自然分异显著、社会历史复杂的云南地区,此类中小尺度区域的人地关系研究对于深刻认识地区环境与历史的作用甚大。从历史上地龙等水利工程在坝区的较多营造和运用中,我们看到的应不仅是地方民众的创造力,还应注意其背后自明清以来的旱坝地区人地关系趋于紧张的局面。明代在宾居的水利开发、重建神庙活动及勒碑动因,客观上需要更大的历史视野和更多的信息渠道来作观察,故中小尺度的区域生态史考察也离不开大的历史背景分析和综合研究手法。开展生态史的田野调查,不能仅是简单的文献解读、口述分析和实地观测等,更须具备一定的严密的科学训练。正如我们对下村地龙的调查,在农作制度和排水技术上存在着不足,甚至是忽视,目前尚无法全面体现地龙于农作和农田灌溉上所形成的技术体系和作用机制。

四、"移水就矿"抑或"移矿就水":云南个旧锡业生产的用水环境

水土资源的利用问题是区域发展需要解决的重大课题,也是国内外学者研究的热点问题。20世纪90年代以来,随着土地利用/土地覆被变化(LUCC)研究的不断深入,历史土地利用重建研究进入研究者的视野。以多尺度的时空幅度来研讨过去人类开展的垦殖、采矿、交通、聚居、水利等经济社会行为,复原人类开发、利用土地等自然资源的过程,重建其变化序列,是历史土地利用和环境变迁研究的主要内容之一。以往学术界在历史土地利

用重建方面的研究,多以较大区域视角对垦殖、城镇等用地作积极探索和实践,并取得了较多成绩。不过整体看来,对于其他部门如矿区等土地利用情况的研究较为少见。晚近以降,档案、统计和调查资料纷现,为从事多类型历史土地利用重建工作提供了便利,包括工矿业在内的二、三产业用地状况研究可就此予以尝试。此外,将水土资源作为一个复合系统,在中小区域尺度上探讨水、土两个系统的相关性研究至少在历史学角度尚未充分开展起来。

近代以来,云南个旧锡矿开发令世人瞩目,"云锡"逐渐取代了"滇铜"在全省乃至西南地区矿业开发上的地位。与传统社会银铜铅矿开发不同,云南锡矿商品化进程呈现出新的特点,主要表现为锡业发展与云南近代工业化进程紧密相伴[①],而且被牢牢地捆绑在国际市场体系之上,深受市场因素的调节,并对个旧乃至整个近代云南省社会经济产生了不可低估的影响。作为近代云南乃至中国的重要矿区,对于个旧锡矿开发,20世纪初即有人开始关注,如丁文江对个旧附近地质矿务进行过调查,著有《云南个旧附近地质矿务报告》一书,以后关于该区的调查资料为数不少,如袁丕济的《云南个旧锡业调查报告》、苏汝江的《云南个旧业调查》等,这些调查资料对于了解当时个旧锡矿的生产概貌提供了不少极有价值的资料。中华人民共和国建立后对于个旧锡矿的研究成果亦不少,多年来学术界主要开展对锡矿产量、流通、市场和生产技术、组织管理、资本运作以及区域现代化、城市变迁等的研究,如陈吕范、李珪、董孟雄、张增祺、陈征平等人的讨论[②],杨

---

① 陈征平:《云南早期工业化进程研究(1840—1949年)》,民族出版社,2002年。
② 陈吕范、邹启宇:《关于个旧大锡的产量和出口量问题——解放前个旧锡业研究之一》《个旧锡业"鼎盛时期"出现的原因和状况——解放前个旧锡业研究之二》,均见云南历史研究所地方史研究室、云南大学历史系编:《云南矿冶史论文(转下页)

寿川就近代滇锡出口情况予以概述①,杨伟兵则在云贵地区矿业开发布局上就"云锡"的兴起、变化及其对云南的意义做了初步分析②,杨斌、杨伟兵利用统计时间、数据序列相对系统和科学的旧海关贸易报告资料,对近代个旧大锡外销路线、各关各期贸易情形进行排比,量化考订了近代个锡外销的基本情况③。国外武内房司等学者根据多国文献材料阐述了滇南锡矿生产、贸易与法属东南亚地区的经济和社会关系。④ 海关史研究学者对晚清西南边疆通商口岸的研究,也在开埠、关税、贸易等制度方面对蒙自关贸及个旧矿品的出口有所分析。⑤ 近年来,学界对近代个旧锡业开发与生态环境变迁关系问题予以了关注,如谭刚注意到了个旧锡业开发对当地森林资源的破坏和生态环境的污染。⑥ 同时,近代个旧矿区土地利用亦成为学者的研究对象,如杨伟兵、杨斌利用近世矿业档案、地理资源调查等资料,复原个旧矿厂、厂尖和户

(接上页)集》,云南省历史研究所,1965年;李珪主编:《云南近代经济史》,云南民族出版社,1995年;董孟雄、郭亚非:《云南地区对外贸易史》,云南人民出版社,1998年;张增祺:《云南冶金史》,云南美术出版社,2000年;陈征平:《云南早期工业化进程研究(1840—1949年)》,民族出版社,2002年,以及《云南工业史》,云南大学出版社,2007年。在云南对外交通研究方面,陆韧等学者就滇越铁路开通与个旧锡矿发展关系等情况做了研究,见陆韧:《云南对外交通史》,云南民族出版社,1997年。

① 杨寿川:《近代滇锡出口述略》,《思想战线》1990年第4期。
② 杨伟兵:《云贵高原的土地利用与生态变迁(1659—1912)》,上海人民出版社,2008年,第107—108、146、331页。
③ 杨斌、杨伟兵:《近代云南个旧锡矿的对外运销(1884—1943)》,《历史地理》第23辑,上海人民出版社,2008年。
④ 武内房司:《近代云南锡业の展开とインドシナ》,日本学习院大学东洋文化研究所编:《东洋文化研究》2003年第5号。
⑤ 戴一峰:《十九世纪后期西南边疆的开埠设关及其关税制度》,《海关研究》1990年第1期。
⑥ 谭刚:《个旧锡业开发与生态环境变迁(1890—1949)》,《中国历史地理论丛》2010年第1辑。

数等空间布局,重建其土地利用过程,并探讨矿区土地利用的演变状况。①

近代个旧锡业的繁荣,建立在自身具备的出口导向型特点之上,与传统社会时期包括矿产资源在内的自然资源开发有着很大的差别,尤其是在云南这样一个地处西南边陲、交通十分不便的环境之下,个锡的大规模商品化更引人注目。综观20世纪初以来对个旧锡矿的研究,这些研究基本上都对这一情况予以了重视,部分研究还对近代个旧锡矿的运销路线、数量、成本等问题有所涉及,同时近代个旧锡业的蓬勃发展对区域环境的影响也引起了学界的关注。值得注意的是,尽管现有研究成果对个旧区域的锡业进行了重点关照,但是就支撑个旧锡业发展的区域水土资源的交互作用及其对个旧锡业的影响这一问题,学界尚未有专门论述,而区域水土资源的交互作用,对个旧锡业的发展具有深远的影响。

本专题即着眼于土地利用与水资源利用的交互关系,主要体现在两个方面。一是研究对象及其机理的复杂性;二是交互作用尺度的限制性,这种限制体现在空间尺度与时间尺度之上;水土资源交互作用的载体是特定的土地利用类型。

1. 水资源利用与个旧锡业开发

个旧产锡历史悠久,甚至可以追溯到两千多年前的汉代,当时个旧地属贲古县,"北采山出锡,西羊山出银、铅,南乌山出锡"②,是为最早记录③。西汉以后有关个锡的记载资料很少,直

---

① 杨伟兵、杨斌:《历史矿区土地利用重建研究:以近代云南个旧锡矿为例》,《中国历史地理论丛》2012年第4辑。
② 《汉书》卷二十八《地理志上·益州郡》,第1601页。
③ 贲古县之位置,存有多说,方国瑜先生在《中国西南历史地理考释》(中华书局,1987年)第二篇《汉晋时期郡县地名》中作了详细的考证。

至明代正德年间,方见个锡出产的明确记录:"锡,蒙自个旧村出,一出银矿,一出锡矿。"①(据考证,个旧地名见于记录者,此为较早②)《滇略》中对个锡有如下记载:"锡则临安者最佳,上者为芭蕉叶,扣之,声如铜铁,其白如银,作器殊良。"③由此可见,当时个旧地区的锡矿冶炼技术已经达到了很高的水平。对个旧锡品课以税款首见明万历年间,"(锡课)银一千六百八十两"④。查当时各府、州矿税,唯临安有锡课,说明个旧锡矿得到了一定程度的开发。

清初以降,个旧矿务逐渐兴盛,"蒙有宝山,个旧称最,四方之人,多开拓于斯,名之为个旧厂。今溯其始,不知始于何时"⑤。该志修成于康熙五十一年(1712),此时个旧厂已旺盛。不过在清初时,个旧地区以银矿开采为主,当时在个旧设立的厂委抽课也主要是针对银矿,"个旧厂原有银炉七座","龙树脚在县南七十里,原有银洞四十五,银炉子三十二座,设立厂委抽课","芭蕉箐去龙树厂六里,原有银洞……置银炉十一座,设立厂委抽课"⑥。随着银矿资源的逐步枯竭,锡矿资源成为个旧地区开发的重点。

康熙四十六年(1707),督宪贝和诺题开个旧银锡课,对个旧锡业开始进行管理,说明此时个旧锡业已具有一定规模。尤其是乾隆年间,朝廷改变铸币原料,"(乾隆五年)本朝于是年始加锡配铸谓之青钱……户部议定改铸青钱需用点锡,而点锡产自广东,白滇至粤采办不易,云南蒙自县之个旧厂产有版锡,应准其就近

---

① 正德《云南志》卷四《临安府·土产》。
② 见《个旧公议厂规碑》,载于方国瑜主编:《云南史料丛刊》第十三卷,云南大学出版社,2001年。
③ 〔明〕谢肇淛:《滇略》卷三《产略》。
④ 万历《云南通志》卷六《赋役志·临安府·课程》。
⑤ 康熙《蒙自县志》卷一《厂务》。
⑥ 乾隆《蒙自县志》卷三《厂务》。

收买配搭鼓铸……嗣后宝黔局、宝川局所需额锡亦令于云南采买供铸"①。这极大刺激了个旧锡业的发展,乾隆丁丑(二十二年)时任通海县令余庆长奉檄委查漫梭金厂,行经临安府,在他的笔下,当时个旧呈现出一派繁荣景象:"个旧厂商贾辐辏,烟火繁稠","地产银、锡、铅,白锡质良,甲于天下。"②矿业的兴盛,吸引了众多厂商,作为铸币配料的个锡源源不断输往四川、贵州等地,与这一物流方向形成对比的是前来开采锡矿的人流,"初因方连硐兴旺,四方来探者不下数万人,楚居其七,江右居其三,山陕次之,别省又次之"③。

传统时期个旧锡矿开发依赖土法,即便近代引入了新式机器生产,土法生产也一直占据着主导地位。个锡的生产主要有开采、揉洗、熔炼等步骤④,与其他矿产开发不同,锡矿的开发与生产对水资源的需求较高,下面将论述锡矿开发过程与水资源的利用情况。

个旧锡矿开采之法,可以分为7种:老硐、草皮硐、明槽、盘磷冈、草皮、冲塂、浪渣。⑤ 这几种开采之法,以老硐、草皮、冲塂为常见,其中草皮与冲塂这两种开采方法对水的需求又较老硐为高。草皮尖即露天采矿之法,每年3月以前,先将地表草泥砂土挖去,名曰"发头皮",6月以前,再挖取含矿之塂,名曰"挖塂"。头皮之厚薄,所挖明槽之深浅、面积之大小,视该矿区所含矿砂之

---

① 《清朝文献通考》卷十六《钱币四》。
② 〔清〕余庆长:《金厂行记》,载于清王锡祺辑:《小方壶斋舆地丛钞》,杭州古籍书店,1985年。
③ 乾隆《蒙自县志》卷三《厂务》。
④ 在苏汝江的《云南个旧锡业调查》中,对锡业开采方法与步骤有非常详细的记载,参见苏汝江:《云南个旧锡业调查》,国立清华大学国情普查研究所1942年编印,第29—40页。
⑤ 丁文江:《云南个旧附近地质矿务报告》,见于《地质专报》乙种第十号,实业部地质调查所等,1937年1月,第10页。

范围而定。明槽之堭,大抵又分二种:一是本堭,系未经他人开采者;二是渣子堭,系曾经他人采办者。本堭每日一张槽可揉 3—5 槽,渣子堭每日一张可揉 6—7 槽。每年揉堭需时 100 日左右,每日揉得之堭从 4—5 小槽至 6—7 小槽不等。在雨水较多的年份,揉堭时间可持续 4—5 个月;而得矿之多少,则视堭内所含矿质之高低而定。对于经办明槽的矿主来说,必须事先估测本年内能够揉洗堭之槽数,于雨季到来之前,将堭挖足,因为雨季只能洗矿而不能挖堭,雨季一过,则所挖之堭,又无水可洗,所以办草皮尖局限性比较大,工作只能持续半年。

冲堭尖作为锡矿的一种开采方法,主要也是利用水力。具体而言,在开办之初,矿主即先行察看矿区高处之地层是否含有矿质,同时地面是否宽敞,能否布置水路龙沟、坝塘及伙房溜口等,然后利用水力将矿区高处的矿砂冲至低处。冲洗时,借水力的冲激淘汰杂质,以节省揉堭的手续。与草皮尖相比,冲堭尖对矿堭的含量要求低不少。冲堭尖的开办方法与草皮尖类似,首先在每年雨季来临之前,开始挖堭,挖堭的程序与草皮尖并无太大差别,唯一不同的是:草皮尖所挖之堭,必须移置于堭堆之上,以便挑至溜口揉洗;冲堭尖之堭,只须就地挖起,不必移置他处,即可用水冲洗。冲堭尖所余之堭,就地搁置,任雨水阳光浸曝,使之松软,以便于来年更易冲下。由于冲堭尖需水甚多,所以必须多开水路。具体操作是就地揭开草皮,挖成 3 米多宽的沟形,将沟底及沟坡拍紧,以防雨水渗入地下。水路的上面则须多挑挖蓄水塘,一般至少需 2—3 个,用以蓄积雨水。蓄水塘与明槽之间有沟相连,称"龙沟",从而使得蓄水塘中的水得以经过,流入明槽。龙沟的宽度至少有 1 米左右,深度大概是 1—1.6 米,其长短主要视挖堭地面与兑水处之距离而定,有长约数里乃至十余里者,其地势则以有较理想的坡度而水能急下者为佳。同时,冲堭时水的浓度也必须适宜,如水过少,则不易冲下;水过多,则矿砂分离而沉下。冲塃尖用水冲下的矿塃,含有极为浓厚的泥浆,为使矿砂与泥浆分离,必须渗入大量清水,这一工序称为"兑水"。兑水塘须建立在龙沟旁地势较高之处,以方便水放入冲激矿塃中所含的泥浆。兑水所需的水量,一般为冲塃水量的5—6倍。为保证兑水塘有水可用,矿主通常会在兑水塘旁边的宽平之处再开挖比较大的蓄水池1—2个,用以蓄积雨水。在冲塃渗入兑水时,矿与泥浆即行分离从而沉积底下,在矿砂沉积之处,矿主通常会用石砌2—3个宽3米、长6—9米、高2.5—3米的池子,这些池子平行布置,用来轮流蓄积冲入的矿砂。这种池称为"坝塘",一般设置3—4处,分为头坝、二坝、三坝等,布置于最后的称为烂渣坝。头坝中蓄积的是初次沉积之矿砂,初次沉积的矿砂一般颗粒较大,成分较高,二坝、三坝所蓄积的矿砂逐渐变细,最后烂渣坝所蓄积的矿砂含量最低。各坝塘的下方设有水门,用横木做开关,当坝内沉积的矿砂厚至寸许时,即加一横木拦堵。由头坝溢出的矿塃,一般含有少量泥浆,因此冲入第二坝后又得放清水揉洗。因此,坝塘水门之前,又必须布置两口椭圆形的浅水池,坝塘中沉积的矿放出后,经过这两口水池,加以淘汰,除去少数浮渣,然后再挑至溜口洗整,才成为净矿。溜口须设在山下平坦之处,设置有砖槽、平槽、陡槽、抱槽等。

在个旧锡矿的开采过程中,草皮尖与冲塃尖这两种开采方式虽然需水较多,但并非主要的开采方式,通过硐尖开采所得之矿塃所占比例最高,这部分塃亦称原砂,所含泥土杂质甚多,欲获得净矿,必须通过揉洗步骤。揉洗步骤亦分土法与新法。

土法洗矿需备齐洗矿槽、碎矿器具、看守房等设备与装置。具体方法是:第一步,碎塃。矿区开采所获之塃,多粗大,或混杂于土石之中,因此在淘洗之前,必须碎塃。厂区碎塃,多用石磨,以马或人为动力,先将较大的塽纳入磨中,随时注入清水,磨成泥浆,使矿与沙土分离。第二步是揉洗。将塽20—30挑,倾入砖槽(通常用火砖砌成,长约5米,宽约3米,呈45°—60°之斜面),1人立水塘内,以洋铁质的大瓢将水戽入槽内冲洗矿塽。槽的两边各立1人,手持长竿揉扒,向戽水冲塽处揉洗,将塽揉化,泥浆由槽口流出,汇于洪水沟内。塽中矿质较多的则沉积于槽内。如此反复揉洗,槽内之塽,即成为清渣滓,此工序为"揉渣滓"。然后用锄将清渣滓铲置槽之上端,再用二号瓢向槽中渣滓较低之处戽水冲洗。同时,槽旁的矿工持抓扒将槽中冲下的浮渣抓出槽口。待戽得一槽时,矿工用板锄将落在槽内上段含矿较多的部分排出槽外,另堆一处,称为"汇槽腰",再将所有的槽腰仍按前面的步骤取置于槽中高处戽水冲洗。待汇满一槽时,则取槽中落在高处含矿较多者堆置槽边,至于槽中剩余部分,再取置于槽头高处,依照前面的步骤戽水揉洗,这一步骤称为"汇闷砂"。第三步是将砖槽边汇好的闷砂移置于平槽(通常用石块或木板砌成,长2米左右,宽0.9米左右,高约0.3米。分为两隔,后隔约0.9米,前隔约1.3米。槽后有站塘,槽前有水池),站塘内的工人用板锄不时搅拌,于是泥浆及混于其中较细的闷砂即顺水冲出,流入沉淀池,矿质较粗的闷砂则沉于槽内,这一工序称为"搅闷砂"。然后再将粗闷砂移至站塘边,以1—2名矿工持板锄,数人持瓢箕,每上闷砂一锄于瓢箕中,置水面筛选,将闷砂筛落塘内,其中未经筛下的较粗的渣则放置塘外。待闷砂筛选完后,将塘中水戽干,取出闷砂,倒入槽中冲洗。这时另一人用扒子将塘槽中的浮渣取出放置在槽后塘之中,直至将塘中闷砂揉洗至含矿6成以上,再用"放收淘勒"之法,使其成为含矿8—9成之矿头。经过筛选闷砂后,所余矿砂中尚有含矿较多的矿砂,这些矿砂再行经过涮筛、磨洗,仍可获得8—9成之矿。同时,揉洗塽时溢出洪水沟内之泥浆用水搅清后,用陡槽或抱槽经 3 次水洗之后,亦可获得矿砂。

这些揉洗矿砂的方法及工序,主要是对硐尖而言。整体看来,砖槽的主要作用是揉洗粗堆;平槽主要用于筛选矿砂,淘汰成分含量低的矿砂;陡槽、抱槽及小水槽则主要用于浔洗较细的泥浆矿砂。草皮尖揉洗的方法及步骤与硐尖大同小异,至于冲堆尖的冲洗方法,于采办之时,即利用天然的地势与水能冲洗。

个旧新法洗砂设备应用于个旧锡务公司,于 1919 年开始运用,主要装置有格子筛、钢制碎堆机、磨矿机、分级器、洗矿床、回矿带、沉淀池、吸水机、离心抽水机、矿池等。动力初始使用的是蒸汽,由于成本太高,1925 年起,个旧锡务公司改设动力厂于落水洞,计有新式多管式锅炉 2 座、400 匹马力的发动机 1 部、300 千瓦发电机 1 部,所发电力,除供给洗砂厂之外,还供个旧锡务公司各部分及马拉格竖坑与各厂尖照明之用。新法洗矿的步骤为:首先是筛,即将堆倒于格子筛上(间距 2 寸),粗矿砂落于筛外,2寸以内的细砂则被筛下,通至第二层。第二道工序是碎。第二层设有碎矿机,将 2 寸以上落于筛外的粗大堆块倒入碎矿机内,直至堆碎为 1 英寸半左右的小块。第三步是磨矿。通过前两步工序筛选的小块堆进入第三层,即钢制磨矿机,经磨矿机磨碎后的矿粒与水混合,成为泥浆。第四步是分级磨矿,呈浆态的矿进入第四层,通过分级器进行分级滤匀,然后由管道输入磨矿机,将浆矿磨绒。第五步是洗矿,经分级磨绒后的堆通过各细管分别输送至第五层,即粗洗矿床,洗矿床有水管洒水,与浆矿混合,然后利用矿床产生的振动,将床面的矿浆分离为毛矿、池中矿、矿渣三部分,其中以毛矿部分为佳,所含矿质成分最多,接近净矿,毛矿通过管道输送至最下层的堆池中;池中矿部分尚含杂质,由管道输送至第六层再洗;矿渣部分,仍含极少矿质,由管道输送至厂外,用土法淘洗。第六步是收毛矿。第七层是最下层,左右各设置长方形矿池 6 个,池底及池壁都以水泥砌成,之前工序所洗得之毛矿均由管道输送,注入池内。毛矿含矿质较多,因此沉积于池底,矿工用铲将各池的毛矿铲出,以铁桶盛之。第七步是利用机器洗毛矿。

图 2-6 反映的是土法与个旧锡务公司新式洗矿,这两种洗矿方法在效率方面存在不小的差别。土法洗矿中,普通碉尖之砖槽,每槽装堭 20—30 挑,约合矿工所背之 50 背,每背约 50 斤,合计约重 2 500 斤,所能洗得之净矿 3—4 桶,每桶重 100 斤,合计重 300—400 斤,约等于原堭的五分之一。草皮尖每槽能洗得净矿 3 升左右,冲堭尖每小时能冲得矿砂 1 石左右。① 新法方面,根据 1938 年苏汝江当时的调查,个旧锡务公司洗矿厂昼夜不停地工作,平均每日可处理堭 200 吨,如果第三层的磨矿机都开启的话,每天可洗得毛矿 150 桶,合 18 000 新斤,约 10.7 长吨(1 长吨 =

图 2-6　土法与个旧锡务公司新式洗矿

资料来源:张世富:《游访锡都个旧》,《旅行杂志》1947 年第 21 卷第 8 期。

① 苏汝江:《云南个旧锡业调查》,第 34 页。

1 680新斤)。① 根据锡务公司1937年度营业报告书,该公司平均每日可处理堎量170吨,洗出毛矿14.8石,合148桶(1石装10桶),洗出净矿5.11石,合51桶。值得注意的是,个旧锡务公司采用近代机器洗矿所得毛矿,仅含锡30%左右,远不及土法洗矿所得净矿含量高(土法洗矿所得净矿一般含锡量50%—60%),因此,个旧锡务公司所洗之毛矿不得不再通过土法进行第二次淘洗。整体来看,新法洗矿与土法洗矿二者各有利弊:新法洗矿处理量较大,土法处理量较小;新法洗矿有技术瓶颈,土法洗矿技术成熟。因此个旧锡务公司虽然引入了近代机器,采用新法洗矿,但因新法适用范围受限,在个旧矿区所占比重并不大,土法洗矿一直占据着主导地位,这也成为近代个旧锡业发展的一大障碍。

2. 水资源消耗、成本与个旧锡业

个旧锡业发展中,无论是土法还是新法,水资源的需求量都比较大。至于土法选洗锡矿的水资源消耗量,向来并无明确记载,即便是采用近代机器生产的个旧锡务公司,亦无此类统计,因此无法精确计算出水资源的消耗量,不过从个旧锡务公司的生产效率可略窥一二:个旧锡务公司自1925年至1938年共产矿砂304 191吨,平均每年产2 172.8吨,大锡共出产8 068.7吨,平均每年生产576.3吨。② 设定个旧锡务公司生产大锡所需的矿砂全部由该公司自行满足,则每产出1吨大锡需消耗矿砂37.7吨。个旧锡务公司装备有抽水机2具,每日抽水量为3 000吨③,根据每日10.7吨矿砂的选洗量计算,则每吨矿砂的选洗需水量为280.4吨,每生产1吨大锡需要10 570.1吨水。通过这一数据,

---

① 苏汝江:《云南个旧锡业调查》,第36页。
② 苏汝江:《云南个旧锡业调查》,第40页。
③ 苏汝江:《云南个旧锡业调查》,第35页。

可大体估摸出该公司每年在洗矿环节的耗水量,表2-2反映的是个旧锡务公司1925—1938年大锡产量、占全区大锡产量的比重及洗矿所需水量。我们可以看到,个旧锡务公司每年在洗矿工序上的耗水量即达7 000多万立方米,需要注意的是,个旧锡务公司洗矿所得毛矿还需要采用土法进行二次洗矿,而这部分耗水量并未列入其中。我们还应该看到,在个旧的大锡生产过程中,水耗并不只出现在洗矿环节,冶炼等环节仍需要水资源。表2-2数据显示,个旧锡务公司的大锡产量在整个矿区所占比重并不大,采用新法的锡务公司尚且如此,其他采用土法生产的私矿耗水量更为惊人。

表2-2 个旧锡务公司1925—1938年大锡产量及洗矿需水量

年份	锡务公司产量(吨)	锡务公司产量占全区总产量比重(%)	洗矿需要的水量(吨)
1925	7 119.0	7.42	75 248 541.90
1926	5 586.0	8.73	59 044 578.60
1927	5 466.0	7.90	57 776 166.60
1928	6 000.0	7.70	63 420 600.00
1929	5 737.5	7.86	60 645 948.75
1930	6 015.0	7.60	63 579 151.50
1931	5 632.5	14.72	59 536 088.25
1932	6 744.0	10.58	71 284 754.40
1933	7 431.0	10.15	78 546 413.10
1934	6 946.5	8.03	73 425 199.65

续　表

年份	锡务公司产量（吨）	锡务公司产量占全区总产量比重（%）	洗矿需要的水量（吨）
1935	7 528.5	8.76	79 576 997.85
1936	9 910.8	6.59	104 758 147.08
1937	8 916.4	8.25	94 247 239.64
1938	10 377.0	3.33	109 685 927.70

数据来源：《个旧锡务公司年度营业报告书》，转引自苏汝江：《云南个旧锡业调查》，第40页。

个旧处于红河水系和南盘江水系的分水岭地段，境内溪流分别汇入红河和南盘江，分水岭以南为红河水系，主要溪流有龙岔河、贾沙河、普洒河、火把冲河、绿水河等，境内流长56千米，流量29—4 620立方米/秒，集水面积912.76平方千米；分水岭以北为南盘江的支流泸江水系，主要溪流有芦冲河、乍甸河、鸡街河、倘甸河等，境内河段流量1.72—18.5立方米/秒，集水面积637.24平方千米。此外，县东北有蓄水量2 251万立方米的盆地湖泊大屯海。① 从河流的径流总量来看，满足个旧矿区用水需求似乎不成问题，但个旧的地质地貌及厂区位置和雨水补给的季节性影响了水资源的利用，也增加了个旧大锡的生产成本。

水资源利用，是个旧锡业生产过程中非常重要的一环，也是构成个旧锡业生产成本的重要一项。考量传统乃至近代个旧锡业成本中水资源消耗成本是比较困难的，其主要原因有：一、个旧各矿商一直沿用旧式账簿，有些厂尖账簿不齐全，甚至有缺失

---

① 武万兴主编：《个旧市》，光明日报出版社，1990年，第2页。

的情形。即便有记载,其中的资产负债等财务状况无明确和统一的记录;二、个旧各厂尖中,硐尖窝路深浅不一,塃有多少之别,成色有高低之分,再加上土法开采,物资费用千差万别,技术亦存在优劣之分,所以不同厂尖之间的成本有较大的差别,因此,要计算个旧锡业生产成本,殊非易事。个旧锡务公司采用新法经营,虽然锡务公司洗矿工序中由毛矿到净矿仍采用土法,但其他工序应用新法,加上公司以新法经营,所以生产成本尚可估算一二。根据苏汝江的调查,个旧锡务公司 1937 年度每吨大锡平均生产成本如表 2-3 所示。

表 2-3　1937 年个旧锡务公司每吨大锡的平均成本

费用项目		金额(国币)	制锡 1 吨所需之成本(国币元)	百分比(%)
生产费用	塃之开采费及运费	13.00 元/吨	520.00	25.25
	矿砂之洗选费	324.94 元/石	779.85	37.86
	合办各尖毛矿作价	527.36 元/石	358.00	17.38
	大锡之熔炼费		153.17	7.41
	总务费		132.05	6.44
运销费用			114.40	5.55
税　捐			2.45	0.11
合计平均每吨大锡之成本			2 059.92	100.00

数据来源:苏汝江:《云南个旧锡业调查》,第 51 页。

表 2-3 反映的是 1937 年个旧锡务公司生产每吨大锡的成本,个锡产销成本平均为国币 2 059.92 元,据个旧锡务公司 1937

年度报告,每千斤锡平均成本为国币 1 273 元[①],则每吨平均成本折算为国币 2 138.64 元。个锡生产成本中,矿砂的洗选费用占了超过三分之一的比例,达到了 37.86%,是所有生产费用中最高的。造成洗矿成本高的原因是多方面的,从个旧锡务公司的大锡生产来看,主要是因为洗、选工序设备需求较多,工序繁杂,所耗资金与时间亦多。与近代机器生产相比,个旧矿区土法生产全赖人力,且无法实现规模效应,洗选矿工序所需成本更高。

3. 水资源结构性稀缺下的近代个旧锡业生产布局

如前所述,个旧锡业对水资源的依赖度非常高,水资源的利用效率直接影响个旧锡业的生产效率与产出规模,并构成了生产成本中最重要的一环。从成本控制来看,在传统生产阶段,原料与生产加工地越近,越有利于降低成本。个旧锡矿的生产原料,即矿塃开采区与生产加工区呈现明显的分离态势,这种态势影响了个旧锡业的生产布局。

受地理位置、地形条件以及资源分布的影响,个旧境内自然植被、耕地和矿区布局呈现出各自特点。根据现代调查资料,水田主要分布于区域北部的倘甸、大屯、鸡街、乍甸等坝区,旱地多分布于区域东部、南部,及西部的老厂、卡房、黄草坝、贾沙、保和、锡城等山区和半山区。矿产资源则主要分布于区域东南部的马拉格、松树脚、老厂、卡房一带和锡城区的中西部地区。[②] 长期的矿业开发,使得个旧各矿山之间划区并没有非常明确的界线,除了锡务公司的马拉格一区可以划定外,其余的锡矿经营者"几全属小规模之经营,加以历来个旧一带治安纷扰,矿法紊乱,矿厂之

---

① 苏汝江:《云南个旧锡业调查》,第 52 页。
② 个旧市人民政府编:《云南省个旧市地名志》,1985 年内部印刷,第 9 页。

创设则规律全无"①,"各矿主其资本由数十百元至数万元,或数十万元者,不下数百家,多无一定之矿区,盖个旧矿山以一袤阔之地,千硐万窟,上下纵横,极为复杂,划区测量,诚属不易"②,以至于在1929年张福铨等人在调查个旧锡矿矿区位置的过程中,发出了"矿厂数目之繁多虽咸以千百计,然漫无统计以备稽考"③的感慨。此次调查是根据农矿部注册存案和《云南矿产概况》所载,对于矿区和一些重要厂区的位置、承办人以及一些厂区的面积和开办年份的记载相对比较完备,对于我们了解当时个旧矿区有很大帮助(见表2-4)。

表2-4 1929年个旧矿区及重要矿厂统计

厂区	厂 名	距县城方向里数	承办人	厂区面积	注册时间
老厂	中下竹林山	南三十里	钧运昌、何幹臣	五十二亩	民国四年(1915)
	中下竹林山	南三十里	欧阳淮、李伯庚	七十八亩	民国四年(1915)
	上中下大冲	南三十里	张崇义	三百三十八亩	民国四年(1915)
	黑明槽	南三十里	谢希曾	一百零四亩	民国四年(1915)
	湾子大陡山	南三十里	张家祥	一百零二亩	民国四年(1915)

---

① 张福铨等:《调查云南个旧锡矿矿区位置之报告》,《铁道公报(铁道部成立一周年纪念特刊)》,1929年。
② 郭垣:《云南省之自然富源》,正中书局,1940年,第85页。
③ 张福铨等:《调查云南个旧锡矿矿区位置之报告》,《铁道公报(铁道部成立一周年纪念特刊)》,1929年。

续 表

厂区	厂 名	距县城方向里数	承办人	厂区面积	注册时间
老厂	耗子厂	南二十五里	谢鸿恩	七十六亩	民国四年(1915)
	银硐山厂	南三十里	李龙元	一百一十六亩	民国四年(1915)
	小竹箐山桥花山	南十八里	张朝起	二百四十九亩	民国七年(1918)
	野猪塘	南二十三里	锡务公司	个旧锡矿经部核定划为特别区域,各区概未注册	
	黄茅山	南二十三里	向复初等	个旧锡矿经部核定划为特别区域,各区概未注册	
	松子坪	南二十五里	杨孔昭等	个旧锡矿经部核定划为特别区域,各区概未注册	
	矿王山	南二十五里	普学明等	个旧锡矿经部核定划为特别区域,各区概未注册	
	晒鱼坝	南二十七里	罗宗林等	个旧锡矿经部核定划为特别区域,各区概未注册	
	花扎口	南三十里	伊世昌等	个旧锡矿经部核定划为特别区域,各区概未注册	
	白硤硐	南三十里	张永和等	个旧锡矿经部核定划为特别区域,各区概未注册	
	上礞子	南三十里	白正彩等	个旧锡矿经部核定划为特别区域,各区概未注册	
	下锁口	南三十里	张三等	个旧锡矿经部核定划为特别区域,各区概未注册	
	梅雨村	南二十五里	贺云灿等	个旧锡矿经部核定划为特别区域,各区概未注册	

续 表

厂区	厂 名	距县城方向里数	承办人	厂区面积	注册时间
老厂	坳头	南二十五里	白金发等	个旧锡矿经部核定划为特别区域,各区概未注册	
	小城门硐	南三十里	施有才等	个旧锡矿经部核定划为特别区域,各区概未注册	
	蜂子硐	南三十里	王德齐等	个旧锡矿经部核定划为特别区域,各区概未注册	
	坪子	南三十里	马成等	个旧锡矿经部核定划为特别区域,各区概未注册	
	菜园	南二十里	车家兴等	个旧锡矿经部核定划为特别区域,各区概未注册	
	塘子凹	南二十五里	沈春荣	个旧锡矿经部核定划为特别区域,各区概未注册	
	黄泥硐	南三十一里	林乔生等	个旧锡矿经部核定划为特别区域,各区概未注册	
	天生塘	南二十五里	孙发等	个旧锡矿经部核定划为特别区域,各区概未注册	
	长冲	南三十里	谢希曾等	个旧锡矿经部核定划为特别区域,各区概未注册	
	大坪子	南三十里	车有等	个旧锡矿经部核定划为特别区域,各区概未注册	
	上竹林	南三十里	李朝佐等	个旧锡矿经部核定划为特别区域,各区概未注册	
	黑蟆井	南三十二里	倪少龙等	个旧锡矿经部核定划为特别区域,各区概未注册	
	玉麦地	南三十一里	杨国秀、张金元	个旧锡矿经部核定划为特别区域,各区概未注册	

续 表

厂区	厂名	距县城方向里数	承办人	厂区面积	注册时间
老厂	白坭塘	南二十五里	罗万有等	个旧锡矿经部核定划为特别区域,各区概未注册	
	头/二台坡	南二十四里	张国学等	个旧锡矿经部核定划为特别区域,各区概未注册	
	三台坡	南三十五里	白兴发等	个旧锡矿经部核定划为特别区域,各区概未注册	
	老铅坡	南三十五里	张家相、杨和云	个旧锡矿经部核定划为特别区域,各区概未注册	
	大/小期白	南三十里	沈在珍等	个旧锡矿经部核定划为特别区域,各区概未注册	
	藠头地	南三十六里	李世才等	个旧锡矿经部核定划为特别区域,各区概未注册	
	白石崖冲	南三十里	李国兴等	个旧锡矿经部核定划为特别区域,各区概未注册	
	羊油山	南三十里	张受四等	个旧锡矿经部核定划为特别区域,各区概未注册	
	老银厂	南三十五里	李嘉祥等	个旧锡矿经部核定划为特别区域,各区概未注册	
	下礦子	南三十五里	苏占彬等	个旧锡矿经部核定划为特别区域,各区概未注册	
	卡房	南三十里	张子箴、马玉亮	个旧锡矿经部核定划为特别区域,各区概未注册	
	干龙井	南三十五里	沈占和、罗万林	个旧锡矿经部核定划为特别区域,各区概未注册	
	白花单	南三十五里	万有祥等	个旧锡矿经部核定划为特别区域,各区概未注册	

续 表

厂区	厂名	距县城方向里数	承办人	厂区面积	注册时间
老厂	冒天井	南四十里	梁发贵等	个旧锡矿经部核定划为特别区域,各区概未注册	
	芭蕉箐	南四十里	李朝富等	个旧锡矿经部核定划为特别区域,各区概未注册	
	石门	南四十里	吴崇彬等	个旧锡矿经部核定划为特别区域,各区概未注册	
	龙潭头	南四十里	郭思顺等	个旧锡矿经部核定划为特别区域,各区概未注册	
	三转湾	南四十二里	李国珍等	个旧锡矿经部核定划为特别区域,各区概未注册	
	田心	南四十二里	徐鸿泰等	个旧锡矿经部核定划为特别区域,各区概未注册	
	斗姆阁、落水硐	南五十里	陆顺祥、沈家祥	个旧锡矿经部核定划为特别区域,各区概未注册	
	小花山	南四十里	杨思亮等	个旧锡矿经部核定划为特别区域,各区概未注册	
	下梭梭	南三十五里	汪绍有等	个旧锡矿经部核定划为特别区域,各区概未注册	
	猴打秋	南三十五里	吴朝生等	个旧锡矿经部核定划为特别区域,各区概未注册	
	滥泥湾	南三十五里	梁用廷等	个旧锡矿经部核定划为特别区域,各区概未注册	
	老硐坡	南三十八里	余正太等	个旧锡矿经部核定划为特别区域,各区概未注册	
	老象山冲	南三十八里	张曾得等	个旧锡矿经部核定划为特别区域,各区概未注册	

续 表

厂区	厂 名	距县城方向里数	承办人	厂区面积	注册时间
老厂	白岩子	南三十八里	汪绍有等	个旧锡矿经部核定划为特别区域,各区概未注册	
	鸡心脑	南三十九里	张国仿等	个旧锡矿经部核定划为特别区域,各区概未注册	
	泥浆塘	南四十里	田家福等	个旧锡矿经部核定划为特别区域,各区概未注册	
	猪首山	南四十里	苏春林、张文兴	个旧锡矿经部核定划为特别区域,各区概未注册	
	洪矿硐	南三十五里	钱发昌等	个旧锡矿经部核定划为特别区域,各区概未注册	
	金钱坡	南三十五里	王贵起	个旧锡矿经部核定划为特别区域,各区概未注册	
	打硐脑	南三十八里	白永宁等	个旧锡矿经部核定划为特别区域,各区概未注册	
	哑巴塘	南三十八里	高福明	个旧锡矿经部核定划为特别区域,各区概未注册	
	白沙坡	南三十八里	何庆谷等	个旧锡矿经部核定划为特别区域,各区概未注册	
	新山	南三十八里	廖有林等	个旧锡矿经部核定划为特别区域,各区概未注册	
	仙人硐	南四十里	杨发元、白云井	个旧锡矿经部核定划为特别区域,各区概未注册	
	老寨坪	南四十里	何庆发等	个旧锡矿经部核定划为特别区域,各区概未注册	
	后山	南四十二里	李太起等	个旧锡矿经部核定划为特别区域,各区概未注册	

续　表

厂区	厂　名	距县城方向里数	承办人	厂区面积	注册时间
老厂	老熊硐冲	南四十二里	丁廷樑等	个旧锡矿经部核定划为特别区域,各区概未注册	
	老鹰岩	南四十三里	李永年、杨春发	个旧锡矿经部核定划为特别区域,各区概未注册	
新厂	马拉格、大山、小韭菜冲、苏家山	东二十里	锡务公司	二千四百六十亩	民国四年(1915)
	半坡	东三十五里	锡务公司	五十二亩	民国四年(1915)
	破山槽	东三十里	李云龙等	个旧锡矿经部核定划为特别区域,各区概未注册	
	瓦房冲	东二十五里	童家林等	个旧锡矿经部核定划为特别区域,各区概未注册	
	皂角树	东二十五里	姜得安等	个旧锡矿经部核定划为特别区域,各区概未注册	
	白沙冲	东二十里	宋廷樑等	个旧锡矿经部核定划为特别区域,各区概未注册	
	荷叶坝	东十五里	杨庆昌等	个旧锡矿经部核定划为特别区域,各区概未注册	
	白泥硐	东八里	未详	个旧锡矿经部核定划为特别区域,各区概未注册	
	野鸡硐	东十里	未详	个旧锡矿经部核定划为特别区域,各区概未注册	

续　表

厂区	厂　名	距县城方向里数	承办人	厂区面积	注册时间
鼓山厂	鼓山半坡	东三十五里	宝兴公司	一千五百四十七亩,曾呈请注册,因纠葛迄未核准	
	冲门口	里数未详	锡务公司	个旧锡矿经部核准划为特别区域,各区概未注册	
	新山	里数未详	锡务公司	个旧锡矿经部核准划为特别区域,各区概未注册	
	白沙坡	里数未详	锡务公司	个旧锡矿经部核准划为特别区域,各区概未注册	
	松树脚	东三十二里	白福昌等	个旧锡矿经部核准划为特别区域,各区概未注册	
	野鸡硐	东二十二里	李沼义等	个旧锡矿经部核准划为特别区域,各区概未注册	
西厂	牛屎坡	西五里	锡务公司	个旧锡矿经部核定划为特别区域,各区概未注册	
	牛屎坡	西五里	王福祥等	个旧锡矿经部核定划为特别区域,各区概未注册	
	新关	西五里	邱洪顺等	个旧锡矿经部核定划为特别区域,各区概未注册	
	茶园	西四里	苏家顺等	个旧锡矿经部核定划为特别区域,各区概未注册	
	白马寨	西二十里	刘家棋等	个旧锡矿经部核定划为特别区域,各区概未注册	
	石门坎	西十五里	姜洪顺等	个旧锡矿经部核定划为特别区域,各区概未注册	

续　表

厂区	厂名	距县城方向里数	承办人	厂区面积	注册时间
西厂	禄丰寨	西二十五里	未详	个旧锡矿经部核定划为特别区域,各区概未注册	
	陡岩	西三十里	未详	个旧锡矿经部核定划为特别区域,各区概未注册	

数据来源：张福铨等：《调查云南个旧锡矿矿区位置之报告》，《铁道公报(铁道部成立一周年纪念特刊)》，1929年。

表2-4为我们比较明晰地勾勒出了近代个旧地区矿区位置，根据这个位置，我们对当时的矿区进行了初步复原（见图2-6）。从图2-6可以清晰地看出，个旧境内的矿区集中分布在区域的东南和中西部，而主要河流集中在南部和西部，前面提及的现代调查资料显示：旱区主要分布于区域东部、南部和西部，与锡业生产紧密相关的水资源与矿产地的剥离态势十分明显。

4."移硐就水"或"移水就硐"：个旧锡业突破生产瓶颈的尝试

水资源富集地与锡矿生产地剥离，给个旧锡矿业主的生产带来了很大的困难。从图2-7可以明显看出，作为锡矿厂尖分布最密集的老厂、新厂、古山厂这几个厂区，境内没有一条河流流经，虽然个旧地区降水比较丰富，但是季节分配不均匀，加上区内地表水资源分布不平衡，造成了锡矿生产所需要的巨量的生产性用水和生活性用水与当地稀缺的水资源之间的结构性矛盾，而这一问题一直是个旧锡业发展的瓶颈。到最后，只能仰仗自然降水，"个厂洗硐，全恃雨水"[①]。

---

① 丁文江：《云南个旧附近地质矿务报告》，见于《地质专报》乙种第十号，实业部地质调查所等，1937年，第39页。

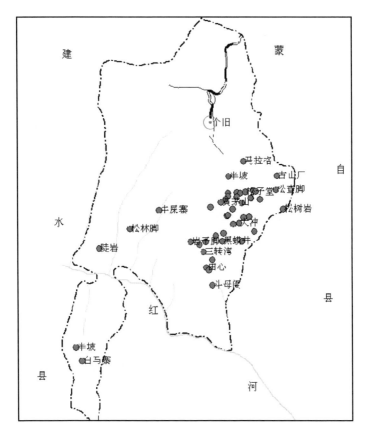

图 2-7 近代云南个旧锡矿区分布

底图来源：（民国）《新纂云南通志》。

雨水的充沛程度直接影响了个旧大锡的产量,如果降雨过早,则各种准备不及,所搬运用以揉洗的硐少而影响产量;如果雨季过短,则洗硐的时间减少,当年开挖搬运的硐不能洗完。同时,雨水又不可过多过猛,雨水过多过猛则会冲倒厂户用以积水以备洗硐的塘坝,冲垮洗矿的泥沟。个旧虽然地处亚热带气候区,但受地形等影响,区域山地立体气候非常显著,年降水量为 1 106.3

毫米,其中雨季(5—10月)降水量占全年降水量的80.2%[①],矿堆的揉洗必须集中在这一时间内完成。降水的季节分配不均匀,每到冬春两季,阴寒少雨,加上个旧多为岩溶地貌,持水性不强,矿区生产生活用水也极其紧张。

一方面是水资源的结构性稀缺,另一方面是矿厂生产设施的不足,"雨时又无大池贮蓄,仅纵横掘深数尺之水池,晴不数月,水即涸竭,工作亦因而停止。如值天旱,尤为束手受困"[②]。一旦碰上降水较少的年份,个旧锡业所受的影响不小,"各厂所采之堆,堆如山积,不能冲洗,亦惟遣散砂丁,徒呼负负而已"[③]。生产性用水紧张至此,矿区生活性用水更是紧缺,矿区的生活用水都是依靠雨季降水时开塘积聚,而且这些生活用水仅限于煮饭、煮汤,不可作他用,因此,矿区有"要饭容易要水难"的说法,也有"水贵如油"之喻,在较大的采选厂尖,有"吃汤不能洗脸、洗脸不准吃汤"之规定。[④] 数量众多的矿工的存在[⑤],使得本来就稀缺的水资源更显紧张,在首先保证生产性用水的条件下,矿区饮用水质量和卫生条件恶劣,导致每年因之死亡的矿工不在少数,当时有对个旧古山矿工进行抽血检验,发现有疟疾原虫的人占据了

---

① 参见云南省测绘局编:《云南省地图集》,1982年内部印刷,第105页。
② 钟纬、黄强:《云南个旧锡山报告书》(下)(1915年10月2日),云南省社会科学院历史研究所编:《云南现代史料丛刊》(第七辑),1986年。
③ 钟纬、黄强:《云南个旧锡山报告书》(下)(1915年10月2日),云南省社会科学院历史研究所编:《云南现代史料丛刊》(第七辑),1986年。
④ 陈天授:《旧社会的个旧矿山》,政协个旧市委文史资料委员会编:《个旧市文史资料选辑》第七辑,1987年印本。
⑤ 根据20世纪20、30年代各类调查,个旧锡矿工人除溜口揉堆整矿工人外,从3万多人到5万人不等。因存厂厂隐匿不报的现象,实际矿工总数更多。1932年户口调查显示,个旧全县人口为93 780人,若依该年矿工35 000人之数字,则矿工占全县人口37%,若依55 000人计算,则矿工在全县人口的比重过半。(数据来源:参见苏汝江:《云南个旧锡业调查》,第59—60页)

39.76%，而锡务公司每年死于疾病的矿工占了10%。①

应该说，当时无论是地方政府还是矿商，都意识到了这一点。时任个旧第七区矿务监督署技正的钟纬指出，"个旧锡山，名驰中外，而查每年产量，尚不及四分之一，其故为何？即为雨水之一大问题，该处采矿、洗炼之不能同时并举者，此也。个旧之不能扩充发展，其现象仅如此者，亦以此也。斯诚为个旧之最大障碍"②。如何解决生产性用水需求的巨大缺口，成为整个锡业发展的关键，由此而出现了一些摆脱这一困境的设想，其中以"移塃就水"和"移水就塃"两种提议为代表。所谓"移塃就水"就是将开挖出来的矿塃运至水源处揉洗，而"移水就塃"则是将水资源丰富地区的水源引至矿山以便冲洗矿塃。以"移塃就水"来说，如果不计泥塃中所含矿量多少，而全部移运，所需的运费为数不少。以锡务公司为例，"至移塃就水，若不计泥塃含矿量之多少，而概为移运……则运费既多，而洗砂厂所洗出之砂，亦不敷用费"③。生产设备相对先进的锡务公司尤如此，遑论诸多私营小矿了。鉴于此，个旧官商合办锡务公司，清末时，曾在距黄茅山四里之遥，"半坡庙之南"，建设空中索道，长6英里（见图2-8），至公司洗砂厂，"拟自半坡庙之南，凿硐至黄茅山，并吞一切各大小矿，其次设西法炼炉三联，'每联设煤汽炉一座，用煤炼锡，其余锅炉、马力电灯、抽水机无不建设完备'，附以大规模之西法洗砂厂，'内有石子碾砂机六座，钢球碾砂机四座，摇洗砂床五十六部，摇洗桶八个'，

---

① 《筹设个旧县卫生院计划》，《公共卫生月刊》1936年第1—6期。
② 钟纬、黄强：《云南个旧锡山报告书》（下）（1915年10月2日），云南省社会科学院历史研究所编：《云南现代史料丛刊》（第七辑），1986年。
③ 钟纬、黄强：《云南个旧锡山报告书》（下）（1915年10月2日），云南省社会科学院历史研究所编：《云南现代史料丛刊》（第七辑），1986年。

图 2-8　个旧锡务公司铺设的空中索道

资料来源：张世富：《游访锡都个旧》，《旅行杂志》1947 年第 21 卷第 8 期。

将包办全县炼务"①。直至清亡，这一工程未能竣工。加上索道之起点各厂尖一律反对开采，该项计划完全失败。

随着马拉格等新厂锡矿产量的快速增加，"移水就塘"和"移塘就水"两种办法提上了议事日程，并于 1915 年春间，"拟陈维持公司暂行简章，将安管移索进行办法，明为规定，嗣以前拟安设水管之冲门口地方，距马拉格矿山其高低相差太远，且水枯时于下流农田不无妨碍，乃以移水地点改于芹菜沟，又以安机地点改于落水洞……查前所拟陈之移水就塘办法，所有应用一切机炉水管等项，于去年（1914 年）据公司工程师将由冲门口及落水洞至马拉格两线测量完竣。绘图报告后，曾经商绘多份，分寄旗昌洋行，礼和洋行，求新机器厂，扬子机器厂，亚礼士机器厂，并托香港公司代办处转向驻港各洋行妥为设计"②。于县西之西乡，集多数

---

① 胡朗山：《云南个旧锡矿之回顾》，《矿业周报》1928 年第 9 期。
② 《个旧锡务公司为详陈公司营业状况并与旗昌洋行订立购机安装水管合同恳祈核饬遵办事》，云南省档案馆、云南省经济研究所合编：《云南近代矿业档案史料选编（1890—1949）》（上），1987 年印本，第 247 页。

泉水,"顺山麓以开水沟,引至个旧,长约二十英里,再安设打水机,'每分钟打八百余加伦',打至高一千公尺之马拉格,拟冲四堒,不为雨水所困,求每年增加产额"①。水管的铺设,提升了锡务公司的洗矿能力,锡务公司于1918年、1919年将索道移于马拉格,将洗砂厂安置于马拉格,而移洗砂厂之水,以就马拉格之堒,移马拉格之堒,以就洗砂厂之水。并计划将含矿量在千分之五以上的矿堒,由索道直接运至洗砂房,含矿量在千分之五以下的,以铁索运上来的水,随时用土法洗去砂土石等,再行运至洗砂厂。②

在将水资源迁移至洗矿地的同时,个旧锡务公司利用空中索道移堒就水。1920年马拉格新厂的索道开始兴建,1932年全线竣工,开始运堒。该线路自马拉格经老阴山至个旧,于老阴山设转运站,采用双线双缆式,分为上下两段,上段循环运输,下段往复运输。上段之兜③至老阴山转运站存矿仓,重新装入下段之兜。全线水平距离为3749.22米,高差达到了642.13米,平均坡度为17.12%,上段每小时可运堒17吨,每日达400吨;下段每小时可运堒12吨,每日达280吨。从整体来看,无论是对外运输矿堒还是获取材料的补给,个旧锡务公司新厂索道运行还是比较稳定的。不过该线路在设计初始即有缺陷,实际运量较设计运量略低:转运站需再装卸一次,增加人工成本;下段往复式,必须停兜装卸,而全线轨缆长度约4倍于上段兜间距离,所以每兜装量及兜行速度均增加,其运量仍远小于上段;下段兜行速度,远较上段为高,且变化颇大,易引起不确定之应力,运输同量之堒时,传动

---

① 胡朗山:《云南个旧锡矿之回顾》,《矿业周报》1928年第9期。
② 钟纬、黄强:《云南个旧锡山报告书》(下)(1915年10月2日),载于云南省社会科学院历史研究所编:《云南现代史料丛刊》(第七辑),1986年。
③ 索道之上用于装物的装置。

索所受摩擦远较上段为高,是故传动索使用寿命仅为上段三分之一;在距个旧1 822—2 902米处为一深谷,因水平距离过长,无法安装支架,因此兜行速度比较慢,且深谷多急风,空兜重兜因摆动过大,易发生相撞事故。①

老厂是个旧主要产区,受制于洗矿用水不敷,个旧锡务公司于1943年秋即计划装置老厂至个旧索道,即老厂索道。该索道亦采用双线双缆式,设计运量为每日1 200吨,所选线路为个旧公司南部山坡矿地至老厂直井近侧,水平距离为8 540米,高差为602米,因全线过长,故分两段,于距老厂约4 900米处设联运站联接,上下两段均为循环式运输,矿兜在矿场装矿,可经联运站至选矿厂卸矿,在联运站无装卸工作。②

以上情形是个旧锡务公司为解决洗砂用水少问题而采取的各种措施,与之相对应的大量的私人矿厂,因自身资金不足,而无法保证矿业生产的持续性。矿商们将眼光转向了个旧附近的水源,个旧的东北部与蒙自相接处有大屯海,东南部是红水河,这两处的水资源相对还是比较丰富,不过引这些水资源富集处的水源并不是一件容易的事情。首先,从地形上看,矿区地势较高,而这两处水源海拔较矿区来说,要低许多,而且引水距离很长。其次,引水工程巨大,筹款不易。最后,个旧矿区分布较广,厂尖远近不一,如何分配这一稀缺性资源是一个非常棘手的问题。从清末开始直到20世纪40年代,仍然有人提议引红水河之水淘洗矿砂③,

---

① 《云锡纪实——云南锡业公司五周年纪念刊》,载于云南省档案馆、云南省经济研究所合编:《云南近代矿业档案史料选编(1890—1949)》(下),1987年印本,第497—502页。
② 《云锡纪实——云南锡业公司五周年纪念刊》,载于云南省档案馆、云南省经济研究所合编:《云南近代矿业档案史料选编(1890—1949)》(下),第502—505页。
③ 《准云南省临时参议会咨送参议员罗鉴建议吸取江水淘洗个旧矿砂等由一案令仰查照议复再凭核夺》,《云南省政府公报》1940年第12卷第16期。

不过这一方法始终只是停留在讨论阶段,各种因素使得这一方案迟迟未能实践。对于众多私矿而言,比较行之有效的办法仍然只能是尽量多地修筑一些塘坝,用以积蓄降水,从而增加矿硐的揉洗量。

至于矿区生活性用水,为了缓解紧缺的局面,时云南省政府于1938年3月21日决议:"兹决定于该处(个旧),实行筑塘,由建厅派员前往,尽各厂现有水塘指定一二改筑为新式水塘,其应需材料式样等统由建厅规划之,所需费用,各该厂费用,由各该厂主负担,限本年六月底完成,倘有不遵者,即停止其采矿权及洗砂权,以昭警戒。"①此后因云南建设厅行动迟缓,省政府在同年5月17日特意召开会议,作出决议:"应仍遵前案查照当地地形及需要,规定大小,修筑水塘,由该厅令办事处及个旧县会同积极强制办理,不得听各厂户强词支吾,置砂丁生命于不顾,并限令本年秋季一律完成,不得延误。"②虽然有这些政策与措施,但是个旧矿区生活用水紧张的问题一直没有得到很好解决。

5. 小结

水资源利用问题,是近代个旧锡业发展面临的一大问题,也是锡业发展面临的一大瓶颈,突出表现在生产环节对水的依存度比较高,选洗矿硐成本过高,区域水资源时空分布不均衡,这些直接影响了区域锡业生产布局,使得水资源供应地与矿产品生产地剥离。围绕这一问题,个旧锡业发展过程中创设了"移硐就水"和"移水就硐"两种解决方法,不过由于实施成本过巨,在当时也只有资本相对雄厚的个旧锡务公司有能力实践。初始之时,计划修

---

① 《令建设厅为本府第五四〇次会议议决改善个旧厂区饮料案》,《云南省政府公报》1938年第10卷第33期。
② 《令建设厅据呈转夏工程师签复改良个旧饮料一案经会议决仰即遵照分别办理》,《云南省政府公报》1938年第10卷第51期。

建空中索道,将矿区很大一部分矿㾗运至水源富集处进行揉洗,由于公司矿厂出㾗少、运输成本过高,加上一些私营矿尖的反对,这一举措并没有取得成功。随着锡务公司马拉格矿区矿㾗出产量的增加,锡务公司将索道移至该区,同时购铺新式水管,将水源导入矿区,以便冲洗,从而实现了"移㾗就水"与"移水就㾗"并举的局面,大大提高了公司的大锡出产量。对于数目众多的私矿而言,受制于资本的薄弱,无法实施这些巨大工程,虽时有政府或矿商提议长距离调水,但各种因素影响下,迟迟未能实现,众多私矿只能依靠天然降水进行矿㾗揉洗,因而无法保证生产的持续性,从而成为个旧锡业生产的瓶颈。

这里有几个问题值得思考:区域土地利用变化与水资源利用交互作用的方式和程度,取决于区域自然地理环境和人文因素的综合影响,自然环境条件是区域土地资源和水资源利用的基本背景,在某种程度上具有控制作用。这种控制作用对区域土地利用类型的选择具有非常大的影响,但是社会、经济、技术和政策等人文因素又是土地利用变化的诱导因素,在一定程度上起决定性的作用。这一作用在个旧锡业发展中得到了很好的体现。传统的锡业生产对水资源的依赖性很大,水资源和土地资源通过区域矿厂投资者对它们的需求与利用而紧密地联系在一起,可以直接利用的水资源与土地(即矿区)相结合,如地表径流等,传统锡业的繁荣更是以水土资源的有效耦合为核心,但是这种耦合并不稳定,当地不利于锡业生产的自然环境成为影响这一耦合系统[1]的

---

[1] 地理空间中物质扩散、能量扩散与信息扩散,会随着时间进程而改变,进而产生不同的表现范围及新的空间分布格局,对地理事件的随机传播而言,不同的"时间断面"上所表现的地理空间特征,就是地理时空耦合问题,这也是地理学界多年来研究的课题之一(杨吾扬:《理论地理学六人谈》,《杨吾扬论文选集——地理学的理论与实践》,商务印书馆,2005年,第105—106页)。

不稳定因素。但是随着西方近代新技术的引入，个旧矿区出现了近代机器工业生产，正是这些近代新技术，使采用新技术的企业生产组织（即个旧锡务公司）能够最终摆脱水土资源的束缚，实现了水资源与土地利用的有效耦合。虽然这种耦合在区域内并没有占据全部，但是生产者作为水土资源的最好联结者，却得到了充分体现。

专题三

水利化活动的政策与经验：
贵州农田抗旱保墒的经济生态

本专题内容以明清至民国时期贵州地区水利化活动及其政策、经验考察为主，并讨论地区农业生产中实行的抗旱保灌、保墒的"工学"（水利工程）和"农学"等其他应对的历史状况。贵州水资源丰富，但分布不平衡。受喀斯特地质地貌影响，地表径流和地下伏流错杂，历史上"水"的存蓄、取用难度较大；又受贵州高原高山峡谷地形地貌影响，多数重要地表径流的上游地带和中下游地带农耕地形条件差异较大，径流量大的中下游地带反而是人口稀少，高山峡谷密布；上游地带宽谷平坦，人口相对稠密，但径流量少。这些差异较大的自然状况，成为历史以来贵州地区水利开发极不平衡的地理基础。本专题是以明清至民国时期安顺等地区的水利建设为例予以讨论；同时，通过对农作物历史变迁的考察和民国时期水利政策的讨论，呈现以促进粮食经济增长为目的的贵州水利化及相关抗旱保墒活动的社会和生态效应情况。

一、贵州喀斯特地貌下的水利开发

1. 独特的地理环境

贵州省的建置较晚，直到永乐十一年（1413）才建省。由于历史文献资料记载的局限，学界对建省前漫长时期的经济状况讨论较少,且大抵上认为发展缓慢,这在水利建设研究方面也比较明显,缺乏对贵州早期水利活动的专门论述。张芳在研究明清时期南方山区水利发展状况时,侧重讲述中南、西南山区农田水利发展的进程以及特点,并没有对贵州地区水利进行论述,只是提及兴修了少量的陂塘。① 学界以往的其余研究往往在讨论自然灾害史时对贵州水利历史稍有提及。近十余年来,杨伟兵、马琦等对清代至民国时期贵州水利发展情况作了长足研究,大致复原和总结了贵州水利发展状况、各阶段特点以及存在的问题,让我们对贵州水利与农业经济、生态环境和政府治理等关系有了较多和较深的理解。② 但由于贵州地区经济发展不足,长期处于边远地位,中央政府对贵州的直接管理较晚,再加上独特的地质地貌和水资源条件,直到1939年全省才开始出现一波政府主导的水利工程建设高潮,不过大多数仍是小型工程。本专题着重通过地质地理来分析明末至20世纪40年代贵州水利事业建设所采取的工程举措及其实践。

(1) 地质地貌

贵州省境内岩溶分布范围广泛,形态类型多样,地域分异明显,构成一种特殊的岩溶生态系统。这种独特的地理环境显然不能够像西北地区那样进行长距离的引水灌溉。③ 贵州地貌类型复杂,具有高原峡谷型地貌结构特征,导致水土资源分布上的不平衡。高原面为河流上游,谷宽流缓,地形较平坦,土层厚,田水高差小,耕地集中连片,但水量常不足。山地峡谷区是河流中、下

---

① 张芳:《明清南方山区的水利发展与农业生产》,《中国农史》1997年第3期。
② 杨伟兵:《云贵高原的土地利用与生态变迁(1659—1912)》,上海人民出版社,2008年;杨伟兵主编:《近代西南经济地理》(贵州篇,马琦撰),华东师范大学出版社,2015年。
③ 萧正洪:《环境与技术选择:清代中国西部地区农业技术地理研究》,中国社会科学出版社,1998年,第224页。

游,坡降大,谷窄流急,水资源丰富,但地形起伏,田高水低,耕地分散,利用不便,农业呈"立体"布局。在这样的岩溶地貌下发育形成的岩溶洼地、岩溶盆地和溶原,仅仅依靠地下暗河排泄洪水,但暗河伏流段泄洪能力非常有限,一遇暴雨积水极易形成洪涝灾害。再加上贵州这样的地貌环境"地无三里平",山高坡陡,表土脆弱,易形成山洪暴发和泥石流,堵塞河道,毁坏水利设施,加剧洪涝灾害。尤其水土流失,使得可以用来耕种的土地面积减小,整个生态系统的承载力更加脆弱。另外,喀斯特发育较好的地区土壤贫瘠,保水能力降低,加上喀斯特地区岩溶洼地、暗河、泉井充分发育,岩层透水性较强,地表径流流失快,地表储水能力差,蓄水比较困难,抵御干旱能力减弱。在岩溶洼地、岩溶盆地和溶原中,漏斗、溶洞地下暗河发育,降雨过后地表渗漏严重,易造成旱灾。而且喀斯特面积大小与干旱水害次数的多少之间联系密切。有学者指出,岩溶地貌结构是导致贵州水旱灾害的重要内因。贵州的土田不保水,不耐旱,一些地方因此出现"遇雨即涝,遇晴即旱"的现象。①

(2) 气候水文

气候上,贵州属于亚热带湿润气候,冬无严寒,夏无酷暑,大部分地区年均温度为14—16℃,最冷月1月平均温度多不低于5℃,最热月7月多在25℃以下。降水丰富,年降水量一般为1 100—1 400毫米,热量较充足,10℃以上活动积温约4 000—5 500℃,无霜期长达270天以上,且雨热同季,利于植物生长。因地形和纬度等因素影响,省内气候从东到西、从南到北呈现出从低到高的明显变化,形成了多种气候类型,尤其是在高原和河谷阶地区域,气候的垂直变化非常明显,山上山下冷暖不同,因此

---

① 郑明肇:《岩溶地貌对贵州水旱灾害的影响》,《贵州气象》1996年第20卷第6期。

有"一山有四季,十里不同天"的说法。正如道光《思南府续志》卷一称:"一郡之地,高山平原气候各异。山则寒多于燠,原则燠多于寒,故其播种收成前后每差半月。"①在这种特殊的地形条件下,冬半年,从偏北或东北方向入侵的冷空气,常由于地形阻挡而在中部或者南部形成静止锋,锋前天气晴朗,锋后阴雨连绵。夏半年则由于西太平洋副热带高压控制,东部连晴干旱,西部却暴雨频发,而且随着副热带高压的北移,雨带北移,南北天气不断发生变化,以致出现东西南北几重天的情况。②贵州气候复杂多变,降雨时空分布不均,是水旱灾害频发的又一个原因。由于受到季风的影响,南来的暖湿气流常常与北来的冷空气交汇,在全省形成三个典型的多雨区和少雨区。从时间分布来看,降水量多集中在夏半年,4月进入雨季,4—9月为汛期,大部分地区降水量都占年降水量的75%左右,西部地区则达80%以上。黔西南地区在5月中、下旬才缓慢进入雨季,5—10月的降水量占年总降水量的85%左右,冬半年降水量则较少,冬季降水量仅占年总降水量的5%左右。③由于降雨量的时空分布不均,无雨则旱,雨多则涝,常常是旱涝交错,灾害十分频繁。省之西部地区常有春旱发生,而偏东的大部分地区入夏后则由于西太平洋副热带高压的控制,常有"洗手干"和伏旱出现,因而黔东地区有"年年都有六月(阴历)旱,不是大旱是小旱"之说。暴雨多发生在夜间,很难预料和防范,常造成局部地区的山洪暴发和严重的水土流失。加上雨量月变率大,也会出现干旱。此外,喀斯特地区由于岩溶裂隙等

---

① 道光《思南府续志》卷一,贵州省图书馆油印本,1966年,第15页。
② 贵州省地方志编纂委员会:《贵州省志·地理志》(下册),贵州人民出版社,1988年,第764页。
③ 贵州省地方志编纂委员会:《贵州省志·地理志》(下册),贵州人民出版社,1988年,第769页。

发育,降水很快进入地下。枯水期河流水量很小,土壤的保水、蓄水和保墒的能力很差,再加上贵州气温相对较高,蒸发能力较强,喀斯特洼地日间又易形成地形增温效应,从而造成土壤的干旱、植物缺水,形成喀斯特干旱,同时也给城市、工农业用水带来困难。正是由于水旱频发,决定了人们有必要采取技术上的应对措施,而这些技术措施又因为贵州独特的地理环境而有所不同。

(3) 土壤植被

土壤是地球生物圈的重要组成部分,是农业活动的主要生产资料,在成土母质、气候水文、生物活动、地形地貌及成土年龄等自然因素和人文因素的作用下,不同类型的土壤具有高度的空间异质性。贵州土壤、植被以常绿阔叶林红壤、黄壤为主,土壤类型主要是黄壤、黄红壤和石灰土。黄壤分布最广,以中部山原山地为主要分布区,特别是遵义、安顺地区及贵阳附近较为集中。黄壤质地均匀、黏重,颗粒较细,在低山丘陵盆地,土层深厚,而在地势较高的山地,因受到不同程度的冲刷,土层则较薄,在山上部土层更薄,极易受冲刷。黄红壤则集中分布在东部铜仁地区及东南部都柳江流域,以东部的铜仁、松桃、玉屏、江口及印江等分布较广,约占全省土壤面积的13.4%。黄红壤质地松软,土质轻而通透性好,同黄壤一样,易被冲刷。石灰土几乎全省都有分布,主要集中在南部、西南部及东北部地区,约占全省土壤总面积的17.5%。石灰土质地疏松,土壤易被冲刷,形成裸露石山。[1] 喀斯特发育区的石灰岩植被和黄色、黑色石灰土呈复域分布,土壤、植物都表现出明显的过渡性和区系成分上的混杂性。如植被从东到西由湿性常绿阔叶林、亚热带马尾松林过渡为偏干性的常绿阔

---

[1] 刘丛强等:《生物地球化学过程与地表物质循环——西南喀斯特土壤-植被系统生源要素循环》,科学出版社,2009年,第12—18页。

叶林、云南松针叶林;植被地带性与非地带性交错,落叶、阔叶混交。红壤、黄壤、黄棕壤等地带性土壤的分布上限由东向西升高,反映了贵州区域自然景观的复杂性。其中,土壤水分是土壤的重要物理参数,是"土壤-植物-大气"连续体的关键因子,不仅直接影响土壤的特性和植物的生长,还间接影响植物分布,并在一定程度上影响小气候的变化,对农业发展至关重要。此种地质地貌下发育的土壤含有的水量多少所呈现的差异对于该地应对水旱灾害的能力也会产生一定的影响。地表水资源赋存条件差,年际间地表水资源差异大,特枯年的地表水资源只有多年平均值的45%,生态系统十分脆弱,土壤-植物-大气系统运行规律也表现出独特性。正是这些特殊性孕育了一个降雨时空分布极不均衡、季节性干旱问题突出的贵州,因此,人称贵州为"天漏"。

2. 传统农业社会水利设施

针对独特的地质地貌,人们采用修建堤塘的方式来应对,发展推广冬水田等水利技术。贵州建省后,在地方官员的努力下,兴建了一些水利工程,如塘、堰等。余庆县在明代原是余庆长官司,万历二十九年(1601)改置县,建立城池,修筑雷公、赤土、正官三堰,引堰水入沟灌田,订有修浚用水制度。[①] 在黔东南都匀府,明初都匀司指挥胡纲在府城北1里筑堰,引水灌城西诸田,后人称此堰为胡公堰。史载"明初指挥胡纲筑,城西之田赖以资灌溉"[②],即为此事。清代,贵州小型农田水利工程得以发展。清代贵州所修的水利,分布在贵阳、安顺、都匀、镇远、思南、石阡、思州

---

① 在蒋深所著的《三堰考》中,就提到过当地田地用水的管理,每次用水时,尽量做到受水均匀等,见〔清〕蒋深:《三堰考》,光绪《余庆县志·文艺志》,《中国地方志集成·贵州府县志辑》第33册,巴蜀书社,2006年,第542—543页。

② 民国《都匀县志稿》卷四《水利》,民国十四年(1925)铅印本,第35页。

等府以及仁怀厅,共有堤堰、陂塘、沟渠、井泉47处,其中镇远府城西63里的平安陂,土人引水溉田数千亩。实际上清代贵州兴修的农田水利工程远超以上记载数。如天柱县就已筑成大小水坝36座,灌溉面积达8 877亩,此外,还有清水江、北门江、西江、白水冲以及龙泉、龙塘等天然水资源可资灌溉。① 在清代,虽然地方官积极倡导,山区水利有所发展,但由于贵州喀斯特地貌广布,水利工程在数量和质量上无法同其他省份相比。

贵州复杂的气候条件和地形地貌,给水利技术的实施增加了许多困难。人们因地制宜采取了许多措施。除了以上提到的各项措施外,还有水利机具。它在一定程度上可以弥补水利工程的不足。由于地形、河道、水量皆因地而异,因此它们的形式也极为多样。清代灌溉工具多有改进,努力设置筒车、木槽等灌溉农田,如黎平府、平越州等有水轮(筒车),"大者极六十幅,高者径极三丈,筒多者极二十四个"②,"先于溪旁筑石成隘,上流水至隘,势极奋迅,乃设竹车二围制如车轮,大可二丈,缚数节竹筒缘于两轮,其筒向内一面截口受水,每筒相距三尺许。两筒中间编缚竹板一扇以遏流水,所以激轮使旋者全在此。盖水势迅则冲扇行,而轮乃随之以转,每激一扇,后扇继来,旋而上升,则筒中满水已至车顶,筒口向下水即下倾……虽远可到……水轮径之大小,视所灌之高低、筒之多少,视水力之缓迅,一辐一扇,轮大者极六十辐……多者极二十四筒"③。思州府西北80里有养苗溪,源出岩洞中,因有巨石障流,土人筑木槽引以灌田。④ 又清人王定柱在《鸿泥日录》卷六中记载了黔境内所见:

---

① 康熙《天柱县志》,《山川》,台北:成文出版社,1968年,第60页。
② 光绪《黎平府志》卷三下《农桑》,光绪十八年(1892)黎平府志局刻本,第11页。
③ 光绪《平越直隶州志》卷二十一《食货三·农桑》,光绪二十三年(1897)刻本,第13页。
④ 康熙《贵州通志》卷六,凤凰出版社影印本,2010年,第140页。

(壬戌二月)初四日,发棉花溪,于睡中过大小金盆两滩,闻水车声哑哑……入黔界以来,处处多有之。其制木为毂,竹为辐。毂两端植木承之。辐外端屈竹为圆廓,相去一二尺,编竹为筏……以激水行轮。轮入水尺许,于编竹间缚巨竹筒长于两廓数寸。筒斜介两廓,一头稍昂,行旁则仰,行上则平,而出水轮内。就岸植木,庳于轮一二尺。其端刳横木承水,木两端减轮上廓,左右各数寸。横木有孔,当其腹承以刳竹,或一竹二竹,或数竹,蜿蜒相接。短木为架,引流分灌。此制非湍水不可行,故常与滩相上下。[①]

《黔南识略》卷一载贵阳府依据水利状况,将田分为"滥田""水车田""堰田""冷水田""塘田""井田""干田""梯子田""腰带田"等,采用多种水利设施灌溉农田。遵义府也运用多样水利措施发展灌溉。然而,贵州高原有70%以上的地表为喀斯特地貌,山原和丘原经地表河流的侵蚀及地下水流的溶蚀,大部分地表崎岖不平,坡陡石多,地表缺水比较普遍,这给兴修水利造成诸多困难和不便。与其他省区相比,明清时贵州的水利化程度较低。

冬水田是人们为了扩大水稻种植面积,增加粮食产量,想法克服不利的自然条件,因地制宜实行的一种农作制度。实际上,发展冬水田主要是针对丘陵山地的特殊地形提出来的。平原地区采取一种单一的筑堰引水的方式就可以解决这个问题,而丘陵山地的地形地貌条件较为复杂,农田也分散畸零,这就要求发展小型化的水利工程建设。它将各种形式的水资源预为蓄积,规模

[①] 〔清〕王定柱:《鸿泥日录》卷六"壬戌(嘉庆七年)二月初四日"条,国家图书馆藏道光七年(1827)刻本,第4页。

小但是分布广,投资少而效率高。"灌溉之利拦河为上溪,水之流随地势次第节为堰而分之,使东西溉,又相田之高卑为小沟……灌无不均,是坐食其利者也。"①

就冬水田的应用及技术的选择来看,明显体现了人们在贵州地区独特的自然条件下发挥的创造力。"凡农以储粪为至计,来年之粪隔年必先积之……土柴草之灰俱以溺沃之,勿令风雨飘落致散力性……秧田先融以水、壮以粪、醒以犁、揉以耙,如是者三。然后以大粪沃之……乘天气未寒将阳和之气淹在地中,来春宜苗也。"②冬水田的水源主要有以下几种。一是蓄积雨水及其径流;二是秋冬农闲时引堤堰、泉水,其中最重要的就是要打好塍埂。乾隆《罗江县志》载:秋收后"高培塍埂或高一尺至二尺不等,则蓄水深厚可傍灌他田,且浸下秧种亦不缺水"③。为减少渗漏,所筑塍埂要用新泥涂过。据说,贵州的冬水田技术大概是从四川传播而来,与梯田以及水稻的种植关系较大,即丘陵山区的水稻插秧用水须从上一年蓄起,从而克服灌溉不足的问题。在清代,就形成了"冬水田"这一普遍的农作制度。此外,就冬水田的蓄水功能来看,这也算是一种大面积的蓄水工程,故也有人认为秋冬时能蓄满水的田才能规划作为冬水田。

冬水田对土壤的要求应为黏土。嘉庆《什邡县志》载:"黄泥土田,不宜小春,只可冬水。"④而贵州的土壤以黄壤为主,土质黏重,宜于保水。此外,道光《黎平府志》卷十《农宜》讨论了当地的土壤条件同作物选择之间的关系,认为大壮泥、细沙土、崖粪泥性暖耐旱,结实大,是为上地。杂崖土、细石土、大黏泥、鸭屎泥性

---

① 光绪《黎平府志》卷三下,光绪十八年(1892)黎平府志局刻本,第6页。
② 光绪《黎平府志》卷三下《农桑》,光绪十八年(1892)黎平府志局刻本,第4页。
③ 乾隆《罗江县志》卷四《水利志》,清乾隆刻本。
④ 嘉庆《什邡县志》卷五十三《杂识》,清嘉庆十八年(1813)刻本。

平,不耐旱,是为中地。黄瘦泥、白膏泥、饿沙泥、灰浆泥,粪耕如法,岁只薄收,所以只属下地。而作者也认为"粪壤之性不一,转变全在人功。良农能使瘠者肥,惰农能使美者恶"。在清代中叶,贵州西部"多在四月筑场,纳稼必十月以后方兴。作时,将田翻犁,割薪捆束长一二丈不等,眠置田中,略以土覆两头,举火燃之,俟其火灭,以灰匀土,将水灌注滋培,殆有刀耕火种之风"①。黔东则"瘠田必需粪治","则以宿草踏田,俟其腐以代之。近今多取桐实、枯饼碾和柴灰,培壅稻根,以壮地力,二麦杂粮胥如之"②。人们已经注意到了土壤和作物种植与水利技术以及工程之间的密切关系。如清代严如熤在《汉中修渠说》一文中,就谈到了水资源及其与作物种植的关系,还有土壤因素的重要性。并指出"渠修而土不宜稻,徒费工本,不可不慎也"③。在明清时期,人们已经注意到水利技术的选择要因地制宜。由此可见,并不是每一种水利工程或是技术都适宜于本地。从贵州的水利工程以及技术的选择来看,人们是充分考虑了贵州独特的地质地貌以及土壤条件,有重点地进行水利建设,如上文提到的冬水田以及塘堰。到民国时期,冬水田已经成为南方地区普遍的农作制了。

民国时期,贵州的农业用地大体上分为水田、旱地、山地(山坡旱地)。"黔省,河流水道虽多,但是因地势较高,距水源又近,故水流湍急;盖以河床浅狭,多伏礁石。"④当时人们已经认识到:"黔省地处丘陵地带,山多田少,稼穑艰难,民食常处不足;一遇灾害,则饥馑立至。挽救之法,除积极提倡灌溉事业,以谋农产品之增加外;应利用大小河流之水,建设水利工业……水之为原动力,

---

① 乾隆《毕节县志》卷一,贵州省图书馆油印本,1965年,第58页。
② 道光《思南府续志》卷二,贵州省图书馆油印本,1966年,第50页。
③ 贺长龄等:《清经世文编》(下)卷一一四,第2770页。
④ 张肖梅:《贵州经济》,中国国民经济研究所,1939年,第29—35页。

其法有直接和间接两种。直接利用水利者,即以水为原动力;借其力以冲动车轮,如水碾、水磨等是,其效率极微。间接利用水利者,乃引水冲击水轮,使与连接之电机旋转,借以发电,其最高效力,可达百分之九十六七;如水量充足,利用得法,能发生数千万匹之电力……水碾者不可与之同日而语。"①

民国十八年(1929),中央政府专门组织人员调查贵州各县的水利情形。当地百姓已经注意到要利用当地的水资源所处的环境,发展水利事业,变被动为主动。然而,贵州近代水利事业起步较晚。1938 年,贵州省政府贷款 150 万元给经济部农本局农业调整处,其中 100 万用于农田水利贷款,省政府同时参加贷放 20 万元。由于此前贵州省的大型水利事业几乎为零,在创办之初,面临着组织简单、经费不足的困境,于是只能偏重于设计和建设小规模的灌溉工程。以贵阳地区为例,1940 年省政府饬令凿塘抗旱,但是全县凿塘的数目较少,抗旱能力极低,到 1944 年才建成大沟。又因喀斯特区地表渗漏非常严重,地表土层薄,保水能力差,地表水缺乏,因此小山塘、小水池、小水窖等雨水集蓄利用工程成为贵州农业稳定发展所依靠的重要水利基础设施。贵州"三小水利"工程(小水塘、小水池、小塘坝)及丘陵地带的"五小水利"建设,采用地膜覆盖,开展深松、深耕、保护性耕作等。显然,这种水利工程的建设是由当地地形地貌决定的。

贵州还有一种遇雨即涝、遇晴即旱的旱涝坝子。这类坝子常分布在地下水径流区域,其地下水动态变化较大,地表水很少。若遇暴雨或连续大雨,山洪汇于坝子中,地下径流亦迅速增大,地下水位骤然上升,坝子则因泄水不及而成涝灾,但若十天半月无雨或少雨,地表水即断流,地下径流急剧减少,地下水位迅速下

---

① 张肖梅:《贵州经济》,第 29 页。

落,坝子则因缺水而出现干旱。贵州的水资源虽然比较丰富,但是年内分布不均,而且年际变化比较大,开发利用率较低。[①] 此外,更为严重的是地表岩溶孔洞、裂隙、漏斗到处皆是,地表水很快渗入地下,因此地表干涸,容易出现干旱。由于岩溶地貌影响,修建的水利工程几乎都有渗漏问题,需耗用大量资金进行防渗处理,否则库水很快就漏光。自民国时期到中华人民共和国成立以后修建的大大小小的水库几乎都存在漏水问题,因此在贵州修建的水库必须进行防渗处理。如中华人民共和国成立初期,贵州兴建的水利工程,斜墙使用的土料母岩大多是页岩、灰岩的红黏土。[②] 人们充分利用了红黏土可塑性和高黏性的物理特性,其天然含水量较高,土壤黏粒含量也较高,可塑性较好。因此,在贵州修建的水利工程中,人们广泛使用这种土壤。由于贵州地壳抬升,河谷深切,岩溶地下水为适应这种侵蚀的基准面,地下水位迅速降低,造成水低田高,稻田漏水严重。同时,岩溶地貌区地表水和地下水分布不均匀,也造成贵州一些主要城市缺水严重。

3. 小结

由上面的论述可以看出,人们在贵州独特的地貌环境之下,采取了相对有效的措施来应对当地不利的自然环境。根据贵州岩溶区地表水资源贫乏、地表建库条件差而地下水资源较丰富的特点,解决水资源供需矛盾的主要途径之一,应当是从充分利用岩溶地下水资源的角度出发,有效地开发利用岩溶水资源。人们针对不同的土壤种植不同的农作物,通过增加土壤中水分的含量来抵抗干旱,同时通过兴修各种水利工程来抗旱防灾。当然,也

---

① 郑明肇:《岩溶地貌对贵州水旱灾害的影响》,《贵州气象》1996 年第 20 卷第 6 期。
② 徐榴胜:《红粘土在贵州水利工程中的应用》,《贵州地质》1991 年第 8 卷第 2 期。

应当看到,对于水资源的这种利用只是有限的,不是绝对的。贵州多山少地,喀斯特地貌广布,历史上修建大型水利工程条件不足,人们只能是最大程度地减小地质地貌保水不利的环境对水利兴建的影响,但这种影响始终存在。

二、安顺地区的水利建设与历史经验

安顺地区地处贵州高原中西部,地势西高东低,南北两端分别向北盘江和乌江倾斜,为长江、珠江两大流域分水地界。该地区地貌以岩溶丘陵为主,石灰岩广布,是喀斯特地貌发育典型地带之一,地表径流有限,但喀斯特地下水系发达,历史上较早已为人们开发利用。晚近时期在现代科技和水利组织不断推广、完善之下,安顺地区含地下水在内的水资源得到长足开发和利用,兴起了一个水利建设热潮,并一直持续到中华人民共和国建立之后,成就巨大。本专题以民国以来安顺地区水利开发为研究对象,讨论该地区及岩溶地貌水资源开发与利用情况,为当前水利建设提供经验。

20世纪30年代,随着现代水利技术和科学技术工作的传入,涌现了李仪祉、郑肇经等一批水利专家。1921年,李仪祉先生在《五十年来中国之水利》一文中集中阐明了他的治水思想,指出了历朝治水收效甚微的原因,并主张改造以往的组织机构和管理体制。1936年全国经济委员会水利委员会成立了"整理水利文献委员会",对水利文献资料等展开整理;同时,张念祖的《中国历代水利述要》、郑肇经的《中国水利史》、冀朝鼎的《中国历史上的基本经济区和水利事业的发展》等一批水利史著作问世[1],影

---

[1] 张念祖:《中国历代水利述要》,上海书店出版社,1947年;郑肇经:《中国水利史》,商务印书馆,1939年;冀朝鼎:《中国历史上的基本经济区和水利事业的发展》,中国社会科学出版社,1981年。

响较大。此时,水利技术的研究成果也开始增多,1939年《导淮》半年刊出版发行,有关云南、贵州两省的农田水利的研究成果发表较多,其研究主要是得益于20世纪30年代导淮委员会采用测量技术专门对云南、贵州两省农田水利进行测量所得的数据。改革开放以后,大陆水利史的研究获得了较大发展,如《中国水利史稿》、姚汉源的《中国水利史纲要》和《中国水利发展史》、周魁一的《中国科学技术史·水利卷》等学术著作纷纷问世。① 这些著作主要是从国家治水、工程技术等角度对中国水利史进行史实性的梳理和概括性的研究。历史地理学有关西南等地区农田水利建设研究的著述,萧正洪的《环境与技术的选择——清代中国西部地区农业技术地理研究》②可为代表。在全国综述性的水利史研究的同时,地方区域史的水利史研究也开始出现,研究成果增多。③ 在国外,日本对于明清时期、民国时期中国水利史的研究较为详尽,主要侧重农业灌溉与排水、黄河的治理、漕运与交通、城市水利等方面。日本1965年成立"中国水利史研究会",滨岛敦俊等学者也从不同角度研究中国各个时期的水利,提出了"水利共同体理论"。伊懋可则从经济与环境的角度研究清代水利的历史。此外,魏丕信对清代水利也作了一定的探讨。然而,学界对贵州省的水利史研究较少。目前学术界有关贵州水利的研究

---

① 武汉水利电力学院、水利水电科学研究院《中国水利史稿》编写组:《中国水利史稿》,水利电力出版社,1979年;姚汉源:《中国水利史纲要》,新华书店出版社,1987年;姚汉源:《中国水利发展史》,上海人民出版社,2005年;卢嘉锡总主编,周魁一著:《中国科学技术史·水利卷》,科学出版社,2002年。
② 萧正洪:《环境与技术选择——清代中国西部地区农业技术地理研究》,中国社会科学出版社,1998年。
③ 王建革:《水乡生态与江南社会(9—20世纪)》,北京大学出版社,2013年;冯贤亮:《近世浙西的环境、水利与社会》,中国社会科学出版社,2010年;张俊峰:《水利社会的类型:明清以来洪洞水利与乡村社会变迁》,北京大学出版社,2012年,《泉域社会:对明清山西环境史的一种解读》,商务印书馆,2018年等。

停留在水利史实的梳理等层面,如杨争红、王文轩的《民国时期的贵州水利》[1],此文梳理了贵州省 1912 年到 1949 年间水利建设情况,指出该时段贵州水利建设是从民办到官办、从单一引水灌溉工程发展到综合性水利工程的简单过程,但是没有具体展开论述。杨伟兵就清至民国时期贵州山地水利开发已有一定研究。[2] 沈德富的硕士学位论文《清代贵州农田水利研究》[3],初步研究了清代贵州农田水利情况,分析了清代贵州农田水利发展的历史过程、运作模式及特点,但对于喀斯特等地区水利开发涉及较少,其研究不够全面和深入。总体上看,就喀斯特水利史专门研究上,现有的学术成果极为稀缺。[4]

1. 水资源与农业经济

安顺地区是贵州喀斯特面积分布最广的地区,喀斯特面积所占比重高达 71.5%(见表 3-1)。该地区土地分布零星,大多集中在低洼的负地形中,各种喀斯特地貌形态多样,地表水和地下水时常相互转化,地下水多呈裂隙管道型发育,故常在短距离范围内,地下水标高相差悬殊。地表水渗漏频繁,地下潜流及暗流屡见不鲜。[5] 在这样的岩溶地貌下发育形成的岩溶洼地、岩溶盆地和溶原,仅仅依靠地下暗河排泄洪水,但暗河伏流段泄洪能力非常有限,一遇暴雨积水极易形成洪涝灾害,再加上这样的地貌环

---

[1] 杨争红、王文轩:《民国时期的贵州水利》,《中国近代水利史论文集》,河海大学出版社,1992 年。
[2] 杨伟兵:《云贵高原的土地利用与生态变迁(1658—1912)》,上海人民出版社,2008 年。
[3] 沈德富:《清代贵州农田水利研究》,云南大学硕士学位论文,2012 年。
[4] 颜燕燕:《喀斯特地貌下的水利开发情况——以明末以来贵州为例》,《三峡论坛》2014 年第 3 期。
[5] 《安顺地区林业志》编辑室编:《安顺地区林业志》,内部出版,1987 年,第 1—2 页。

境"地无三里平",山高坡陡,表土脆弱,易形成山洪暴发和泥石流,堵塞河道,毁坏水利设施,加剧洪涝灾害。另外,喀斯特发育地区土壤一般较为贫瘠,保水能力较低,又因岩溶洼地、暗河、泉井发育,岩层透水性较强,地表径流流失快,不容易蓄水,抵御干旱能力较弱。在岩溶洼地、岩溶盆地中,地下暗河发育,降雨过后地表渗漏较为严重,易形成旱灾。有学者指出,岩溶地貌结构是导致贵州水旱灾害的重要内因。因贵州的土田不保水、不耐旱,一些地方因此出现"遇雨即涝,遇晴即旱"①。显然,这种地理环境不能够进行长距离的引水灌溉。②

表3-1 贵州省九州地市喀斯特面积分布比例

地州市名称	贵阳	黔南	毕节	安顺	六盘水	遵义	铜仁	黔西南	黔东南
喀斯特面积占比	85%	81.5%	73.3%	71.5%	63.2%	65.8%	60.6%	60.3%	23.2%

资料来源:徐燕、殷红梅:《贵州喀斯特地区旅游竞争力评价与对策研究》,熊康宁主编:《喀斯特生态文明研究》第1辑,中国社会科学出版社,2011年,第370页。

安顺地区水资源包括地表水和地下水资源。全区地表水资源的统计主要包括地表河流和人工水库、湖泊等(大型水库、中型水库、小型水库及山塘、天然湖泊水域),地下水资源则主要包括地下河、暗洞、泉井、潭等。依据安顺地区各县方志的相关记载,该地区水资源分布见图3-1。此外,安顺地下水资源除地下河以外,岩溶溶洞同样是贵州地下水资源的主要载体。根据1984年《贵州省地名志》对安顺地区的溶洞登记,安顺地区溶洞有近200个,其空间分布大致情况见图3-2。

---

① 郑明肇:《岩溶地貌对贵州水旱灾害的影响》,《贵州气象》1996年第6期。
② 萧正洪:《环境与技术选择——清代中国西部地区农业技术地理研究》,第224页。

专题三 水利化活动的政策与经验：贵州农田抗旱保墒的经济生态 | 221

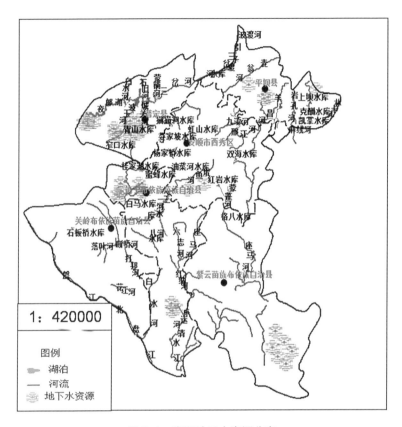

图 3-1 安顺地区水资源分布

据民国二十五年（1936）贵州省民政厅统计，时贵州总人口1 048万余人。① 全省农业从业者占人口绝大多数，分为"自耕农、佃农、半自耕农、半农与雇农"，"其一切播种、耕耘收获及所用农具、肥料等，几为一成不变之旧式"，沿袭清代以来的模式。安顺地区不少县仍是旱涝、蝗虫灾害多发，"惟听自然，农业概无进步，不遇到灾荒勉强有余"，无特殊可观之处。正如镇宁县"跬步皆

---

① 张肖梅：《贵州经济》，中国国民经济研究所，1939年，第A1页。

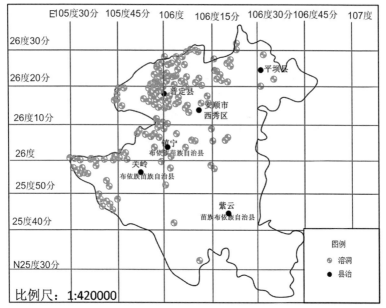

图 3-2 安顺地区溶洞分布

山,农田极少,丘陵起伏,罕有平畴原野。且与大河经流疏,缺灌溉之利,而一般农民复以囿于财力,故步自封,弗求改进,无战胜自然之能力与勇气。一切肥料、农具、耕耨所需纯系旧式。农产歉薄,徒患寡贫。据调查全县可耕地仅占百分之二十,荒地即占百分之八十"[1]。历经军阀战乱、灾荒,贵州省荒地面积增加迅速。民国二年(1913)全省耕地面积是 2 140.7 万亩,到民国二十三年(1934)下降至 2 120.6 万亩。[2] 全省的土地利用程度极低,据张肖梅的《贵州经济》的记载,"省政府经调查之 80 县,耕地面

---

[1] 民国《镇宁县志》卷三《民生志·农业》,《中国地方志集成》,《贵州府县志辑》44,巴蜀书社,2006 年,第 586 页。
[2] 《贵州六百年经济史》编委会编:《贵州六百年经济史》,贵州人民出版社,1998 年,第 363—379 页。

积共 53 232 000 余旧亩。其中 44 县内既有可耕荒地 54 874 000 余旧亩,由此耕地不及荒地之多。就有此荒地调查之 44 县言,耕地面积仅 29 710 000 旧亩,而可耕地面积反达 54 874 000 旧亩"①。可见当时农田垦殖率相当低,又"苗岭横亘,平原稀少,可耕地不及总面积的 20%,而荒地又占可耕地的五分之二左右"。抛荒的土地又分为多种,"如国府实业部之另一统计,于民国二十三年至民国二十五年间对黔省 43 县之可耕地调查结果,据谓共有荒地 25 490 451 公亩。以荒地之类别分为山荒,占 82.14%,最多;平荒,占 12.89%,次之;湿荒,占 4.88%,为最小。就荒地所有者之类别而言,私荒占 74.7%,最大;官荒 16.3%,次之;公荒占 9.0%,为最小"②。从当时统计资料来看,当时耕地主要为山地、平谷等地区。

  1936 年国民政府接管贵州以后,全省政治、经济、文化等各项事业建设加快,尤其是抗战时期,国内各大机构和人口内迁,贵州人口数激增。1936—1944 年贵州人口数由 991.88 万人发展到 1 082.72 万人,其中多为知识分子、工商业者和技术工人等。③高素质人才和政府机构的内迁,对贵州农业的发展起了极大的推动作用。这个时期贵州的农业出现新变化。全省耕地面积较战前有所增加,田地价格也不断上涨。民国《紫云县社会调查》称:"抗战前每亩水田好坏平均价值六十元至一百元,自抗战以后逐渐增长至今五千元至一万两千元。"④粮食、经济作物种植增多,如民国《平坝县志》记载"植物产品包括:黏米、粳米、糯米、旱稻、大麦、小麦、茶、油茶、杜仲、五倍子、金竹、紫竹、苦竹以及水果桃、

---

① 张肖梅:《贵州经济》,第 A1、A2 页。
② 张肖梅:《贵州经济》,第 A6 页。
③ 潘治富:《中国人口·贵州分册》,中国财经出版社,1988 年,第 66—67 页。
④ 刘国璋等编:民国《紫云县社会调查》,《中国地方志集成》,《贵州府县志辑》37,巴蜀书社,2006 年,第 612 页。

杏、李、木瓜；菜品类如韭菜、葱、蒜、芋等、各种豆类等"①。商品化程度也得到提高，如《民国关岭县志访册》提到"农桑：本县土多田少，除山岭所占地面外，可施耕种者大约旱田占十分之六，水田占十分之四。米、麦、玉蜀黍、荞、豆、高粱等项均产。米与玉蜀黍为大宗食品，米量约超过玉蜀黍一倍。每年各项粮食除本县食用外，约十分之一销售镇宁、贞丰、安南、紫云等"②。此外，油菜籽、棉花、甘蔗、何首乌、金银花、葵花、桐子以及茶油、桐油、菜油、草纸等，除了满足当地民众自身的需要外，还外销各地。

1938年贵州农业改进所成立，引进改良、推广农作物和畜禽品种为主，展开各种农业实验，并协助建立区县农业推广机构。以粮食、纤维、油料等农作物和经济作物品种改良、各级农技培养与服务体系建设为主的农业技术推广在全省大规模开展起来，掀起了贵州自清代中期移民开发以来的农业发展又一高潮。③ 其中，以烤烟业、茶业发展最为突出。1939年省农业改进所首次在贵定县引种烤烟成功，随即在全省指导和推广美烟种植，开创了贵州烤烟生产的历史。而茶叶在清代时便是贵州最重要的出口商品之一，在民国时期全省绝大部分地区都有种植。1940年在湄潭设立实验茶场，对湄潭、德江、凤冈、务川4县进行茶树品种调查，整理出黔北10大茶树品种。此外，1938年贵州省农田水利贷款委员会也正式建立④，负责全省农田水利工程计划、贷款

---

① 民国《平坝县志》第五册《实业志》，《中国地方志集成》，《贵州府县志辑》45，巴蜀书社，2006年，第206页。
② 民国《关岭县志访册》卷三《食货志》，《中国地方志集成》，《贵州府县志辑》36，巴蜀书社，2006年，第611页。
③ 杨伟兵：《贵州省农艺作物的品种改良与农业发展（1938—1949）》，《贵州文史丛刊》2012年第2期。
④ 贵州省地方志编纂委员会编：《贵州省志·大事记（1949—1985）》，贵州人民出版社，2007年，第299页。

和行政工作,1943年改为水利局,并制定了相关的章程,促进了贵州水利建设计划的出台。

1949年以后,贵州的各项事业开始逐渐步入快速发展的道路,农业和水利建设获得了快速恢复与发展。1950年省政府在土改之前将"清匪、反霸、减租、退押、征粮"①作为工作的五大任务。农业上实行减租、暂停农业税的办法,并制定了农业生产贷款实施办法。农林生产发展迅速,其中以棉、烟等工业原料最为突出,大力发展城乡物资交流,特别是土产交流、开展烤烟技术的交流等,同时对全省各地农田水利展开调研和建设工作。如1952年修建惠水县涟江灌溉工程,1954年修建修文县盐井冲小型水库、平坝羊昌河灌溉工程,并在1955年确立"贵州发展小型农田水利和挖掘已有灌溉设施的潜力,有条件的发展大型灌溉工程"的农田水利方针。农田水利部门加强对水利设施的查勘和管理,并帮助少数民族地区改变"赶山吃饭"和"刀耕火种"的落后耕作状况,在全省少数民族聚居或散居的72县内,发放无偿农具25.5万件。② 在发展农业的同时帮助他们发展林木和畜牧业,逐步改进少数民族地区的耕作技术和农业生产工具。这些措施提高了民众生产积极性,据1953年《新黔日报》报道:"贵州今年农作物产量均得到了增加,全省平均将比去年增产粮食6.33%,增产棉花3.78%,增产烤烟59%。今年的特点是边远地区由于生产工具和生产技术的改革,增产幅度一般比中心地区要大。"③又注重林业建设,贵州省林业局在重点林区建立35个重点工作站,

---

① 贵州省地方志编纂委员会编:《贵州省志·大事记(1949—1985)》,贵州新华印刷二厂,1985年,第11页。
② 贵州省地方志编纂委员会编:《贵州省志·大事记(1949—1985)》,贵州新华印刷二厂,1985年,第34页。
③ 贵州省地方志编纂委员会编:《贵州省志·大事记(1949—1985)》,贵州新华印刷二厂,1985年,第35页。

有计划开展林业建设,组织林路调查工作队,调查林业资源,传授林业技术。1955年成立乌江造林局,逐步绿化乌江中游两岸。贵州省政府农林厅还注意纠正乱开荒山和放火烧山等严重破坏生态平衡的行为,并规定"凡20度陡坡严禁开荒,15—20度宜林带应种植桐、茶、果等树木"①。

20世纪60年代以后,贵州省加快农业科学技术发展的步伐,落实农业实现化肥化、机械化、电气化、水利化的政策,排灌站、水电站、水轮泵站等也相继建立,更有贵州的科研单位试制出适应贵州山区田高水低的农用潜水电泵。据贵州省农田水利局统计,1963年全省投入生产电力提水设备161台机组,近万匹马力,灌溉面积4.7万余亩。② 此外,开始推广高产、耐旱、抗倒、早熟的水稻品种。20世纪70年代以来,贵州在加快农田水利建设的同时,还注重贯彻和落实地区水土保持工作,尽量减少破坏地貌植被,制定治理水土流失的对策。越来越重视经济发展与生态环境的协调统一。

2. 水利建设

民国时期贵州大规模的水利建设始于1939年。导淮委员会、珠江水利局等开始抽调部分技术人员对贵州进行勘测设计,贵州水利建设开始运用有关水文、地质、勘测、设计等现代的科学技术。在民国时期农技推广运动中,修渠引水、筑坝蓄水灌溉田地活动开展也较多,抗战时期,贵州出现过一些较大型的水利工程(表3-2),为以后贵州农田水利的全面发展打下了基础。

---

① 贵州省地方志编纂委员会编:《贵州省志·大事记(1949—1985)》,贵州新华印刷二厂,1985年,第19页。
② 贵州省地方志编纂委员会编:《贵州省志·大事记(1949—1985)》,贵州新华印刷二厂,1985年,第107页。

表 3-2　1939—1944 年贵州大型水利工程

时间	所在地	名称	效用
1939—1940 年	惠水县涟江支流鱼梁河	小龙灌溉工程	1940 年基本建成，灌田 6 000 多亩，是贵州第一座现代水利工程
1942 年	惠水县三都区	三都区灌溉工程	受益农田 2 039 市亩
1942 年	惠水县满管区	惠水县满管区灌溉工程	受益农田 1 043 市亩
1942 年	惠水县老公坡	惠水县老公坡灌溉工程	受益农田 1 051 市亩
1943 年	惠水县涟江	涟江灌溉工程	浆砌石坝高 3.5 米，溢流面长 44.5 米，设计灌溉面积 3 000 多亩
1943—1945 年	贵筑县乌当、兴义县乌沙乡、安龙县陂塘	乌当引水、灌溉工程、乌沙乡牛膀子灌溉工程、安龙县陂塘海子排水灌溉工程	贵筑县乌当引水工程、乌当灌溉工程，受益农田 2 512 市亩。兴义县乌沙乡牛膀子灌溉工程，受益农田 1 200 市亩。安龙县陂塘海子排水灌溉工程，受益农田 5 000 市亩
1943 年	贵阳	贵阳中曹司水利工程	灌溉面积 4 600 亩

资料来源：《贵州通史》编委会编：《贵州通史》第四卷，当代中国出版社，2002 年，第 278 页。

抗战期间到 1949 年，全省较大的水利工程有 213 处，塘库总蓄水量只有 21 330 000 立方米，有效灌溉面积有 2 060 000 亩（其中包括浸水田 740 000 亩），另有桐梓天门河小水电站一座。[1] 从

---

[1] 聂洪峰、舒友发等：《贵州省国土资源遥感综合调查》，地质出版社，2007 年，第 105 页。

1912年至1949年,尤其是抗战以来,贵州水利建设终于走出了传统社会和传统生产方式的限制,开始修建现代化的水利工程,并且为以后水利工程的兴建提供了经验。

民国时期,贵州的农业用地大体上分为水田、旱地、山地(山坡旱地)。黔省河流水道虽多,但是因地势较高,距水源又近,故水流湍急;盖以河床浅狭,多伏礁石。① 当时人们已经意识到解决水利灌溉难的办法,发展水利,"黔省地处丘陵地带,山多田少,稼穑艰难,民食常处不足;一遇灾害,则饥馑立至。挽救之法,除积极提倡灌溉事业,以谋农产品之增加外,应利用大小河流之水,建设水利工业……水之为原动力,其法有直接和间接两种。直接利用水利者,即以水为原动力,借其力以冲动车轮,如水碾、水磨等是,其效率极微。间接利用水利者,乃引水冲击水轮,使与连接之电机旋转,借以发电,其最高效力,可达百分之九十六七。如水量充足,利用得法,能发生数千万匹之电力……水碾者不可与之同日而语"②。民国十八年(1929),国民政府组织人员调查贵州各县的水利情形。1938年,贵州省政府贷款150万元给经济部农本局农业调整处,其中100万用于农田水利贷款,省政府同时贷款20万元。由于此前贵州省的水利建设基础十分薄弱,在创办之初,面临组织简单、经费不足的困境,只能偏重于设计和建设小规模的灌溉工程。以贵阳地区为例,1940年省政府饬令凿塘抗旱,但是全县凿塘的数目较少,抗旱能力极低,到1944年才建成大沟。又因喀斯特区地表渗漏非常严重,地表土层薄,保水能力差,地表水缺乏,因此小山塘、小水池、小水窖等雨水集蓄利用工程,成为贵州稳定农业发展所依靠的重要的农田灌溉基础设施。

---

① 张肖梅:《贵州经济》,第29—35页。
② 张肖梅:《贵州经济》,第29页。

1912—1938年安顺地区的水利建设较为落后,各县几乎还是延续以前的工程,如清时期修筑的渠、塘、堰、坝等设施,修建塘堰,利用天然水资源灌溉农田。从民国时期的一些民族调查记录中可以看出,少数民族与汉族聚居的地区没有多大的差别,都较为落后。陈国钧在他的调查中强调"少数民族多还是傍山而居,仍然是刀耕火种的粗放的农事耕作方法,灰土随着流水进入田间,成为天然的肥料。因为住在山上用水不便,多节约用水,甚至减少用水"①,没有修建一些切实有效的水利设施来解决民众生产生活缺水问题。

1939—1949年,安顺地区的水利开发逐渐增多,随着大后方建设的进行,贵州全省开始出现较大规模的水利工程,其中较多的工程在中华人民共和国成立后又得到进一步的修复。到1949年为止,全省塘库总蓄水量只有2 133万立方米,蓄、引、提等各类水利工程总计有效灌溉面积为206.5万亩,其中保证灌溉面积为148万亩,仅占当时全省稻田面积的12.1%,其余基本为望天田。在农田水利工程中,除了中曹、乌当、涟江等几处尚未完工的较大的灌溉工程外,绝大多数是农民自发修建的堰塘、山塘、引水沟渠和筒车,规模很小,工程简陋,灌溉保证率不高,千亩以上灌溉工程寥寥无几,基本上没有大的水利工程。② 地下水和地表水的开发利用处在低水平阶段。

中华人民共和国建立后,地下水开发逐渐受到重视,一开始仍然是开凿水平截流隧洞和修建地下水库,打深井取地下水灌田则属少见。③ 1958年以来,贵州地下水开发渐成规模,并且借鉴邻近省份民众对于喀斯特地区地下水的开发经验技术,如湖南省

---

① 陈国钧:《生苗的食俗》,《贵州苗夷社会问题研究》第37期,《民国年间苗族论文集》第20集,贵州省民族研究所编,1983年,第203—206页。
② 贵州省地方志编纂委员会编:《贵州省志·水利志》,方志出版社,1997年,第4—6页。
③ 韩至钧、金占省等编:《贵州省水文地质志》,地震出版社,1996年,第455页。

群众总结的开发利用地下水的方法,如堵、卡、盖、围、蓄、截、引、提、汇等①,这加快了对地下水资源的开发。历史时期贵州安顺地区也采用上述的一些方法来满足农田水利需要,但是尚未完全普及,加上财力匮乏,这些方法往往不切实际。而安顺地区在中华人民共和国建立以后,其地下水的开采一般采用的是蓄水、引水、提水、堵水及钻井取水等方式。引水,简单来说就是修建引水渠道,自露头处引用地下河水和泉水,简单又经济,各地都在采用这种方法。提水,即在岩溶竖井、地下河天窗或岩溶潭中抽取地下水。堵水,即在地下河下游地区截堵地下河水,抬高水位,以便上游地区抽水。钻井,即在地表水源不足或水质不佳,且无地下水天然露头可利用的地区,采用此种方式,但钻井取水成本较高,主要在普定、平坝等县使用这种方式取水。② 中华人民共和国成立以后,安顺地区大规模水利建设从 1958 年开始,且水利建设成就突出。依照上述方法建设的各类较大水利工程先后建成并投入使用,如蓄水工程、引水工程、提水工程以及各类提水设施。尤其是1973 年国家电网的普遍设立,贵州水利建设更是进入一个新的高潮。以安顺县为例,1958 年至 1980 年的水利工程建设大体情况见表 3-3。

表 3-3 1958—1985 年安顺县水利工程

工程种类	兴修时间	名称
蓄水工程	1958—1985 年	革寨水库、鹅项水库、乐坝水库、黄土坎水库、红岩水库、双海水库、棕树水库、猫猫洞水库、龙潭水库、齐跃水库、大洼冲水库、马槽田水库、羊海水库、河坝田水库、红梅水库、小王冲水库、蔡家冲水库、岩桥水库、关冲水库等

---

① 张芳:《中国古代灌溉工程技术史》,山西教育出版社,2009 年,第 610—613 页。
② 贵州省地方志编纂委员会编:《贵州省志·地理志》,贵州人民出版社,1988 年,第 958—960 页。

续 表

工程种类	兴修时间	名　　称
引水工程	1958—1965年	仙人坝引水工程、青鱼塘引水工程、白腊沟引水工程、龙洞引水工程、冒沙井引水工程、青山河引水工程、老塘河引水工程、宁谷河引水工程、林哨河引水工程、叶家河引水工程、小革引水工程、关坝引水工程、桥头坝引水工程
提水工程	1960—1985年	小二型站有芦苇机灌站、后坝机灌站、落雨机灌站、九溪机灌站、雪猫凹机灌站、大西桥机灌站、安庄电机灌站等
		丰收电灌站，工农兵电灌站，长冲电灌站，老鸦石电灌站，甘河电灌站，陇嘎电灌站，背陇一、二级电灌站，雨利一、二级电灌站，凤山电灌站，场坝河边电灌站，华严电灌站，蔡官电灌站，二铺电灌站，旧州电灌站，双堡电灌站，鸡场电灌站，新场电灌站等
		班家坝水轮泵站、小得水轮泵站、王家坝水轮泵站、小桥坡水轮泵站、坝头上水轮泵站、巴洛水轮泵站、六万水轮泵站、小陷塘水轮泵站等
其他提水设施	1949—1985年	全县共有流动柴油机11台(113马力)、汽油机1233台(4265.5马力)及潜水泵、筒车龙骨车，此外还有胶管水龙、竹木水戽等提水工具
人畜饮水工程	1970—1985年	双堡、新场、鸡场、云山、龙宫、杨武

资料来源：《安顺县水利志》编写组编：《安顺县水利志》，内部出版，1989年，第20—41页。

自民国至1949年安顺县的水利设施与1958年至1985年水利工程的对比不难看出，安顺县在中华人民共和国成立后水利建设进入一个全面发展的新阶段。吸收历史时期开发利用喀斯特水资源的方法，如打井、揭露地下河、寻找泉水、截堵地下河、利用水利工具筒车翻车提水、建山塘蓄水之外,又结合实际因地制宜修建三小水利工程:小水塘、小水池、小水窖。利用现代工程技术、电力技术、防渗漏技术修建大型蓄水、提水、引水工程,发展电灌站等。1958年至1985年贵州省水利工程的数量和类型都在增加。但中华人民共和国成立后,贵州安顺地区水资源开发与利用也经历了曲折的发展过程。如据贵州省水利电力厅水利普查工作结果可以了解到,全省1962年实有灌溉面积500万亩,仅相当于1957年的水平,保证灌溉面积则为280万亩,仅相当于1957年的80%[1],出现过倒退的趋势,80年代以后逐渐走出低潮,发展迅速。

总之,对于贵州地下水的开采一般用的是蓄、引、提、堵及钻等方式,这在喀斯特地貌区得到普遍推广,既发挥民众聪明才智,又极大改善了民众的生产和生活用水条件。

中华人民共和国成立后,贵州全省在开展经济建设的同时,农田水利建设也开始步入快速发展的道路,大规模的开发是在20世纪50年代,安顺地区也是如此。1949—1955年安顺地区新增投资基建工程如表3-4所示。

表3-4 1949—1955年安顺地区新增投资基建工程

政区	名称	性质	蓄水(万米^3)	灌田(亩)	材料	工程长度(千米)
安顺市	娄家坡水库	新建	680	9 720	土石混合	80
	硐口水库	新建	500	6 500	土坝	5
平坝县	花牌水库	新建	757	9 500	土坝	19
	乐架河水库	新建	825	16 000	土坝	17

---

[1] 贵州省地方志编纂委员会编:《贵州省志·大事记(1949—1985)》,贵州新华印刷二厂,1985年,第102页。

续表

政区	名称	性质	蓄水(万米³)	灌田(亩)	材料	工程长度(千米)
普定县	窄口水库	续建	850	12 000	土坝	50
郎岱县	真淄水库	新建	312	3 000	石坝	7.5
	下坝水库	续建	122	1 520	均匀土坝	1.5
	偏箐水库	新建	130	1 200	土石混合	1
镇宁县	蚂蝗田水库	新建	151	2 500		3.5
	麻元水库	新建	160	1 670	均匀土坝	5

资料来源：《普定县水电局——地县有关农田水利建设会议报告、灾情措施及各种水利工程的统计等》，普定县档案馆，1959年，全宗号108，案卷号16，第27—28页。

50年代后期开始侧重水利工程的技术指导工作，切实保证工程质量的同时，又注重加强水利工程防旱与防洪相结合的原则。发动群众寻找水源，兴建群众性的农田水利工程。同时注重对原有工程的管理与修护工作，找专人负责放水，每年定期修补等，如安顺县已经建成了示范性的水库。① 普定县在此时也加大了水利工程建设与管理工作的力度。到1959年为止，普定县水利工程新整修共计301处，扩大灌溉面积21 699亩。② 到该年9月上旬，全县完成引蓄量1 216.34万米³，占任务数2 400万方的50.65%，扩灌面积15 051亩，完成水土保持初步控制面积20平方千米。开工的机械提水2站，68匹马力，防洪

---

① 《普定县水电局——国务院、省农林厅关于测量桩志保护、防洪防汛、机械提水、水利贷款管理养护等问题的总结、指示、报告、意见(之一)》，普定县档案馆，1955年，全宗号108，案卷号5，第73—78页。
② 《普定县水电局——地县有关农田水利建设会议报告、灾情措施及各种水利工程的统计等》，普定县档案馆，1959年，全宗号108，案卷号16，第30页。

排水新修123处,受益农田18—50亩。全县共计成立了计划用水委员会33个,有看水小组191个共449人,具体保养工程402处。春耕用水阶段塘库满蓄者307处,占45.74%,蓄半库者51处,占12.7%,少蓄水者44处。农作物每亩产量也因水源充足而发生较大的变化,在没有修建水库之前,每亩产量500—600斤,修建水库之后每亩粮食产量达到700—900斤。[①]

1959年以后普定县水利工程的建设呈现突出特色,水利工程建设更加注重工程质量,工程质量较以前大大提高。此外,全面展开了高功效运动,最高功效提高到50—60倍,全年节省平均劳力11余万工日。贯彻土洋结合、以土为主的方针,1959年3月创建了一部木质配尔登式水轮机,效果良好。同时生产和生活相结合,如羊寨水库工地种了早熟作物二十余亩,收入洋芋三千余斤,谷物四千余斤。窄口水库养猪,靛山水库喂鸡,实现肉油自给。但是由于一些政治运动的干扰,延缓了水利工程的建设。该县的机电工作进度缓慢,1959年全县只安装了1台60匹马力的抽水机,原计划是安装5台。除去机器本身的因素,还因为相关技术人员极少,1959年普定县的技术干部只有1个人,农民司机只有8个人[②],老站的整修工作耽误了新站的安装。[③] 60年代至70年代,主要针对存在较大安全隐患且查明隐患缘由的水利工程进行整修和维护,如对水库严重渗漏地段进行了防渗处理工

[①]《普定县水电局——地县有关农田水利建设会议报告、灾情措施及各种水利工程的统计等》,普定县档案馆,1959年,全宗号108,案卷号16,第33页。
[②]《普定县水电局——地县有关农田水利建设会议报告、灾情措施及各种水利工程的统计等》,普定县档案馆,1959年,全宗号108,案卷号16,第39页。
[③]《普定县水电局——地县有关农田水利建设会议报告、灾情措施及各种水利工程的统计等》,普定县档案馆,1959年,全宗号108,案卷号16,第35页。

作。同时开始建设科学用水试点,如浅灌、沟灌。① 而相关的防洪与排涝工程的建设完成较晚,耗时较长。主要是技术上存在问题以及施工成本问题。1995年普定县水利水电勘测设计队先后完成一系列防洪排涝的工程设计以及建造,如"普定县龙场乡煤场小河防洪排涝工程、陇嘎防洪排涝工程、陇嘎小河防洪排涝工程、骂若防洪排涝灌溉工程"②等相继修建。

历史上的安顺县也没有较大的水利设施,民众只是在一些有水源的地方筑坝建塘,开沟凿渠,大部分的农田靠天吃饭。50年代开始组织民众在修复原有水利设施的基础上,兴修了一些小型的水利工程,如山京防洪灌溉工程、岩桥水库、红梅水库等,对以后水利建设起了很好的推动作用。1958年以来整个贵州的水利建设进入高潮时期,安顺地区的水利建设也在这样的背景之下开展起来。这个时期的水利工程开始正式起步,然而安顺地区水利建设也经过了一个盲目发展阶段,受大跃进浮夸风的影响,片面追求进度。1958年以后安顺县的水利工程由少到多,由小到大,截至1964年,建成小型水库30座,总蓄水量2 928万立方米,灌溉面积41 453亩。兴建引水工程6处,灌溉面积为8 125亩。③但由于当时修建技术较差,一些工程片面追求速度,实行所谓的边勘测、边设计、边施工的工程建设,使得修建的工程质量不合格,一部分水利工程报废,有的渗漏严重,虽然经过修复,但还是损失不少。修建的水库中,就有位于安顺县东南部(双堡区梅旗

---

① 《普定县水利水电局——国务院、地革委等关于小型水库基建管理、提灌、农田水利技术管理规定、抗旱经费使用、水上、水产资源保护、人畜引水规划、水利资源普查》,普定县档案馆,1979年,全宗号108,案卷号35,第180—181页。
② 《龙场、煤乡小河、沙湾、太平、阿老田、天王旗、陇嘎、骂若防洪排涝工程资料》,普定县档案馆,1995.8—1996.8,全宗号108,案卷号35,第22—178页。
③ 《安顺县水利志》编写组编:《安顺县水利志》,内部出版,1989年,第1—2页。

乡革寨村)的革寨水库。水库的主要问题是坝区和渠道渗漏严重,管理制度缺失,工程保护范围不明确,水费拖欠等。[①] 位于安顺城东南江平乡的双海水库,由于水库纠纷没有解决清楚,影响蓄水,灌溉效益衰减。又岩桥水库和关冲水库由于塌陷无法蓄水,红梅水库由于渠系不配套,未能充分发挥效益。但最早建成的一批水库对于安顺地区的水利建设起到了很好的推动作用,大型水利工程开始发展起来。

至20世纪80年代逐渐加强了对蓄水工程渗漏技术的处理,在修补现存水库的基础上,开始修建一些水利工程,发展电力提灌技术,如龙潭水库(1966年修建,1987年大坝灌浆除险防渗后蓄水正常)、齐跃水库(位于安顺县二铺区七眼桥镇,工程于1974年修建,建设中因坝址地基问题,渗漏严重不能蓄水,后经钻孔灌浆才能蓄起水来)等的渗漏处理。[②] 此外,注意明确工程保护范围以及管理制度,注重工程与自然环境的相适应。如根据不同地区的自然环境,对地下水的开发采取不同的模式:在干旱人畜饮水困难的干旱地区,采用开挖的方式寻找浅层地下水源;在岩溶地区直接开挖地下河水灌溉农田;在无自然引流岩溶山区,可以采取开挖隧洞拦截地下河水。人们在经过专家地质勘测后了解到,三叠系石灰岩、白云岩以及寒武系娄山关群白云岩、石炭系石灰岩、白云岩,是打井取水的最佳水位层。随着人们用水量不断增加,以及喀斯特地貌下地表水出现匮乏的现象,民众对地下水的开发越来越重视。

总体来说,从中华人民共和国成立到20世纪80年代,安顺地区的水利建设发展迅速,出现了较大规模的水利工程,如蓄水

[①]《安顺县水利志》编写组编:《安顺县水利志》,内部出版,1989年,第1页。
[②]《安顺县水利志》编写组编:《安顺县水利志》,内部出版,1989年,第27页。

工程、引水工程、提水工程和排水工程。但是由于不注重与当地实际结合,加上完工后修复以及管理的混乱,导致很多工程没有发挥实际的作用。80年代以后,水利工程建设又得到了进一步发展,并且注重与当地的生态建设相适应,改善了当地民众生活和生产用水的条件。这个时期安顺县水利工程主要成果如表3-5所示。

表3-5 1949—1985年安顺县水利工程建设

工程种类	划分种类	名　称
蓄水工程	小(一)型水库①	革寨水库、鹅项水库、乐坝水库、黄土坎水库、红岩水库、双海水库、棕树水库、猫猫洞水库、龙潭水库、齐跃水库、大洼冲水库等
	小(二)型水库②	马槽田水库、羊海水库、河坝田水库、红梅水库、小王冲水库、蔡家冲水库、岩桥水库、关冲水库等
引水工程	小(一)型引水工程③	仙人坝引水工程
	小(二)型引水工程④	青鱼塘、白腊沟、龙洞、冒沙井、青山河、老塘河、宁谷河、林哨河、叶家河、小革、关坝、桥头坝
提水工程	小(二)型机灌站⑤	芦苇机灌站、后坝机灌站、落雨机灌站、九溪机灌站、雪猫凹机灌站、大西桥机灌站、安庄屯机灌站

---

① 水库库容在100万立方米至1 000万立方米。
② 水库总库容在100万立方米至1 000万立方米。
③ 即设计灌溉面积5 000亩以上的引水工程。
④ 即设计灌溉面积500亩以上的引水工程。
⑤ 即灌溉面积100亩以上,装机100马力以下。

续 表

工程种类	划分种类	名　　称
提水工程	小(一)电灌站①	工农兵电力提灌站,丰收电力提灌站,长冲电力提灌站,老鸦石电力提灌站,甘河电力提灌站,陇嘎电力提灌站,背陇一、二级电力提灌站,雨利一、二级电力提灌站,凤山电力提灌站,场坝河边电力提灌站
	小(二)型电灌站②	华严电灌站、蔡官电灌站、二铺电灌站、旧州电灌站、双堡电灌站、鸡场电灌站、新场电灌站
	小(二)型水轮泵站③	班家坝站、小得站、王家坝站、小桥坡站、坝头上站、巴洛站、六万站、小陷塘站
人畜饮水工程	人畜饮水工程	双堡人畜饮水工程、新场人畜饮水工程、鸡场人畜饮水工程等

资料来源:《安顺县水利志》编写组编:《安顺县水利志》,内部出版,1989年,第21—41页。

这个时期的安顺县已经建设不少引水、蓄水、提水、饮水等水利工程,水利工程体系不断完善。但是在20世纪60年代,由于现实的因素、管理体制的不合理以及不注重水利工程的修缮,坝区和支渠出现严重渗漏,或因工程保护范围不明确、水费征收不足额以及人为的水利纠纷,其中一些水利工程无法发挥预计的效用。但这些问题在20世纪80年代以后都得到了有效的纠正,安顺地区的水利工程体系逐渐发展完备,水资源得到大规模开发与利用。

---

① 即装机在100千瓦以上。
② 即装机在100千瓦以下,灌溉面积在100亩以上。
③ 即灌溉面积为100亩以上。

3. 水利开发和建设特点

（1）发展曲折

从民国建立一直到1938年,这个时间段内安顺地区的水利建设发展很缓慢,新修的大型水利工程几乎为零。至抗战爆发前,水利建设事业以对原有水利工程修复维护的工作为主。虽然国民政府统治贵州后下达了一系列发展贵州农田水利的政令,但是由于各种各样的原因,政府有关部门制定了水利工程计划,其中绝大多数都成为空头支票。如安顺地区(镇宁县),因为当时政府未切实开展宣传和引导,加上农民无力组织兴建和维护水利工程,甚至连简单开挖沟渠、利用水车的民众都很少,开塘筑堰等较大的工程更是没有。民国二十一年(1932),县长胡庆雯曾一度兴工开挖刘旗堡的雷打岩龙潭水以供灌溉,旋因故中断。民国三十三年(1944)县长欧光哲亦曾修筑大山乡长脚寨水利工程,经派员勘测约需要石5 000立方,工费大致30万元,增益田地九百余亩。但是徒有计划,未付诸实施。境内的河流既小又少,仰仗天雨。所用的戽水工具除王二河与丁旗河用竹筒水车汲水外,采用人力推送与龙骨车合作,水利之利用仅有磨米水碾1种,但只是丁旗、黄果树、石头寨、白水河等地有之,全县水碾总计尚不足20架。[①]

抗战爆发后至1949年,贵州水利建设迅速发展。民国二十七年(1938)贵州省与经济部农本局农业调整处联合成立"贵州省农田水利贷款委员会",贵州省开始由政府领导进行水利建设。自1936年省政府建设厅通令全省各县填报农田水利工程报表,

---

[①] 民国《镇宁县志》卷三《民生志·水利》,《中国地方志集成·贵州府县志辑》第44册,巴蜀书社,2006年,第590页。

到 1939 年填报者共 39 个县。① 其中安顺县的羊场坝、火把洞排水工程被指定为工赈开办工程,款由安顺中国农民银行贷款协助办理。工程于 1945 年 5 月施工,年底土方工程大部完成,次年 7 月石方工程全部完竣。这个例子说明农田水利贷款委员会的成立,对贵州水利建设起到了一定的作用。但安顺县进行大规模的农田水利建设是在中华人民共和国成立后,这个时期国民政府的很多工程都是由于各种各样的原因未能付诸实施。

中华人民共和国成立后,安顺地区的水利建设进入快速发展时期。1949 年之前,安顺地区没有较大的水利设施,当地民众只是依靠天然的河湖、水利工具等进行灌溉,大部分地区农业还是靠天吃饭。如安顺县有灌溉面积 24 894 亩,仅占全县稻田面积的 10.1%。② 1958 年以来,安顺地区水利工程建设的步伐明显加快,如安顺县华岩乡 1952 年统计有水沟 12 条、塘 11 个、井 6 个③,后来掀起群众性的防旱抗旱建设,对其进行整修。但是由于在水利建设中还存在蓄水、引水、提水工程分布不合理问题,缺乏统筹安排及合理规划。另外,在工程建设中,没有完整的建设规划,盲目修建,从而造成许多工程的效益难以实现,带来资源的浪费。个别工程蓄水满库,无渠道或渠道不能放水灌田;也有的工程修好后,无水抽,或蓄不起水。还有的水利工程,原设计规模偏大,不能实现,造成损失和浪费。在地下水资源的开发利用中,存在上、下游及工、农用水的矛盾,有的地区因过量开采造成地面沉陷的问题。此外县内的水质污染已日趋严重。人畜饮水困难

---

① 《安顺县水利志》编写组编:《安顺县水利志》,第 21 页。
② 《安顺县水利志》编写组编:《安顺县水利志》,第 20 页。
③ 中共贵州省安顺地委会档案室制:《中国共产党贵州省安顺地方委员会——农村工作部 1952 年地委和郎岱厅等四县关于水利工作的情况》,1952 年 4 月,安顺市档案馆,档案号:19-1-13,第 6 页。

仍然存在,全县水土流失也较为严重,一些地区已经破坏了自然生态平衡,影响到水资源的合理利用。20 世纪 60 年代,安顺地区的水利建设总体来看是发展迅速,蓄、引、提各类工程逐步增加,全省通过对现有水利工程的清查整顿,初步划定工程所有权、管理权和使用权。①

20 世纪 70 年代以后,安顺地区的水利建设经验不断得以总结,民众因地制宜地发展应对措施,小型水利设施普遍发展起来。1973 年省水电厅安排各县开展水利工程的检查活动。各县、区、公社等成立了领导、群众、技术人员三结合的普查队,围绕"查工程建设及投资使用情况、查工程安全情况、查工程效益,查工程管理状况、查综合利用"②,对水利工程展开调查。此次调查对贵州水利建设中存在的建设多、不配套、管理差、效益低等问题,制定了相关的管理措施,进一步加强对工程的管理和组织。1979 年召开了水利会议,提出水利工作方针:仍以小型为主,配套为主,社队自办为主,加强管理,狠抓实效。1981 年贵州省水利电力厅制定了《贵州省水利工程管理试行办法》。③ 20 世纪 80 年代以来,水利管理工作得到进一步加强,干部和群众对巩固现有的水利工程、制止破坏水利设施的行为高度重视,水利部门从技术和经费等方面也支援农村恢复了一批损坏的水利工程。

(2) 单一到综合

由民国到 20 世纪 80 年代,安顺地区水利工程逐渐从单一的引水灌溉、排水工程发展到蓄、引、提、灌(机灌、电灌)等综合性的水利工程。尤其是进入 20 世纪 60 年代以来,综合性工程建设步伐开始加快。

---

① 《安顺县水利志》编写组:《安顺县水利志》,第 47 页。
② 《安顺县水利志》编写组:《安顺县水利志》,第 47 页。
③ 《安顺县水利志》编写组:《安顺县水利志》,第 47 页。

自20世纪60年代以来,安顺地区的水利建设总体来看发展迅速。蓄、引、提、灌各类水利工程数量逐步增加,如安顺县已经建成了示范性的水库。[①] 普定县在此时也加大了对水利工程的建设与管理工作力度。到1959年为止,普定县水利工程新整修共301处,扩大灌溉面积21699亩。[②] 农作物每亩产量也因水源充足而发生了较大的变化,在没有修建水库之前,每亩产量500—600斤,修建水库之后每亩粮食产量达到700—900斤。[③]

(3) 重建设、轻管理

中华人民共和国成立后,尤其是1958年以来,一方面安顺地区水利工程建设的步伐明显加快,另一方面因为不同地区对水利工程建设和维护方面存在的认识和执行的力度不同,多数地区还是存在着重建设、忽视管理和维护的问题。很多地区都存在着重建设、轻管理的现象,导致很多已建成的工程消减或丧失原有作用,造成巨大的浪费和损失。如安顺县华岩乡1952年统计有水沟12条、塘11个、井6个[④],但大部分淤塞漏水。后来掀起群众性的防旱抗旱建设,进行整修。此外,在水利建设中还存在蓄、引、提工程分布不合理的问题,许多工程由于缺乏统筹安排及合理规划,工程效益的发挥受到严重的影响,造成浪费。另外,在工程建设中,缺乏完整的建设规划,存在盲目修建的问题。个别工

[①] 《普定县水电局——国务院、省农林厅关于测量桩志保护、防洪防汛、机械提水、水利贷款管理养护等问题的总结、指示、报告、意见(之一)》,普定县档案馆,1955年,全宗号108,案卷号5,第73—78页。

[②] 《普定县水电局——地县有关农田水利建设会议报告、灾情措施及各种水利工程的统计等》,普定县档案馆,1959年,全宗号108,案卷号16,第30页。

[③] 《普定县水电局——地县有关农田水利建设会议报告、灾情措施及各种水利工程的统计等》,普定县档案馆,1959年,全宗号108,案卷号16,第33页。

[④] 中共贵州省安顺地委会档案室制:《中国共产党贵州省安顺地方委员会——农村工作部1952年地委和郎岱厅等四县关于水利工作的情况》,1952年4月,安顺市档案馆,档案号:19-1-13,第6页。

程蓄水满库,无渠道或渠道不能放水灌田。有些工程建成后,蓄不起水。因没有完善的管理体制,民众私自在水沟内放牛、抓鱼、偷用水资源的现象增多,对此有关县专门制定惩罚措施,如安顺、郎岱等县"禁止放牛在沟内,践踏和踩沟坎,……如有损坏立刻修理。禁止放水抓鱼,违者赔偿田水至每石田赔偿大粪五挑。禁止堵水捕鱼,禁止偷上沟上梗田的水,违者赔偿水量"[①]。

60 年代初期,受三年自然灾害的影响,农业大幅度减产,水利工程无人管理,经常发生用水纠纷,上下游矛盾突出。由于废库还田,毁渠耕作,水利设施损坏严重,降低了工程效益,造成了一些水灾。据安顺县蔡官乡 1960 年的调查,37 处工程中有 27 处无人管理,工程效益较 1957 年降低了 42.7%。[②] 但在 1964 年,现有水利工程经过清查整顿,初步划定工程所有权、管理权以及使用权,管理组织制度逐渐恢复。"十年动乱"时期大部分工程无人管理,水库灌区发生了严重的水利纠纷。

进入 80 年代,水利管理工作有了进一步的加强,干部和群众对水利设施的保护工作高度重视,水利部门也在经费上、物资上、技术上支援农村恢复了一批损坏的工程。[③] 但在放宽农村政策执行过程中,水利管理工作没有及时跟上,一度出现无人管理的现象,水利纠纷时有发生,一些工程又遭到了破坏。如普定县后寨河流域的母珠洞水库,也是通过开发岩溶水来灌溉饮用,但是由于水利管理不合理,导致用水纠纷,最终水库的设施被毁坏,又漏水严重,目前已经废弃。

[①] 中共贵州省安顺地委会档案室制:《中国共产党贵州省安顺地方委员会——农村工作部 1952 年地委和郎岱厅等四县关于水利工作的情况》,1952 年 4 月,安顺市档案馆,档案号:19-1-13,第 8 页。
[②]《安顺县水利志》编写组编:《安顺县水利志》,第 20 页。
[③]《安顺县水利志》编写组编:《安顺县水利志》,第 20 页。

(4) 岩溶区地下水开发突出

中华人民共和国建立以前安顺地区的水利工程较少。如平坝县在中华人民共和国建立前,全县仅有 62 处水利工程[①],地表水资源的利用较多,开发了堰塘、河坝等小型设施,地下水只是利用出露地区潭、洞、泉等,如表 3-6 所示。

表 3-6　平坝县中华人民共和国建立前坝、塘、潭、井统计

类型	名　　称	灌溉面积
水坝	双坝、梅家坝、蒙古坝、四道坝、小河坝、刑江坝、槎头坝、周下坝、黄土坝、鸡场坝、湾滩坝、穿硐坝、落锅坝、鲤鱼坝、关相坝、曾家坝、刘家坝、东吹坝、高吹坝、大湖坝、河湾坝、老郎坝、钱塘坝、界首小坝、平寨石坝、节溪坝、小鸡场坝、桃花园坝、黄家坝、小山坝、老岛坝、文书坝、龟山坝	5 240 亩
塘	刘家庄山塘、老年塘、水磨大塘	610 亩
潭	母猪龙潭、川心龙潭、小青龙潭、大树龙潭	670 亩
井	二官小龙井	80 亩

来源:《平坝县水利志》编纂委员会编:《平坝县水利志》,2011 年,第 133—134 页。

民国时期大部分的水利设施还是以地表径流或者出露的地下水的开发为主,由于技术的限制,当地民众无法大规模开发和利用地下水资源。中华人民共和国建立后,随着科学技术的普及和对喀斯特地区地下水认识的深化,在经过专家地质勘测后人们了解到三叠系石灰岩、白云岩以及寒武系娄山关群白云岩,石炭系石灰岩、白云岩,是打井取水最佳的水位层。安顺地区的地下水开发也提上了日程,其中有很多的提水工程和人畜饮水工程开

---

① 《平坝县水利志》编纂委员会编:《平坝县水利志》,2011 年,第 116 页。

始大规模地开发地下水资源。其中安顺县在 1960 年到 1985 年开始建设诸多提水工程,如芦苇机灌站、后坝机灌站、落雨机灌站、九溪机灌站、雪猫凹机灌站、大西桥机灌站、安庄屯机灌站。电灌站如工农兵电力提灌站、丰收电力提灌站、长冲电力提灌站、老鸦石电力提灌站、甘河电力提灌站、陇嘎电力提灌站、背陇电力提灌站、雨利电力提灌站、凤山电力提灌站、场坝河边电力提灌站等。① 这些提灌站的建立,使得地表与地下水资源大规模开发成为可能。

4. 其他经验与总结

贵州安顺地区水资源总量并不少,但由于喀斯特地貌广布,水渗漏较为严重,水资源过而不留,降水季节分配不均,造成水资源短缺。从技术来看,历史时期当地民众因地制宜发展了当地赖以依存的水利设施和水利技术,在当时生产力有限的条件下,民众得以维持生活。随着各项事业开发力度的加大,在中央和地方官员的治理下,充分开发了农田水利的潜力,喀斯特地区小型的水利设施逐渐普及。

(1) 因时制宜与因地制宜相结合

清时期,民间根据田地受水情况的不同,将田分为多种类型:滥田、水车田、冷水田、堰田、塘田、井田、梯子田、腰带田、干田(望天田)。对田土的分类我们可以看出,清以降民众开始认识到水源和距离水源的远近对田地的肥瘠有很大的影响。一般而言,肥沃的土地大多是有水源或者距水源较近,而贫瘠的田地不是距离水源太远,就是没有水源,仅靠天吃饭,正如《黔南识略》所记载:"田亩肥瘠,视水源远近","田亩大抵近水地平者,田多腴;山高水

---

① 《安顺县水利志》编写组编:《安顺县水利志》,第 32—37 页。

少者,田多瘠。"

此外,他们也逐渐因地制宜,针对不同土壤和水源来种植不同的作物,民众认识到黄泥适合发展冬水田,沙砾地宜种早春,贫瘠地可栽种耐旱作物,并且积极引种各类品种,如咸丰《安顺府志》物产中有关于稻和麦的记载。稻(谷)出现了7种(早谷、晚谷、红谷、羊毛谷、糯谷、黏谷、旱稻),麦有4种(老麦、小麦、燕麦、谷麦)。可知清代咸丰年间,安顺地区农作物种类不断增多,尤其稻类引进了很多品种,有适宜在缺水的山地种植的旱稻,此外还有高粱和小麦这类耐旱的农作物。当地民众已经知道因地制宜和因时制宜地种植农作物的重要性。旱稻、高粱、玉米和小麦都可种植在山地中,而水稻一类用水量较大的农作物则种植在平原坝子接近水源的地方。从种植时间来说,如稻谷过时不可种,则种植晚小谷、晚高粱、冬荞之类,即在夏至以后尚可播种,"况夏雨少,则秋雨必多。变而通之,庶使田不荒芜,而歉岁仍转为丰岁矣"[1]。

在传统农业社会,贵州民众对于田、土、水的认识不断深化,不仅仅考虑到积极开发水源来满足作物的需要,同时也因土质的不同,发展适宜的作物,从而实现了农田水利发展的因时制宜与因地制宜的统一。

(2) 水利设施防渗漏技术突出

历史上贵州农田水利建设虽较为落后,但是民众和地方官员关注水利技术的记载与经验的积累。如清代黎平郡守罗文思在"堰说""堰法""塘说""塘法"[2]中,总结出选址、施工、管理等方面

---

[1] 光绪《黎平府志》卷三下,《中国地方志集成》,《贵州府县志辑》17,巴蜀书社,2006年,第242页。
[2] 乾隆《石阡府志》卷二《渠堰》,故宫珍本丛刊第222册,海南出版社,2001年,第317页。

的技术经验以及各种地形修建渠堰的相应条件和注意事项,如山流引渠,高田作堰,平地开塘,沿河筑坝。又对筑堤修堰的方法做进一步发展,利用溪流和水利灌溉工具,光绪《黎平府志》载:"灌溉之利,拦河为上。溪水之流,随地势次第节为堰而分之。"利用泉水灌田,但要区分冷泉热泉,"又溪大岸高不可拦,横堤之近岸砌隘港焉,水至此速",此种地势可使水车灌田。对于山堰堤坝的选择与修建则"山涨所必注者掘之,石谷田贮深三尺之水,足灌十五石田,倍深其灌亦倍。治堰之法。必窊中筑其底,坚其四埔,使无渗漏。若堤必厚,内外砌石,实以土。以一闸司其蓄,土中蓄蒲鱼,上周种植柳树,随山势疏小沟,令雨水至即疏注。如是,虽高田值大旱,无不收者。又嘉植美荫,牛得以时寝訛饮浴其所,菰芡鱼蟹又可时取"①。注意山塘堰坝修建时防渗漏的处理,另外修建山塘堰坝,一方面可以灌溉农田,另一方面可以植柳养牛,获得虾蟹鱼芡,可谓一举多得之利。在清代修建山塘堰坝的时候已经注意到防渗的方法。

中华人民共和国成立初期,民众往往忽视水库等大型水利工程的防渗技术,没有结合历史经验和治理方法,只注重数量、速度、规模,再加上管理体制的混乱,导致一些大型的水利工程作废,没有起到真正的灌溉农田的作用,这不能不引起我们的反思。

(3)重视综合性水利工程的建设

民国初期,随着西方科学技术知识的传入以及中国水利技术的发展,人们对贵州喀斯特地貌的认识更加科学,喀斯特地区的水利建设逐渐发展起来。贵州省也不例外,开始学习西方先进的科学技术理论,对水利试图采取现代式的经营管理方式,并着手培养水利科技人才,注重实地科考的研究。抗战以后,各大机构

---

① 光绪《黎平府志》卷三下,《中国地方志集成》,《贵州府县志辑》17,第240页。

和人口内迁,为贵州各方面发展提供了契机。民国初期水利事业的开发,因为旧政府未能切实宣导,农民知识浅陋,习于保守,即简易之挖沟开渠利用水车者较少,更无开塘筑堰等较大工程。①一直到中华人民共和国建立以前,贵州不少地区当时所利用的不过是清代以来修建的山塘、沟渠、堰坝,水利设施都较旧而且单一。中华人民共和国成立后,贵州省建设厅分管水利,在加大了对水利工程的开发力度,巩固原有的水利设施的基础之上,一度修建了几处较大的水库和引水灌溉工程,如 1955 年冬在安顺县境内兴建山京防洪灌溉工程,群众兴建小型示范水库三座:岩桥水库、红梅水库、关冲水库,对安顺地区以后水利建设起了很好的推动作用。20 世纪 50 年代后期安顺地区的水利建设由少到多,由小到大,迅速发展起来,到 80 年代,安顺地区发展了提水、蓄水、引水、排水等综合性的水利工程,前文提到的安顺地区如安顺县、普定县等大型水库和排水防涝工程的修建,就是很好的体现。

(4) 愈发重视地下水的开发

贵州省地下水资源含量是非常丰富的。贵州省境内有数量较多的地下河,是喀斯特地区主要的水文系统和水资源的载体。同时地下河是水资源集中储运、排泄的通道,补给条件好,是喀斯特地区水资源开发的重点。抗战以来,喀斯特地区的水利开发技术逐渐为学者所重视。20 世纪 60 年代,广大人民群众在开发利用地下水方面作出了很大贡献。直到 20 世纪 80 年代才逐渐发展成熟。但是现在来看贵州省水资源仍然是以利用地表水为主,省内地表水利用量为 91.64 亿立方米,占总供水量的 94%,地下

---

① 民国《镇宁县志》卷三《民生志·水利》,《中国地方志集成》,《贵州府县志辑》44,巴蜀书社,2006 年,第 590 页。

水资源的利用量为 5.58 亿立方米,占总供水量的 6%。① 由于水源工程建设滞后,可供有效开发利用的地表水资源严重短缺,加之部分地区不合理的工程活动造成水资源的污染,因此工程性缺水尤为突出。

对地下水的开发而言,从贵州全省来看主要是针对地下河、岩溶大泉和地下水富集的蓄水构造地区进行重点开发,如安顺地区后寨河流域内地下水的开发。80 年代,邻近省份如湖南省群众总结的开发利用地下水的经验比较全面,包括堵水、卡水、盖水、围水、蓄水、截水、引水、提水、凿井、汇水。② 贵州省地下水的开发大部分是采用蓄水、截水、引水、提水和凿井的方法。只有少数流域注重堵、卡、盖等方法的综合使用。后寨河流域内如峰丛洼地地下河开发,由于该地区地下水主要集中赋存在地下河中,具有水位深埋、岩石富水性极不均匀的特点,因此此类地下水的开采注重对地下河采取蓄、引、提的开发方式。

所谓蓄水就是在岩溶区建坝蓄水。在这种地区建坝主要是解决漏水问题,把坝址选择在具有抗渗性的地层上,并将山塘加以整修防渗后,地下水量充沛,在干旱季节和用水低峰期,提取地下水灌塘,增大山塘的复蓄指数。所谓截水,就是在岩溶区的古河道、干河上、山前冲积扇及河流转弯的地方,堵截地下河,利用地下河沿途有利的地形,堵住地下河,兴建地下水库。引水就是在河谷深切的地带引水。一般地下河出口位置较高,利用天然落差引水发电为地下河开发利用的主要方式。提水就是利用抽水机机械提取岩溶水,多在落水洞、溶井、暗河天窗处,针对地下水出露高程较低、有水量但是难以发挥出作用的水源。架抽水机进

---

① 陈萍、巴特尔:《贵州岩溶地下水开发与经济技术评价》,《贵州地质》2008 年第 1 期。
② 张芳:《中国古代灌溉工程技术史》,山西教育出版社,2009 年,第 610—614 页。

行机械抽水这种方法在贵州最为简便易行,即便是现在,也可以看到很多民众用抽水机提水灌田。

对于流域内槽谷区地下河的开发,可利用地下河(岩溶泉)位置高于岩溶谷地的优势,截、引地下河(岩溶泉)向供水目的区自动供水。地下水富集的山间盆地或谷地,地下水分布较为均匀,水位埋藏浅且丰富,一般都能成为具有开发价值的地下水源地。井群开采是该类系统中开发岩溶地下水的主要手段。打井就是在岩溶自流水盆地中打井引水。采用这一方法需要通过地质勘探找出有承压水的自流水盆地。当地下水埋藏不深,预计在25米以内含水层出露时,就采用打井扩泉。通过打井,揭露地下河,找到丰富的泉水。2013年笔者考察时,普定县几乎每个村寨都有饮水井,只不过现在是用水泥和砖石头砌成立方体状水池。

地表水利工程的建设,仍然以传统农业社会的小型水利设施建设为主,标志为"三小"(小水池、小水塘、小水窖)水利工程的建设。中华人民共和国成立以后,安顺地区开始建造大型地表水库。如20世纪50年代开始修建的蓄水工程,如马槽田水库、羊海水库、河坝田水库、红梅水库、小王冲水库、蔡家冲水库、岩桥水库、关冲水库、革寨水库、鹅项水库、乐坝水库、黄土坎水库、红岩水库、双海水库、棕树水库、猫猫洞水库、龙潭水库、齐跃水库、大洼冲水库等。目前岩溶缺水区都采用了较多以小水窖开发为主的"三小"水利工程,小水窖的利用的确对缓解当地人畜饮水和农田灌溉困难起到了重要的作用,不失为地表严重缺水区解决用水问题有效的手段之一。①

---

① 陈萍、巴特尔:《贵州岩溶地下水开发与经济技术评价》,《贵州地质》2008年第1期。

2013年在安顺市普定县实地考察的过程中,笔者发现目前安顺地区的水利工程建设在管理和完善上还存在着不少问题。调查发现很多小型的蓄水池废置,所谓的"三小"水利工程没有发挥应有的作用。普定县境内的人们还是采用20世纪60年代以来的引水、提水技术。一些以前修筑的塘坝,因缺少维护和整修现在都已经废弃。

不得不承认的是,在经济快速发展的同时,人们在水资源开发与利用方面也出现了一些负面影响,如地下水资源减少、水质恶化等,并且随着不合理开采,出现了地面塌陷等较多的环境恶化问题,应引起人们的重视。喀斯特地貌下地下河的开发与利用所引发的环境问题,一般表现在以下三个方面:一是地下河排泄到谷底和平原引起的洪涝灾害;二是地下河水埋藏浅,与周围土地关系密切,上游的矿山和生活污水易污染下游水源;三是平原地区超采地下河水,引发大规模的岩溶塌陷,如广西桂林、玉林、黎塘等地。[①] 虽然在安顺地区类似的问题还没有凸显,但是也应该引起重视,以预防为主。

总而言之,从现有的资料记载来看,安顺地区水资源开发和利用主要集中在清嘉道时期、抗战时期、中华人民共和国成立到20世纪90年代这三个阶段。明清时期移民垦殖,即人口增加和粮食经济增长为农田水利的发展创造了条件。古代时期,安顺地区农田水利发展到顶峰是在清代嘉道及以后至清末时期。在当时有限的生产力水平条件下,民众因地制宜地修建小型水利设施和种植耐旱作物应对干旱缺水的环境。在民国初期水利资源开发发展迟缓,到抗战时期却获得了较大规模的发展。但真正的大规模建设则是在20世纪50年代以来,今天贵州大型水利工程大

---

① 刘拓等:《中国岩溶石漠化》,中国林业出版社,2009年,第107页。

都是在这个阶段建成。

贵州省目前水资源状况仍然不容乐观,虽然人们已经充分发挥了人力,修建了一批重要的水利工程,但在喀斯特地貌分布较多环境下,不仅需要保障农田灌溉所需,发展粮食种植经济,还需注意调整地区生产结构,重视荒漠化治理,注意水利开发与环境保护相结合的原则,在继承和发展原有的水利开发与建设的基础上,实现水资源利用的可持续发展。

三、贵州的水利政策及其实践

1. 水利政策的研究

水利问题是农业经济的重要内容,关于民国时期农业经济的发展问题,学者在20世纪有过较多讨论,其中"技术学派"与"分配学派"之争最为突出。技术学派从金陵大学农业经济系的美国籍学者卜凯(John L. Buck)开始,认为中国近代农业问题主要是人均土地太少和技术落后,解决方案是发展现代农业科技和市场经济。[1] 分配学派则以陈翰笙等为代表,他们认为中国农业发展的根本问题在于土地分配不均,需重新分配土地后再实现农业科技才能发展。[2] 史澜导(Randall Stross)认为,以美国农业经济学的技术观点来认识中国农业经济,是对土地分配问题不重视,缺乏真正理解。[3] 马若孟(Ramon Myers)认为,陈翰笙的视野局限于1928—1933年,不足以说明中国农业经济的根本问题,故在其

---

[1] Buck J. L., *Land Utilization in China*, *Soil Science*, 1939, 48(4): 353.
[2] Stross R. E., *The stubborn earth: American agriculturalists on Chinese soil, 1898-1937*, Berkeley: University of California Press, 1986.
[3] Stross R. E., *The stubborn earth: American agriculturalists on Chinese soil, 1898-1937*, Berkeley: University of California Press, 1986.

1970年出版的《中国农民经济》①中,将研究范围定于1890—1949年间,认为近代中国农业经济的问题是广义上的技术落后,没有其他大问题②。伊懋可(Mark Elvin)1973年出版的《中国历史的范型》认为,中国农业经济在近代以前就达到了"高度均衡陷阱",故平分土地没有意义。③ 西方学界20世纪80年代对农业经济的讨论曾出现高潮,议题也更为深入,以黄宗智的研究为代表。黄宗智在其《华北的小农经济与社会变迁》《长江三角洲的小农家庭与乡村发展》等著述中,提出"没有发展的增长"和"内卷化"概念,否定西方经济学对中国的适用性,证明中国是一个例外。而布兰特(Loren Brandt)、罗斯基(Thomas Rawski)、付大伟(David Faure)则反对黄宗智的观点。虽然已很少有西方学者坚持分配学派的观点,但技术学派与内卷化学派的辩论则表明,"西方学者对近代中国农业经济问题的认识仍有根本分歧"④。

民国时期农业是否取得了成就? 制度学派(分配学派)和技术学派从不同的侧重点给出了答案。制度学派注重分析社会生产关系对农业经济的影响,认为土地分配不均导致了占人口大多数的农民占有少量的土地,从而造成的贫困是中国农村经济最根本的弊病所在,故认为要先改革分配制度,技术才能促进农业发

---

① Myers R. H., *Chinese Peasant Economy: agricultural development in Hopei and Shantung*, Cambridge: Harvard University Press, 1971.
② Also see Myers R. H. *North China Villages during the Republican Period: Socioeconomic Relationships*, Modern China, 1980, 6(3): 243-266. And Myers R. H., How did the modern Chinese economy develop? — a review article, *Journal of Asian Studies*, 1991, 50(3): 604-628.
③ Elvin M., *The pattern of the Chinese past: A social and economic interpretation*, Stanford University Press, 1973.
④ 关于此项讨论,可参见陈意新:《美国学者对中国近代农业经济的研究》,《中国经济史研究》2001年第1期;《重新认识民国时期农业经济——对中国学者近年著述的评论》,《中国学术》第一辑,商务印书馆,2000年。

展。技术学派虽不否认土地分配不均构成的问题,但认为平均分配不能解决根本问题。他们认为中国近代农业问题的根本是人均土地太少、技术落后,所以解决的主要途径是发展现代农业科技和市场经济。

政府、政策在民国农业发展中所扮演的角色和效果问题,可谓是技术学派和制度学派争论中考察的关键点,但是学界在实际运作层面上的政策梳理和分析尚属有限,以至于技术学派和制度学派争论的关键点至今仍有许多模糊之处,不少学者从微观上的具体调查和研究来反推其"技术"或"制度"的重要性,显然论证是不足的。[①] 事实上,技术学派主导了国民党政权的农业建设思想,不少学者亦指出民国农业的发展为后来的建设打下了坚实基础,那么在民国农业发展进程中政府的角色如何,需作更多的深入研究。

具体到农田水利方面,国内外学者做出了许多长、中历史时段的卓有成效研究。日本于 1965 年成立了"中国水利史研究会",组织编写了《中国水利论集——佐藤博士还历纪念》《中国水利论丛——佐藤博士退官纪念》。川胜守、松田吉郎、滨岛敦俊等学者也从不同角度研究中国不同时期的水利,而且积极摸索历史上水利与中国社会的关系,提出了"水利共同体理论"。欧美学者中,美国汉学家魏特夫出版其代表作《东方专制主义:对于极权力量的比较研究》,提出"治水社会——东方专制主义说"。英国人类学家弗里德曼在《中国东南的宗族组织》一文中阐述了农业灌溉与宗族的关联性。伊懋可从经济与环境的角度研

---

① 关于民国时期农业的宏观讨论,可参见曹幸穗等:《民国时期的农业》,《江苏文史资料》编辑部编:《江苏文史资料》第 51 辑,1993 年;唐启宇:《中国农史稿》,农业出版社,1985 年。

究清代水利的历史。① 总之，国外学者对中国水利史的研究更多是关于水利与封建专制权力、地方权力、宗族、社会组织与社会秩序等方面的关系，通过水利对江南、两湖、陕南等地的开发进行多角度研究。

现代学术意义上的中国水利史研究约起源于 20 世纪 30 年代。1932 年张念祖先生的《中国历代水利述要》一书，为迄今所见最早的中国水利史研究成果之一。② 1936 年，以郑肇经为主任的国民政府"整理水利文献委员会"在南京成立，之后郑肇经编著了《中国水利史》③《江苏水利全书》《淮系年表》等著述。此时期，影响最大的是冀朝鼎的《中国历史上的基本经济区与水利事业的发展》。中华人民共和国建立后，20 世纪 50 年代相继出版了纪庸的《中国古代的水利》等。改革开放后，中国水利史研究获得了长足发展，出版了周魁一等编写的《中国水利史稿》(中国水利水电出版社，1979—1988 年)、《中国科学技术史·水利卷》(科学出版社，2002 年)，姚汉源的《中国水利史纲要》(中国水利水电出版社，1988 年)、《黄河水利史研究》(黄河水利出版社，2003 年)，郭涛的《中国水利科学技术史概论》(成都科技大学出版社，1989 年)，顾浩的《中国治水史鉴》(中国水利水电出版社，1997 年)，谭徐明的《中国防洪与灌溉史》(中国水利水电出版社，2005 年)等著作。此外，据姚汉源④《黄河水利史研究》统计，改革开放后的三十年间共发表中国水利史方面的学术论文 300 多篇。这些研

---

① 参见［日］森田明、铁山博：《日本"中国水利史研究会"简介》，《中国水利》1982 年第 3 期；张俊峰："水利共同体"研究：反思与超越》，《中国社会科学报》2016 年 11 月 3 日；钞晓鸿主编：《海外中国水利史研究：日本学者论集》，人民出版社，2014 年。
② 关于农田水利史的梳理，参见汪家伦、张芳：《中国农田水利史》，农业出版社，1990 年。
③ 郑肇经：《中国水利史》，商务印书馆，1938 年；《中国之水利》，商务印书馆，1940 年。
④ 另可见姚汉源：《中国水利史纲要》，水利电力出版社，1987 年。

究,从水利科学的角度探讨了以黄淮海、长江流域、成都平原、东南沿海地区水利建设和水利科学技术发展的历程和规律。也有一些论文[①]从不同角度介绍了清代各个区域间的水利发展及特点、水利与区域社会发展的关系、重要历史人物对水利的作用。[②]

中国水利史研究不但取得了较为丰硕的成果,而且还在研究的理论和方法上出现了转变:由以治水为中心的传统水利史研究向以水为切入点探讨形成诸多社会关系的"水利社会史"。在水利建设史、水利社会史发展的学术背景下,云贵地区的水利史研究仅散见于如《中国水利史稿》这些著作的小标题中,且仅是概述,缺少专门的具体分析。总之,从空间角度看,现有水利问题的关注点大多在关中平原、长江流域、四川盆地、珠江流域,也有论文涉及东北、西北地区的水利。相比而言,贵州地区水利历史研究成果较少。从时间角度看,现有关于农田水利政策史研究的成果集中在中华人民共和国成立以后,多以分期形式探讨中华人民共和国建立后的水利政策,而民国时期的农田水利政策尚无专门研究。从内容角度看,对中华人民共和国成立以前农田水利的研究也较少涉及政策层面的梳理分析,更多还是技术、经济、社会关系层面上的分析。[③] 近几年来,对云贵地区水利历史相对集中和有影响的讨论,是来自杨伟兵的《云贵高原的土地利用与生态变迁(1658—1912)》,该著对清代至1960年时期云贵地区坝区和山

---

① 可参见中国水利史研究会编:《中国近代水利史论文集》,河海大学出版社,1992年。
② 另可参见沈德富:《清代贵州农田水利研究》,云南大学硕士学位论文,2012年,第2—4页。颜燕燕:《贵州安顺喀斯特地区水资源的开发与利用(1533—1980)》,复旦大学硕士学位论文,2015年,第8—10页。
③ 如郭文韬主编:《中国农业科技发展史略》,中国科学技术出版社,1988年。黄宗智:《略论农村社会经济史研究方法:以长江三角洲和华北平原为例》,《中国经济史研究》1991年第3期。[日]森田明:《清代水利与区域社会》,雷国山译,叶琳审校,山东画报出版社,2008年。

区农田、旱涝和水利化,以及滇中滨湖地区水利进程等做了深入讨论,一方面较为详细地以历史地理学手法对水利工程数量和类型做了复原,另一方面讨论了水利化进程中的生态、社会等区域的响应问题,有较高的创新性。① 但包括杨氏著述在内,目前学术界并未对云贵地区近代水利政策作出充分、全面的梳理和总结。

2. 贵州水利的发展

在中华人民共和国成立初期的总结报告中,贵州"解放前水利发展不善"几乎是一致的评价。曾任贵州省水电厅厅长的李家平称:"全市(贵阳市)在解放前的水利建设基本上是一张白纸,全省亦如此。"②曾任贵阳市水利电力局副局长的张立正,在总结中华人民共和国成立前的水利建设时认为,"终因历代政治腐败、资历有限,水利建设成效不大……这些水利设施,抵御自然灾害的能力很低,靠天吃饭是当时的自然写照"③。

根据丁道谦的统计,20世纪40年代贵州省已查勘的各县农田水利工程共33处,其中已测量的有11处,已设计的有7处,民国三十年(1941)6月以前施工的有6处。④ 修建于清雍正年间的乌当区水田镇定扒寨大沟,其拦水坝、引水渠、分水闸依然如故,沿用历来的管水、放水制度,每年都发挥着灌溉效益。民国二十九年(1940),贵阳市政府曾倡导凿塘蓄水;三十一年,贵州省农田水利贷款委员会修建中曹司、乌当两条大沟。民国时期黔省农田水利的发展固然不是白纸,然而在丁道谦看来,黔省水利建设进

---

① 杨伟兵:《云贵高原的土地利用与生态变迁(1659—1912)》,上海人民出版社,2008年。
② 李家平:《贵阳治水事业蓬勃发展》,贵阳市政协文史资料委员会编:《贵阳文史资料选辑·水利专辑》,总第43辑,1994年,第1—2页。
③ 张立正:《造福人民的水利事业》,贵阳市政协文史资料委员会编:《贵阳文史资料选辑·水利专辑》,总第43辑,1994年,第20—21页。
④ 丁道谦:《贵州经济地理》,商务印书馆,1946年,第168—172页。

步缓慢,仍不如预期:

> 近年以来,贵州省政府为减少旱灾以增农业生产计,对于农田水利,曾费一番功夫。现已有相当成绩。近年以来,更将各县较大水利需求,呈准由农田水利贷款委员会自行办理,并通饬各县堰塘蓄水防旱,可惜言之谆谆,听之藐藐,未能加速进步。①

贵州省的官办农田水利建设,开始于抗战期中的1938年。因为当时正值抗战,军需民食皆仰赖于农业,尽管财力拮据,亦积极拨款兴办,故而于1938年成立贵州农田水利贷款委员会,所有工程经费,概由四联总处指定银行拨付贷款。待工程完毕,征收受益田亩,缴纳水费,归还本息。据统计,抗战期间先后完成的水利工程有惠水县的小龙、三都、满管、老公坡灌溉工程,贵筑县的乌当、中曹司灌溉工程,共1.8万多市亩;此外,已动工修建直到1949年前夕才完成的有惠水县的涟江北灌溉工程和龙里县石板河灌溉工程,共1.6万市亩。②

惠水县小龙区灌溉工程属贵州省首次兴办,据称当地农民农业技术水平较低,为个别豪霸利用,认为兴修水利破坏风水,阻挠建设,致使工程一度停顿,后贵州省政府派员率兵驻守,并晓以道理才得以顺利施工。工程完竣当年稻谷增收,农民感悟水利之利,进而联名呈请继续兴办。此后地方兴办农田水利多得到农民支持。1939年,惠水县农村建设协进会曾应老公坡村民请求贷款兴办水利,但因缺乏技术人员而未果;同年秋,前农贷会成立了

---

① 丁道谦:《贵州经济地理》,第168页。
② 熊大宽:《贵州抗战时期经济史》,贵州人民出版社,1996年,第51页。

工程处,组织测量队设计施工,水利终成。惠水县满灌区农民鉴于小龙、三都、老公坡灌溉工程之利,联名呈请前农贷会救济,经由经济部第一水利设计测量队勘测,与老公坡同源兴建水利。从这些案例看,黔省农田水利的建设和推广并非一蹴而就,但在政府督导、农贷支持,以及更为实际的农业丰产效应下,水策和水政的推行还是较为顺利并取得了积极效果。

1936年冬,乌当堡农民自建坝渠,由于质量差全被冲毁,当地士绅遂请中国华洋义赈会,转请农贷会派员查勘,1941年,农贷会派工程师查勘,经行政院水利委员会第一水利设计测量队和珠江水利局第五测量队设计,民国三十年(1941)成立贵筑县乌当工程处,三十二年建成,设临时管理处负责养护,后因经费困难将所遗业务交付贵筑县地方水利协会。同样,1941年,前农贷会应中曹司村民之请派员查勘,1945年完成部分工程。①

从30年代、40年代黔省农田水利的修建可知,即便民国时期政府在黔省农田水利事业方面称不上大有作为,也不能简单地冠以"无效"和"空白"。

3. 发展契机与保障

贵州山村地区皆小农小户,公共利益实现机制的匮乏使得仅顾私利、忽视公益的情况十分常见:

> 甲村有水,阻止放入乙地,乙地有堰,而又阻止通过丙田,以致有地不能成田,有田不能得水。甚者宁可放入江河,而不使他人沾得其利益。②

---

① 熊大宽:《贵州抗战时期经济史》,第52—54页。
② 《贵州全省水利计划》,《中国建设月刊》(南京)1933年第2期。

技术的匮乏、公益的价值缺失,导致"所谓沟渠灌溉之事,向为人所忽视,农田水利,无人讲求"。民国六七年(1917—1918)时,农商部曾派人入黔查勘水量地形事宜,得出结论:"以黔省水量计,相差甚巨,故年不丰稔,非有他故,盖因水不足也。"① 从自然环境角度分析来看,一方面,贵州地处高原,河流倾斜度大且山高土薄,故水土保持能力较弱;另一方面,喀斯特地貌下,石灰岩造成地下多溶洞和暗河,直接或间接与陆地河流相通,地面水不易储积。故而,虽然贵州降水丰富,而一旦降水时期稍不均匀,便会有水旱灾害。"唯此种情形,皆因水利之不讲求,技术之不改进,使其生活固不能改善,而一遇天灾,有的遂演成流离失所而致贾妻鬻子以延性命。"② 由此,贵州农业建设上,人工灌溉尤为重要。

在20世纪30年代,贵州旱灾频发多次得到政府救济,而国民政府显然意识到救济为表,根本解决之道在于通过技术促进黔省山区的灌溉,兴办农田水利的首要原因在于保障民食,"查本年黔省亢旱成灾,情形惨重,叠经转陈国府,请拨发赈款,并电农本局,采购米粮运黔,接济民食各在案。但此皆系治标之策,只可维持一时,根本救济,应从举办农田水利入手……以收灌溉之用,在今日最为急务"③。引水灌溉可使地尽其利,以谋农业的改进,"凡属农业,无不资以水力以为灌溉,今日而欲振兴农业,尤以灌溉为当务之急……俾地方人士,知水利之不可或缓,日以此为其振兴水利之指南,群起而赴之,以底于成,是岂特黔人之幸,亦国

---

① 《贵州全省水利计划》,《中国建设月刊》(南京)1933年第2期。
② 丁道谦:《贵州经济地理》,第166页。
③ 《训令:治信字第三八四九号(二六,五,一三)令贵州省政府为制发信用贷款与兴办黔省农田水利暂行办法大纲仰遵照切实办理并妥拟贷款本利偿还办法呈核由》,《军政月刊》1937年第17期。

家之福也"①。这可谓在决策层面早已迈出关键一步。②

亦在 30 年代,民国政府派考察队对黔省地形、河流、水量等进行了一系列勘测:

> 农田水利,系由中央与□合组农贷主持办理,定番小龙区灌溉工程于二十九年完成,可灌溉田七千余亩,都匀附廓区现正施工,可受益田亩六千余亩,定番三都区、安顺羊昌坝等,亦已测量设计。③

> 依据已有查勘记载,黔省可资办理新式灌溉工程者阙有定番县之三都安顺县之羊昌坝等约十五处,共估面积计十八万六千余市亩,其中小龙区业已办理完成。

> 查黔省农田水利……全省各区,现有查勘资料,仍感不敷,似可继续组队分途勘测,捭全部情况了然,得以规划较有系统之施工方案。④

抗战期间,国民政府及大多机构内迁西南,贵州省人口猛增,民国二十七年(1938)贵州省农田水利贷款委员会成立。至 40 年代,作为抗战大后方的黔省,承担着稳定当地民食、尽力支援前线的任务,决策层意识到黔省作为大后方建设的必要性,也意识到

---

① 《贵州全省水利计划》,《中国建设月刊》(南京)1933 年第 2 期。
② 当时决策层对于贵州水利事业发展分两方面考虑,一为最重要的保障民食之农田水利,二为考虑到日后发展经济所需的水路、水电等大型水利工程。第二点并非本文讨论的对象,但在相关文献中亦有涉及,可以帮助对当时中央层面布局黔省水利的理解。"盖黔省矿藏既富,将来必为建国之重工业根据地之一……甚望嗣后省方能与中枢水利机关密切合作,先行组织查勘队测量队,增设水文测验站,为贵州全省水利事业之准备工作也。"(《对于贵州水利问题之检讨》,《水利特刊》1942 年第 3 卷第 6 期)
③ 《各省农业动态》,《时事新报》1930 年 2 月 7 日,见《农报》1941 年第 6 卷第 7—9 期。
④ 《对于贵州水利问题之检讨》,《水利特刊》1942 年第 3 卷第 6 期。

发展黔省农业必先调理山区灌溉事宜,而人工灌溉则以兴建农田水利工程为要:

> 值此抗战紧要关头,足兵尤须足食,灌溉事业,若不急求发展,遑论军粮,即后方民食,亦将无以为继,危及所在,毋庸言喻。黔省山峦连绵,地势高亢,农民狃于积习,固步自封……况贵州地瘠民贫,著闻于世,农田水利之开发,尤不容稍缓。①

根据 1940 年 2 月 10 日的一份贵州省农贷会的签呈:

> 查本省气候,自去岁入冬以来,连月不雨,豆麦等类农作物,多已枯萎不堪,甚或不能长出,此种情形,为年来所罕见,转瞬春耕期至,若雨阳不调酿成灾患,不特关系后方民食,即抗战前途,影响亦属至巨,兹为防患未然起见,除各项灌溉工程,现正积极计划大举兴办外,拟请钧府训令各县,严饬农民,凿塘蓄水,以为不时之需,其有无力举办者,并由县政府查照钧府,前须贵州省兴办农田水利贷款章程,指导组织合作社或水利协会,向本会申请贷款办理,此项计划,一俟通令各县尊办以后,本会当即派员分赴各县指导进行,是否游荡,□合拟具蓄水塘计划图□及贵州省各县凿蓄水塘办法各一份,签祈。②

---

① 《贵州之农田水利》,《水利特刊》1942 年第 3 卷第 7—8 期合订本。
② 《贵州省政府委员会第 618 次常会议案,1940 年 2 月 20 日》,贵州省档案馆,档号:1-1-471。

可知,1939年冬至1940年初,贵州省雨水缺乏,为保障军需民食,计划大举兴办农田水利工程,举办方式为组织合作社或水利协会后向农贷会申请贷款办理,农贷会根据提交的蓄水塘计划说明书和各县凿蓄水塘办法,连同计划图来决定是否可行。签呈中特别指出"抗战前途,影响亦属至巨",可窥贵州省灌溉区作为抗战大后方之一的重要性。

故而,黔省农田水利的建设得益于抗战期间作为大后方的物资需求契机,30年代的诸次勘测、40年代的陆续兴修,使地方的农田水利工程建设得到了更多的技术和政策支持。

与此同时也传入了一些现代水利技术。自19世纪末的洋务运动起中国政府向西方学习器物、技术,20世纪初,更是加大力度引进农业方面的理论与技术。中国近代农业科技引进的途径,可分为翻译出版外国农业著作、聘请外国农业教员、选派学农留学生和引进农业科技实物成果等方面。贵州省曾派员出省考察国内外水利实施情形,以供参考。① 当时修建农田水利小型工程中,已经采用了更为先进有效的灌溉工具,30年代报刊中已提到对虹吸管的使用,"灌溉防灾之法:1. 多筑堤堰;2. 多置泉井;3. 广开沟渠;4. 利用吸水机,由龙骨车改为煤油发动的压上吸筒和虹吸管"②。

在贵州省内,开始运用近代水利科学技术从事水文、查勘、设计工作,并在水文观测③、水利调查、水土保持④、学术研究等方面

---

① 《贵州全省水利计划》,《中国建设月刊》(南京)1933年第2期。
② 《贵州全省水利计划》,《中国建设月刊》(南京)1933年第2期。
③ 民国六七年(1917—1918)间,农商部曾派人来黔测雨量。民国二十六年(1937)起,省建设厅在部分县城设站观测降水。民国二十八年(1939),中央水工实验所和贵州省农贷会在省内主要江河上建立水文站和雨量站。参见王子仪:《贵州及贵阳的水利科学技术简介》,贵阳市政协文史资料委员会编:《贵阳文史资料选辑·水利专辑》,总第43辑,1994年,第51—59页。
④ 民国三十三年(1944),农林部考察省内红水河流域,省农贷会与省农所编印《贵州省水土保持须知》,省政府发布《贵州省水土保持政策初步施行办法》。(转下页)

有不少建树。以水利调查活动为例,民国十九年(1930)以前,省内就开展了水利和水力资源调查,《贵州建设公报》1930年创刊号刊载《贵州各县水利调查表》。民国二十一年(1932),省建设厅编写的《贵州全省水利计划》公布了省内54个县的55条河流调查情况。民国二十六年(1937),导淮委员会迁入四川,查勘了贵州乌江、赤水河的水利资源。

以贵阳市为例,民国二十八年(1939)年,贵阳始设贵州省会给水及贯城河工程处,隶属省卫生委员会。民国三十年(1941)贵阳设市,河道处更名为贵阳市水道工程处,民国三十二年改称市水利林牧局,又改称水利林牧公司,主管贵阳市农田水利业务。①

4. 机构与规章

(1) 水利的统一管理

水利工程作为关系民生的地方公共事业,自中央到地方层面具备良好行政执行力的管理体系尤为重要。20世纪初,中国内忧外患加剧,水利行政机关因政权更迭而分歧累现,国民政府成立后,发布了一系列文件,从行政体系角度统一了全国的水利事业。

民国二十一年(1932)七月,蒋介石和黄绍竑鉴于水利机关系统分歧、水利事业无由发展,特于中央政治会议提议改组全国水利行政机关一案,提议于中央设全国水利局,并划分6个水利区,分设专局:

(接上页)参见贵阳市政协文史资料委员会编:《贵阳文史资料选辑·水利专辑》,总第43辑,1994年,第54—55页。

① 张家祥:《贵阳水利史话》,贵阳市政协文史资料委员会编:《贵阳文史资料选辑·水利专辑》,总第43辑,1994年,第38—43页。

> 吾国以农立国已数千年，水利行政关系民生，至关重要……民国成立后，北京政府设有全国水利局……取其权重可以胜巨也。国民政府成立后，以内忧外患之迭乘，于水政之整理未暇计及，乃至机关林立、系统纷歧……水利经费多糜于机关开支……历年以来，日言兴水利而利卒未兴……应仿照历代成规，于中央设立全国水利局，为主持全国水利最高机关。①

民国二十二年（1933）十月，中央政治会议将有关统一水政的各草案交行政院拟具办法原则草案，并由行政院将草案呈全国经济委员会核议，经全国经济委员会第三次常务委员会议决议，于次年一月二十九日函复行政院，准"提议于中央政治会议，请将全国水利机关，暂归全国经济委员会统筹办理，并拟具方案，提出中政会议"②，并要求函中央政治会议秘书处转陈核办。

民国二十三年（1934）七月十四日，国民政府发布《统一水利行政事业进行办法》，规定，以全国经济委员会为全国水利总机关，并延聘现在有关统一水利人员组织水利委员会，在中央总预算内自二十三年度共列中央水利事业费六百万元准由全国经济委员会按月请领五十万元统筹支配；各省县水利事业经费应由各省县自筹。

自此，全国经济委员会派员接受内政部有关水利事项之卷宗图表，自民国二十三年十二月一日起，凡关水利事宜统由全国经济委员会办理。民国二十三年十一月二十三日，全国经济委员会函呈国民政府，拟请将导淮委员会等各水利机关一律移归全国经济委员会管辖。国民政府主席林森于十一月二十八日函复照准。

---

① 《统一全国水利行政事业纪要》，《全国经济委员会报告汇编》第八集，1935年。
② 《统一全国水利行政事业纪要》，《全国经济委员会报告汇编》第八集，1935年。

综上，国民政府成立后，1934年将水利机关统一至全国经济委员会管辖，此举便于今后中央对地方农田水利发展的统一规划与管理。

(2) 行政管理机构

贵州省水利管理行政机构于民国始设。民国之前，明清时期民间水利大批涌现，据《明实录》载："（嘉靖）初，贵州按察司提调学校兼管屯田水利"①，说明已有主管部门和主管官员，但尚无专门的水利机构。民国四年（1915），北京政府设立全国水利总局，规定各省设立水利分局，贵州因经费困难未设。二十二年，成立了"贵州省水利经费保管委员会"，受政府监督管理全省水利经费事宜，属政府的旁设机构。二十六年，国民政府迁都重庆，为军需民食拟在贵州兴修水利工程，始在省建设厅技术室设水利技正一人。二十七年，经济部农本局与后方各省签订合约，由农本局贷款，各省成立"农田水利贷款委员会"，兴修水利工程后向受益田亩征收税费，分期归还贷款，同年，"贵州省农田水利贷款委员会"成立，省建设厅厅长任主任，经济部农本局派专员兼任常务委员、总工程师。三十五年，经行政院批示，贵州省农田水利贷款委员会改组为贵州省水利局②，隶属省建设厅；三十七年，水利部视察

---

① 《明世宗实录》卷一百五十一，"嘉靖十二年六月壬申朔"条，台北"中研院"历史语言研究所校印，1982年，第3445页。

② "黔省府对农田水利问题异常重视，现决成立水利局，专司浚河、掘塘、筑坝等有关水利工作，该局组织规程业经行政院核定，局长之下分设三科，分掌查测、勘绘、设计实验及实施等有关水利工程，并为适应工程需要，得设测量队、查勘队、水文站等各单位，至原有农田水利贷款委员会之业务，并入该局办理，其经常事业费一经核定，即可派员筹备，预计九月中可正式成立。"（《黔重视农田水利即将成立水利局》，《经建动态》，《水利》）事实上，新成立的水利局并未只关注于水利建设，也会管理城市中公共设施的建设，在《征信新闻》民国三十五年（1946）三月十三日第303期中《贵州水利林牧公司扩充业务》提到，"（联合征信所贵阳专讯）贵州水利林牧公司，最近之业务情形如次：（一）阙于水利部传……"大意为：街道装置、水管均为陶工烧制，年久失修，接水利指示，不日将改用水泥装铸。

工程师任贵州省水利局局长。综上所述,贵州省省级水利工程管理机构自始则得益于民国时期中央政府的行政措施,并得到了技术、经费、管理机制上的支持。但民国时期,贵州的专、县两级都未设专管水利的行政机构。①

民国时期,贵州省水利管理工作中的重要角色是"贵州省农田水利贷款委员会",内设工务组、总务组及会计室,成立后即利用政府贷款动工兴建了惠水县、安龙县、修文等多处灌溉工程。

中央层面的导淮委员会亦提供了重要支持。导淮委员会应贵州省政府之委托,曾于民国二十七年(1938)二月至二十八年二月间,先后组织查勘队、测量队,分往各县勘测,工作完竣以后,拟具整理改进意见,编成报告,函送贵州省政府参照施行。② 此后,1943 年再次赴黔查勘未开发区域:

> 自抗战军兴,后方人口激增,政府为充实军需民食起见,以促进增加生产为要旨,成立各省农田水利贷款委员会,兴办各处农田水利工程,数年以来成效卓著,本会应贵省政府及该省农田水利贷款委员会之请,协助办理该省未经开发农田水利灌溉区域之测量设计工作,于三十二年一月间派员前往筹组测队洽商进行。③

(3) 农贷会的管理

1938 年,贵州省政府与经济部农本局农业调整处签订了《合

---

① 贵州省地方志编纂委员会编:《贵州省志·水利志》,方志出版社,1997 年,第 401—416 页。
② 《贵州之农田水利》,《水利特刊》1942 年第 3 卷第 7—8 期合订本。
③ 《贵州之农田水利》,《水利特刊》1942 年第 3 卷第 7—8 期合订本。

作办理贵州农田水利及农业生产贷款合同》①，此合同为兴办贵州省农田水利工程的基础性文件，作为此合同附件的《贵州省农田水利贷款办法大纲》《贵州省农田水利贷款委员会组织章程》则详细规定了经办事宜。由此可看出，贵州省农贷会的创设其实具备一定的"公司"性质——以合作协议（合同）为基础，设立章程等配套文件。

此合同规定，自农本局处借款总额为 150 万元，其中农田水利贷款 100 万元，农业生产贷款 50 万元；而农田水利贷款除由农本局农业调整处贷款 100 万元外，贵州省政府同时参加贷放 20 万元，并由双方合组贵州省农田水利贷款委员会。

在细节上，此合同规定农田水利贷款工程应在合同成立两年内完成，借款的贷放也应在两年内完竣。借款期限为订立合同之日起七年，省政府应在期限内每半年结清利息一次，期满清偿。借款利息定为周息 8 厘，按用款日起计算，每半年结算一次。合同也规定在各项借款本息全部清偿后合同期满，如双方同意可另订合同继续借款。而且，规定农本局农业调整处派稽核员 2 人常驻省政府，依照合同及合同附件稽核农田水利贷款及农业生产贷款的办理、收付，并监督借款的用途，必要时农本局可加派人员稽核各项借款的实际情形。

为方便分析，将档案中《贵州省农田水利贷款办法大纲》摘录如下：

> 第一条："贵州省政府与经济部农本局合组贵州省农田水利贷款委员会，办理农田水利贷款及水利工程之设计、指导、实施、监督等事宜，其组织章程另定之。"

---

① 《贵州省政府委员会第 430 次常会决议案，1938 年 5 月 3 日》，贵州省档案馆，档号：1-1-284。

根据第二条,农田水利贷款之用途包括修建筑坝引水灌田、开渠引水灌田、吸水或屏水灌田、筑塘蓄水灌田、排除农田积水、疏浚农业有关河流等工程。

  第三条:"贷款兴办之工程应受农田水利贷款委员会之指导、监督。"
  第四条:"贷款之对象以受益农田之所有人(农民、农场合作社及各县区水利委员会等)为原则,但大规模之水利工程得由政府借款自办。"
  第五条:"贷款本利以借款人所有田亩为抵押,并指定此项田亩全部收入为还款保障。"
  第六条:"贷款利率至高不得过每息九厘。"
  第七条:"贷款数额以实需工程费之八成为限。"
  第八条:"贷款期限至长不得超过五年,并以分期偿还本息为原则。"
  第九条:"贷款章程及各项细则另定之。"
  第十条:"本办法如有未尽事宜,由贵州省政府与经济部农本局会商修改之。"①

由此可知,1938年贵州省农贷会成立,为省政府和中央经济部农本局合组,成立伊始就对贷款事项、利率、期限、抵押要求等做了较为细致的规定。

关于贵州省农贷会,其章程亦是十分重要的文件,摘录关键条款如下:

---

① 《贵州省政府委员会第430次常会决议案,1938年5月3日》,贵州省档案馆,档号:1-1-284。

第四条:"本会设常务委员三人,由贵州省政府建设厅厅长、贵州省政府农业改进所所长及农本局专员兼任之。本会主任委员即为主任常务委员。"

根据第五条,农贷会常务委员的职权包括基金收支保管、计划及预算的审定、贷款及工程的考核、农贷会预决算、农贷会人事任免与考核等。

第六条:"本会设总工程师一人,由农本局专员兼任之,商承主任委员掌理本会一切工程事宜。"

第七条:"本会总工程师之下设工务组,置工程师12人、助理员若干人;总务员1人,总务员下置办事人员12人;会计员1人,会计员下置办事人员12人。除会计员由农本局派充外,其他职员均由总工程师提请本会常务委员派充并上报贵州省政府及农本局备案。"

由此条可知,农贷会常委委员会由3人掌有核心职权,分别代表了省建设厅、省农改所和中央经济部农本局的力量。

根据第八条,总工程师之下的工务组负责掌理工程查勘测绘、研究设计、贷款兴办工程的审核、贷款工程的指导监督及验收、工程的实施管理、工程统计等事项。

根据第九条,会计员负责掌理贷款手续的经办、贷款的收付、贷款账册的登记、报表的编制、贷款工程的稽核与催收、贷款业务和工程经费的预决算等事项。

根据第十条,总务员负责掌理文件收发及档案管理、职员考核任免的记载、典守印信、农贷会经费的会计等事项。

第十一条:"本会一切进行事项及贷款收付情形应按周按月报告贵州省政府及农本局备查。"

第十四条:"本会如有未尽事宜,由贵州省政府与农本局会商修改之。"

第十五条:"本章程自公布之日起施行。"①

分析以上条款可知,贵州省农贷会为省政府与农本局共同搭建,成立伊始就有来自省政府层面和中央层面的力量,从章程中可看出,对工程办理和贷款事宜规定较为详细,由农本局专员兼任的总工程师享有较大实权,负责贷款项下农田水利工程的建设事宜和贷款管理事项,并对在人员设置上仅 1 人的会计员有派充权。综上可看出,在农贷会中,实操层面的权责集中在农本局专员身上,给予农本局专员相对较大的权力,也是由农田水利工程建设的性质所决定,但同时,因农贷会有 3 名常务委员的制度规则,来自省政府层面的建设厅、农改所亦能参与到农田水利工程管理之中,避免了农本局专员一人独大的局面。总体来看,权力制衡在农贷会中至少在制度层面设计得较为合理。

(4)水利兴修的政策规章

中国自古重视水利,而贵州地处偏远,明嘉靖后始见设立水利官员的记载,但是由政府颁布的水事法规却未在清以前有关贵州的史志中发现。由乾隆年间贵州布政使上呈奏折分析,地方长官亲自查勘决策、政府借给工本材料费用并指派专人监督兴建的举措可看作当时兴修水利的政策规定。民国三十年(1941),省政府先后批准农贷会拟定《贵州省农田水利贷款委员会组织章程》《贵

---

① 《贵州省政府委员会第 430 次常会决议案,1938 年 5 月 3 日》,贵州省档案馆,档号: 1-1-284。

州省农田水利贷款办法大纲》,民国三十四年(1945),省府会议颁发《贵州省各县兴办小型农田水利办法》,应为黔省正式的水利立法,此法规定了农田水利工程建设的原则,如工程兴建及占地赔偿费用由受益田亩之多寡认定,应依照劳动法于农闲时征工兴办水利等。[1] 民国三十六年(1947),省府会议通过省水利局签呈,修改前农贷会规程,拟定《贵州省农贷工程水费标准及水费收解支付事项》《贵州省水利局各县灌溉区管理规程》和配套《各县灌溉区工业用水管理规程》《各县水利协会组织大纲》,然而多数条款并未实行。[2]

依据贵州省档案馆藏《民国贵州省政府委员会会议辑要》,梳理民国时期贵州省农田水利政策见表 3-7 所示。

表 3-7 民国时期贵州省农田水利政策档案一览

公文时间	标题或主要内容	卷宗号
1936.8.11	修正通过《贵州省各县农田水利整理委员会组织大纲》	1-110
1938.5.3	通过建设厅与经济部农本局农业调整处《合作办理贵州农田水利及农业生产贷款合同》以及《农田水利贷款办法大纲》《贵州省农田水利贷款委员会组织章程》《贵州省农业生产贷款委员会组织章程》	1-284
1938.5.24	决议:委员会应由府令派,指派周子范为省府代表,电请农本局指派专员	1-284
1938.6.24	农田水利贷款委员会于 1938 年 6 月 3 日正式成立,已由府加聘导淮委员会派驻黔省协助办理水利工程之夏寅治为该会委员	1-294

---

[1] 贵州省地方志编纂委员会编:《贵州省志·水利志》,第 422—423 页。
[2] 贵州省地方志编纂委员会编:《贵州省志·水利志》,第 181—183 页。

续 表

公文时间	标题或主要内容	卷宗号
1938.8.12	修正通过《贵州省兴办农田水利贷款章程》《贵州省各县农田水利协会组织大纲》	1-310
1940.2.20	修正通过《贵州省各县农田凿塘蓄水防旱办法》暨计划图说明	
1940.2.27	农田水利贷款委员会经费不足抵补,准由省库补助三个月,如三个月后仍难自给,则请将其业务归建设厅兼办,不再另支库款	1-473
1940.9.3	农田水利贷款委员会签呈：经济部农本局为改善各省农田水利拟定办法原则八项,并由农田水利贷款委员会参照八项原则拟具黔省农田水利改善办法呈核	1-525
1940.10.25	修正通过《贵州省农田水利贷款委员会农田凿塘蓄水防旱贷款办法》	1-541
1942.9.22	修正通过《修正农田水利贷款委员会组织规程》修正案	1-779
1942.10.6	《贵州省农田水利贷款办法大纲》《贵州省兴办农田水利章程》已准予废止	1-783
1943.2.23	准贵州省农田水利贷款委员会在原经费范围内改组为贵州省水利局	1-820
1943.3.23	通过《贵州省非常时期强制修筑塘坝水井并实施细则》	1-828
1943.5.4	通过《贵州省水利局组织规程》	1-840
1944.3.21	省农田水利贷款委员会签呈暂缓改组成立水利局	1-928
1945.10.5	准予核定并公布施行《贵州省各县兴办小型农田水利办法》《兴办小型农田水利工程实施说明》,废止《贵州省非常时期强制修筑塘坝水井实施细则》	1-1051

续　表

公文时间	标题或主要内容	卷宗号
1946.10.25	建设厅厅长何辑五签呈,贵州省水利局组织规程经呈奉行政院核定,拟于1946年11月1日将原农田水利贷款委员会改组为"贵州省水利局",局长一职拟由建设厅厅长兼任	1-1102
1946.12.27	省水利局经省政府主席杨森核准已于1946年12月1日改组成立	1-1112
1947.1.17	通过《贵州省各县小型农田水利工程督导兴修办法实施细则》《贵州省各县兴办小型农田水利工程施工细则》	1-1114
1947.5.2	通过《贵州省农贷工程水费保管委员会组织规程》《贵州省水利局各县灌溉区管理处组织规程》《贵州省水利局各县灌溉区工业用水管理规则》等规则、规则修正案,废止《贵州省农田水利贷款委员会征收水费办法》	1-1127
1948.5.14	修正通过《贵州省水利局组织规程》	1-1169

（5）政策实效

根据相关档案资料统计,自1938年贵州省农田水利贷款委员会成立后,贵州省经查勘工程的相应预计受益田亩逐年增加,尤其是在1940—1943年期间呈现较快增长。由于档案缺失,部分数据不全,在所见资料里1949年前完工的工程相应实际受益田亩仅为32 385市亩,远远低于预计受益田亩的数量(见表3-8)。究其原因,一方面,所见地方档案中数据仍不完善,本文查验资料仍为有限,恐未能真实完善体现；另一方面,从现代方志中对于中华人民共和国成立后贵州省农田水利工程迅速增长的描述来看,存在部分农田水利工程在民国时已有测量、查勘,而在1949年后完工的状况。但整体上看来,1938年后贵州省农田水利建设事业获得了一定发展,农田水利贷款委员会在其中发挥了重要作用。

表 3-8 民国时期贵州省农田水利工程建设状况

区域	地点	类型	预计受益田亩(市亩)	实际受益田亩(市亩)	查勘年月	测量年月	施工年月	备注
安顺	羊昌坝	蓄水灌溉	3 000		1938.5	1940.6—1940.11	—	
惠水	小龙	灌溉	7 700	6 340	1938.3	1938.7—1938.11	1939.10—1940	同一水源、渠首、干渠。1950 年规划秋收后修护整理
	三都	灌溉	2 039	2 039	1938.3	1938.11—1938.12	1941.4—1941	
	老公坡	灌溉	1 051	1 051	1938.4	1940.1	1941.4—1941.11	同一水源、渠首、干渠。1950 年规划秋收后修护整理
	满管	灌溉	1 043	1 043	1941.5	1941.7	1941.12—1942	
	涟江	灌溉	26 300	涟江北 15 000	1938.4	1941.7	1941.12—1942	1943 年时,涟江北工程大致完成,仅支渠工程尚未全部完工。桐梓蔡家沟的修整工作为 1950 年规划秋收后彻底整理①

① 惠水小龙、惠水三都、惠水满管、惠水老公坡、惠水涟江北、贵筑中曹司、桐梓蔡家沟的修整工作为 1950 年水利局的中心工作。

续表

区域	地点	类型	预计受益田亩(市亩)	实际受益田亩(市亩)	查勘年月	测量年月	施工年月	备注
惠水	和平镇米丹沟	灌溉	1 800		1942.5	—	—	
	鸭寨	蓄水灌溉	2 000		1942.5	—	—	
	羡塘乡	灌溉	3 500		1942.5	—	—	
	抵塘	排水灌溉	1 700		1942.5	—	—	
	龙坑	灌溉	1 000		1942.5	—	—	
都匀	附廓	灌溉	1 300		1938.9	1939.1—1939.3	—	
	附廓	灌溉	6 000		1938.10	1939.4	—	
平塘	京舟坝	灌溉	5 000		1938.10	1939.5	—	
	六洞	灌溉	6 000		1938.10	1939.6	—	
	杨家坪	灌溉	500		1938.12	—	—	
湄潭	牛场	灌溉	6 000		1938.12	—	—	

专题三 水利化活动的政策与经验：贵州农田抗旱保墒的经济生态 | 277

续　表

区域	地点	类型	预计受益田亩（市亩）	实际受益田亩（市亩）	查勘年月	测量年月	施工年月	备注
铜仁	牛郎场	防洪	1 100		1938.11	—	—	
江口	五里桥	灌溉	3 200		1938.12	—	—	
石阡	羊溪河	灌溉	2 000		1938.12	—	—	
	黑洞	排水灌溉	2 000		1938.12	—	—	
三穗	屏树	灌溉	1 200		1938.9	—	—	
	长吉	防洪	800		1938.9	—	—	
	附廓	灌溉	760		1938.9①	—	—	
遵义	布政坝	排水	2 000		1939.1	1942.12	—	
	落林坝	蓄水灌溉	3 000		1939.1	—	—	

① 三穗县附廓乡处的统计疑为误抄，根据档案第 208 页，三穗县附廓乡农田水利灌溉工程的查勘年月记载为民国三十七年九月（1948 年 9 月），但统计图表为民国三十三年（1944年）作出，应不会统计出 1948 年完成查勘的情况。结合三穗县另两处屏树、长吉的查勘年月均为 1938 年 9 月，此处档案所载"民国三十七年九月"弃之不用，故原档案所载"民国三十七年九月"应为 1938 年 9 月。

续表

区域	地点	类型	预计受益田亩(市亩)	实际受益田亩(市亩)	查勘年月	测量年月	施工年月	备注
安龙	陂塘海子	排水灌溉	5 000		1938.6	1940.9—1940.10	1944.2	
安龙	龙广	排水	7 000		1940.12	—	—	
安龙	德卧	灌溉	5 000		1940.12	—	—	
兴义	牛膀子	灌溉	1 200		1940.12	1940.12	1941.2—1941.12	
兴义	花桥河	灌溉	2 400		1943.4			
	乌当	灌溉	4 200	2 512	1941.2	1942.2—1942.3	1943.5	
贵筑	中曹司	灌溉	4 600	3 400	1941.7	1942.2—1942.5	1944.3	1947年除局部支渠外基本完工，但未加管理养护，渠道陆续坍塌、效用已失，1950年规划修筑未完成工程并彻底整理

续　表

区域	地点	类型	预计受益田亩（市亩）	实际受益田亩（市亩）	查勘年月	测量年月	施工年月	备注
贵筑	石板哨	蓄水灌溉	3 000		1942.4	—	—	
	水田坝	蓄水灌溉	500		1943.1	—	—	
桐梓	毛田坝	灌溉	3 000		1941.8	1942.6—1942.7	—	
	葫芦坝	灌溉	5 000		1941.8	1942.7—1942.8	—	
	蟠龙洞戴家沟	排洪			—	—	1950.6—1950.9	1950年规划修补坍塌部分，清除淤积以利排洪
清镇	龙罩坝	灌溉	1 000		1941.9	—	—	
	野鸭坝	蓄水灌溉	1 000		1941.9	—	—	
	太平哨	灌溉	800		1941.9	—	—	
	响水	灌溉	1 000		1941.9	—	—	
	竹林寨高塘	蓄水灌溉	560		1941.9	—	—	

续表

区域	地点	类型	预计受益田亩(市亩)	实际受益田亩(市亩)	查勘年月	测量年月	施工年月	备注
威宁	草海	排水	70 000		1941.10	1941.10—1942.1	—	
龙里	叶水冲	灌溉	3 000		1941.12	1943.3—1943.5	—	
	湾潭河	灌溉	2 000		1941.12	—	—	
	三元场	灌溉	500		1941.12	—	—	
	脚谷大坡	灌溉	200		1941.12	—	—	
	南阳乡石板河	灌溉		1 000			1948.3—1948.6	
贵定	流水冲	蓄水灌溉	1 000		1941.12	1942.6	—	
	青山洞	灌溉	700		1941.12	1942.7	—	
	龙昌坝	灌溉	600		1941.12	—	—	
	巴掌岩	灌溉	2 500		1941.12	—	—	
	仙山堡	灌溉	2 000		1941.12	—	—	

续 表

区域	地点	类型	预计受益田（市亩）	实际受益田（市亩）	查勘年月	测量年月	施工年月	备注
贵定	猫洞	灌溉	700		1941.12	1942.5	—	
	平堡下坝	灌溉	400		1941.12	—	—	
	落海下坝	灌溉	200		1941.12	—	—	
	小场大桥	灌溉	600		1941.12	—	—	
	尖山营	灌溉	900		1941.12	—	—	
	番里半边桥	蓄水灌溉	400		1941.12	—	—	
	九龙营半坡	灌溉	500		1941.12	—	—	
大定	史家庄	灌溉	1 000		1941.12	1942.7	—	
	小屯	灌溉	2 000		1942.2	1942.2	—	
	长石乡	灌溉	2 000		1942.2	1942.3	—	
	猫场	灌溉	2 000		1942.12	—	—	

续表

区域	地点	类型	预计受益田亩(市亩)	实际受益田亩(市亩)	查勘年月	测量年月	施工年月	备注
黄平	抚水河	防洪	11 500		1941.1	—	—	
	更塘坝	灌溉	500		1942.8	—	—	
	内密坝	灌溉	650		1942.8	—	—	
	东冷坝	灌溉	800		1942.8	—	—	
	毛兰坝	灌溉	5 000		1942.8	—	—	
	东马坝	灌溉	700		1942.8	—	—	
荔波	漳江	灌溉	6 000		1942.8	—	—	
	塞平坝	灌溉	1 400		1942.8	—	—	
	交公坝	灌溉	600		1942.8	—	—	
	东良坝	灌溉	200		1942.8	—	—	
	董马沟坝	灌溉	150		1942.8	—	—	
	南山寺	灌溉	5 000		1942.11	—	—	

续表

区域	地点	类型	预计受益田亩(市亩)	实际受益田亩(市亩)	查勘年月	测量年月	施工年月	备注
关岭	南弓	灌溉	3 000		1942.11	—	—	
仁怀	水塘	灌溉	8 000		1942.7	—	—	
仁怀	罗锅井	蓄水灌溉	5 000		1942.7	—	—	
仁怀	四方土	灌溉	2 000		1942.7	—	—	
开阳	羊场	灌溉	7 000		1942.5	1942.10—1943.1	—	
开阳	底窝	灌溉	2 000		1943.1	—	—	
开阳	漆树沟	灌溉	5 000		1942.7	—	—	
息烽	养龙司	蓄水灌溉	2 500		1943.4	—	—	
息烽	坝上	蓄水灌溉	700		1943.4	—	—	
息烽	桐子坝	灌溉	200		1943.4	—	—	
普定	附廓	蓄水灌溉	3 000		1943.4	—	—	
普安	李家河沟	灌溉	450		1943.4	—	—	
普安	牙殊	排水	500		1943.4	—	—	

续 表

区域	地点	类型	预计受益田亩（市亩）	实际受益田亩（市亩）	查勘年月	测量年月	施工年月	备注
普安	马海庄	排水	1 100		1943.4	—	—	
	德依	排水	950		1943.4	—	—	
织金	绮陌	灌溉	3 000		—	—	—	
合计			307 353	32 385				
1938年查勘工程相应预计受益田亩			79 650					
1938—1940年查勘工程相应预计受益田亩			99 150					
1941—1943年查勘工程相应预计受益田亩			205 203					
1949年前查勘工程相应预计受益田亩			307 353					
1949年前完成施工的工程相应实际受益田亩				32 385				

资料来源：贵州省人民政府财政经济委员会编：《贵州省历年完成农田水利统计表》《贵州省1950年整理及续办农田水利工程统计表》，《贵州财政经济资料汇编》第四编《农林》第五章《农田水利》，1950年，第358—359页。

5. 政策的制定与推行

根据 1940 年 2 月 20 日贵州省政府第 618 次委员会议通过的《贵州省各县农田凿塘蓄水办法》①规定：

> 三、自耕田地，由业主自行雇工开凿；承租田地，佃农报由业主雇工开凿；如业主远离者，得由佃农呈请县府转请贷款办理。四、凡业主一时无力开凿者，得按照本省农田水利贷款章程，呈请举办贷款。五、塘之开凿，以灌溉面积较大者提先举办。

可知在申请举办农田水利工程贷款中，应以业主为主体申报，业主申报不方便则由佃农经当地县政府转而申请贷款，并且农贷会优先举办灌溉面积大的农田水利工程。虽然县政府可代佃农申请贷款，但实际上，地方乡村权力分配错综复杂，熟人社会背景下，加之部分地区豪强把持，施行效果不甚符合预期。此规定在 1940 年 9 月被变更，不再为农民自行申报，而是由农贷会直接办理。

根据 1940 年《农田水利贷款委员会签呈：经济部农本局为改善各省农田水利拟定办法原则八项，并由农田水利贷款委员会参照八项原则拟具黔省农田水利改善办法呈核》②签呈中：

> 除自愿照章贷款兴办规模较小者外，其规模较大工程，拟即根据上项原则第三项，由本会直接办理，所需工

---

① 《贵州省政府委员会第 618 次常会议案，1940 年 2 月 20 日》，贵州省档案馆，档号：1-1-471。
② 《贵州省政府委员会第 671 次常会议案，1940 年 9 月 3 日》，贵州省档案馆，档号：1-1-525。

费,俟工程告竣后向受益田亩逐年征收,以期本利清还,并照原则第五项,设管理机关以司其事及兼办管理养护事宜。而面积较小之区,其征收工费即工程之管理养护等项,概交各县政府代办。□工费按受益田亩之多寡为准则,由本会同财政厅办理,清算田亩手续,清算费用与工费一并征收。

在援引的1940年8月23日贵州省农贷会的一份签呈中,"钧府交经济部农本局廿九年七月十一日总字第九六二号公函,为拟定改善各省农田水利办法原则八项,并抄附陕西省渭惠渠管理暂行章则及征收水费暂行章程以供参考。请查核见复。兹谨参照本省农田水利应行改善各点拟议如下"。此签呈指出,贵州省农田水利工程贷款工作并未见良好效果,"查本省农田水利工程,办理已有年所,惟用贷款方式未易□进,且效益未显"。其后分析了出现困难的原因:

(一)农民智识浅陋,对于农田水利工程,殊少兴趣;
(二)贷款章程限制□严,手续繁琐,农民每怀观望;
(三)贷款对象,□机关责重偿还,遂使无人负责倡导;
(四)水利协会与水利合作社虽系举办贷款机构,但组织尚欠健全,且其弱点,已备述农本局公函。几百措施,民可以乐成,而不可以谋始。制度亦需因时制宜,本省农田水利贷款方式若不变更,恐不足以资推广,而增进农民生产。农本局拟定各项原则,均属妥善,拟请函复赞同。①

---

① 《贵州省政府委员会第686次常会议案,1940年10月25日》,贵州省档案馆,档号:1-1-541。

在 1940 年 7 月 11 日经济部农本局的一份公函中，指出当时农田水利贷款依托的地方水利协会制度存在较大问题：

> 案查本局与各省订立农田水利贷款合约，由本局分别贷款各省政府，并合组农田水利贷款委员会以兴办各省水利，复由各省□(于)工程所，在地方分别设立水利协会以承借贷款协助兴工。近年以来据本局考察，水利协会制度实属利少害多，不但在竣之后对于工程管理、工程养护即工程维持费用种种责任恐难负荷，即在施工之际，对其本身应尽之职务亦多未能忠实执行，甚至为地方劣绅所把持，玩忽职守，蔑视多数农民之利益；或者对于贷款领款等手续，延不办理，甚用拒绝申请贷款，贻误工程；或者对于工程之设施，多方为不合理之指摘，冀为不还贷款之张本，而对于协会助□工调解占地纠纷等项重要责任，反多漠不经意，以此情形，若贷款赖其收集偿还，定必百弊；农□工程若赖其管理养护，定必前功尽弃，现在各处工程业有将及完竣者，亟应急起直追，□连补救，以免将来贻无穷之害。①

提到改进办法时，此公函肯定了陕西省的农田水利贷款实施情况，"复查陕西省办理农田水利以来，成绩优异，冠于全国，一切办法均具成规，其工程之设施、工款之筹借，概由省政府负责，工竣之后，则设管理局以管理养护，借维久远，农民不负借款责任，惟每年按亩分等缴纳水费。负清利薄，取不伤廉，而管理养护之

---

① 《贵州省政府委员会第 671 次常会议案，1940 年 9 月 3 日》，贵州省档案馆，档号：1-1-525。

所需、工程贷款之偿还,胥赖此为挹注。而对于地方力量之运用,则有所谓水老会,由水老、斗夫、渠保等组织之举,凡水权之注册及转移、力量之分配、用水纠纷之处理、渠道及建筑物之巡视微调、农民办理修堤……建议修整各项管理章程,讨论改良"。公函认为陕西省的做法,"官民合作翕然无间,规划之周详、用意之深远,实非水利协会制度所能及",故而提出修改方案为"□□及利率仍依原订合约之规定办理,并改由省政府在省库收支内统筹支配;(三)各县较大之工程,由农贷会直接办理,不必俟农民申请再为举办;(四)工程完成之后,仿陕西省办法设工程管理局,官民合作"①。

可见,此前负责贵州省农田水利工程修建管理的地方组织机构为水利协会,然而历年后由于被地方劣绅控制,其运作实效堪忧,故针对较大工程改为农贷会直接办理,不再规定由农民先行申请,并借鉴陕西省工程管理局的"官民合作"组织形式,废除了纯"民间性质"的水利协会,国家力量的渗透在地方修建公共工程上体现明显。

从上述政策制定和推行可知,政府对贵州水利发展都较为重视,甚至直接深入地方抓水利工程,而不是完全依靠地方民间力量。但是,在对农田水利需求更大的广大山区,用水分配问题往往又是民间内部协商解决的,地方力量依然有着较大话语权。水利工程的营建,终究随着需求的提升,改变"治标不治本"的困境,因而在公共政策层面给予倾斜,获得财政和技术上的支持,对于山区建造农田水利工程而言尤为重要。以此来看,安顺县上羊场村的农田水利工程修建可谓是观察此时期水利政策落实状况的

---

① 《贵州省政府委员会第 671 次常会议案,1940 年 9 月 3 日》,贵州省档案馆,档号:1-1-525。

良好案例。

在上羊场的小型排水工程修建中(1945年开始修建,次年竣工),至少从文献中可窥见此五股力量:农田水利贷款委员会、县政府、农林部水利工程处勘测队、地方农民银行、地方农田水利协会,"上羊场农田水利工程……由安顺中国农民银行贷款协助兴办,主办者为上羊场农田水利协会,至工程之测量设计及督导施工,则由农林部水利工程处第七工程队及安顺县政府负责办理"①。事实上,农林部的水利工程处不仅是在修建时提供技术支持,更是在此前就参与到勘探、选址等事务中。上羊场由于地形原因多年来排水不畅,居民困苦,而缺乏修建技术和财力支持,"因循迄今",20世纪30年代,中央层面的农田水利贷款委员会意图在全国范围落实农田水利建设事宜,而当时贵州的委员会并未建成,民国三十四年(1945),农林部水利工程处第七工程队来黔负责督导办理黔西各县小型农田水利工程事宜,地方则借此机会洽请派员测量设计。

上羊场农田水利工程兴修由当地农民提起倡议,联合当地农田水利协会出具计划方案,提请地方农民银行获得贷款支持。②在施工过程中主管的"工务所",其人员来自三部分:地方水利协会、农林部第七工程队和地方县政府。工务所为临时设置,职员由此三部分工作人员兼任,"由上羊场农田水利协会,农林部水利工程所第七工程队,安顺县政府,会同组织工务所,负责食物管理,及技术指导、催调民工等事宜,工务所所有职员,亦由该三机

---

① 马泓瑞:《贵州安顺上羊场农田水利工程之兴修》,《贵州经济建设月刊》第1卷,第1—3期合刊,1945—1946年。
② "同时全区内……农民,联合组织安顺县清白乡上羊场农田水利协会,拟具工程计划,并由安顺中国农民银行贷款协助。"(马泓瑞:《贵州安顺上羊场农田水利工程之兴修》,《贵州经济建设月刊》第1卷,第1—3期合刊,1945—1946年)

关派员兼任均为无给职"。具体在组织条例中可看到,"本工务所设正副主任各一人,主任由农林部农田水利第七工程队队长充任,副主任由安顺县政府建设科科长充任"。

动工后,事实上当地农民自行出力居多,亦有节省费用之功,"工程费用,全部预计为 10 252 342 元,因各受益田主利用农闲时期各自出工做土方工程,节省工费百分之八十强,全部工费仅费 200 万余元,即可完成",原则上为农民出力修建,以充分利用民间农力,"如有执拗得呈请县政府督饬办理,若遇开石所需费用浩大得依办理各县小型农田水利贷款暂行办法第五、六、七、八各款之规定向中国农民银行借贷开支,但本会会员不分田亩多寡应一律缴纳会金五十元以备临时需用"。此排水工程竣工后,由当地水利协会负责统一管理,费用则由受益田主根据受益情况来分摊多寡,"此排水工程完成后,由公务所交由上羊场农田水利协会直接管理养护,发现有淤塞或损坏,由会随时修整,每年所需管理及养护费用,按照实际情形,由各会员据受益田亩多寡,平均分摊负担"[1]。

总体而言,在上羊场农田水利工程修建案例中可见,地方农田水利协会为主办方,地方农民银行提供融资支持,技术方面仰赖于中央农林部水利工程处第七工程队的技术队伍,行政事务上则由县政府统筹,上报省级农田贷款水利委员会和省政府。[2]

各方力量的相互博弈与作用,在定番县小龙灌溉区工程监督组织变化上也十分突出。1938 年 7 月 3 日,贵州省农田水利贷

---

[1] 引自马泓瑞:《贵州安顺上羊场农田水利工程之兴修》,《贵州经济建设月刊》第 1 卷,第 1—3 期合刊,1945—1946 年。
[2] 工务会的组织章程,也须上报县政府和水利工程队核准,如"第廿二条 本规程自呈请县政府及水利工程队核准备案后施行"(马泓瑞:《贵州安顺上羊场农田水利工程之兴修》,《贵州经济建设月刊》第 1 卷,第 1—3 期合刊,1945—1946 年)。

款委员会主任委员叶纪元在签呈中提出,对于定番县小龙灌溉区,应将设置的监工所改为工程处,拟加强农贷会对定番县小龙灌溉区的管理。签呈中援引各县办理的农田水利工程,如果工程范围较大,照章应由农贷会代办或管理的,"拟专设灌溉区工程处或监工所办理之",并指出在相关政务会议决议中,"简章两种均照秘书处签注通过,定番县小农灌溉工程,准设监工所办理",就监督管理组织提出了反对意见:

> 如该区工程系由本会派员代办者,拟设工程处办理,如仅系派员管理者,则拟设监工所办理,故本会在拟定灌溉区工程处及监工所组织简章时,即本斯意以伸缩其组织,工程处有主任、会计员、事务员及雇员之设置,而监工所则无,现查定番县小龙灌溉区工程,范围较大,且属呈准交办特殊工程之一,事实上不仅负责管理,须由本会全部代办,如仅设监工所,不惟管理难期周密,工程亦恐难于策进,为进行顺利及便于监督设计,拟请在定番县小龙灌溉区设置工程处。①

此签呈意见在省政府会议决议中获得"准予照符",即同意将定番县小龙灌溉区原设的监工所改为设工程处。由此可知,对于所涉范围较大、具备一定政绩色彩的农田水利工程,考虑到施工难度、管理难度,则应由农贷会来全权办理。相较于农贷会所设的监工所,农贷会的工程处对于一个灌溉区农田水利工程的管理更为全面而有效(落实到会计员和事务员等),此其一。其二,观

---

① 签呈录自贵州省档案馆,档号:1-1-407;《贵州省政府委员会第554次常会纪要,1938年7月11日》。

之此决策流程,省政府会议拥有决策权,起初决议是在定番县小龙灌溉区设置监工所,而更具备专业能力的农贷会结合定番县小龙区的实际情况,则认为应设置工程处更为合理,故提交签呈至省政府会议,省政府会议接签呈后同意此意见。由此可看出,虽然农贷会是集合中央和省政府等力量的专掌贵州省农田水利工程建设的机构,但省政府层面仍然享有最终决策权(或核定权)。此外,结合其他史料可看出,省政府对农贷会的建议和意见也基本是多数直接采纳,可见两者在行政上配合较为得当,至少从政府文书中见到的大多数是沟通顺畅、少有冲突的。

6. 小结

自20世纪30年代对黔省农田水利工程的关注起,中央层面和地方层面的政府都意识到与地方农民共建的必要性,虽有一些文献体现某些情况下地方农民执拗不配合的情况,但整体来看,地方上农民不仅希望得到中央层面工程队的技术支持,也受益于中央鼓励地方农业银行贷款支持地方农田水利建设的政策。在实际修建中,各股力量参与其中,"施工时,除由政府派技术人员实行监督指导工程外,一面会同当地公正绅士及乡区镇长协助进行","广袤荒地,与增加农作物生产,既为救济吾黔最切要之工作,故农田水利,亟应讲求,政府与人民,尤应通力合作,以求有功,唯兹事体大,其间关系,又极错综复杂,执行者苟不慎之于先,必至陨越于后","收用土地,应遵照中央法规"[①]。

修建地方农田水利工程,困难一为技术,二为款项。技术方面由于得到农林部工程队帮助,较为容易解决,款项方面则需要政府方面的政策鼓励。20世纪30年代,政府鼓励通过地方农业

---

① 《贵州全省水利计划》,《中国建设月刊》(南京)1933年第2期,第109页。

银行贷款模式兴修地方农田水利工程：

> 而兴修水利，非款莫举，自应政府力为提倡，捭促其成。兹由＊营筹拨款项，发交该省府转贷于申请举办水利工程之农民，将来由受益田亩之地主，分期摊还，在人民方面，无筹款之劳，而水利工程得以兴举，坐享永久之益，政府贷款于民，资金仍可收回，国币无毫末之损，洵实一举数得，应即切实举办，借以防遏灾患，安定民生。除饬农民银行拨款五十万元充作该省贷款资金外，特制定信用贷款兴办黔省农田水利暂行办法大纲，随令颁发，仰该省政府迅即遵照办理。①

直到40年代贵筑等地修建水利时，仍尤为看重中央层面对贷款的支持，"正南工程甚为浩大，究应为何进行，须俟中央将贷款方式决定后，然后方可决定竣工事宜"②。

总之，民国期间贵州省农田水利工程的修建，以30、40年代为主，其间多股力量参与其中，既有中央、地方政府的政策倾斜，也有当地农民的自发努力，亦有不少建树。

第一，借"抗战大后方"建设需要，针对贵州省农田水利的政策频出，开始有了真正意义上官方的农田水利管理机构，在省级机构中有来自中央的力量，并且引入了农民银行贷款的新型模式，有效解决了传统模式下无法解决水利工程建设资本密集型特

---

① 《训令：治信字第三八四九号(二六，五，一三)令贵州省政府为制发信用贷款与兴办黔省农田水利暂行办法大纲仰遵照切实办理并妥拟贷款本利偿还办法呈核由》，《军政月刊》1937年第17期。
② 《贵州水利局加紧完成贵筑惠水等地灌溉工程》，《民国三十五至三十六年伪省政府各县呈报农田水利交代事项卷》，贵州省档案馆，档号：60-1-85。

点带来的不便。

第二,在地方水利工程的初期筹划、中期建设、后期管理上,有多股力量参与其中,既有中央、地方政府的政策倾斜,也有当地农民的勉力建设,从大量政府公文签呈、1940年左右农田水利工程快速发展来看,在新式技术的引入、政策层面的大力支持下,民国期间贵州省的农田水利工程建设有不少起色。

第三,颇为有趣的是,通过对档案的发掘,也发现了一些关于国家力量与地方力量之间磨合的案例,地方档案显示存在地方"劣绅""豪强"把持当地农田水利工程建设事宜的案例,从后期政策发文来看,国家权力反而借"整顿地方枉顾公益之行为"得以渗透。一方面,体现在全省乃至全国水政的统一,并在金融支持下深入地方各县;另一方面,民国时期地方水利兴修时各方利益的博弈背后,仍是政府力量居于主要地位,也更具执行力,"渗透"意味着行政规则也得以细化设置,体现在县政府对地方公共事业享有更大的管理权,省政府对各地重大公共事业享有最终决策权等方面,这在民国以前是极为鲜见的,不失为研究地方基层控制、各方权力磨合的良好案例。

总之,黔省农田水利,借由抗战的契机为中央层面所重视,在抗战期间修建了各式小型农田水利工程,对技术运用的试验、对银行提供贷款模式的尝试、地方公共工程建设管理的决策机制与权力来源及分配等,都是民国期间黔省农田水利发展的主要内容。自然,贵州省农田水利建设在民国时期,尤其是抗战以后,并不是"空白"而"无效"的。

四、贵州省抗旱保墒型农艺作物的改良与农业经济

在贵州农业发展史上,明清时期移民与垦殖、民国时期农业

技术推广运动是两个重要阶段。明清时期的农业开发,主要通过鼓励垦殖、"劝农桑蚕"、引种旱地作物和修建中小型水利等活动来"尽地力",军屯、民垦等发挥主要作用。① 晚清以来受外来资本市场因素、西方近代农业科技和教育影响,我国农业在许多方面都发生了可喜变化,一方面是农业科教机构、农林牧渔等场(厂)得到较多建立,优良品种引进、培育、推广及病害防治等得到重视,并在基层得以积极推广;另一方面是农产品商品化程度有较大提高,相应的金融、信息、交通和商业保障体系初步建立。② 近代贵州农业发展整体上虽为缓慢,但受全国农业发展影响,也在上述方面有着积极进步。尤其是在抗战时期,国民政府内迁和为建设大后方需要,采取了一系列有利于发展农村、农业经济的政策和措施,在农业技术的改良上做了大量工作,成效显著。③

与明清时期农业开发相比,民国时期的农业开发更着重于作物品种和技术的引进、改良与传播,以技术手段来推进地区大农业的发展。大体上从1938年开始的农业技术推广运动,是民国

---

① 可参见潘洪钢:《清代乾隆朝贵州苗区的屯政》,《贵州文史丛刊》1986年第4期;郭松义、桑士光:《清代的贵州古州屯田》,《清史研究》1991年第1期;史继忠:《贵州民族地区开发史专论》,云南大学出版社,1992年;陈国生:《明代云贵川农业地理研究》,西南师范大学出版社,1997年;萧正洪:《环境与技术选择:清代中国西部地区农业技术地理研究》,中国社会科学出版社,1998年;杨伟兵:《元明清时期云贵高原的农业垦殖及其土地利用问题》,《历史地理》第20辑,上海人民出版社,2004年;杨伟兵:《云贵高原的土地利用与生态变迁(1659—1912)》,上海人民出版社,2008年,等等。
② 包平、王利华:《略述中国近代农业教育体系的创立(1897—1937)》,《中国农史》2002年第4期;魏露苓:《晚清西方近代农业科技在基层的推广活动》,《学术研究》2007年第4期;曹幸穗等编著:《民国时期的农业》,《江苏文史资料》编辑部:《江苏文史资料》第51辑,1993年。
③ 《贵州六百年经济史》编委会编:《贵州六百年经济史》,贵州人民出版社,1998年,第363—379页。

时期贵州省重要的经济开发活动之一,尽管历时较短,但由此形成的新一轮农业开发,极大促进了地区粮食作物、经济作物的普遍改良和种植,对水旱条件的适应能力大为提升,产量也获得较大提高。以抗旱保墒等功效改良为主的农作物在贵州的推广,是以其他形式替代或部分承担了"水利"应对农业环境变化的行为,这在山地表现尤为明显,对推动贵州农业在民国时期的发展起到重要作用。

1. 传统经济与作物的构成

19世纪末到20世纪初,贵州同全国其他地区一样,以家庭手工业和自给自足农业生产为主的传统小农经济在商品经济冲击下,农业发展十分缓慢。这在耕地、人口、技术与人民生活状况等方面均有体现。民国三年(1914)贵州全省可耕荒地为736.8万亩,到二十二年增至1700万亩;民国二年(1913)全省耕地面积是2140.7万亩,到二十三年下降至2120.6万亩。[①]民国前夕贵州人口在850万人左右,到民国二十年(1931)却减至822万人左右,而在1911—1936年间全省人口平均年增长率为-8.04‰。[②]

抗战以前贵州多数地区农业生产技术仍处于较为落后水平,经济发展滞后,少数民族粮食生产以刀耕火种式、广种薄收的亦在不少。[③] 因经济困难,黔省"所产米粮,大部均运销于川、湘各

---

① 《贵州六百年经济史》编委会编:《贵州六百年经济史》,贵州人民出版社,1998年,第302页。
② 葛剑雄主编,侯杨方著:《中国人口史》第六卷(1910—1953年),复旦大学出版社,2001年,第209—210页。
③ 国家民委民族问题五种丛书之一、中国少数民族社会历史调查资料丛刊:《苗族社会历史调查》,贵州民族出版社,1986年。

省,换取金钱,自食则以杂粮代之"①。"云贵两省,绝无水运之利,道路崎岖,文化落后,仍未脱地方经济状态","故人民仅求自足,不事过量之劳力,而所谓地域分工,以通有无之分配方法,更难望其施行。"②贵州地区"耕种方法,一沿旧制"居多,人民生活水平较低。③ 造成贵州经济特别是农业种植经济落后的直接原因,主要是军阀统治和自然灾害等对农村传统经济的冲击与破坏。比如,安顺地区由于清末以来的不断战乱,"(田土)概属荒芜,盖初乱时,农民亦不敢废耕,无如兵事频繁,农作物多未得收。积之既久,不特无耕牛,无种子,并耕作之人亦转徙离散。是以沃田良土皆荒弃不耕",直到30年代末才恢复过来。④ 1925—1926年贵州由于自然灾害"饿死者在五六十万以上",灾民多达三四百万。⑤ 黔东南的剑河,"人民生活艰苦,鹄形菜色"⑥。丹寨"据父老言千百年来无此巨灾","继以瘟疫饥死过半"⑦。根据张肖梅主编《贵州经济》,民国二十五年(1936)贵州全省各种农作物产量均低于常年水平(表3-9),直接说明了抗战前夕贵州作物种植等农业的败落。

---

① 章有义编:《中国近代农业史资料》第二辑,生活·读书·新知三联书店,1957年,第425页。
② 铁道部财务司调查科编:《粤滇线云贵段经济调查》,见《中国铁道沿线经济调查资料两种》,台北:学海出版社,1972年。
③ 铁道部财务司调查科编:《湘滇线云贵段附近各县经济调查报告书》,见殷梦霞等编:《民国铁路沿线经济调查报告汇编》第十四册,国家图书馆出版社,2009年。
④ 民国《续修安顺府志》卷二十《杂志》,《中国地方志集成·贵州府县志辑》第42册,巴蜀书社,2006年,第643页。
⑤ 《贵州旅外同乡会凌霄等致蒋中正电》,引自《贵州六百年经济史》编委会编:《贵州六百年经济史》,贵州人民出版社,1998年,第304页。
⑥ 民国《剑河县志》卷一《天文志》,民国三十四年(1945)剑河石印局石印版。
⑦ 民国《八寨县志稿》卷二三《年纪》,民国二十一年(1932)铅印本。

表 3-9　1936年贵州各种农业作物收成水平（常年　100%）

农业作物(冬季)	占常年比	农业作物(夏季)	占常年比
小麦	65%	早稻	66%
大麦	64%	晚稻	50%
豌豆	60%	糯稻	61%
蚕豆	61%	玉米	70%
油菜	65%	甘薯	56%

资料来源：张肖梅编著：《贵州经济》第二章《经济之自然赋予与利用》，据中央农业实验所1936年调查资料，中国国民经济研究所民国二十八年(1939)。

当然，抗日战争以前贵州农业经济开发仍有缓慢进展，主要是外来资本主义经济因素的刺激与影响，近代化的步伐亦在悄然改变着传统种植结构。不过此时的农业开发却非常直观地体现于与商品经济有关的多种农业经营上，以经济作物种植和产销为主。册亨地区"农产品以棉花、白米、菜油三种数量最多，占输出主要地位"①。思县"民国以来，各地皆建桑区，思县亦然"，遍植桑树，"约四万六千株"②。烟草种植更为普遍，贵定种烟、制烟较多，销售市场东至镇远、铜仁，西达安顺，北上遵义。③ 黄平"旧《志》不载烟草，今则遍地栽之，州南及东北一带为甲"④。其他作物如施秉县皮柑、广柑、丹柑"年出数万斤"⑤。商品经济的发展

---

① 民国《册亨县乡土志略》第四章《物产》，民国二十五年(1936)铅印本。
② 民国《思县志稿》卷七《经业志》，民国八年(1919)抄本。
③ 民国《贵定县志稿》，《出产》，民国八年(1919)抄呈本。
④ 民国《黄平县志》卷二十《食货志》，民国十年(1921)稿本。
⑤ 民国《施秉县志》卷一《物产》，民国九年(1920)稿本。

带动了清末民初贵州局部地区经济作物多种种植和经营发展。此外,林业、林副业的此期兴起给传统大农业范畴的贵州经济注入了活力。当时,盛产木材的黔东南地区以前"黔山多童,先民不习松、杉等利,山中之树听其长养,竟多不知其名者。今则松、杉葱郁,而地又近河。清末,尝由水道伐木扎排,顺流而下,售于洪江、常德等处,获利甚厚,民生遂渐舒矣"①。施秉出的柏木、杉木质优,年约各值数千银元。②

值得注意的是,抗战以前贵州农业经济并没有因经济作物和其他副业生产的兴起而得以好转,传统的粮食经济在其他作物种植冲击下,耕地面积、产量等均出现衰落迹象,军阀统治、土地兼并和鸦片种植等使得这种表现愈发明显。以对开阳县 514 户农民家庭进行的调查为例,负债者有 442 户,占 86%,其中佃农负债面为 94.7%,半自耕农是 75.7%,自耕农为 18.2%。这种比例基本在当时的贵州具有一定普遍性。③

经济和民生的不济并不代表历史上贵州作物资源的贫乏,事实上明清以来的开发已使该省粮食作物、经济作物等的品种发生较多改变,形成切合贵州民族、山地生态的作物种质资源新体系,深刻影响到地方作物及经济结构,不仅在局部地区带动了相关产业的发展,也为民国以后的农业技术推广和作物品种改良、试验奠定了基础。

在粮食作物种质资源方面,1938 年农技推广之前贵州继承和发展了历史以来,特别明清时期农业开发的成效,整体上经历了由原生态民族相对较少种类的糯稻、谷类、麦类种植到多民族共同耕植的、适应多样性自然环境的粮食作物种

① 民国《剑河县志》卷一《天文志》。
② 民国《施秉县志》卷一《物产》。
③ 《贵州六百年经济史》编委会编:《贵州六百年经济史》,第 303、304 页。

植格局。① 以黔东南地区为例,据《黔东南苗族侗族自治州志·农业志》(1993)的统计,清代水稻已有糯、黏之分,各府州厅县记载的稻谷品种籼有 24 个,糯有 18 个。史载贵州"(黑苗)食惟糯稻"②,黔东及东南地区"(苗)男勤耕作,种糯谷"③,"苗人惟食糯米"④。糯稻在民族经济生活中占有重要的地位。旱地高产作物的玉米等自明末清初传入贵州后,在乾嘉年间得到广泛种植。⑤ 嘉道以后诸如甘薯、马铃薯、高粱等的种植在各地均有普遍体现,使粮食结构、产量和山地经济均为之发生变化。施秉县"同光以还,苗疆府定,夷汉归农,农产以黏米为大宗,除敷本地日食外,运销外县,年约数百余石。杂粮如麦荞、高粱、苞谷、黄豆、豌豆等类,亦有种者,第不及米粮之多"⑥。民国初年思县"全境土多田少,出产以米和豆为大宗,麦荞、高粱次之。米、麦、豆均销往湘边"⑦。关岭县"米、麦、玉蜀黍、荞、豆、高粱等项均产,米和玉蜀黍为大宗食品,米量约超过玉蜀黍一倍。每年各项粮食供本县食用外,约余十分之一,销售镇宁、贞丰、安南、紫云等属。"⑧

经济作物种质方面,乾隆初遵义府桐梓县就已教民植桑养蚕,布政使陈德荣、按察使宋厚札"各属教民养蚕,桐梓隶焉。故

---

① 杨伟兵:《由糯到籼:对黔东南粮食作物种植与民族生境适应问题的历史考察》,《中国农史》2004 年第 4 期。
② 乾隆《贵州通志》卷七《地理志》。
③ 《黔南识略》卷一二《镇远府》。
④ 《黔南识略》卷一三《台拱厅》。
⑤ 这方面的研究较多,可参见严奇岩的最新研究。严奇岩:《清代玉米的引进与推广对贵州石漠化的影响》,《贵州师范大学学报》2010 年第 3 期。
⑥ 民国《施秉县志》卷一《农桑》。
⑦ 民国《思县志稿》卷七《经业志·农业》。
⑧ 民国《关岭县志访册》卷三《食货志·农桑》。

表 3-10 明清时期的贵州主要粮食作物及其分布

品 种 名 称	作物种类	主要分布	资料出处
稻、黍、稷、麦、豆、荞、麻	谷属	全省	嘉靖《贵州通志》卷三《土产》
红稻、白稻、糯稻、早稻、蝉鸣稻(早市香)、羊毛黏	稻属	贵阳府	乾隆《贵州通志》卷一五《食货·物产》
小麦、大麦、燕麦、荞麦	麦属	贵阳府	
秫	高粱属	贵阳府	
稷	黍(粟)属	贵阳府	
黄豆、绿豆、黑豆、豌豆、穞豆、饭豆、蚕豆	豆属	贵阳府	
班稠糯、香禾米、猪毛糯	稻属	平越府	
白露早、洗耙早、香禾米	稻属	镇远府	
金钗糯	稻属	思南府	
黄粟、白粟	粟属	思州府	
岩尖谷、羊毛黏	稻属	大定府	

说明：本表资料来自嘉靖三十二年(1553)、乾隆六年(1741)贵州省志,故"明清时期"以此两个年份为标准年代,并不表示两朝情况仅限于表格反映之内容。

五里乡村,屋角墙阴,田塍圃畔,莫不绿枝掩映,红椹离离"①,以致遵义丝品盛极一时,"蚕事最勤,其丝行楚蜀闽浙滇诸省,村落多种柘树。茧客至,春时买其树,放蚕于上,茧收取之。广东程乡茧亦遵义丝也"②。道光年间府地"郡故多槲树,以不中屋材,薪炭之外无所于取",山东人陈玉璧来守,多次遣人从山东引山蚕种

---

① 民国《桐梓县志》卷十一《实业志·蚕业》。
② 〔清〕李宗昉：《黔记》卷二。

后,数年后民间获利颇丰,从此该地区植桑养蚕大兴。[①] 该地丝绸"竟与吴绫、蜀锦争价于中州",吸引了山西、陕西、福建和两广各省客商来竞购。[②] 正安州"初,州地少桑",乾隆十三年(1748)吏目徐阶平"自浙江购蚕种来州,教民饲法"后,"家皆种桑"[③]。兴义地区在乾隆之际"棉可织,蓝可染,山地间亦种之"[④]。嘉庆年间黄平州"山多田少,山间多植蓝靛、烟叶"[⑤]。贵定县"清嘉道间闽广人侨寓于此,倡种烟叶",后逐渐发展成为该县出产大宗。[⑥] 嘉庆五年(1800)浙江乌程人徐玉章任贵州安平知县,后又任兴义知府、仁怀同知,署大定府,教民种橡(柞)树育殖山蚕,植棉纺纱,设纺局,招男妇训练,并给学者以纺车、棉花。[⑦] 民国早期的榕江、册亨等地棉花出产和外销均在地方占主要地位。[⑧] 遵义、开阳、岑巩等地的茶叶产量丰硕,运售邻近地区。[⑨] 乾嘉以来棉花、桑蚕、茶叶等经济作物和园圃种植在贵州得以普遍开展,地方官吏在作物品种的引进、推广和种植技术改良等方面起到积极作用。

2. 农技推广与作物经济变化

抗战爆发后,迫于国内形势和战时需要,农林行政当局紧急制定了战时垦殖政策,其主要内容是督导各类劳动力举办垦殖运动。[⑩] 尽

[①] 道光《遵义府志》卷三十《官绩》。
[②] 道光《遵义府志》卷一六《农桑》。
[③] 民国《瓮安县志》卷一四《农业·蚕桑》。
[④] 乾隆《南笼府志》卷二《地理志·土产》。
[⑤] 道光《续修黄平州志》卷一《方舆志·风俗》。
[⑥] 民国《贵定县志稿·贵定出产》。
[⑦] 光绪《乌程县志》卷一八《人物》。
[⑧] 民国《榕江县乡土教材》第二章《地理·物产》、民国《册亨县乡土志略》第四章《物产》。
[⑨] 民国《续遵义府志》卷一二《物产》、民国《开阳县志》第四章《经济》、民国《岑巩县志》卷九《物产志》。
[⑩] 李顺卿:《垦殖政策》,《中农月刊》1943年第4卷第10期。

管国家农林部于1940年才成立垦务总局,但四川、云南、广西、贵州等地垦务早已开展起来了。不过,由于各地自然条件、技术水平和投入力量、时间不一,所以开垦种植的农林作物面积不尽一致。1941年贵州全省开垦了165 750亩荒地,这尽管与全省可耕荒地2 000万亩相比仍十分有限,但高于邻省四川同期的垦荒水平。从垦殖分布上看,因贵州农耕最主要的障碍是水利条件较差,因而开荒以贵阳及其附近平坝地区成绩最大。① 伴随着大规模垦殖运动,民国政府在贵州也积极开展农业技术推广活动,形成贵州农业开发史上的又一高峰。

农业推广活动早在清末民初就已在我国开展,但由于各级政府尚未给予足够重视,仅仅有过小范围内的一些实验和改良。1929年6月国民政府正式颁布《农业推广规程》,同年建立中央一级的农业推广机构,随后各省陆续建立机构开始进行农业推广活动。1938年贵州筹建农业改进所,在贵阳设立本部,遵义、黔东南等地建立实验农场、林场等,并在各行政督察专员公署所治地设立农场,筹办农业推广事宜,正式拉开了贵州农业推广活动。②

在农业推广机构体系和运作保障方面,设立有国家农林部西南兽疫防治站和农林部农业推广委员会驻黔办公处、贵州省农业改进所、贵州大学农学院、贵阳中国农民银行等五个机关,并由它们组成"贵州省农业推广联合委员会",其下设有多部门相关组织见表3-11所示。至1945年全省共有71个县建立了农推所,占全省78县、1市、1局的88.75%,虽然1946年因经费问题曾全部撤并入建设科,但次年旋即恢复。③ 从组织机构设置来看,当

---

① 数据来自《民国时期的农业》的有关统计,当时四川可耕荒地有1 096万亩,1943年共增开了19 854亩,见曹幸穗等编著:《民国时期的农业》,《江苏文史资料》编辑部:《江苏文史资料》第51辑,1993年,第269—273页。
② 参阅前揭《贵州六百年经济史》《民国时期的农业》等。
③ 杨汝南:《贵州省农业推广之回顾与前瞻》,《贵州经济建设》1947年第2卷第3—4期。

时贵州农推所的专业性很强，人事设置简练，农业技术和保障部门配置完善、合理，分工细致。农推工作需要大量的人力、物力和资金投入，运作还得依赖于各级推广机构的具体实施，因此从省级机构到县属大部分地区的推广所建立，在组织上保证了日常工作的运作。根据杨汝南《贵州省农业推广之回顾与前瞻》，全省农推所的资金除人员薪金外，中央农林部补助2 050万元，省府补助500万元，共计2 550万元。但是这些经费远远不能满足实际需要，故出现了1946年的撤并现象。1938年正式开始的贵州农推工作仍然取得了相当大的实效，运作基本上是成功的。

表3-11 民国时期贵州省农业推广机构设置

联合委员会	
总干事	
技术部	执行部
农艺督导 园艺督导 林业督导 畜牧兽医督导 虫害防治督导 植病防治督导 农场经营督导 土壤肥料督导 农林金融改进督导 农具及农田水利督导	总务组 督导组

资料来源：杨汝南：《贵州省农业推广之回顾与前瞻》，《贵州经济建设》1947年第2卷第3—4期。

政府督导和推行的农业改造活动，早在1938年之前就因应对灾害等进行部分开展。1938年后随着农推体系的逐级完善和投入加大，成效愈发明显。民国十四年(1925)贵州东部和东南部地区发生特大旱灾和农业病虫害,"三穗、天柱、锦屏、黎平、镇远、岑巩、榕江等县大旱,小季无收,禾苗枯槁",以致次年闹大饥荒。事后各级政府便组织力量到川、湘等地收购籼稻良种,贷给农民种植。① 1930 年贵州全省倡导糯改籼,镇远等地政府出面在大街小巷张贴布告、立牌宣传,加强劝导和推广。麻江县政府在 1941 年成立"粮食增产督导团",出台五项措施以增粮产,其中就有"二、由保甲长遍告农民不准种糯稻超过黏稻十分之一,并限令糯米价不得超过黏米价"②。1943 年国民政府出台资金奖励制度,规定种植籼稻增 1% 者奖国币 1 000—5 000 元,并且引进优质籼种推广种植,使减糯增籼成效大为加强。政府力量的不断介入使黔东南以上时段的籼稻种植成绩巨大,1945 年黔东南全境(缺雷山)糯改籼面积达到 11.712 5 万亩,占水稻播种面积的 6.48%,籼稻播种面积上升到稻谷种植面积的近 60%。到 1949 年全境籼稻播种面积已达 165.133 万亩,占稻谷播种面积的 76.9%,这一数字已接近 1990 年农业规划所制定的规模,即籼稻种植面积比值上升至 80% 的水平。③ 可见,政府在农推工作中起到重要作用,农推机构体系的完善为此提供了良好的保障条件,这在贵州以往农业开发上是罕见的。

粮食作物属于农推部门的农艺范畴,贵州省此方面的主要成就反映在水稻、小麦等品种改良和推广上(见表 3—12)。水稻中由省农改所育成的黔农 2 号、28 号,自民国二十八年至三十四年间(1939—1945),先后在贵筑、遵义、惠水等 17 县、市栽培成功,

---

① 贵州省黔东南苗族侗族自治州地方志编纂委员会编:《黔东南苗族侗族自治州志·粮食志·大事年表》,贵州人民出版社,1995 年。
② 贵州省黔东南苗族侗族自治州地方志编纂委员会编:《黔东南苗族侗族自治州志·农业志》,贵州人民出版社,1993 年。
③ 杨伟兵:《由糯到籼:对黔东南粮食作物种植与民族生境适应问题的历史考察》,《中国农史》2004 年第 4 期。

深受农家欢迎。① 据杨汝南《贵州省农业推广之回顾与前瞻》提供的《贵州省三十五年推广改良稻种面积表》中的数据，我们可以大致计算出以上两种新水稻带来的效益。当时黔农 2 号、28 号在贵阳、贵筑、惠水、清镇、贵定、龙里、遵义、平坝、安顺和息烽等县、市推广种植，总计推广种植面积 11 215 亩；黔农 2 号、黔农 28 号最高平均亩产量均出现在遵义县，分别达 653 斤、641 斤，而上述各地传统农家种的平均最高亩产量是惠水县的小白黏为 560 斤。就整体来讲，以上各地新良种平均亩产量为 632 斤，高出老品种平均亩产量 539 斤近百斤左右，增产就不言而喻了。小麦方面，先后培育、改良和引进了中农 28 号、金大 2905 号、遵义 136 号、定农 1 号等新良种，其中省农改所育成的遵义 136 号，外地引进的中农 28 号、金大 2905 号种植较为普遍。1946 年在贵阳、贵筑、遵义、惠水、安顺、平坝、息烽、贵定、龙里、仁怀 12 县、市推广种植面积为 35 000 亩。中农 28 号、金大 2905 号不仅产量高于土种，而且成熟早，抗病能力强，亩产比土种能提高 15%—30%。② 在黔北 13 个县推广种植的遵义 136 号，亩产量可提高 20%，达 257 斤左右。③ 其他粮食作物也不同程度地得到技术改进和推广，从粮食品种改进和推广形成的格局来看，水稻新种推广集中于自然条件、水利设施相对较好的坝、河谷地区，如贵阳及其附近、黔东南部分低山、河谷；小麦良种推广分布要更广泛一些，黔北、黔中和黔西等均有种植，基本上还是受到地理环境制约。④ 这说明自然环境在粮食等作物推广种植中仍起到重要作用。

---

① 杨汝南：《贵州省农业推广之回顾与前瞻》，《贵州经济建设》1947 年第 2 卷第 3—4 期。
② 杨汝南：《贵州省农业推广之回顾与前瞻》，《贵州经济建设》1947 年第 2 卷第 3—4 期。
③ 《贵州六百年经济史》编委会编：《贵州六百年经济史》，第 365 页。
④ 杨汝南：《贵州省农业推广之回顾与前瞻》，《贵州经济建设》1947 年第 2 卷第 3—4 期。梁蕲善：《贵州土地利用》，《贵州经济建设》1947 年第 2 卷第 3—4 期。

专题三 水利化活动的政策与经验：贵州农田抗旱保墒的经济生态 | 307

表 3-12 民国时期贵州省主要农艺作物优良品种及推广情况

品种	品种名称	特性	适应及推广地区	产量（市斤/市亩）	较当地种增收百分率	品种来源
水稻	黔农4号	早熟籼稻、丰产、不倒伏	贵阳附近	500	—	集团选种法育成
	黔农2号	中熟籼稻、丰产、米质佳、不倒伏	贵阳、遵义、安顺、兴仁专区、黔中及黔东南部	700	15%—30%	集团选种法育成
	黔农28号	中熟籼稻、丰产、秧苗耐旱、贵阳、贵筑	铜仁、镇远专区、黔中、北部、贵阳、贵筑	700	10%—20%	集团选种法育成
	黔纯2363号	中熟籼稻、丰产、不倒伏	独山专区、黔中、南部、贵阳、贵筑	800	15%—30%	纯系育种法育成
	浙大46号	中熟粳稻、丰产、质佳、不倒伏	毕节专区、贵阳、贵筑	400	—	引种成功
	黔农35号	中熟糯稻、丰产、耐淹耐旱、不倒伏	贵阳附近、黔中、南部	500	23%	集团选种法育成
	黔农7号	—	贵阳、贵筑	—	35%	—
	黔农55号	—	黔中、南部	—	15%—30%	—

续表

品种	品种名称	特性	适应及推广地区	产量（市斤/市亩）	较当地种增收百分率	品种来源
小麦	金大2905号	宜于肥地，麦粒大，成熟期早，抗病，丰产	黔中、黔西各县、贵阳	243	15%	金陵大学育成，中农所、省农改所引种成功
	中农28号	宜于肥地、丰产、抗病、不倒伏	黔中、黔东各县、贵阳	298	20%—25%	意大利种、中农所、省农改所引种成功
	定农1号	土地不选择、成熟期早、抗病	黔南各县、惠水	238	10%—15%	纯系育种法育成
	遵义136号	土地不选择、丰产、成熟期早	黔北各县、遵义	257	15%—20%	集团选种法育成
	白玉麦(#62白)	麦粒肥大、不倒伏、宜于肥地、丰产、抗病	试验中	288	25%	金大2905号quality杂交育成
	特早麦(#283号)	不倒伏、土地不选择、成熟期早	试验中	198	10%	江东门1号quality杂交育成
	山地红(montona)	丰产、抗病强	试验中	227	15%	中农所自美国引种，省农改所引种实验成功

续 表

品种	名称	特 性	适应及推广地区	产量（市斤/市亩）	较当地种增收百分率	品 种 来 源
小麦	矮粒多（ardito）	麦粒大、不倒伏、丰产、成熟期早、抗病	试验中	246	20%	中农所自意大利引种，省农改所引种实验成功
棉花	施秉 465 号	丰产、成熟早、抗病强	施秉及其附近县份	26（皮棉）	20%—40%	育成
棉花	施秉美棉	丰产、绒长	施秉及其附近县份	24（皮棉）	10%—20%	育成
棉花	普利（buri）	丰产、抗病强	繁殖实验中	65（皮棉）	较标准品种高出 70%—80%	引种
烟草	400 号	叶宽、易薰烤、品质优、高产	全省各烟区	100	20%	引种成功
烟草	佛光	叶窄而厚、色泽厚、易薰烤	全省各烟区，但较 400 号差	90	10%	引种成功

资料来源：贵州省人民政府财政经济委员会：《贵州财经资料汇编》，1950 年 12 月编印（此部分据民国贵州省农改所呈报资料汇编），第 239—233 页。

对于粮食作物推广工作而言,当时还对种植制度和水利改造做了较多技术指导工作,如鼓励冬耕、增种冬季作物和小型水利规划与营建等。[①] 1939—1946 年贵州省推广冬季种植面积达到 5 400 多万亩,估计增加产量 6 876 万石。[②] 从表 3-13 中可以看出 1937—1945 年间贵州粮食产量的增长情况,当时的农业技术推广作用因 20 世纪 30 年代末至 40 年代粮食产量的整体提高而得以体现。

表 3-13　1937—1945 年贵州主要农作物的产量增长

作物名称	产量(单位：市石)			1945 年与 1937 年增长比较
	1937 年	1945 年	最高值：产量(年份)	
稻	25 149 000	25 852 362	39 531 104(1939)	103%
麦	4 545 000	5 239 428	6 385 000(1938)	115%
小米	415 000	2 115 770	2 115 770(1945)	510%
黄豆	2 018 450	3 246 516	3 360 026(1943)	161%
番薯	2 825 000	2 319 140	57 047 500(1939)	82%
玉米	6 435 000	8 284 156	15 293 827(1939)	129%
洋芋	1 122 820	1 371 380	2 568 964(1944)	122%
荞麦	5 689	2 306 780	2 306 780(1945)	406%

---

① 丁道谦：《贵州经济地理》,商务印书馆,1946 年。蒋君章：《西南经济地理》,商务印书馆,1947 年,第 43 页。沈雷春、陈禾章编：《中国战时经济志》,《近代中国史料丛刊三编》第 20 辑,台北：文海出版社,1976 年,第 21 页。
② 熊大宽：《贵州抗战时期经济史》,第 47 页。

续 表

作物名称	产量(单位：市石)			1945年与1937年增长比较
	1937年	1945年	最高值：产量(年份)	
蚕豆	994 000	2 340 400	2 340 400(1945)	236%
豌豆	980 000	653 920	1 615 000(1938)	67%
油菜籽	1 885 000	3 129 615	3 504 574(1943)	166%

资料来源：《贵州统计年鉴》(胜利纪念特辑)，贵州省政府统计室民国三十六年(1947)四月编印，第82页。

1938年前后开展的农业推广在经济作物上也取得了较大成绩，特别是棉花、烤烟、油桐等的种植开发最为突出。在以往，贵州"本省气候因雨水过多，不甚适合植棉，省衣着，均仰赖外省运入"，但"自二十八年农改所开始推广棉花以来，一般人始知贵州若干地区亦能植棉，经数年之宣传推广，棉产已经逐渐增加"[1]。资料表明，1944年贵州全省棉花产量达1 753 300市担，比1937年的8 510市担增长了200多倍。[2] 1947年全省拟扩大棉区面积30万多亩，增产皮棉6万担，推广开发重点区域是黔西北、黔北地区，对于带动民族地区经济发展是十分有利的。[3] 烤烟的推广种植是此期贵州经济发展的一大特色。1937年前后，中央农业实验所在贵州试种烤烟，最后选定美国"黄金叶"品种并在贵定等地推广种植。烟草的高利润率和适合贵州气候条件特点，使推广较为理想，《贵州财经资料汇编》资料显示，1945年共有36县种

---

[1] 杨汝南：《贵州省农业推广之回顾与前瞻》，《贵州经济建设》1947年第2卷第3—4期。
[2] 贵州省人民政府财政经济委员会：《贵州财经资料汇编》第四编《农林·耕地分配》，1950年12月编印，第318页。
[3] 杨汝南：《贵州省农业推广之回顾与前瞻》，《贵州经济建设》1947年第2卷第3—4期。

植美烟良种,栽种面积达 81 000 亩,产量 785 万斤,位居西南之冠,使贵州成为全国四大烤烟种植区域之一。① 桐油是贵州外销特产之一,在乌江、清水江、红水河等流域低地种植良好,以 1947 年的估算,若以各县每年种植 1 000 亩来讲,三五年后每亩每年可收入 10 万国币,全省共可收入 1 亿元。② 实际上当时桐油仅在黔东南地区种植面积就达 20 多万亩,产油 10 多万担,大部分供外销③,如"桐油为榕江特产,每年可产五万余担。近更由政府提倡,遇山造桐,将来的产量正有可观"等。④

3. 小结

以稻、麦、棉、烟等作物品种改良、引进和种植为主的贵州农艺,在 1938 年后获得了较大发展,这是继明末至清嘉道年间贵州地区农作结构变化以来的又一大革新和进步,并成为宝贵的农业遗产为中华人民共和国建立后农业建设所继承,历史作用和地位不可忽视。⑤ 但由于历史、社会和自然条件的局限,此轮变迁也存在着许多问题,制约了贵州农业经济的更快发展。首先,作物品种改良和推广活动具有浓厚的政府行为色彩,尽管民国政府在农技推广方面作用显著,但仍摆脱不了因抗战所需导致的临时性"运动"特点,可谓时间短、任务重,规划也多于实施。其次,在优良作物品种的推广种植方面,受限于自然条件和社会发展水平,

---

① 贵州省人民政府财政经济委员会:《贵州财经资料汇编》第四编《农林·农产概况》,1950 年 12 月编印,第 321 页。
② 杨汝南:《贵州省农业推广之回顾与前瞻》,《贵州经济建设》1947 年第 2 卷第 3—4 期。
③ 史继忠:《贵州民族地区开发史专论》,云南大学出版社,1992 年,第 52 页。
④ 民国《榕江县乡土教材》第 2 章《地理》。
⑤ 关于民国农业发展的研究和评述可参阅陈意新:《重新认识民国时期的农业经济——对中国学者近年著述的评论》,《中国学术》第 1 辑,商务印书馆,2000 年。

地域上集中于平坝、河谷地区,广大山地和民族地区受惠不多,从众多民国方志中可以见到,贵州不少山地和民族地区鸦片等种植仍为普遍,致使农业发展地域上不平衡性愈发明显,加大了经济结构调整上的差距。最后,从技术投入上看,民国时期贵州农技水平对外依赖度高,自身发展不足。根据现代对我国主要农作物种质资源的调查,贵州种质资源总数位于全国第八位,单位耕地面积拥有的种质资源数列全国第五位,处于前列。[①] 但在资源的开发、产出及经济效益方面,要远远落后于其他省份。此外,作物品种改良对旱涝灾害等的适应能力的提高,一定程度上改善了山地水利灌溉不足的局面,正如有学者指出的,"山地粒籽种植业由于水利小型化和田土分散化的局限性,从而对清代云贵地区山地垦殖粒籽种植业的意义产生怀疑"[②],同样的农艺作物品种改良,客观上也弥补了云贵地区山地水利、田土等生产条件不利的局面,这在生态和经济学上亦有必要加强研究,总结经验。

---

① 曹永生等:《中国主要农作物种质资源地理分布》,《地理学报》1997 年第 1 期。
② 蓝勇:《序》,见杨伟兵:《云贵高原的土地利用与生态变迁(1659—1912)》,上海人民出版社,2008 年。

专题四

云贵地区历史水利遗存调查活动举隅

一、喀斯特地区村落调查：普定县陇嘎村

1. 考察缘起

2013年7月下旬，我们在贵州省普定县考察历史时期农田水利状况的同时，也对附近村寨做了一些调查，其中最为主要的是，大约用了5天的时间对一个名为陇嘎的布依族村落做了历史文化和自然生态的实地考察。

陇嘎村位于普定县城北的夜郎湖畔，距普定县城8千米，辖区面积9.5平方千米，合陇嘎下寨、陇嘎上寨、安架、沙湾四个自然村寨，总户数521户2 396人，布依族占96%，其余为汉族和仡佬族，共有水田769亩、旱地626亩，人均耕地面积0.58亩。陇嘎村处于典型的喀斯特地貌分布地带，周围由喀斯特峰丛围绕，所在的坝子被认为是普定县自然灌溉条件比较好的坝子之一，农业条件较好。

陇嘎村现在已经是一个行政村，主要分为上寨、下寨、安架、沙湾四个自然村。在以前，陇嘎村其实是指陇嘎上寨、陇嘎下寨和陇嘎岩脚三个自然村。安架和沙湾两个自然村本来是属于沙湾行政村，后来由于夜郎湖蓄水以后，附近的沙湾村大量土地被淹没，于是就并入了陇嘎村。而陇嘎岩脚现在行政上则属于附近

的柴新村,也是一个布依族村落。我们此行不仅考察了行政意义上的陇嘎村,也考察了陇嘎岩脚这一自然村。本次考察报告以陇嘎村的核心区域陇嘎上寨和陇嘎下寨为主,兼及陇嘎岩脚、安架和沙湾。

2. 村落起源

陇嘎下寨口耳相传他们的祖先是洪武年间"调北征南"时由江西来到贵州,然后定居在该地。虽然具体表述不一,但接受采访的村民都认为自己的祖先是从江西迁至贵州,无论上寨还是下寨都是如此。

明清时期大量汉族移民迁入云贵地区,许多地方以传说、家谱、墓志等形式"记录"了先祖自江淮、四川等迁入的"历史",特别是明初洪武移民的记载或传说在贵州流传最为广泛,陇嘎村也不例外。可以说,我们在陇嘎村查访到的古今家谱、墓志等,同云贵地区普遍流传的洪武等明朝时期移民一样,早已成为地方文化记忆的重要组成部分。在调查中发现陇嘎上寨和下寨的分界处有一个古老的银杏树,要四个人才能够将其合抱,村民认为是他们祖先定居时种植的。此树对村民有着特殊意义,即便在大炼钢铁时期,附近山上的树都被砍光了,这棵树也被保护下来。经中科院植物所和地化所专家判断,这一地区没有天然生长的银杏树,这棵树无疑是人工培植的,估计树龄是四五百年。那么是否说明这个布依族村庄起源于明代呢?通过后来的调查和史料发现,似乎并不能做出这样的结论。下面我们就通过访谈和查找到的资料,对陇嘎村起源作出分析。

陇嘎下寨可以说是整个陇嘎村的核心,也是现在陇嘎行政村的村委会所在地,按照当地人的说法,传统意义上的下寨主要由五个部分组成,即吴家院、青冈林、上院、下院和水井边,以前这五个地方也居住着不同的姓氏和支系。下寨主要由王姓和吴姓组成,也有少量的罗姓和廖姓。其中王姓大约占三分之二,吴姓占三分之一,我们的考察对象也是以吴姓和王姓为主。吴姓均为同一支,居住在吴家院和上院。而王姓则有三支,居住在水井边的王氏被称为水井边王氏,同样还有青冈林王氏和下院王氏。据我们了解现在只有吴姓和水井边王氏还存有家谱,可以窥见其起源,其他的家族都没有家谱。他们都一致认为是水井边王氏首先来到这里定居,这也符合常理,因为他们占据了最好的水源地。由于陇嘎岩脚的吴姓和下寨的吴姓是属于同一支,所以我们将其放在一起分析。

(1) 水井边王氏

据水井边王氏于民国三年(1914)编撰的家谱记载,王氏是贞观四年(630)三月朔日从暹罗迁入江西吉安府泰和县。家谱中甚至还记载了当时他们居住的具体地点和周围的景物。其载:"原籍泰和县考棚街。右前有清溪环绕,下有九硐圆乔,名云路。乔头左竖有罗汉亭,左边书院有大龙泉,四季凉爽,并无消涨、清浊。后有花园一□,生一页岩,发光如玉,名号镜石,现人容貌。其上是余祖祠,县匾挂对,乃为江章之古记。对联云:领铁券以分符泰和承宗千年雄锁钥,操金铃而发轫原邑美裔百代肇衣冠。"

该家谱又载,始祖王万德,洪武年间人,至三代祖王承忠时迁入贵州:

> 嘉靖元年壬午岁,皇上复颁谕,调填南征。承忠公暨各知亲:陆汉宗、卢笋云、韦凤鸾、杨向德、罗明宇、柏发荣、伍定国、岑宗山、吴宗贤、李明坤、鲁文亮、潘朝统、廖应朝、陶国珍、梁万和一十六姓人等,同舟联号,一路清理。道由淮源江卫辉州一带囤扎而上,其地山岳峰有

个感良硐,景致多般,内有清泉流出,外有龙池接陡池,中生八楞大石,号曰中流砥柱。每日有五色鱼朝拱二时,实南方之胜景,乃卫地之奇观。于是囤扎三载,此地纯一,安靖升泰,户部尚书赏准分疆开井立业。嘉靖四年乙酉岁,又离此地二百八十里外囤扎霍山,上分五顶名五老峰,周围八百里,高九万余仞,风俗幽雅兼之,水火齐全。众同申请,蒙恩给赏玉弁,职授千夫长衔,众姓名各凭据分派,安居开垦,永为执业。

关于这件事还有诗为证:"二八宗支谊联亲,绵绵忠孝合族遵。贻谋燕翼增丰盛,克绳祖武世代兴。感激都堂颁旨谕,蒙升土弁理司村。弃江由广入黔地,永治大业荷明君。"

实际上家谱中的这段记载比较混乱,让人陷入谜团之中,不只是因为其中并没有明确记载是何时迁入陇嘎,而且家谱中家族起源部分往往会假托中原某衣冠氏族或者名门,极少见有认为自己家族是由暹罗迁入,这是其一。家谱中关于一些具体地点的景物描述之详细也让人很是惊讶,此其二。家谱中采用的是文言文,但是其中却有很多语句不当和讹误之处,这是其三。

我们首先来分析王氏到底何时迁入?家谱中并没有明确记载是哪一代迁入陇嘎,但是从谱系中也可以发现一些蛛丝马迹。王氏家谱中第七代以后大多都葬于坟山,由此可以看出,大约从第七代王国兴开始才正式定居陇嘎。王国兴死于雍正八年(1730),所以王氏应该是康熙年间到达陇嘎。此外,我们在考察中也调查了陇嘎村的坟山,发现最早的墓碑立于嘉庆年间,或许也可以从另一个侧面证明陇嘎村的起源不会太早,王氏迁入的时间应该是清初。

(2) 下寨和岩脚吴姓

据吴氏家谱记载和当地人介绍,下寨的吴姓和岩脚的吴姓属同一支,是吴氏三房之长房。那么这一支吴姓是什么时候迁入的呢?当我们看到吴氏家谱后惊讶地发现,其中很多部分和水井边王氏的家谱十分相似。现摘录民国二十年(1931)吴氏宗谱的序言于下:

> 唐太宗四年三月九日,吴氏自暹罗以来,始落江西吉安府泰和县书院脚龙井巷。后花园有一页岩为镜,发光如日,现人容貌,夜间霞似明珠。右容边有一面人,如玉朝珠,乃为江章之古记也。
>
> ……时洪武七年三月二日,钦命鉴枚奉委,继始祖吴宗贤聚议各处知亲……协同众亲等卢笄云师,名:韦补鸾、吴宗贤、罗明宇、杨尚德、王友仁、柏发荣、伍定国、李朝坤、潘朝统、陶国珍、秦宗义、鲁文亮、廖应朝、梁万和、陆汉宗等十六姓,从勇者不计其数,弃江填黔,安居开垦,永为世业。道由广西路邑州,有个感洞,其洞甚美,高山五重,围绕百有余里,内有清泉,余味甘,上洞中有园池,内战入摆石,各石号为中流砥柱。石山每日朝午夕时,又有五色鱼群绕,半时方归,潭急,此乃广南之古记也。
>
> ……群居三载,崇正向化者,无数之人……因皇上复颁旨谕,始祖率咨议诸亲方移此地,离广入黔,始落巴适巴眸,次及胆寒,住居六载,不服水土及外恶物甚多,病疾哀怜。众亲会议,不约而同,此际各姓人等,领意此地,各方开垦,刀耕火种,永世执业。由古及分,各属乡村,邻境无异亲疏,结亲联姻,各属土民城邑、仡佬相一

杂。始祖即移居于仙人坝,不久改为乌庸坝……方改为毛口。世世联姻,人多济济,议始祖开基落业于此,后裔发祥,人多分机,家多分寨。先改入流,属府之地。入流之后,安南之卫方改为县,长中六甲连界,分之高岭,大岩叠下之坡,围绕田坝。每年至夏至之日,水涨淹坝,故此名唤河塘,又小坡,古人今名奶埠克叠。始祖开垦落业,生有子名义知,共暨世业。……雍正八年,开坡贡大道,自黔填设阿有都馆驿,讯泱府由……乾隆三十二年新例定后,改州县督,接统皇兵攻打木邦城,时过大军而需所用夫役,六甲六百名,四里四百六十名。条照册定,或清款,或录宗谱,所载章程,以垂千古,不磨之极,为裔之深望也。以是为存古记,自来由江西之簿记矣。

从上面的吴氏家谱序中,大致看出吴氏由江西泰和—广西南宁—贵州郎岱、毛口—晴隆河塘—普定陇嘎的迁徙史。结合安南卫改县时间[康熙二十六年(1687),时吴氏应已在今晴隆县]和雍乾开贵州驿路等往事,他们迁入陇嘎村的时间应在康熙二十六年至乾隆三十二年之间。又据当地人所说,吴氏来到陇嘎便与王氏开始通婚,并且王氏出让了一部分土地给吴氏。由此,似乎吴氏迁入陇嘎的时间要晚于水井边王氏,但从上述两姓家谱看,同一时期迁入的可能性比较大。陇嘎岩脚吴氏则是下寨吴氏分出,家谱记载:"吴从仁,排行居长,分居后,称长房。由陇嘎迁到陇嘎岩脚定居。住地依山傍水,坐南向北,村前是宽阔的大田坝,河从村前流过,灌溉数千亩田,水旱无忧,旱涝保收,称得上鱼米之乡。"

(3)上寨吴氏

上寨吴氏的家谱由于种种原因,我们不能得见,对于了解上寨吴氏的迁入史而言确实是一大遗憾。但是通过一些墓碑和访

谈,我们大致能够得出一些结论。2002年的时候,上寨吴氏为他们的"入黔始祖"吴宗汉立了一块墓碑,其碑文如下:

> 《上寨吴氏正宗家谱》载:入黔一世祖宗汉系泰伯仲雍第八十八代孙,吴铁之长子也。原籍江西吉安府太和县龙井巷人,职任卫士侍郎。大明洪武十四年,奉旨征南,平定习安州、和弘州(笔者按:习安州、和弘州为元代普定路属,在今安顺地区),转守普定卫腊尔里。永乐十五年离职,携至亲眷属开垦落业于陇嘎上寨,世袭官爵,至四世祖均为朝廷奉官,迄今十七代,子孙繁衍,绵绵千余之众。世系已传至"宗义邦从吴世成尚德朝廷能国永兴安享福禄荣"等辈。溯吾远祖,三叹天下让出而治国勾吴,至义至德,是国兴盛,后裔荣华,世系之谓矣。

这块墓志铭居然把吴氏的起源联系到商周之际的太伯奔吴。根据我们对这块墓志的撰写者吴廷儒先生的采访,他认为上寨吴氏是正宗的汉族,后来逃到暹罗才夷化成为布依族,在唐朝时候又迁入江西,明代再迁入贵州。而且据他介绍,家谱中的记载为上寨吴氏和下寨吴氏是同一支,上寨始祖吴宗汉居长,下寨始祖吴宗贤居次,两兄弟一起迁入。那么上寨吴氏的迁入肯定和下寨吴氏差不多同时,或者稍微晚于下寨,因为上寨自然条件不如下寨,首先迁入者肯定会占据较好的位置。

(4)其他姓氏

由于其他姓氏没有家谱,所以很难判断他们的迁入时间。陇嘎下寨中还有青冈林的王氏,据称他们和水井边王氏并非一支,迁入的时间也要晚于水井边王氏和下寨吴氏。其他姓氏如罗姓、廖姓最开始都是租种陇嘎下寨的田地而迁入陇嘎,后来20世纪50年代土改以后便定居在陇嘎。

上寨除了吴姓以外,还有少量的田姓和陈姓。陈姓是汉族,迁入的时间大约是民国年间,当时也是作为佃农来到陇嘎。田姓则是仡佬族,他们也是50年代才从附近的猫猫窝迁入陇嘎,居住地点都位于陇嘎上寨老寨门之外,很明显是后来迁入,不属于吴氏大家族。

安架主要是徐姓,他们也是汉族,迁入的具体时间已经不可考,大致应在清代中后期。沙湾主要是罗姓,为布依族,我们在当地人的带领下,查看了他们的一些墓碑,最早的是道光年间所立,故他们迁入时间可能在乾嘉时期。

综上,我们调查的这些自然村,起源最早的应该是陇嘎下寨,其自然条件也是最好的。大约在清代前中期应该就有王氏在这里定居,后来吴氏等姓逐渐迁入,而上寨、安架、沙湾、岩脚等村落的形成可能就要晚于下寨,大约在清代中期才逐渐有人定居。

3. 族源建构

陇嘎村吴氏和王氏的家谱所描绘的族源传说几乎一致,都是在唐朝由暹罗迁入江西,然后在明代由桂入黔。而且两家的家谱对江西祖居地的描述相似,王家记载的是家住江西吉安府泰和县考棚街,吴家则认为祖居江西吉安府泰和县书院脚龙井巷。这些具体的地名现在我们已经不可考,但是两家家谱对于自己祖居地的景物描述也相似,这就不能不让我们怀疑其真实性。两部家谱所描述迁移史的线路大体一致,但在后来的谱系记载中却很多地方不一致。王家并没有写由广西进入贵州的经历,反而是由河南卫辉州入贵州。这便让人对两家人一起从江西率领十六姓人迁入贵州的事件产生怀疑。家谱中的记载或许反映的是编纂家谱时代的格局,而并非全部是历史事实。吴、王二姓迁入陇嘎后逐渐联姻,加深了彼此之间的关系,建构同样起源故事的可能性是存在着的。事实上所见家谱的编纂时间较晚,以及家谱作为史料的局限性等,都客观存在。

他们宣称自己最早是从暹罗迁入,这似乎和传统的少数民族攀附汉族有着明显的区别。但经过调查发现,这一说法可能和法国传教士有关,陇嘎村以前信仰天主教的人较多,而且是上层的知识分子。布依族的语言属于壮侗语系,确实和东南亚地区的语言有相通之处,当时法国传教士由东南亚进入贵州,必定已经注意到这一现象。据记载,1869 年 12 月,法籍传教士吴培善(Roux)到达贵州安顺,同布依族商人廖文明开始传教活动,此间,吴培善到陇嘎村传教。因此,自称从暹罗来的说法很可能是与天主教传播有关。实际上,在吴氏家谱中,有不少篇幅描述他们信仰天主教的事况,甚至附会到了始祖也信教。

今布依族大致分布在西南地区,在江西并没有布依族分布,也没有见到历史时期布依族从江西大规模迁入贵州的记载。洪武大移民迁入贵州的主要是军屯,来源大致是江淮一带。安顺、普定是明代卫所分布要区,这里有大量的当年汉族移民的后裔。我们同时也对陇嘎村以南的几个汉族村庄作了采访,他们大致认为自己是自江西迁入。在对普定县马官镇相关调查中见到,马官镇分布有许多屯堡,很多汉族居民都已经不再是当年军屯的后裔,可能大部分是清代中后期迁入移民的后代,这些汉族很多也认为自己的祖先是由江西迁入。清代中后期贵州爆发了几次布依族的叛乱,起因与民族间经济社会地位不平等有关,少数民族被视为蛮夷。归入一统后,少数民族向往和接受汉文化是必然,所以陇嘎村的布依族可能由此建构出自己也是由江西迁入,甚至还是明代调北征南时期"奉天命"而来,以此树立自身的正统地位。陇嘎村往南便分布有大量汉族军屯,是属于汉族聚居区,文化接触难免使得布依族当时的上层知识分子受到影响,而贵州布依族宣称本族是由江西迁入也较为常见。其实,细细阅读家谱序言就能发现编纂者的良苦用心,其中的考棚和书院这些字样都能显示他们对于科举制度背后汉文化的认同和向往。

4. 农田水利

通过对陇嘎上寨、下寨、安架、岩脚以及沙湾的走访调查,我们发现这里的农田分为水田和旱地,分别种植水稻和玉米,其中玉米地里有种少量的向日葵。水田主要分布在坝子里,水源条件较好,光源也相对充足。半山坡地主要种植玉米和向日葵。关于陇嘎村水利的情况,现存的文献资料很少,我们了解到这里主要有灌溉水源、"三小"水利工程、饮用水源等。

中华人民共和国建立以前陇嘎村修建的水渠水沟大多较为简单,一般挖一条土沟,两边用石头跟土混合起来做埂,以防漏水。饮用水源的水井主要位于地下暗河的出口。据陇嘎下寨村民介绍,下寨一共有两口水井。随着人口的增加,饮水不足引发冲突的情况也时有发生。在沙湾也有一口水井,井水从山上来,暗河流出。20世纪90年代后,这些原始的水井都进行了改修,大多是用水泥修建了长方形的蓄水池。在陇嘎岩脚,有两处地下暗河的出口,一个较大,修建成为堰塘,另一个则是直接开沟做渠,将水引到田地里,再绕到村子里面,用作日常生产生活用水。为了保护饮用水的水质以及灌溉用水的充足,村民自发拟定保护泉水的公约。其内容如下:

一、堰塘的自然生态要保护……严禁任何人用塘来养鱼及灌田以及他用。

二、大堰塘不仅是灌溉，又是人畜饮水的来源，严禁塘内洗澡、洗衣、泡物、放牛马鸭鹅、炸鱼等。

三、大堰塘至抽水地的沟水严禁污染，保证民众饮水卫生。

四、大小沟渠水口要严加保护，如需增加水口，要经管理处研究。

五、严禁乱撬责任田边的沟埂及分水梁，如因耕犁垮塌，由人照赔。

六、沟渠沿线的荒坡严禁开荒挖沙，造成水土流失。

上述各条希广大民众共同遵守，如有违者，视情节重罚十元至一百元。

陇嘎全体民众
公元一九八五年五月一日

但此碑现在已经废弃，我们见到所保护的泉水及堰塘里全是藻类植物，水也很浑浊，应该早已不为村民使用了。我们所能见到的泄洪沟以及水泥砌成的水渠是由下寨吴思明主持设计的。据吴氏家谱记载："吴思明，为水利工程师，历任普定县水利局副局长，曾主持设计修筑陇嘎田坝水渠，为群众称赞。"通过调查，我们得知水渠围绕陇嘎村的水田一周，高约 50 厘米，涉及陇嘎岩脚、下寨等处的坝子。

附录
上寨吴宗汉墓志

《上寨吴氏正宗家谱》载："入黔一世祖宗汉系泰伯仲雍第八十八代孙，吴铁之长子也。原籍江西吉安府太和县龙井巷人，职任卫士侍郎。大明洪武十四年，奉旨征南，平定习安州、和弘州，转守普定卫腊尔里。永乐十五年离职,携至亲眷属开垦落业于陇嘎上寨,世袭官爵,至四世祖均为朝廷奉官,迄今十七代,子孙繁衍,绵绵千余之众,世系已传至"宗义邦从吴世成尚德朝廷能国永兴安享福禄荣"等辈。溯吾远祖,三叹天下让出而治国勾吴,至义至德,是国兴盛,后裔荣华,世系之谓矣。

上寨吴氏族碑

宗汉祖于大明永乐十五年开垦乐业于陇嘎上寨,拥有地方:东有下坝洞口、石梁五洞桥、小堰塘坡、方牛角田、瓦窑、坟山脚坡、磨坝中,南有木桥岩别、大堰塘、水淹卫、凉风洞坡、马鞍山、蕞箕山,西有灯盏坡、平坡、高寨营、大麻窝、岩脚地、坝岗坡、破岩坡、杉树林坡、后山苗寨坡、坡正,北有咋油坡,之南小屯坡,之南中有大屯坡、帽坡、生坡、方猫猫窝、大菁木、林坡等之山水田地。后裔一代一代继承,迄今数百年,几度沧桑多变,祖业流失至残。五十年代去失凉风洞坡、大堰塘、后山之蕞箕山坡地,□□□丢失□□,马鞍山脚地一幅,面积约百余亩,祖业已残至缺也。有良知之辈无不深感惜哉,惜哉。而今站立于抱残守缺之土地,有愧于祖宗,无不深感珍之、惜之,珍者山与水,惜者寸土尺石当留与后世子孙耕之、用之,得失既已了然,除公家征用外,切不可向外地、外族人出让出卖,须知前人创业非容易,后代不守却成空。为宗族利益,为敬守祖业勿失,忧忧者大有人在,势必严申禁令,百世告诫荒诞无耻败业之徒,为使吴氏各房,即八九组各姓人,男女长幼亦能通晓,特立此碑禁令。

一、禁止任何人向外地、外族人出让、出卖本寨荒山、荒地及承包的田地作阴宅;

二、禁止任何人出让、出卖坟山墓地;

三、严禁任何个人出让、出卖水源;

四、违者处罚出卖价加三倍。

寨子环境保护：

一、严禁任何人在本寨后山后龙开石炸石，违者处罚猪羊复龙补土；

二、严禁任何人在主要道路上围墙做地；

三、严禁任何人在大路上开石取土，违者责令恢复原状，并罚一百至三百斤大米；

四、祖上遗留的古树、风水树严禁任何人砍伐，违者天地诛之，众族共讨之；

五、严禁外地人抬丧过寨。

此碑永远有效，望后代子孙有识之辈承照各条文执行。

公元二〇〇二年壬午岁六月初六日众族制订

公元二〇〇八年戊子年　月　　日众族　立

《水井边王氏家谱》序

盖闻家有谱犹国之史，国有史以定百姓之纪纲，立朝廷之政治，家有谱以肃一姓之昭穆，联百世之宗支。如余宅王氏，肇自暹罗以来，原籍江西吉安府泰和县人。自明奉命南征来黔，历代相传，经十载数辈已非一日矣，惨重兵燹之后，宗谱失遗，支派分繁，难以尽述。幸余搜寻残简获先人之旧册，未为舛错，注明分支、分派之来历，知已仕为仕之根苗，批俾祖德宗照烈于前，孝子贤孙继述于后，尤望各族仁人君子会同一脉，以照万世之宗谱焉。验自十代以下各居更名者不一，诚恐愈远愈紊，以讹传讹，故不得搜寻考订，参证以遗后焉云耳。

民国三年岁在疆圉赤奋梅月朔日沐手敬录

钦奉

太祖大明洪武主统联入黔，恩沾鸿福，故集骚人聊忭七言四韵注录寓谱,以垂古不磨之记。(太祖姓朱名元璋,元末兴兵,荡平海内,国号大明,改元洪武,即都南京应天府。)自西入黔共计三十余舟,惟有同亲共族者,诗谱明征,一证前代先祖调征填南,创业垂基之实据也:

二八宗支谊联亲,绵绵忠孝各族遵。

贻谋燕翼增丰盛,克绳祖武世代兴。

感激都堂颁旨谕,蒙升土弁理司村。

弃江由广入黔地,永治大业荷明君。

唐太宗四年三月朔日,余祖自暹罗以来,创业江西吉安府,原籍泰和县考棚街。右前有清溪环绕,下有九硐圆乔,名云路。乔头左竖有罗汉亭,左边书院有大龙泉,四季凉爽,并无消涨、清浊。后有花园一□,生一页岩,发光如玉,名号镜石,现人容貌。其上是余祖祠,县匾挂对,乃为江章之古记。

对联云:

领铁券以分符泰和承宗千年雄锁钥

操金铃而发轫原邑美裔百代肇衣冠

辈序:

万文承怀起 有国之凤王

登天正永明 汝安绍家庆

振兴立世志 富贵齐贤长

《下寨吴氏族谱》序

大明洪武主统联入黔,故作是诗,各书在谱,永垂为古记。自西入黔,共计四十余舟,惟有亲共族者,诗谱明微以证,古祖桢订之十据也。

十六姓谱义联亲,世袭忠孝各族遵。

欲谋燕翼增丰盛,克绳祖武世代兴。

上因黔无颁旨谕，蒙升土弁理司村。

弃江由广入黔地，永治大业仰明君。

唐太宗四年三月九日，吴氏自暹罗以来，始落江西吉安府泰和县书院脚龙井巷。后花园有一页岩为镜，发光如日，现人容貌，夜间霞似明珠。右容边有一面人，如玉朝珠，乃为江章之古记也。

始祖受命遣行，数世为人，原依奉天主圣教，守十诫行规，慎七克。为实救灵魂为务本，以增爱人为功夫，以道永和为同修。入居江地数百余载，人生兴盛，住此任维圣原。生三子，长子宗汉、次子宗贤、三子宗和，议留幺子承顶宗支，受始祖之原业也。长次子二人自此遵命搬入黔。时洪武七年三月二日，钦命鉴枚奉委，继始祖吴宗贤聚议各处知亲，自隶守仁，相亲相爱，实合一体，协同众亲等卢耸云师，名：

韦补鸾 吴宗贤 罗明宇 杨尚德 王友仁 柏发荣 伍定国 李朝坤 潘朝统 陶国珍 秦宗义 鲁文亮 廖应朝 梁万和 陆汉宗

等十六姓，从勇者不计其数，弃江填黔，安居开垦，永为世业。道由广西路邑州，有个感洞，其洞甚美，高山五重，围绕百有余里，内有清泉，余味甘，上洞中有园池，内战入摆石，各石号为中流砥柱。石山每日朝午夕时，又有五色鱼群绕，半时方归，潭急，此乃广南之古记也。

此山名为巴骈巴舞有郎山，牟朗汗思奉枚补也，言之五山也。山前后，层绕均皆茂林，凡凤众鸟歌舞鸣唱，美秀美音，朝午夕飞，朝绕此山，山林之中，诸药全备。群居三载，崇正向化者，无数之人。归教者，四川一县，共录记在经承表。慎抚民州，尚乐县州，放城州，居住阳道，建立天主堂三座，敬供十字架原像，此施绕一安境。因皇上复颁旨谕，始祖率咨议诸亲方移此地，离广入黔，始落巴适巴睟，次及胆寒，住居六载，不服水土及外恶物甚多，病疾哀怜。众亲会议，不约而同，此际各姓人等，领意此地，各方开垦，刀耕火种,永世执业。由古及分,各属乡村,邻境无异亲疏,结亲联姻,各属土民城邑、仡佬相一杂。始祖即移居于仙人坝,不久改为乌庸坝。后有一妇女口生胡须,长三寸六分,方改为毛口。世世联姻,人多济济,议始祖开基落业于此,后裔发祥,人多分机,家多分寨。先改入流,属府之地。入流之后,安南之卫方改为县,长中六甲连界,分之高岭,大岩叠下之坡,围绕田坝。每年至夏至之日,水涨淹坝,故此名唤河塘,又小坡,古人今名奶埠克叠。始祖开垦落业,生有子名义知,共暨世业。始祖定地界,行甲踏清款。三世邦俊为始寨头人,众议没有公田,应当公益,自古落业。接年以来,寨户等帮耕,八月秋成,积谷存在头人家,督理世之子孙,永无异萦,不准为己业,世袭公田,勿准当卖,除此之外,各遵重此勿准当卖之理。如不遵者,照议驱逐,祖谱章程永垂后世,鉴古遵规为人,有无丰盛者乎。若谕敬神之迁,代代相传,有古亲圣教经云:部历存为证,世世遗留,唯有恭敬天主,实乃造天地万物之主宰,赏善罚恶之真神,万国之共父,万民之主,普天之下,有天主一教为真、为主、为证,除此之外,再无别神,一切各样邪教菩萨异端,都是洋人来的。应弃绝,不可钦崇,故所各寨建立十字架,筑墙围绕栽种树林,明加尔瓦略山,不准畜牲践踏,此因救世主降生而赎人罪。人立十字架,以表其像,世远年埋,后世不知,未追根本,称云报举兜而之。《圣经》所载人之根本,摁住耶苏,亭世三十三年,所遗之圣迹也。上古无有烧钱化纸之理,姓体奠献之道,唯有诚心痛悔,朝夕哀告,春秋祈祷,望保灵魂,得升天堂之故也。无论大小男女,告终之际所念经表,天堂堂、地堂堂,名赏罚,故《圣经》总谕十二教徒,即今云古之正额报六奇是也。古来存记如此。另有建立四柱亭楼,名曰:亭井。此乃天地之母皇,及世人之保兹表,修之屋,称之圣殿,原为报举,兜之母所在,各守各业,凡议公事与各样善功,齐在殿明,理哀求圣母之慈悲,靠其六□□

达耶苏降恩惠,保护群犁于万邦,祖训是各宜各孝悌忠信,礼义廉耻,勤俭持家,钦崇条日,肉身之道,遵依皇上定邦,安抚本额,当夫应役。雍正八年,开坡贡大道,自黔填设阿有都馆驿,讯浃府由。古例四里起有马号,六甲建古房,其有公馆,自古修架,皆由国挡发给执照办理。乾隆三十二年新例定后,改州县督,接统皇兵攻打木邦城,时过大军而需所用夫役,六甲六百名,四里四百六十名,条照册定,或清款,或录宗谱,所载章程,以垂千古,不磨之极,为裔之深望也。以是为存古记,自来由江西之簿记矣。

二、大理地区历史水利工程调查[①]

自 2010 年以来,云南已连续三年遭旱,其波及范围之广、持续时间之长、影响程度之深、造成损失之大,都是云南历史上少有的,严重影响着人们的生产和生活。在这一背景之下,课题组于 2012 年 7 月份在云南省大理州部分地区开展为期半个多月的田野考察。兹录于下。

1. 祥云县地龙、水库考察

2012 年 7 月 3 日中午,我们自昆明乘车顺利抵达大理州祥云县,开始考察活动。我们在当地见到的"米甸地龙"文物保护碑是这样对"地龙"作介绍的:

米甸地龙

时代:明代。

地龙:系古代的水利工程设施,是随着明代屯垦制

[①] 本调查记录中的示意图均为考察期间草绘,非科学测量,仅作示意参考用。

度的推行和生产的发展而兴建的。其构筑方法类似于地下简易涵洞,一端连接于克昌一带的山箐流水,另一端连接于蓄水灌溉的"龙潭",集山箐流水于一池供农田灌溉和人畜饮用。

"地龙"构筑于地下,不占地表土地,扩大了耕地面积,减少了水的蒸发量,避免了山水冲坏田地,在当时是一种较为先进的水利灌溉方法。它对于研究当时明代的水利设施有着重要的价值。

保护范围:长从龙潭起至双胞井止。宽以左右两边沟沿外各一米。

建控地带:不再划分。

祥云县人民政府立
一九九三年十月三十日

(1) 米甸桃源坝地龙沟

此地龙沟处立有两块碑,一块刻有"地龙沟"三个大字,另一块刻有《地龙碑志》。根据碑志内容可知,当地人也不知这条龙沟创建于什么时期,但历史应该相当久远,而其修建的主要原因是"米甸地处山区,历来干涸,缺乏水源,春夏二季,靠天吃饭",农业发展和人们的生产生活都受到影响,所以米甸人民"千方百计,寻觅生计,开辟地龙,从事生产"。此地龙几经淤积与修复,至今仍在使用中。我们考察时虽正值大理地区遭受大旱时节,但地龙沟出水井内仍蓄有不少水,周围庄稼生长茂盛,大概就是仰赖此水源才得以如此,地龙水利确实起到了"大旱之年,以补靠天之不足"的作用。[①]

[①] 引文出自米甸桃源坝地龙沟处立的《地龙碑志》。

如图4-1所示,在此地龙沟井壁内有两个竖长方形的水口,右侧为进水口,左侧则为出水口。据我们访谈得知,此地龙沟内的水流主要被用来灌溉其西侧田地。

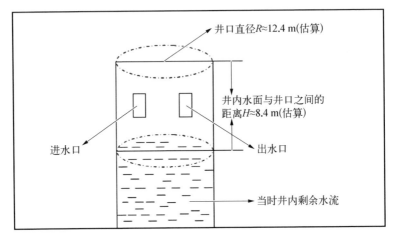

图4-1 米甸桃源坝地龙沟参考示意图及测量数据

在此地龙沟西侧不远处是克米河,从克昌村来流向楚场河,而楚场河又注入渔泡江,渔泡江最终汇入金沙江。我们考察时克米河已呈干涸状态,这和云南地区长时间的干旱不无关系。但据访谈得知,此河在正常年月亦有明显的丰水期和枯水期,并且一年之中河流干涸的时间要远远长于有水流的时间,这是因为此河流的水源主要是降水,受季风气候影响较大,干湿季分明。

克米河以西有田地,主要种植玉米。田地再往西有山,名为塔坡山,山上有观音寺。此地龙沟往东则为马路,再往东是大片田地,面积远远大于其西侧田地,主要种植玉米和烤烟;田地尽头有山名为讲理坡山。历史上米甸这一带属于十二关长官司管辖的核心地区。

(2) 米甸桥头地龙沟

此地龙沟位于桃源坝地龙沟的北面,两者相距不远。米甸桥头地龙沟主要由水池和上下通行的阶梯组成。为增加蓄水量和减少蒸发,水池坐南朝北,建在地下,为长方形。据我们现场测量,水池长约 2.9 米,宽约 1.5 米,沿着靠近阶梯口处下伸测得池深约 1.27 米,当时池内水深约 0.64 米(测量时间为 2012 年 7 月 3 日 16 点 40 分)。水池东、西、南三面为池壁,北面则为通向地面的斜坡式阶梯。在西面池壁上刻有"米甸桥头地龙沟"七个大字和修复时间(2001)。阶梯共有 22 阶,其中 18 阶为修复过的,剩下的 4 阶为刚新修不久的水泥台阶。

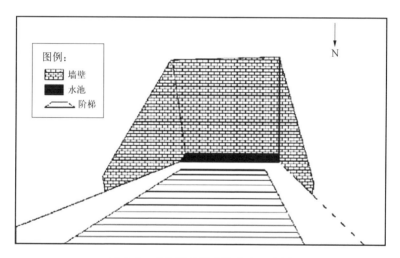

图 4-2 米甸桥头地龙沟参考示意图

据访谈得知,桥头地龙沟里的水最终是往南流的,在位于桃源坝和桥头的两处地龙沟南现尚未建好的雷锋广场处有施工时保留下来的水渠,而且这些水渠一直以来都是明渠,只是因为修建雷锋广场的缘故而掩埋了一部分。另外,此地龙沟东西两侧亦为田地和山地(讲理坡山、塔坡山)。

(3) 小官村水库

小官村水库,以前又叫高凤(音译)水库,位于祥云县城西北约七千米的象鼻河上,始建于1958年,1964年正式投入使用。1997年扩建,扩建后坝高35.8米(原高为26米),全长223.81米,总库容1 091.4万立方米,增加灌溉面积0.86万亩,改善灌溉面积0.54万亩,城镇供水164.2万立方米,在当地地位重要。如图4-3所示,小官村水库有南北两座水管所楼房,原水管所楼房因水库扩容而浸入水中,无法继续发挥作用,于是在地势较高处新修现在的水管所。而该水库除有水闸、输水隧道、水渠等基础设施外,还有两间计量室,其中"计量室(1)"主要用来计量水库来

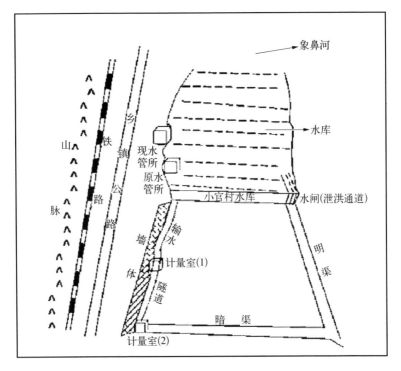

图 4-3　小官村水库参考示意图

水,而"计量室(2)"则被用来计量城市供水和工农业用水;也就说,位于游丰坝和栽秧箐水库下游的小官村水库不仅自身具有防洪作用,还兼有农业灌溉、工业供水、城市生活供水等多项功能。除此之外,小官村水库亦要承担对下游品甸海水库、浑水海水库的引蓄水任务。

图 4-3 中的铁路干线为昆明与大理之间的广大线(东起成昆铁路云南段广通站,向西至大理市下关)。在小官村水库输水隧道旁边的墙体上,我们发现有很多人为的小孔,经询问水管所工作人员后得知,这些小孔主要是用来排泄山体来水的,这样可防止山体塌方造成水库无法正常使用。

(4) 段家坝与月镜湖

从小官村水库返回后,我们直奔祥云县高官铺村,前往考察段家坝和月镜湖。

史料中并没有对段家坝的记载,我们是根据县水利工作者提供的信息找到的。据当地人称,段家坝修筑于大理国时代,因当时的统治者姓段,而此地又恰好属于大理国的统治范围,故被命名为段家坝,距今已有 800 多年的历史。受访谈者甚至还说段王爷指的是段誉,这显然不是信史。段家坝现已被开垦为田地,以前是否是水库及其修建时代等已无从考证,但我们推测该坝是有过蓄水的,但时代不会早过清代。

段家坝像一个布袋,位于三山环绕一坝子的最狭窄出山口处的"布袋口"便是其筑坝地址,即它的东、西、北三面均为山体。北面的山叫马山,传说是当时给段氏统治者养马的地方;东面的山因远观形状像大象的鼻子而被命名为象鼻山;西面的山叫洋海山。

根据对现场残留遗迹的测量推算得知,此坝东西长约 300 米,宽则至少有 12 米,但大部分由于疏浚河道和扩大耕地面积而

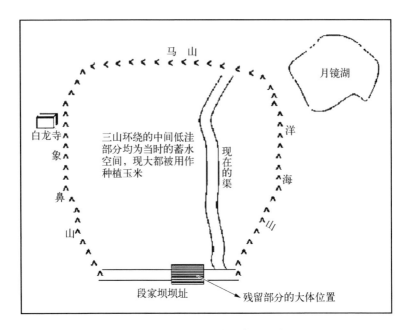

图 4-4　段家坝与月镜湖参考示意图

被毁;现留于地面上的部分中最长段可达 30 米,宽则 3 米多,高为 2 米左右。

在段家坝西面山地马山和象鼻山过渡地带处有一座寺庙叫白龙寺,寺内正堂屋内有两根柱子,据寺庙负责人说,这两根柱子上分别盘有白龙和金龙。笔者在现场也可隐约看出有两条龙分别盘在堂内柱子上,但大概因年岁久远,已经看不出颜色。偏房内则供奉有山神爷爷、山神娘娘等六位神灵。

月镜湖大体位于段家坝的东北方向上,现还有许多低处形成不连接的小水洼。我们在湖旁发现《月镜壶天序》碑三块。但并无此湖形成时间、作用等的记载,该湖的具体情况尚不得而知。

2. 宾川县桥梁、水渠、水库考察

2012年7月5日上午,我们在宾川县的鸡足山圆觉寺寻找完史料后,驱车至永宁桥进行考察。

(1) 永宁桥

永宁桥现名岩涧桥,清康熙十五年(1676)由宾川、邓川、永北三州合建而成,是沟通三州古驿道的重要通道之一。光绪二十五年(1899)重修。此桥横跨纳溪河,长38.4米,宽4.4米,高约7米,为石墩木梁结构风雨桥,桥门为牌楼式单檐歇山顶。永宁桥是宾川县唯一保存完整的古代木梁风雨桥,但因存在年代久远,又受到"11·2地震"(2009年11月2日发生在宾川县的5级地震)的影响,桥身存在很大安全隐患,故已禁止机动车辆通行,我们到达时只看到一些老人在桥上闲坐乘凉。

据当地人介绍得知,流经永宁桥的河名为桑楼,而永宁桥河段又被当地人称为楼泪河。当地老百姓还介绍说,三年大旱使河中水流干涸,否则此河从不缺水,周围人民生活用水和农业灌溉用水多取自此河,由此可见此次云南大旱的严重程度。

(2) 西平渠

2012年7月5日午饭后,我们考察了宾川县人民渠和作为人民渠重要组成部分的渡槽。

人民渠,旧名西平渠,修建于民国时期,后重修坝,是民国时期云南省修建的较大引灌工程。从图4-5我们可以看出,西平渠位于两山连接的山谷地带,一共有4座坝址,即图中的坝址A、坝址B、坝址C和坝址D。靠近坝址A的房屋现在是私人承包的发电站,坝址A的主要作用就是发电。坝址B是民国时期西平渠的坝址,后因对面山体发生滑坡而遭冲毁。坝址C是水库扩容后废弃的坝址,水流漫过坝址C后流向坝址D,坝址D就是现在

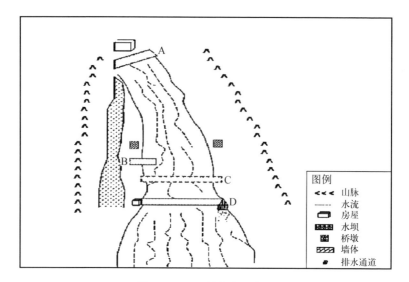

图 4-5 西平渠参考示意图

人民渠正在使用中的新修坝址,留有排水通道以调蓄水库水量。

靠近坝址 B 有两座桥墩,这是民国时期随着修建西平渠而建的,之前搭有便民桥以方便当地居民来往西平渠两岸;现在桥虽被废,但桥墩依然保存。墙体一侧是西平渠,另一侧实际上也是渠,但因山体泥沙不断下滑淤积,导致这道渠内淤有大量泥沙,现已无流水。

我们经过坝址 D,沿渠右侧沟岸步行 200 余米,新老渠沟交错,部分老沟仍被翻新使用,听文物部门陪同人员介绍说,民国时期军阀修建的西平渠是云南比较早使用水泥修建的中大型水利工程,工程质量和灌溉效益都不错。今见沟渠下游渡槽架设不少,是可证该渠作为蓄引水工程枢纽的重要组成部分。

(3)观音阁水库

2012 年 7 月 6 日一早,我们驱车沿盘山公路行至宾川县平川镇进行考察。

根据宾川县人民政府于 1989 年 2 月 12 日立的《观音阁水

库》保护碑志载,观音阁水库始建于清道光十九年(1839),光绪二十八年(1902)扩修。坝高约15米,坝长70余米。中华人民共和国成立后又整修扩建,能灌溉古底乡1 500多亩土地,是宾川县古代修建的重要水利工程之一。

据与我们同去的当地人(40岁左右)介绍,其老家就在水库附近,自其记事起,此水库及大坝修缮数次,主要目的在于加固大坝和扩大蓄水面积。我们到达考察点时,水库大坝也是正值修缮施工,无法走到水库坝身上近距离观察。据访谈,我们还得知水库主要水源地是一个被称大箐的地方,距此水库至少有5千米的距离。注入水库的水源有两条,一条被称为大龙房箐,另一条被称为二龙房箐。水库的出水口和涵洞在水库始建时就已存在,中华人民共和国成立后得到修缮。

距离观音阁水库不远的山腰上有观音阁,建筑面积不大,门前有一尊白色观音塑像树立。据陪同人介绍,这一观音阁也是自

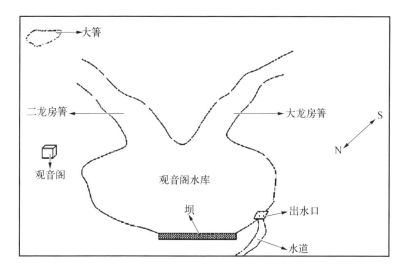

图4-6 观音阁水库参考示意图

其记事起就存在,笔者估计和水库的修筑时间相差不久,可能是相辅相成,求其庇佑。

3. 洱源县河道、桥梁、湖泊考察

2012年7月8日下午较晚,我们从宾川县出发,途经下关,摸黑赶至大理州洱源县城。次日,7月9日上午9点,在县水利部门人员带领下,我们抵达茈碧湖闸进行考察。之后,我们在靠近芷洲村的214国道公路旁查看茈碧湖下泄的海尾河和弥茨河交汇的弥苴河段,时间约是9点20分。后又沿214国道向南大理方向行走,9点45分到达白汉洞、黑汉洞与弥苴河"三江"汇合的河段。随后,一路向南进入洱海紧北地区的邓川坝子等地考察弥苴河,直至其注入洱海的江尾。在沿弥苴河行往洱海畔的途中,我们考察了弥苴河上的重要桥梁德源桥、弥茨河桥和中前所桥。午饭后先考察了历史悠久的青龙桥,后至罗时江拦污坝,最后到达洱海海岸。在返回洱源县城的途中又到过青索桥和白洁圣妃庙,然后考察了东湖和西湖上游水源地。

(1) 茈碧湖闸

茈碧湖闸,1975年建基闸,1985年加固,改为两孔,后又经过多次修缮和扩建。茈碧湖闸不仅要承担蓄水的任务,还同时具有调控、防洪、减少雨季弥苴河的压力等功能。同时,茈碧湖闸还有提供农业用水和跨县市供水的作用(当时正值宾川等地旱情严重,茈碧湖闸行水补给洱海,洱海水则通过"引洱入宾"水渠进入宾川坝子。后来我们得知,滇西北地区介于金沙江、澜沧江之间的丽江和大理地区的高原湖泊,都已修建、在建或规划建设水系的相互连通,以实现水利资源的统一调控。现当代水利建设连通滇西北"三江"中的两江,水资源实现跨流域调控,可谓是创举了)。

茈碧湖闸的经费来源除国家财政拨付的维修养护费用外,主要来自农业用水所得收入。其中,国家所拨维修养护费约 20 万元/年。据水利部门陪同人员介绍,现在茈碧湖闸存在的最大问题仍是经费不足,部门间工作协调不尽周全,造成闸坝修缮施工不合理,也是茈碧湖闸当前存在的问题。

(2) 海尾河、弥茨河汇入弥苴河河段

此河段自古以来就是洱源地区洪涝灾害多发河段,方志和其他相关史料中多有记载。据当地人说,嘉庆八年(1803)此地发生严重洪涝灾害,把周围地区都淹没了,是历史记载至今发生的最大的一次洪涝灾害。《洱源县水利志》也对此有相关记载。但距现在最近的一次大的洪涝灾害爆发在 2006 年,洪涝灾又使周围地区陷入一片汪洋之中。

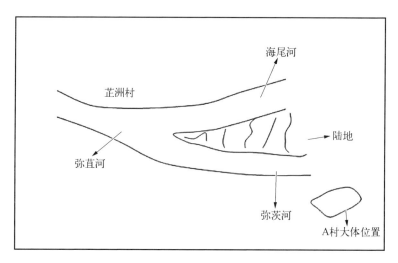

图 4-7　海尾河、弥茨河汇入弥苴河河段参考示意图

与我们同去的洱源县水利工作人员称此河段的上游还有一条叫作西大河的河流汇入。

在与当地人的闲谈中,我们还了解到离此河段不远的 A 村(不知其具体名称,故用字母 A 暂时代替)有一个风俗,即 A 村人在盖房子、下葬死人时都会在此河中打一桶水,并称此水为"三江水",不知是否与此河段经常洪水泛滥有关?

(3) 弥苴河、白汉洞和黑汉洞汇合河段

如图 4-8 所示,黑汉洞主要有两条支流注入,即 A、B 两条河流(因笔者不知其具体名称,暂用 A、B 字母代替)。A 河流发源于山涧深处,在注入黑汉洞之前没有其他河流分流,所以水量丰富,远远多于 B 河流的水量。而 B 河流发源于山体的鞍部,降水向山体两侧分流,使得 B 河流的水量变少,远少于 A 河流的水量。

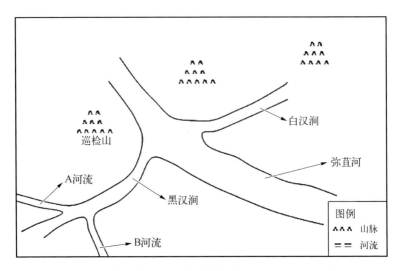

图 4-8 弥苴河、白汉洞和黑汉洞汇合河段参考示意图

白汉洞虽然水量不大,但因以前白汉洞没有固定的河道,所以水流方向不定,一到雨季河水就到处泛滥。洱源方志中也有白汉洞源头的山体崩塌导致白汉洞漫流的相关记载,此处多遭灾也

主要是指由白汉洞引发的洪涝灾害。我们考察时见白汉洞的河道已干涸，变成田地和道路，雨季时的流水也被固定在一条新修水道内。同时，原有白汉洞的河水含沙量极大，现因环境治理有成效，再加上有沙厂在上游拦沙，河道内的泥沙含量已极少。

徐霞客曾到过这个"三江口"（弥苴河、白汉洞和黑汉洞），在其游记里对三条河流的汇合做了记录。

弥苴河是剑川、浪穹、凤羽诸水注入洱海的通道，并在入海口逐渐冲积成洲（今江尾一带）。明永乐年间开始修筑弥苴河江堤，以后历代不断加高加固江堤，"东堤军筑，西堤民筑。高、阔各二丈，东、西各五千丈"，虽有排水龙洞 25 处，但直到康熙年间仍水患不休。[①] 乾隆后期云南巡抚刘秉恬奏称该河："中分东西两湖，西湖另有水尾，直达于海，东湖由河入海。河高湖低，遇夏秋潦发，青不洞、九龙洞等处之水，会冲入河，河水宣泄不及，回流入湖，附近粮田，俱被淹没"，当地绅民出资治理，筑坝隔断东湖与弥苴河，另开河道引东湖水直接注入洱海；又开长堤一道，使河归堤流；另修建石闸以驭水，最终涸出历年被淹粮田 11 200 亩。[②] 直至今日，这一水利工程仍在发挥作用。当然，由于河流流域环境历经破坏，堤防系统仍受泥沙淤塞的危害，洪灾时有发生。我们调查时正值干旱，无法得见江堤抵御洪水的景况，但据杨伟兵老师说，1991 年他曾在弥苴河尾闾江尾村经历过一次洪灾，大水不仅淹没低地，即便是村寨内的筑堤河道洪水也暴涨，人不敢行。

（4）弥苴河上的桥梁

德源桥位于洱源县右所镇中所村弥苴河上，历史上属于邓川州，为三孔石拱桥。据咸丰《邓川州志》记载，此桥始建于明天顺

[①] 康熙《大理府志》卷五《沟洫》。
[②] 《清高宗实录》卷一一五○"乾隆四十七年二月己巳"条，中华书局，1986 年，第 411 页。

年间(1457—1464),乾隆二十三年(1758)重修,光绪丙午年(1906)再次重修。现桥全长27米,宽5.2米,高8米。桥面用青石板铺就,两侧有石栏杆,栏杆上端雕有狮头,栏杆之间嵌有青石板。因弥苴河堤高于地面,桥西有七级石台阶,桥东有四级石台阶,从地面坡行上桥。桥西立有光绪三十四年(1908)《重修德源桥碑记》一通。德源桥是古代通往丽江、中甸等茶马古道上的重要桥梁。

弥茨桥位于德源桥的下游,又被称为公路桥,是右所214国道老线的一部分。在距弥茨桥约850米的地方有两个弥苴河龙洞,分布于河流两侧。这两个龙洞的建造方式互不相同,也正是通过其建造特征,让我们分辨出河东岸的龙洞为原有的,而河西岸的龙洞则为新建的。

弥茨桥再往下游为中前所桥,两者相距约为520米。中前所桥基本上属于便民桥,修建简陋,简单的桥墩上搭有石板;现有石板中间断裂,已很少有人通行。

清龙桥也是公路桥,属于214国道的一部分。从西湖流向洱海的水流必经此桥。据说以前交通不发达,很多人都是划着小船从西湖穿过此地驶向洱海;现陆路交通便捷,只有较少微型简易船只通行。

青索桥又名河西桥,大概是因为它位于河西村。在青索桥边,我们可以清楚地看到弥苴河与永安江在此并流,但最终还是没有汇合在一起。

(5)西湖上游水源地

离德源桥不远处,弥苴河有两个泄水口。德源桥以南是弥苴河东侧的泄水口,西侧的泄水口则在德源桥以北。枯水季节泄水口被人为地用碎石堵上,丰水季节为泄洪则人为选择是开挖东侧泄水口还是西侧泄水口。其中,西侧泄水口的排水可以注入西湖,成为西湖水源之一,而西湖的水又最终流入洱海。我们考察

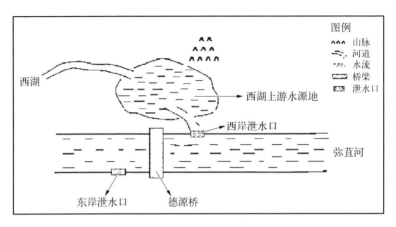

图 4-9　西湖上游水源地与弥苴河参考示意图

时见此地水量较多,有小船在划行,但水面上长满水葫芦,严重影响了湖水质量。

4. 剑川县河道考察

2012 年 7 月 11 日上午,我们从剑川县城赶至金龙河金华镇段考察螳螂河拦洪坝。螳螂河,发源于剑川县清水江,由北向西流入丽江后又往南流入剑川县金华镇汇入金龙河,金龙河注入县城边的剑湖。河长约 31 千米。

螳螂河拦洪坝,位于剑川县剑湖东北化龙村西北,如图 4-10 所示乡村公路的位置。坝高 10 米左右,2011 年新年过后被推倒变成现在的乡村公路。

因原螳螂河上游没有拦洪调蓄水利工程,所以古时化龙村民为防止螳螂河水泛滥冲入村中,修筑了此拦洪坝,据考古文物资料其建造时期在元代。现化龙村因螳螂河上游河段修建了水利工程,河水对村子的威胁几乎消除,原拦河洪坝失去了防护作用,所以被改造成了便民公路。

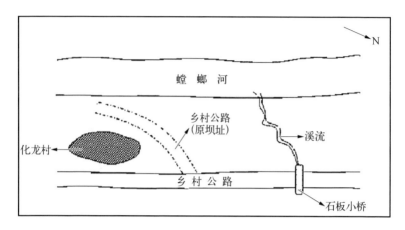

图 4-10　螳螂河拦洪坝参考示意图

5. 云龙县桥梁考察

2012 年 7 月 13 日上午,我们自剑川县城出发,路经云南省怒江傈僳族自治州兰坪县后一路南行抵达云龙县。在行往云龙县城的途中,我们又考察了位于沘江(云龙县重要河流之一,发源于兰坪县金鼎镇,向南流经云龙县城等地,最终注入澜沧江。沘江两岸是历史上滇西地区重要的卤盐生产区)之上的彩凤桥、松水藤桥和长新通京桥。

彩凤桥位于云龙县石镇顺荡村(沘江流域重要的盐井顺荡井所在地),横跨沘江,初为石板桥,明崇祯年间作了大的改建,后历代均进行维修。桥长 39 米,跨径 27 米,宽 4.7 米,高 11.3 米,两端建有桥亭。该桥是云龙通往兰坪、鹤庆、丽江、剑川的要津,也是顺荡食盐外运的重要通道,是研究桥梁建筑史的重要实物。

松水藤桥位于沘江之上,彩凤桥的下游,与彩凤桥相距不远。但它不同于彩凤桥的石板材质,是用松藤编的。此桥也曾是顺荡食盐外运的重要通道,但现已是危桥,仅能容一人过桥。

通京桥原名大波浪桥,位于松水藤桥的下游,始建于清乾隆四十一年(1776),四十九年重修,道光十五年(1835)再次重修。桥横跨沘江,为东西走向的单孔木梁大型风雨桥,全长 40 米,也是研究桥梁建筑史的重要实物。

6. 小结

通过此次考察,我们认识到云南省大理州地区虽然湖光山色,秀丽山河,是众多旅游者心生向往的人间仙境,但实际上她并不像我们想象的那样真正地"不食人间烟火",而亦是生态保护任务艰巨的地区。在与自然灾害斗争的过程中,自古以来当地人民充分发挥能动性,修建了许多具有浓厚地域特色和实际应用效果的水利工程设施。这些水利基础设施的修建技术,虽然可能落后于同时期的内地地区,但也有许多是受内地移民技术传播的影响,同时也是少数民族因地制宜地结合当地自然、生产等条件,创造性的发明,凝结着大理各地劳动人民水利技术的智慧。

三、滇西山谷溪流的水权配置与水利信仰:以乔甸小海塘调查为中心

2018 年 4 月 7 日,笔者对大理州宾川县乔甸镇上河边村做了田野调查。这次调查得到云南大学袁晓仙博士的鼎力相助。原本是想去九村箐了解 1949 年以前的林权安排和乔甸铁城河的灌溉效益,但到了上河边袁晓仙博士的舅舅家后,其舅舅李春智老师讲起了周边五个村子,即上河边、下河边、椿坪、杜家、江品村对洗澡塘箐水资源的利用,以及历史上在箐内修筑梯级海塘群的情况。洗澡塘箐水库,1979 年由乔甸公社组织村民动工挖筑,1982 年竣工。水库建成后,箐内所有的流水包括常流和雨季洪

水都能收蓄进来，库容大大增加，有效提高了对周边村庄农田的灌溉效益，但也产生一些问题，主要是：库塘规模扩大导致清淤维护困难而泥沙淤积严重；水库建成后淹没了一些历史上修建的小海塘，水库上游也有若干未被淹没的小海塘，因缺乏维护而闲置、废弃，甚至被填埋用作种地或者榜莲根（种莲藕），对水库运行和水域资源管理造成一定影响；因水库修建，洗澡塘箐流域水生态环境受到很大影响。

在李老师帮助下，笔者到洗澡塘水库海尾去看那些未被淹没的小海塘，希望从这些老的水利工程中，了解当时人们挖筑技术以及由水利而产生的水权配置情况。

这里先介绍一下所观察到的洗澡塘箐海塘建造及其分布调查情况，然后再对其水权配置及其水利信仰作进一步的分析和梳理。

1. 小海塘建造、运行、维护技术及其分布

顺着洗澡塘箐水库北边从大坝到水库海尾的简易公路骑行，到接近水库海尾的地方，左上方是已用于养鱼的青蛙箐海，下方是已被淹没的烂海塘，再前行是被填埋种着小麦的莲根海。

到了海尾，只见一条细流缓缓流入水库，溪流的右边是叫盐巴海的小海塘坝埂。盐巴海属于杜家，因筑坝先人杜秉顺外号叫盐巴而得名，这座海塘面积 5 亩左右，已多年用来种莲根。盐巴海大致由四部分组成：一面是土石筑成的坝埂（海塘是依山而建的），坝埂最西侧建有海礶（音 zuan，当地方言，指水闸，是宾川、祥云等县许多水利碑刻上见到的当地人写的土字），坝埂东侧为收水沟，与收水沟相连的用来引水的石头堆起来的坝头即低堰。除了用来启闭礶口的杆已经不见外，盐巴海的海礶还基本无损。海礶的迎水面由就地取材的河滩石砌成，底部用两块中间留有空

隙的平板石镶嵌而成,平板石正中凿了一个碗口粗的圆洞,即礤洞,将长 80 厘米左右的底部为圆锥形的木头(礤杆)放入礤洞,在洞四周塞上一些泥土,水不会漏出来,海塘蓄满也就滴水不漏。

在海礤迎水面的最上方还镶嵌着两块伸出来的条石,即提礤踏板,是便于放水而建造的。放水开礤时,双脚站在伸出来的踏板上用锄头将有勾槽的礤杆提起,就能开启礤洞。陪同的李老师告诉我,洗澡塘箐的这些小海塘,平时收水,雨季清淤,海塘放干栽秧后,到雨季来临就开始清淤。清淤时提起礤杆,利用水的冲击力将塘内淤泥顺着礤洞冲走。邻县祥云的东山脚、谢官营等村地处坝子边缘,明清时期当地人在山坡上挖筑了一些鱼鳞状的山海塘,也是在雨季用水冲刷海塘淤积的泥沙,这些村庄的人将这种清淤方法则叫"溜海"。乔甸当地白族人采用的另外一种办法,将塘泥挑到旁边的田里施肥。不过挑海清淤并不年年进行,原因一是麻烦费力,二是挑得太频繁会将田加得太高而不利于引水灌溉。每年都用雨水冲刷泥沙,所以不存在淤积问题,自然保证了海塘的使用寿命,并且降低了海塘的维护成本。

在盐巴海上方的溪流上建有一座用石头简易堆成的矮石坝,这种矮石坝的专业术语叫低堰,其作用是通过抬升溪流水位来提高渠系的引水灌溉的效率。大理州东部的宾川、弥渡、祥云一带也将低堰称为"滚水坝",滚水坝既能够通过坝下水渠给小海塘供水,又能以较低成本修筑并减少对自然流水的干预,使得溪流流淌仍然自由,民众取用方便。滚水坝右端与其下的水渠相连,便是盐巴海的引水渠。盐巴海的引水渠在小团海的海坝埂下面并紧靠其海埂,小团海在盐巴海往上近 100 米的地方。与小团海一埂之隔的是皮匠海,两座海塘之间筑有一条土坝埂,土坝上有一缺口是小团海的收水口,当皮匠海收满以后,又可以通过皮匠海收蓄小团海水。这两座紧紧相连的海塘是上河边李氏家族共有的,皮匠海上面有一丘田只种稻谷一季,其肥料在清淤时从海塘挑来。挑海肥田,既起到清淤的作用,又省却了远距离运输农家肥的麻烦,而且在肥料短缺的农耕社会发挥了"变废为宝"的作用,提高了农业资源的配置效率。

在皮匠海上游的溪流对岸还有两座废弃已久的小海塘,即椿坪的海塘。因时间紧,不能再前行,只得隔河观望了。

折回来的途中,我们又对盐巴海的滚水坝、引水渠和小团海坝埂作了仔细观察。盐巴海引水渠在其滚水坝下方,并紧靠小团海海埂。引水渠高于溪流,靠近溪流的一边就地取材用河滩石砌成,上铺石头层,再用当地沙质山土紧紧填塞进去,我们走在渠埂上都感觉非常牢固,一般不会渗漏。在盐巴海引水渠中段有一缺口,在雨季时用来排洪,雨水多时,将渠埂上的几块石头移开,即能泄洪。盐巴海引水渠紧靠小团海坝埂,这座坝埂和其他小海塘坝埂一样,只有一面是临溪流而建的,其他部分都是靠山,海埂两边也是就地取材,用河滩石砌成,铺石头岑,再用沙质泥土填塞夯实。用这样的办法和技术修筑坝埂和沟埂,保证了沟埂和坝埂的质量,使这些水利设施牢固而不渗漏,不但延长了海埂、沟埂的使用寿命,而且降低了这些水利设施的维护成本。

从洗澡塘箐箐头温水至箐口,是一段将近 15 千米长弯弯曲曲的山谷,高高低低地分布着近 20 座面积不大的小海塘,这类海塘,面积一般在 5 亩左右,最多能达 10 亩,学界将此类分布于山谷两侧的小海塘称之为"鱼鳞坑"。这些鱼鳞状的小海塘,基本上都是明清时期挖筑的,分别属于上河边、杜家和椿坪三村的不同家族或者家庭,以上河边村拥有的小海塘数量最多。

洗澡塘箐小海塘的分布和建造维护技术有如下特点。第一,箐内 20 多座小海塘建在箐沟的两侧,靠得近的两座小海塘不会并排而建,更不会将山箐阻断而拦腰筑坝,这样既能保证小海塘堤坝的安全,又可确保山谷溪流自由流淌的生态功能。第二,小海塘旱季收蓄山谷溪流的常流水,而雨季则蓄水冲刷减少泥沙淤积,降低了小海塘清淤维护成本,同时也确保山谷溪流的自由流淌。第三,村民的许多田地在山谷中,有利于对山谷两侧中高山的树木植被进行保护,对于涵养水源、减少水土流失作用巨大;第四,石头堆砌而成的"滚水坝"既保证了海塘蓄水又使溪流能够自由流淌,使箐沟的蓄水、排洪和自由流淌得到兼顾;第五,利用结构简单、简易实用、启闭方便的海礤对小海塘的运行进行管理,既确保了海塘蓄水目标得以实现,同时降低了海塘坝埂倒塌的风险,保证了农业发展的可持续性,这对于保护山谷森林植被起到了非常大的作用,进而保证了箐水的四季长流。总体上可以讲,乔甸洗澡塘箐小海塘建造所使用的传统技术,不但适应了当地山谷的地形,而且使山谷的蓄水、排洪和生态功能得到有效兼顾。

2. 多层次、多元的水权结构

(1) 小海塘和"滚水坝"的修筑,保证了山谷溪流的自由流淌

和滇西许多山区一样,乔甸洗澡塘箐的降水集中于夏秋季节,降雨的季节性与灌溉用水的年度相对均衡性之间的矛盾使小海塘的修筑成为必要,但是,在山谷筑坝蓄水与排洪间又具有相对的矛盾。从增加蓄水量的角度,在箐内拦腰而建大坝增加了蓄水量,能改善灌溉的规模效益,但同时又会存在着海塘坝埂倒塌的风险。因此,在几百年前的技术条件下,海塘的挖筑与建造必须兼顾蓄水和排洪,这样就不能采用将山谷拦腰截断的筑坝技术,只能在溪流的一侧修筑塘坝,结果使溪流能够自由流淌。当然,这也是明清南方山地中小型水利工程修建居多的特点的体现。在修筑和维护成本、技术上,也并不是一味地谋求发展大型

水利工程。小海塘建于溪流一侧,坝埂临近溪流,三面靠山坡,其作用包括:确保了山谷溪流的排洪功能,使溪流相对自由流淌,减少了水土流失和海塘的泥沙淤积,节约了海塘的建造和维护成本,不但保证了坝体安全,而且提高了水利设施的资本化质量,使这些水利设施的使用寿命延长。

(2) 山谷小海塘建造和分布的技术特点,有利于将箐内溪流水资源首先配置为蓄水权、生态用水权和排洪权

首先配置为蓄水权。建于溪流一侧的小海塘,保证了排洪安全,同时使溪流水资源配置为多个(小海塘)蓄水权创造了条件,不但确保了其他小海塘蓄水权的稳定,而且增强了山谷溪流自由流淌的生态功能。其次,箐内溪流的排洪权、生态用水权也得以确立。海塘分布于溪流一侧和"滚水坝"修筑技术,确立溪流蓄水权的同时,其排洪权和生态用水权得以确立,这为溪流自由流淌奠定了制度基础,进而为箐口以下溪流水权配置创造了技术基础和制度基础。最后,小海塘旱季或者农闲蓄水运行的特点,使得雨季采用"溜海"的清淤方式成为可能,同样增强了山谷中多个蓄水权的稳定性以及溪流的排洪功能和生态用水功能。引水渠上设置的排水缺口,同样有利于箐内溪流蓄水权、排洪权和生态水权的有效配置。

(3) 在洗澡塘箐口以下,又将溪流配置为另一个层面的灌溉权和蓄水权。

箐内(箐口以上的山谷)溪流的水权配置为箐口以下溪流水权配置奠定基础。箐内溪流配置为(多个小海塘)蓄水权、排洪权和生态用水权,这样的水权配置结构,为山谷溪流自由流淌奠定了水权基础,使得溪流不仅可以用作箐内小海塘蓄水,而且可以解决箐口以下水田的大春添苗和泡小春的灌溉需求,在这些田地的灌溉用水得到满足的情况下,此时的溪流还可以用于箐外海塘

蓄水。箐内小海塘的蓄水量有限,仅能解决大春的栽秧用水,但兼顾蓄水、排洪和生态的水权配置结构确保了箐外大量水田栽插之后的添苗用水需求,使得箐外溪流首先配置为灌溉权。当雨季来临,稻田靠雨水即能满足灌溉用水需求之际,箐外溪流还能满足箐外海塘的蓄水需求,使这些土地所有者获得了海塘蓄水权。但是,由于箐水供给的有限性,箐外各村田地的灌溉权之间以及箐外田地的灌溉权与箐外海塘的蓄水权之间必然会产生矛盾或冲突,那么这些水权的矛盾和冲突又是通过什么样的规则进行协调呢?

(4) 箐外田地的各个灌溉权是通过"轮水班"的制度安排进行协调的

地处箐口以下的上河边、下河边、椿坪、杜家、江品等村,其大部分水田在箐口以下,这些村庄几百年前就形成了"轮水班"的灌溉权制度安排。在栽插结束而箐内、箐外海塘放干后,上述村庄轮流使用流出箐口的溪水进行稻谷田的添苗灌溉。据调查,每轮水的天数为六天,除椿坪有两份水而轮水两个昼夜外,其余村庄每村均有一份水而轮水一个昼夜。一轮结束,下一轮又继续,如此循环。这样的轮流灌溉方式在大理州的许多地方被称为"轮水班",由于各种水权配置的激励兼容,以及各村有着一致的水神信仰和由此而产生的制度认同,各村村民不会偷水、截水和争水,进而保持了水权配置结构的长期均衡。五村六方轮水班解决了大春添苗和泡小春的用水问题。

(5) 箐口以下溪流灌溉权与蓄水权的协调

每年农历七八月份雨季来临,大量稻谷田不需要再用溪流灌溉,此时箐口以下的各村就将溪流收蓄进箐外海塘以满足来年农业生产的灌溉需要。据李老师介绍,早在明清时期,各村在箐口以下挖筑了海塘,上河边有 5 座小海塘,下河边有 1 座小海塘、1

座面积 40 亩的海塘,江品有 1 座面积将近 50 亩的海塘。每年农历七八月份雨季来临,箐口的稻谷田就不再用箐水添苗。此时,箐口以下三个修筑了海塘的村庄,就可以将洗澡塘箐的洪水收蓄引进本村的海塘。这种在雨季才有的蓄水权制度,历史上在邻县祥云的海下十三村也同样存在,雨水尚未来临的用水旺季,向笔河下游村庄拥有直接的灌溉权,而海下十三村只有到了雨季才获得从向笔河引水的蓄水权,才能将向笔河的洪水通过引水渠收蓄进品甸海,时间上与下游的灌溉权错开,故当地有"七月半雨水旺"之谚。据说,祥云海下十三村雨季从向笔河引水的蓄水权还是经过判决形成的。

3. 洗澡塘箐水权配置的有效性

乔甸白族先民根据洗澡塘箐地形等自然条件的特点,考虑山谷溪流的排洪、生态功能和修筑小海塘的蓄水功能的平衡,采用了在山谷溪流一侧筑坝建造小海塘和修筑"滚水坝"的水利技术,使得山谷溪流治理多重目标得以实现,从而将箐内溪流首先配置为蓄水权、排洪权和生态水权。另外,箐内小海塘的运行技术和低成本的"束水攻沙"的清淤技术也有利于箐内溪流水权配置。

由于山谷溪流保持自由流淌,洗澡塘箐口以下的水田,在大春添苗和泡小春时节,每个村庄都获得了公平的灌溉权,这种灌溉权是通过五个村六方"轮水班"的规则得以实现的。在箐口溪流灌溉权配置的基础上,每年七八月份雨季来临,稻谷田不再用溪流灌溉,此时的溪水可以收蓄进各村修筑的海塘之中,从而又将箐口以下的溪流配置为蓄水权。

本次考察的重点之一是乔甸洗澡塘箐的水权配置,但是,洗澡塘箐流域的下河边村除了利用洗澡塘箐溪流进行灌溉外,还利用流经乔甸坝子中央的铁城河水进行灌溉,以作为箐水灌溉的补充。据袁晓仙博士调查,明清时期铁城河两岸的下河边、阿梧、杨保、土官、邓仕等村修筑了长度很短的地龙,这些地龙灌溉规模较小。乔甸坝南高北低,东西高中间低,纵贯南北的铁城河处于坝子中央的低洼之处,历史上沿岸村民用水车车水灌溉,20世纪80年代初土地下放后,各家各户用竹制或者铁制的手工汲水工具抽取铁城河水进行灌溉,大理一带将这种抽水工具称为"龙"。据上河边村民介绍,当时每个家庭至少有一条"龙"在抽铁城河水灌溉河边稻谷田,全村至少有200条"龙"抽水灌溉临河低矮的近200亩水田。利用地龙、水车或者"龙"将铁城河引至田地灌溉,因地形和水源的限制而利用规模不大,只能作为溪流或者海塘灌溉的补充,这只是看到现象的一个方面,更重要的是从中可见缺水地区的白族先民在历史上已将"物尽其用"的原则运用到水资源配置方面,并做到了极致,创造了璀璨夺目的水利技术和水利文化。

洗澡塘箐溪流配置为复合的、多层次的、多元化的水权结构,可以说将箐水、河水、雨水一点不漏地用于农业生产,我们被乔甸这样的缺水地区的白族先民拥有的先进水利技术和高度的制度智慧所叹服。

洗澡塘箐口的上河边、下河边、椿坪、江品和杜家五村,现有人口2 000左右,人均拥有土地1.5亩,总面积达3 000亩,其中90%为水田,这些水田历史上大春栽种稻谷,小春栽种蚕豆和小麦。上述五村农田灌溉的稳定性和农业发展的可持续性,就是建立在水利技术的先进性和水权配置的多样性与有效性基础之上的。

4. 水权配置与龙王崇拜

洗澡塘箐的源头在山谷东宾川与祥云两县交界处的温水,温水人在几百年前就地建盖了龙王庙,并对龙王庙的运行和维护进行管理。但箐水的主要受益者上河边、下河边、椿坪、江品和杜家也积极参与到温水龙王崇拜的祭祀活动中。传说几百年前，五村砍了一棵香樟树，按每截1米锯成六截，即便如此每截香樟木依然很重，每个村都希望得到较轻的那一截，无奈之下，五村就用抽签的办法决定每截木头的归属，杜家人少，抽到的却是根部最重那一截。确定了每截香樟木的归属后，人们将每截香樟木雕凿成不同的神像以作为各个村庄的保护神，并对某尊神像命名相应的属相，到了"轮水班"的时候，某天属什么，就轮到神像为相应属相的这个村子轮放。这种将放水顺序与神灵属相加以匹配的制度，增强了水权制度的稳定性和神圣性。

每年农历二月十六，五村会齐聚温水龙王庙，先对龙王进行祭拜，再将庇护本村的神像用轿子抬回本村巡游，然后将神像抬至箐口山坡上的本主庙进行祭拜，这叫"接龙"。祭拜完毕，再将神像送回温水龙王庙。本主庙为五村共有，即使到了现在，修缮费用都是五村平摊的。农历二月十六日，在本主庙接龙祭龙都是由各村轮流承办的。

李老师还告诉我们，各地接龙、祭龙的时间不一样。宾川雄鲁么地处宾川与祥云米甸交界处，箐水出自米甸金旦，龙王庙也是建盖在金旦龙潭出水处。雄鲁么则是在农历五月十三接龙，这一天全村人会将扎好的草龙从金旦龙王庙接回本村庙里进行祭拜。接龙的同时，还要在龙潭取回一样东西（比如水或者鱼），以示得到龙王的恩赐。雄鲁么至今每年都举行接龙祭拜活动。祥云莲花海也是雨季蓄洪的海塘，面积达3 000亩之多，为海下的下莲等八大村共有。八大村在莲花海海埂旁建盖了龙王庙，并用木头雕凿八个龙王龙子龙孙神像以作为各村的保护神，供奉在龙王庙里。到了每年农历二月初八，各村要用轿子将自己的神像抬到本村巡游，再抬回龙王庙进行祭拜，祭拜龙王每年由各村轮流承办。去年寒假笔者到莲花海做调查时,还看到庙里供奉着的木制神像,今年寒假去莲花海就见不到了。由于缺少经费,无人看守,在去年十一月前后被文物贩子盗走。而前面说到的温水龙王庙神像,在"文革"中被烧毁了。

四、调查手记:2012 年云贵地区水利调查

2009 年 7 月至 2010 年 3 月,中国云贵地区持续高温少雨,遭遇严重的秋冬春连旱。该地属亚热带高原季风气候区,每年 5—10 月为雨季,所以,这次大旱的直接起因是常规雨季的提前结束,其后的旱季不过是加剧了旱情。云贵两省的水资源蕴含量在国内均位列前茅,以此为背景,一次雨季的提前结束就引发严重的旱情,反映了当地在水的利用和调节方面还存在着薄弱环节。为此,研究人员于 2012 年 6 月下旬,前往云、贵两省进行水利调查,了解当地民众的用水历史与现状,探寻薄弱环节之所在。考察手记分贵州、云南两篇。

1. 贵州篇

我们在贵州省内的考察点集中于安顺地区,该地区位于云贵高原梯状东斜坡的中段,自西北向东南,海拔大体自 1 500 米至 1 200 米逐渐降低,地势亦趋缓,地表岩溶地貌发育表现为峰丛洼地和峰林谷地等景观,丘陵与坝子的相对高差多在 200 米左右。考察队自东向西,由低至高,选择了平坝县羊昌河引水灌溉工程、西秀区鲍家庄、普定县马官岩溶地下水库和普定县陈家寨四个考察点。

平坝县羊昌河引水工程修建于 1954 年,依托羊昌河,筑坝蓄水,修造了三条干渠,将水分流至下游灌区,受益面积 2 万多亩。

据实地所见,羊昌河两岸蕨类茂密,表明其下并非完全是岩溶地质条件,地表径流的发达当与此密切相关。渠道等工程均用钢筋混凝土制成,有效防止了引水过程中的渗漏。总体而言,此地已是云贵高原东斜坡趋缓地段,农田连片集中,地表径流发达,该工程基于以上自然条件,蓄积自然河道来水,并有效扩散和输送至广阔农田区。

西秀区鲍家庄,坐落于喀斯特峰丛间的一个凹地中,型江河流经村前,附近有多处泉眼。村民利用这些条件修建了引蓄结合的塘坝工程系统。工程的核心节点为"水仓坝",建造于泉眼附近,接引泉水和型江河来水,汇为深潭。水仓坝有多处"鱼嘴",将水分成三股,通过支渠遍灌村中水田,三股分水最终在村尾重新汇流,回归自然河道。鲍家庄水利工程始建于明代,沿用至今,依托聚落附近的地表径流,并利用泉眼加以补充,通过人工坝渠,扩大了沾润面积。

岩溶地貌中,地表径流极易垂直流失,但遇有不透水的泥质页岩,地下水便会蓄积于不透水层之上。修建于 1990 年的普定县马官岩溶地下水库,就巧妙地利用了峰林下的不透水泥质页岩组合,将地下水汇集至峰林中的一个洼地,形成水库,再通过人工渠道,将水流导向海拔更低的马官坝子,灌溉农田。该工程很大程度上基于天然的不透水层组合,但实际运行中仍遇到了渗水流失的问题,根治难度很大。

更多的岩溶丘陵下,并没有如同马官那般巧合的不透水层组合,因此水土垂直流失严重,导致土地荒漠化。普定县陈家寨就处于这样一个岩溶峰丛中,丘陵坡地上多石灰岩,农民在石缝中的浮土上耕种,一遇降水,水土顺石缝垂直流失,极难形成地表径流。为此,近年来,普定县岩溶研究办公室在陈家寨进行了综合治理试验:沿丘陵山麓修建水泥机耕道,形成人工不透水层,作为地表径流通道;机耕道旁修建蓄水池,蓄积机耕道收集的地表径流。同时,将丘陵坡地改造成梯田,减少土层顺坡流失,防止荒漠化。

以上四个考察点,反映了不同时期当地民众的水资源利用技术。鲍家庄是传统时代利用地表径流和出露泉水构筑村落规模引水灌溉设施的一个典型。19世纪50年代的羊昌河引水工程,性质与之近似,在现代工程技术的支撑下,规模扩大至流域,但此类工程必须依托自然河流,而喀斯特山区降水垂直流失严重,难以形成地表径流。马官岩溶地下水库就是蓄积地下水,并引向坝区灌溉的一个尝试,但该工程仍需要合适的天然不透水层作为基础,陈家寨的试验就是人工建造地表不透水层,收集地表径流以资灌溉的一种尝试。

2. 云南篇

在结束了对贵州的考察后,2012年7月上旬,考察队转战云南,展开了环洱海地区的水利调查。洱海位于横断山脉与云贵高原接合部,属构造断陷湖,西北一侧为横断山脉,海拔为3 000—4 000米,东南一侧为云贵高原,海拔多在2 000米以下。依地势倾斜方向,水资源当向东南方向汇集,然而因为洱海的阻隔,水资源的分布正好相反,西北涝而东南旱。此次考察分别调查了旱、涝两区的用水习惯和水利技术。

考察队首先来到洱海东南祥云县高官铺村的段家坝。夯土而成的段家坝横亘于三座丘陵合围所成凹字的开口处,来自山地的径流汇集于洼地,形成水库,供周边农业灌溉。该工程兴建于清代中叶,是典型的旱区蓄水工程做法。但20世纪中叶以后,洼地渐形干涸,现已辟为旱地,居民迁入,形成聚落,土坝仅存一人多高的残迹。

同在旱区的宾川县古底乡观音阁水库,采用了与段家坝近似的做法,筑土坝于山谷。观音阁水库始建于清道光十九年(1839),坝高15米,长约70米,蓄水可灌溉古底乡耕地1500多亩。水库经多次维修清淤,不断扩容,功能良好。本次考察时,也正在进行新一轮的修缮,坝体已采用水泥材质。

受峰峦丛立的地形限制,当地筑坝蓄水常仅能满足一村一乡规模的用水。1945年,宾川县依托水量充沛的炼洞河,修建了10余千米的西平渠,将上游拦蓄的河水引至宾川坝子农业区,依靠渡槽等技术,解决了跨山调水的问题。但因成本不低,此类做法未见普及。

洱海以北为涝区,对地表径流的利用呈现出另一种样态。南北贯穿洱源县,注入洱海的弥苴河,雨季洪水灾害易发。由于上游及其支流附近的山地耕作和矿业开发,清代时弥苴河水泥沙含量大增,雨季常造成下游的淤漫,因此,当地民众应对的重点是疏浚河道与加固河岸。在洱源县中所村德源桥一带,可看到条石垒砌的坚固河岸,因历年淤积,河床抬高,该段弥苴河也如同黄河下游一般成为地上河。虽然如此,但实地所见,当地百姓在河堤上开有斗门,利用地上河的落差,将河水引灌至两岸水田,却也呈现一派水乡景色。

除以上地表径流的利用外,在旱区还可见到作为补充的地下水利用。考察队在祥云县米甸村见到了名为"地龙"的水利设施,"地龙"实为用石材在地下铺设的管道。米甸村所见者,始自山麓,穿越河床,沿途接纳地下径流,开口于谷地。据乡民介绍,平时一般不用"地龙",仅在河流水量不足时,方才使用地下水。在宾川县水箐沟干涸的河道上,考察队也看到打井队正在进行机械打井,这成为乡民应对长期干旱的主要措施。此外,在宾川县城,路边停着用于紧急调水的抗旱应急车。

在云贵两省的考察中,我们发现两地的水利设施大多规模较小。我们认为,规模小是对山地众多、地表破碎的一种适应。同时,我们也看到,现存水利设施大多建设于20世纪中叶,其中不乏年久失修者。通过访谈,我们了解到:国家对水利建设的投入固然不少,但集中于大型工程,小型设施则依靠地方经费,而由于财政改革,财权逐渐收归上级,基层常出现财权与事权相分离的状况,造成地方水利设施不能得到足够的资金支持;同时,水利设施的维护也时常受到景观治理等的干扰,另外,城市化带来的城市用水激增也是一个因素。

以上,基于实地考察,我们可以将当地的用水调节大体分为四个层次:一为依靠自然地表径流,二为依靠小水利调节利用地表径流,三为地下水利用,四为跨流域人工调水。由于农村小水利设施的维护投入有限,其效能基本满足了正常年份的调节需求,但不足以应对异常年份的水资源异动。此次西南大旱时,农村的应对措施大体在第二层次就出现了软肋,农民自发采用第三层次的措施来应对旷日持久的旱情。因此,为提升云贵地区应对异常气候的能力,当务之急是从财政入手,推进小水利的维护和改进,提升其调节能力;其次要进行系统的地下水资源勘探,做好备用水源的摸底和保护工作,将其作为旱情升级时的备用水源;最后要建立跨流域的紧急调水机制,作为本地水资源枯竭时的应急措施。

3. 日志及资料查访(2012年):

6月24日　　　星期日　　　阴热(上海)　　　晚间雷暴天气(贵阳)

下午1点,考察小组在复旦大学光华楼集合后,赶往上海虹桥机场,在机场与尹宗云会合,下午3点50分乘坐上海航空FM9463次航班飞往贵阳,傍晚6点30分抵达贵阳龙洞堡机场,夜宿贵阳。

6月25日　　星期一　　晴（贵阳）

上午访问贵州师范大学喀斯特生态文明研究中心（Research Center of Karst Ecological Civilization），考察队负责人、云贵水利历史地理研究课题负责人杨伟兵副教授应邀作了题为"云贵地区历史土地利用与环境研究"的报告，报告期间与中心主任杨斌、严奇岩等与会老师就贵州历史地理、农田水利史、插花地等问题进行了深入探讨。

下午，杨伟兵副教授至贵师大地理系交流；邹怡、孙涛、尹宗云、吕朋在贵师大喀斯特生态文明研究中心伍毅老师等人陪同下至贵州省档案馆查资料（见下）。夜宿贵阳。

在贵州省档案馆所查资料整理如下：

一、贵州档案史料研究丛书之四：《贵州省农业改进所》，贵州人民出版社，2006年。（按，在贵州省档案馆此书不允许复印）

二、贵州省档案馆所查档案中，涉及水利之各卷整理如下：
《贵州省水利局》M64（全宗号）—1（目录号）—1-449（案卷号）

表4-1　贵州省档案馆涉及水利的档案统计

案卷号	档　案　名　称	年　份
1	全省水利计划	1943
2	行政院水利委员会第三次委员会文件	1943
5	公文处理办法	
10	水利法规卷	1947
12	水利工程计划编制办法	1947
16	各项统计报表卷	

续 表

案卷号	档 案 名 称	年 份
19	水利部修正报汛办法卷	1947
23	筹商黔南一带小型土振及水利计划座谈	1948
25	行政计划卷	
79	遵义布政坝工程勘测	
81	本省大型农田水利归还本息计算卷	1946、1947
85	各县呈报有关农田水利交化事项卷	
86	农田水利纠纷卷	
88	惠水达公灌溉工程处报表	
95	各县民绅农田水利涉讼	
96	水权登记事项卷	
97	册亨威旁乡农田水利工程卷	
147	安龙、平在坝、福仕黎锡背民众联名发起滤水道引水发免水灾	1948
164	水利工程调查表卷	1948
190	各县填送农田水利调查表（一）	
191	各县填送农田水利调查表（二）	
194	耕地调查表卷	1949
290	各县地图卷	1948—1949
295	农田水利及其他政府视察	1939—1943

资料来源：贵州省档案馆，《贵州省水利局》，M64—1。

农业技术类(贵州省革命委员会)《本省农业概况调查(民国27—36年)》M62—2—158：

表4-2 贵州省夏季食粮作物种植面积及收成
成数估计表(民国三十一年六月份)

作物	水稻		玉米		大豆		甘薯		马铃薯		高粱	
区别或县别	种植面积成数	收成成数	种植面积成数	收成成数	种植面积成数	收成成数	种植面积成数	收成成数	种植面积成数	收成成数	种植面积成数	收成成数
贵定	9.5	9	10	8	9	8	10	9	10	8		
麻江	9	7	8	6	5	5	4	6				
平越	9.5	9	9	9	8.5	8.5						
息烽	9	9	10	9	10	9	10	10			9	9
直辖区平均	9.25	8.5	9.25	8	8.12	7.62	8	8.33	10	8	9	9
镇远	10	9	10	9	9	7.5	8	8	10	7	10	6.5
铜仁	10	9	8	6	5	5	4	4	4	4	9	8.5	8.5
江口	10	9	10	7	8	7	8	7	10	7	10	7
余庆	10	9										
天柱	9.5	8	7.5	6	7	6.4	6	4.8				
第一区平均	9.9	8.8	9.1	8	8.4	7.78	8	7.76	8	7.66	8.12	6.38
三都	9.5	7	6	5	4	5	2	7				
丹寨	7	6	7	7	7	6	7	6	7	6	6	5
罗甸	10	5	10	4	10	5						

续　表

作物 区别或县别	水稻		玉米		大豆		甘薯		马铃薯		高粱	
	种植面积成数	收成成数	种植面积成数	收成成数	种植面积成数	收成成数	种植面积成数	收成成数	种植面积成数	收成成数	种植面积成数	收成成数
荔波	10	7	10	6	10	7	10	8				
第二区平均	9.12	6.25	8.25	5.5	7.75	5.75	6.33	7.33	8	6	8	6
兴义	10	10	10	10	10	10	10	10	10	10	10	10
册亨	5	8	9	8	7	8	5	9	2	8		
贞丰	9	8	8	7	8	7						
紫云	10	10	10	10	10	10	10	10	10	10		
郎岱	9	8	8	8.5	9	8	8.5	8				
第三区平均	8.6	8.8	9	8.7	8.8	8.6	8.38	9.25	7.33	9.33	9.25	9.25
毕节	10	7	10	7	10	6						
威宁	10	7	10	8	10	6						
水城	9	7	8	7	6	5						
大定	10	7	10	7	10	7	10	7	10	8	10	7
金沙	7	7	6	7	7	6	8	9	7	6	7	7
第四区平均	9.2	7	8.8	7.2	8.6	6	9	8	8.5	7	8.5	7
凤岗	9	8	8	8		5		8				
正安	10	10	10	7.5	10	7.5						

续 表

作物 区别或县别	水稻 种植面积成数	水稻 收成成数	玉米 种植面积成数	玉米 收成成数	大豆 种植面积成数	大豆 收成成数	甘薯 种植面积成数	甘薯 收成成数	马铃薯 种植面积成数	马铃薯 收成成数	高粱 种植面积成数	高粱 收成成数
绥阳	9	7	7	6								
仁怀	9	7	10	8	10	10	10	9	10	9	10	8
第五区平均	9.25	8	8.75	7.38	10	8.75	10	8.5	10	9	10	8.5

资料来源：贵州省革命委员会：《本省农业概况调查（民国二十七—三十六年）》，贵州省档案馆，M62—2—158。

表 4-3 旱地食粮作物种类简明表

作物种类	土宜	整地法	播种期	播种量（市亩）	播种法
包谷	宜富腐殖质壤，土不宜砂土	1. 如系平田必须开浚排水，2. 普通坡地可酌情办理	4月下旬至7月初旬	三市升	点播每穴四粒，苗长至四寸时，选留两株，穴距一尺五寸至二尺
马铃薯	砂质土宜燥	1. 平田必须开深浚排水，2. 全田翻耕耙平制畦种植	7月至8月	八十至一百市升	点播穴距约一尺二寸至一尺五寸
甘薯	温暖干燥，疏松土	1. 平田必须开深浚排水，2. 插蔓于畦上	插蔓期6月中旬至下旬	七十市升	株间一尺半行间三尺点插
粟（小米）	宜温暖富有有机质土，不宜阴湿	1. 平田必须开浚排水，2. 全田耕翻耙平后种植	最迟为7月中旬	一市升	撒播或条播，最好三尺之畦播二行

续　表

作物种类	土宜	整地法	播种期	播种量（市亩）	播种法
荞麦	土质不拘	1.平田必须开浍排水，2.全田耕翻耙平后种植	秋季为8至9月	三市升	撒播或条播，最好制畦
高粱	土质不拘	1.平田必须开浍排水，2.全田耕翻耙平后种植	最迟6月下旬	一市升	条播行距二尺
红稗	土质不拘	1.平田必须开浍排水，2.全田耕翻耙平后种植	最迟6月下旬	三合至一市升	点播或条播行距一尺

注：1. 以上各项作物在翻耕时，最好加入适宜肥料，如草粪等，点播者以木灰拌种。
2. 以上各项作物丁出苗后宜注意除草中耕，并注意宣泄田内积水。
资料来源：贵州省档案馆，M62—2—132。

6月26日　星期二　暴雨转晴（贵阳）多云间有小雨（安顺）

上午考察小组兵分两路，杨、邹、孙师拜访贵州省社会科学院民族研究所黄才贵等先生，并与相关课题组就贵州历史地理分区与研究展望作交流；尹、吕继续到贵州省档案馆查资料。抄录有"伪贵州省水利局全省水利计划"一份（M64—1—1）。

下午1点30分，考察队伍赶往安顺，贵师大严奇岩老师全程陪同。在贵阳至安顺的高速公路上，目睹了一场车祸，现场惨不忍睹，瞬间感受到了生命的渺小。3点20分，抵安顺。5点许，杨伟兵副教授带领考察成员访问了安顺学院屯堡文化研究中心，与中心主任吕燕平等老师交流。

表 4-4 伪贵州省水利局全省水利计划(民国三十三年)七及附录本省水利灌溉表

县名	灌溉源	所在地	灌溉情形
贵阳	长丰渠	城南廿五里	溉田甚广
定番	清水塘	城南五里	溉田数百亩
	清水沟	大华司西	居民资以灌田
贵定	八字河	城东二里	筑堰溉田民攸利专
	南坝河	城南四里	筑堰溉田数百亩
修文	杨老井	城东一里	溉田千亩
镇宁	公兴河	十二营东北	灌溉田亩民利赖之
	丰泉	城西二里	四时不竭可资灌溉
	后泉	城西三里	出后窦中引流溉田
	荻芦渠	城北六十里	周环八里民资以灌溉
清镇	汲波塘	城西南二十里	溉田甚广
平坝	东溪	城东	中流溉田亩人赖其利
	龙泉洞	城南二十五里	亦有灌溉之利
余庆	鹅利洞	敖鱼溪南一里	中出泉水旱涝如一土人赖以灌溉
都匀	胡公堰	城北二里	灌城西诸田
炉山	龙井	城北十里	源深流长广深灌溉
镇远	松溪	城西三里	可以灌溉
	平宁陂	城西六十里	溉田数千亩四时不竭

续　表

县名	灌溉源	所在地	灌溉情形
天柱	青龙洞	城东一里	郭外之田咸资灌溉
德江	龙泉洞	未详	可溉田千亩
德江	仁溪	未详	居人引水以溉田
婺川	龙泉	城东廿里	居人资以灌溉
石阡	平茫溪	未详	有泉长流资以灌溉
石阡	大龙潭	未详	有灌溉之利
石阡	望江岩泉	城西北六十里	四时不竭亦资灌溉
凤泉	兔溪洞水	未详	可资灌溉
凤泉	龙泉	城内	一邑资以灌溉
永从	从龙溪	未详	民田多利赖之
永从	沙平溪	城西	一方资其灌溉
毕节	一水通海，两沙夹岸	城东北三里	灌溉田亩人赖其利
遵义	大水田山	城西四十里	上有池可资灌溉
遵义	雷变山	城西八十里	山麓有池可资灌溉

资料来源：《伪贵州省水利局全省水利计划（民国三十三年）七及附录》，贵州省档案馆，M64—1—1

6月27日　　星期三　　晴（贵阳、平坝）

上午参观了贵州屯堡文化博物馆。午饭后，考察了鲍屯明代水利工程①，该工程是建在河道上的近似"S"型的分水坝，通过分

---

① 有关鲍屯水利研究的论文可参阅：张卫东、庞亚斌：《600年鲍屯水利探考》，《中国水利》2007年第12期；吴庆洲：《贵州小都江堰——安顺鲍屯水利》，《南（转下页）

水坝将河水分引到灌溉渠中,达到溉田的功效。此时正处丰水期,河水漫过分水坝流往下游,考察成员俱赤脚涉过分水坝,亲自感受了这一工程的历史,正如邹怡老师所讲,我们也是"接了接地气"。

下午,中科院地化所普定工作站程安云等老师来汇合,我们一起实地考察了平坝县羊昌河水利工程,该水利亦是分水、引水工程,为中华人民共和国成立以后,平坝县所建最大的水利工程。

6月28日　　星期四　　多云间有雨(普定)

考察小组至中科院地化所普定工作站,在程安云老师的带领下,考察了安顺市普定县喀斯特岩溶地貌,以及该地区的水土治理与地下水利工程。

通过程老师的讲解,让我们对喀斯特地貌有了直观的认识。喀斯特地貌区,主要缺少土壤,土壤厚度在20—30厘米,一旦土壤被侵蚀,岩石就裸露在地表,根本不适合农作物的种植。为了保持现有土壤,现在一般运用"坡改梯"的方法,即把坡地改成梯田。在一般的理解中,该地区年降水量丰富,应当不缺水,但现实正相反,在喀斯特地貌区由于地表水大量漏到了地下,地表很难存蓄,从这个角度来讲,地表上是缺水的。为了应对缺水的情况,该地区在普定工作站实验区域内通过农学、工程等技术改造地表覆盖,并修建了许多集水系统,收集雨水。

下午,考察了普定县境内的两座水库,一个是位于地表的峰丛地貌形成的小盆地,据说当年还成为建造"天眼"的选择地之一,现是水库,但因渗漏厉害,只是周边建有引水渠若干而已,并

(接上页)方建筑》2010年第4期;严奇岩:《古水利工程何以600年不衰——安顺鲍屯古水利考察记》,《中国人文田野》第2辑,巴蜀书社,2008年。

无大面积蓄水;另一名母猪洞,是地下水库,在山体中,很远就能听到水声轰隆,进去看水势很大。水被蓄引出来,通过各种渠道流向周边田地和乡镇。在通往母猪洞山路上,见到许多钻探取出的层次分明的土石,程老师给我们讲了许多通过观察地层判断积水情况的知识。

6月29日　　星期五　　晴(安顺)

在安顺市档案馆查阅资料。

6月30日　　星期六　　晴(安顺)

上午,调整休息。尹宗云学长返沪。

下午,与邹、孙二师在安顺市内参观。先后到了王若飞故居、武庙,又到安顺老街。晚上11点,队伍乘上开往昆明的K79次列车。

7月1日　　星期日　　晴(昆明)　晴(呈贡)　晴(晋宁)

早8点30分抵达昆明,与刘灵坪学姐会合,后直接赴呈贡县考察。在云南大学马琦老师陪同下,先后考察了滇池东北一带的洛龙河、捞鱼河、马料河,大洛羊、小洛羊,均注入滇池。夜宿晋宁。

7月2日　　星期一　　小雨(晋宁)　中雨转晴(海口镇)

一早由晋宁乘车至海口镇。在海口考察了滇池出水口,以及其泄水河道螳螂川。出水口处之螳螂川今已分成三道,即北河、中河、南河。其中,南河最宽,上建有河闸,即南河闸。在南河的南岸,耸立着豹山,山下有将军庙,庙中发现石碑六通。后又至龙王庙,但因庙有集会活动,并没有进入庙中。

在河堤附近见到将军庙中的石碑,令考察小组成员非常兴奋,大家在杨师带领下,分工明确,对石碑进行抄录、拍照、测量等一系列工作,收获甚大。

将军庙考察结束已近下午4点,后在海口镇乘车返回昆明。晚饭后,与邹、孙二师及刘师姐一同步行至云大。夜宿昆明滇缅大道近西站附近的云上四季宾馆。

7月3日　星期二　多云(昆明)　晴(祥云)

早9点半在昆明西站乘坐大巴,经近4小时的旅行到达大理州祥云县。在祥云车站,在怒江州支教的朱海滨老师的研究生杨吉超同学与考察队伍会合。同时,我们开始了自驾,车辆是杨师的朋友从大理送来的七座越野车,由杨师驾驶,一直到本次考察结束。午饭后,即赴野外。下午考察了米甸镇"地龙",此"地龙"为明代所修,今仍利用。同时,参观了"楚场河小流域——国家江河综合治理工程建设项目"。夜宿祥云县城。

7月4日　星期三　多云(祥云)

早饭后,先至小官庄水库。杨老师颇疑此水库即是在"保泉坝"的基础上兴建的。之后,到云南驿镇高官铺村、水口村、练昌村。在水口村发现段家坝残迹一段,据估测,底部宽120米左右,顶部宽40米左右,呈梯形。在月镜壶(湖)南岸,有石碑三通。

午饭之后,离开祥云,前往宾川。夜宿宾川。

7月5日　星期四　阴转小雨(宾川)

上午到鸡足山园觉寺,有石碑两通。后去岩涧桥,午饭后,考察人民渠。

附"记興佛寺常住碑序蓋聞"(原文为繁体,现照录,未全录)
佛自西來有佛必有寺有寺必有僧有僧必有常住有常住

然後香火相繼不覺此千年猶一日之盛也邈我□
□□興佛寺建立於
永樂年初重修於成化年末□時碑中有善士夏昶買田乙
段永充常住及考其坐落四至則泯焉第田已久迷□已
□託諸空言矣迨至我
聖天子□□年間有本衛祖父母張君震寰目擊本寺山門傾
頹鐘樓損□香火廢弛岌岌乎捐金重修令僧人□□

7月6日　　星期五　　多云（宾川）

早上，由宾川县城去往平川镇。先后参观了位于平川街北 2.5 千米北山脚盘谷村中的"杨氏宗祠"，之后到"寿泉"，并畅饮泉水。继而考察了观音寺，在寺中有碑九通。观音寺坐东面西，门前平川河自南而北流过。眼前古刹的威严，以及河中不舍昼夜的流水，心中顿感历史的沧桑。然后至观音阁水库考察。夜宿宾川。

7月7日　　星期六　　多云有雾（宾川）

游览鸡足山。夜宿宾川。

7月8日　　星期日　　晴（宾川）　晴（大理）

一早前往大理，晚至洱源。夜宿洱源。

7月9日　　星期一　　晴（洱源）

考察弥苴河流域，包括弥苴河、弥茨河、凤羽河、茈碧湖、白汉涧、黑汉涧、西湖、东湖、罗时江、永安江等。夜宿洱源。

7月10日　　星期二　　小雨转多云（剑川）

早饭后，由洱源去往剑川，中途到向前行政村向湖村刘灵坪学姐家做客,午饭后,参观向湖村赵藩先生故居、茶马古道等古迹。茶马古道从村后穿过。走在茶马古道上,遥听马帮翻山越岭。又参观了城隍庙、本主庙、清代四合院等村里的建筑。

下午,到剑川县城,随后考察了西门街一带名人故居。夜宿剑川。

7月11日　　星期三　　晴(剑川)

上午考察了螳螂河、金龙河整治工程,重点实地了解了化龙村(龙营行政村)北的拦河坝,该坝据载建于元代。拦河坝亘于螳螂河与华龙村之间,呈东西走向,以防螳螂河水发,冲淹该村。坝原高10米,今春天铲平,余高3米。之后,在化龙村文昌庙(老年活动中心院内)发现残碑一通;在村中一户老乡家里又有碑一通,该碑嵌在木框之中。

下午参观石室山(石钟山石窟),石窟展现的南诏大理国时期佛教、雕刻、绘画和建筑艺术令人震撼。夜宿剑川沙溪古镇。

7月12日　　星期四　　多云转阵雨(剑川)

至丽江市玉龙县石鼓镇参观长江第一湾。下午回到剑川,晚饭后,与邹师一起参观了剑川老县城。夜宿剑川。

7月13日　　星期五　　多云(剑川)　　多云(云龙)

早饭后,赶往云龙。快至兰坪县城时在道路边一饭店用午餐。饭后经兰坪县城驶入云龙县北,考察了盐业历史名村顺荡的元明火葬墓群,沘江上的彩凤桥、通京桥以及老式藤桥等。这一带属于云龙县白石镇,是杨师老家(在云顶行政村)。杨师说小时候交通不便,随父母从外面回来探亲,总要步行翻越好多座大山才能到老家。夜宿云龙县城。

7月14日　　星期六　　多云（云龙）

休息，整理资料。夜宿云龙。

7月15日　　星期日　　阴有小雨（云龙县 诺邓村）

一早至诺邓。诺邓是著名的白族千年古村。上午参观了村中千年古盐井、本主庙、文庙、玉皇阁，古建筑众多。

下午，考察了诺邓村前后山腰的墓葬，多为土葬墓，间有火葬，年代最早的是吴三桂年间。山上荆棘丛生，站在古人墓葬前，看着墓碑，感觉像是在和古人对话，一直到天黑才下山。夜宿云龙。

7月16日　　星期一　　晴（云龙）

至云龙县宝丰乡，这里也是著名的盐业古村，曾是明清云龙州治地。考察金泉井（E99220852，N25484917，H1552.10M）。见一盐斗，长44.5厘米，宽45厘米，高30厘米，板厚2厘米。村里有董泽故居等建筑，大房子较多。夜宿云龙。云龙县是典型的山区县，农业条件有限，山地以玉米、小麦等种植为主，一路上见到山地普遍缺少农田水利管网建设，不过河谷电站水库不少，但是否也用来灌溉农田就不得而知了。

7月17日　　星期二　　多云（云龙）

休息，整理资料。夜宿云龙。

7月18日　　星期三　　中雨（云龙）

上午到观景台，俯瞰由沘江湾流形成的天然"八卦"形胜；欲观天池，因雨天受阻，遂回。夜宿云龙。"八卦"胜景位于县城北的果郎乡沘江河谷平地，虽然面积范围不大，但农田密集，建有较大的水渠。据介绍,云龙县的粮食主要产地在澜沧江外的旧州、漕涧镇,那些地区平坝较大。

7月19日　　星期四　　多云(云龙)　中雨(大理)　阴(昆明)　多云(上海)

夜近凌晨,考察小组回到上海。为期26天的贵州贵阳、安顺,云南昆明滇池、大理州祥云、宾川、洱源、剑川和云龙等地的水利野外考察圆满完成。

图书在版编目(CIP)数据

明清以来云贵地区水利建设及其地理基础研究/杨伟兵等著.—上海:复旦大学出版社,2024.8
ISBN 978-7-309-17199-0

Ⅰ.①明… Ⅱ.①杨… Ⅲ.①水利建设-研究-西南地区-明清时代 Ⅳ.①F426.9

中国国家版本馆 CIP 数据核字(2024)第 020543 号

明清以来云贵地区水利建设及其地理基础研究
杨伟兵 等 著
责任编辑/关春巧

复旦大学出版社有限公司出版发行
上海市国权路 579 号 邮编:200433
网址:fupnet@fudanpress.com http://www.fudanpress.com
门市零售:86-21-65102580 团体订购:86-21-65104505
出版部电话:86-21-65642845
上海盛通时代印刷有限公司

开本 890 毫米×1240 毫米 1/32 印张 12.375 字数 289 千字
2024 年 8 月第 1 版
2024 年 8 月第 1 版第 1 次印刷

ISBN 978-7-309-17199-0/F·3032
定价:65.00 元

如有印装质量问题,请向复旦大学出版社有限公司出版部调换。
版权所有　　侵权必究